U0622782

纪念陈寅恪逝世五十周年

文史大师陈寅恪，乃中国当代文化史上不可多得的旷世奇才，其学贯中西无与伦比的渊博学识，其丰硕巍峨的学术成就，被学界公认为"前无古人，后难得有来者"。作者得地利之便，为我们打开了沉睡在陈寅恪故里荒野林莽间有关其家族弥足珍贵的历史档案，这些史料的神秘性、唯一性和可靠性是毋庸置疑的，这是至目前为止国内唯一尚存的有关陈寅恪家世的唯一真实可信的权威史料，书中诸多史料从未见任何经传。全书立意高远，从大量翔实鲜活的史料中爬梳钩稽出陈寅恪鲜为人知的家世家风、家学渊源、家族流变以及贤杰满门登峰造极让人叹为观止的家族荣耀。真实、立体、全面、生动、充满思辨而又令人信服地描绘了陈寅恪家族诸多人物悲壮而又色彩斑斓的人生传奇，对与陈寅恪家族有着千丝万缕联系的同时代诸多历史人物的生存世相、生命内涵以及对其家族的影响亦有描述，用当代意识审视了近百年来中国历史波谲云诡的时代风云，从家族文化的独特视角破译了孕育大师的文化基因密码，相信读者能从中得到人生的感悟和生命哲学的启迪。

叶绍荣 / 著

陈寅恪家族直系世系表（从右至左排列）

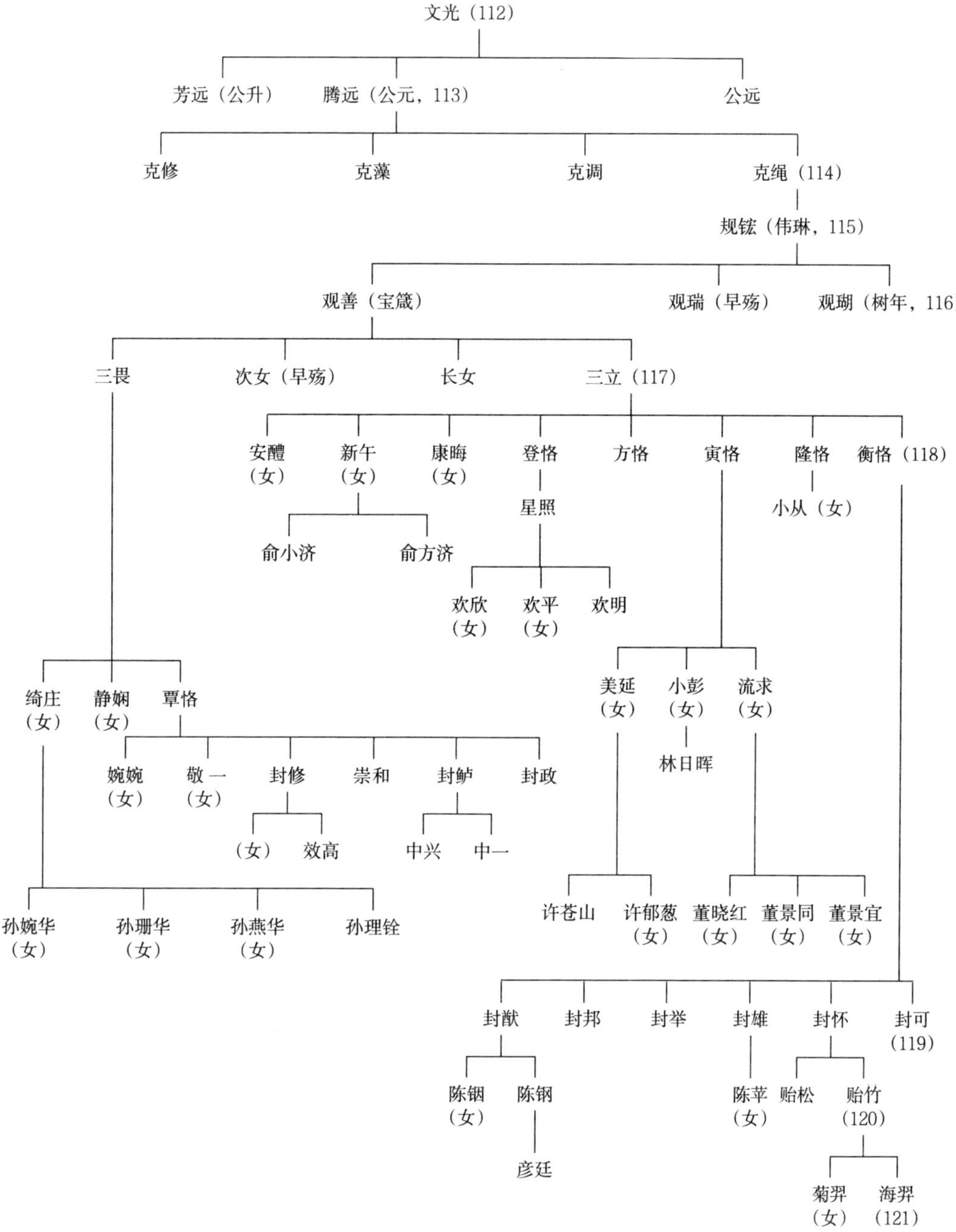

注：此图参见江西省政协文史委、修水县政协文史委合编资料集《一门四杰》，笔者写作此书时已和陈氏后裔重新核实，有改动。

目录

第三编　陈寅恪的父亲陈三立——近代诗坛泰斗

陈三立为清末著名的“维新四公子”之一，他襄助父亲擘画新政，戊戌变法失败后，他“袖手神州”，以诗文自娱。他的诗奇诡雄浑，卓然大家，开一代诗风，为后人所景仰。

第四编　陈寅恪的长兄陈衡恪——现代画坛巨擘

陈衡恪为中国现代画坛才华横溢的天才画家，他的画熔诗词、书法、篆刻于一炉，四美相得益彰，为一时画坛之冠，然而天妒其才，年仅四十八岁便英年早逝，为人们留下了永久的遗憾。

第五编　陈寅恪家族的其他成员——满门贤杰话义宁

陈寅恪家族世代书香，贤杰满门。时至今日，祖传的一缕墨香，依然亘古而强劲地传承着，这个文化型大家族所创造的辉煌，委实让世人惊叹不已，留给世人无尽的思索。

破译孕育文化型大家族的基因密码

刘上洋

谁也无法想象，地处赣西北幕阜山腹地这方古老而偏僻的土地，竟能孕育出一个如此声名显赫的文化型大家族——“义宁陈氏”。

陈寅恪故里江西省修水县旧称义宁州，“义宁陈氏”因此而得名。“义宁陈氏”的辉煌，因文史大师陈寅恪而声名远播。因此人们习惯于将陈寅恪称之为“义宁先生”，将“义宁陈氏”称之为陈寅恪家族。

陈寅恪是中国当代文化史上不可多得的奇才，其丰碑巍峨般的学术成就，被学界公认为“前不见古人，后难得有来者”。其学贯中西无与伦比的渊博学识，其惊世骇俗卓尔不群的学人风骨，其锲而不舍追求学术的深邃眼光，以及那卓越的学术成就，使之成为中国文化史上的一座高峰。

陈寅恪，这个响亮的名字，已成为中国学界一个经久不衰的热门话题。

这个家族的辉煌，委实让人叹为观止：

翻开新编《辞海》，陈宝箴、陈三立、陈衡恪、陈寅恪四人分立条目。一家三代祖孙四人享有如此殊荣者，翻遍《辞海》，仅此一家！

陈寅恪的祖父陈宝箴，乃清末维新派著名人士，他领导的湖南新政真正赋予戊戌变法以实际意义，充满生机的湖南被当时的舆论称之为“中国最富有生机的省份”，人们把当时的湖南比作日本幕末明治维新时期的萨摩和长州。戊戌变法失败后，陈宝箴——这位“受天下之谤，尤享天下之名”的著名维新人士，被“革职永不叙用”。

陈寅恪的父亲陈三立，清末进士，曾授吏部主事，但他淡于名利，未尝一日为官，时有“维新四公子”之称。戊戌变法失败后，他息影庐山，作文赋诗，成为“同光体”诗派领袖、清末民初诗坛泰斗。

陈寅恪的长兄陈衡恪（字师曾），近代著名画家，与鲁迅同为北洋政府教育部同事，且交谊甚厚，常与齐白石切磋画艺，备受齐白石推崇。他把画、诗词、书法、篆刻熔于一炉，四美相得益彰，为画坛所倾。可惜年仅四十八岁便英年早逝。他的逝世，文坛震撼，被梁启超称之为“中国文化界的大地震”。

陈寅恪的侄儿陈封怀（衡恪次子），著名植物学家，被植物学界尊为“中国植物园之父”……

陈寅恪家族恰似一座巍峨的丰碑，高高地耸立在星汉灿烂的中国文化的历史长河里；又如一道夺目的光芒，熠熠生辉地划过人类文明璀璨的星空……

人们在惊叹钦慕之余，不禁连连叩问：为何芸芸众生，同一片蓝天，同一方土地，同是娘生爷养，同是吸纳着天地乾坤间的气息，同吃着五谷杂粮，为何陈寅恪家族英才辈出贤杰满门？

是冥冥之中的造化？是风水及先人的庇荫？是其优秀血统的遗传与裂变？抑或是其他别的什么？

于是乎，一股陈寅恪研究的热潮随之在国内外骤然兴起，诸多学者文人纷纷著书立说，各种追忆、解读、评注陈寅恪的著作纷纷出版，其数量之多，可谓汗牛充栋。各类研究文章高密度地见诸各类媒体，其内容之丰富、流传之深广，可谓前所未有。人们力图穿越时空的隧道，与陈寅恪进行心灵的契合与沟通，力图从浩如烟海的历史陈迹中，解读其成功的奥秘……所有这些努力，都卓有成效而且很有必要，对人们了解陈寅恪的人生经历和学术成就无疑起了巨大的作用。

然而，毋庸讳言，在国内外出版的研究和评介陈寅恪的著作中，有关陈寅恪家世溯源及家族流变的叙述考证却不能尽如人意。这类著作都有一个缺陷：或语焉不详，或以讹传讹，或张冠李戴，或妄加揣测，因而后世读者及学者对“义宁陈氏”先贤及源流演化莫衷一是如堕五里雾中。

江西作家叶绍荣在这方面做出了不懈的努力，作为陈寅恪故里的一位作家，“守土有责”的艺术良知和对同乡先贤的仰慕，驱使着他认真地拿起笔来，克服重重困难，撰写了长篇传记《陈寅恪家世》。

得地利之便，叶绍荣曾多次前往陈寅恪故里探访拜谒，发现了“义宁陈氏”后裔珍藏的宗谱残本及其他相关史料，拓印了“义宁陈氏”祖墓群的所有碑文，从而打开了沉睡在陈寅恪故里荒野林莽间有关陈寅恪家族弥足珍贵的历史档案。陈寅恪家族的起源、流变、迁徙及源流演化脉络便在他的眼前渐趋清晰。这些史料的神秘性、可靠性和唯一性是毋庸置疑的。

为了创作此书，叶绍荣又历时数年，行程数万里，查阅了大量的馆藏资料，从大量鲜活翔实的史料中爬梳钩稽出本书的脉络主旨。

《陈寅恪家世》一书，凝聚了叶绍荣数年的心血和思考，他所选取的观照角度是新颖的，他没有沾沾自喜于已掌握材料的罗列堆砌，也不局限于表面材料的剖析，而是着眼于从家族文化的独特视角，分析形成这个文化型大家族的家世家风、家学渊源、家族流变以及贤杰满门互为表里的家族荣耀，揭示这个“文化贵族”（吴宓语）的精神蕴涵及其对近代中国文化发展的深远影响，从而使读者对陈寅恪人文精神、学人风骨的形成有全方位的了解。

《陈寅恪家世》一书，真实、立体、全面、生动、充满思辨而又令人信服地描绘了陈寅恪家族诸多先贤悲壮而又色彩斑斓的人生传奇，对与陈寅恪家族有着千丝万缕联系的同时代诸多历史人物的生存世相、生命内涵以及对其家族的影响亦有描述。

作者立意高远，在此书的创作中，将这个文化型大家族的兴衰与中国百年历史沧桑紧密关联。在这种紧密的关联中挖掘出这个文化型大家族的精髓所在：陈寅恪家族中的杰出人物之所以名垂青史，正是由于他们有着中国人的正气与骨气，有着一脉相承的坚贞爱国主义思想和高尚的中国传统道德修养加上各自奋发不懈的进取精神（陈封雄语）。

爱国始终是这个家族的精神内核和灵魂，在充分把握了这些之后，作家用当代意识审识近百年来中国历史波谲云诡的时代风云，观照中国文化百年动荡的大环境以及在此环境下每一个有文化良知的学人不可逃避的命运。

从家族文化的独特视角，破译孕育“义宁陈氏”这一文化型大家族的文化基因密码，是本书的独创和可贵之处；得地利之便和广泛占有大量翔实鲜活的第一手资料，是本书写作得天独厚的条件；对材料内涵的深刻思考和思想高度的统摄观照，是本书成功的基础；大量富有质感的人物群像、丰富的信息量和高密度富有弹性和张力的语言，是本书拥有广泛读者的原因。阅读此书，能让人得到人生的感悟和生命哲学的启迪。

《陈寅恪家世》一书2001年1月出版时，叶绍荣曾求序于我，我欣然应允。2009年1月再版时，我又应叶绍荣之请为之作序，时隔10年过去，叶绍荣又应出版社之约将此书重新修订再版，并增补了诸多新近发现的有关"义宁陈氏"的史料和最新的研陈成果，使此书更趋完整、全面，因而更具权威性。在此书即将出版之际，叶绍荣第三次求我作序，我欣然命笔，草成此文，聊为之序。

2019年9月25日

（刘上洋，原中共江西省委常委、宣传部长。）

第一编

陈寅恪家世渊源

陈寅恪家族在崛起之前，也是布衣草根的小民，为了寻求一方安身立命的土地，他们辗转流徙，结草为棚，垦荒为业。然而，“以诗书立门户，以孝悌为根本”，始终是这个家族生命史绵延的基因。

第一章 竹塅故居

竹塅，赣北幕阜山腹地一个普通而迷人的小山村。

近年来，随着海内外陈寅恪热的骤然升温，竹塅的名字如劲硬的山风，在山外的世界迅捷地播扬着。

谁能想到，在偏深险僻地老天荒的这样一个所在，竟能孕育出一个如此声名显赫的文化型大家族。在这个文化型大家族中，先后走出了湖南巡抚、清末维新派著名人士陈宝箴；走出了现代诗坛泰斗、同光体诗派领袖陈三立；走出了现代画坛巨擘、中国漫画的创始人陈衡恪；走出了文史大师、中国文化史上“前不见古人，后难得有来者”的旷世奇才陈寅恪。

翻开新编《辞海》“陈”字条内，陈宝箴、陈三立、陈衡恪、陈寅恪祖孙三代四人赫然分立条目，一家三代四人享有如此殊荣者，翻遍《辞海》，仅此一家！

陈寅恪家族贤杰满门。或以文章著，或以功名显，或以德孝昭。其登峰造极的家族荣耀让人叹为观止。

陈寅恪家族以其夺目的辉煌，为人类文化长廊树起了一座璀璨巍峨的丰碑，为星汉灿烂的中国文化增添了浓墨重彩的一笔。

陈寅恪故里竹塅村，位于江西省修水县宁州镇。这里离北宋著名诗人、江西诗派始祖、大书法家黄庭坚故里双井不足三十公里。黄庭坚是中国文学史上出现过的“江西诗派”始祖，在北宋与苏轼齐名，并称“苏黄”。陈寅恪的父亲陈三立，是晚清“同光体”诗派领袖，他们中还有陈衍、沈曾植、郑孝胥等，这批同治、光绪以来的诗人“不专宗盛唐”，而是效法“江西诗派”。陈三立更是直承他的同乡黄庭坚的遗风，在八百多年后遥相辉映，两者相得益彰，成为诗坛千古佳话。

修水古称“义宁州”，1912年冬，义宁州改为义宁县。1914年1月，避与广西义宁县同名，改称修水县，以贯通境内的素有鄱阳湖水系五大河流之一称谓的江西著名河流“修水”命名。因而后世学者称陈宝箴为“义宁陈抚”；称陈三立为“义宁公子”；称陈衡恪为“义宁陈君”；称陈寅恪为“义宁先生”，称其学为“义宁之学”，其人品为“义宁精神”。“义宁陈氏”即指陈寅恪家族。（参见江西省修水县政协文史委编资料集《义宁陈氏五杰》）

江西修水虽偏深险僻，然代出伟人，这里自古文风鼎盛，有“文章奥府”之称。北宋黄庭坚在《道院记》一文中，对故乡鼎盛的文风曾有过这样的描述：

> ……有泰伯、虞仲、季子之风，故处士有岩石之雍容，有屈原、宋玉、枚皋之笔，故文章有江山之秀……（参见清同治版《义宁州志》）

苏轼才高八斗，学富五车，名冠天下，他一生以黄庭坚为知己，并不辞千里，只身前往位于赣北幕阜山深处的双井村拜访黄庭坚，两位文坛巨匠的高谊一时传为佳话。苏轼对黄庭坚的孝行和文学才华更是钦佩之至，他亲笔写就《举黄庭坚自代状》的奏折，向当朝皇上举荐黄庭坚。苏轼在他的奏折中这样写道：

> 蒙恩除臣翰林学士。伏见某官黄某，孝友之行，追配古人；瑰玮之文，妙绝当世。举以自代，实允公议。

对这位数百年前的同乡先贤，陈三立推崇备至，他在《肯堂为我录其甲午客天津中秋玩月之作》一诗中这样写道：

> 吾生恨晚生千岁，不与苏黄数子游。
> 得有斯人力复古，公然高吟气横秋。

……

陈三立写诗宗江西诗派，以黄庭坚为楷模，他的诗，用字“恶俗恶熟”“刻意翻新”，与黄庭坚“点石成金”“脱胎换骨”的文学主张有异曲同工之妙。陈三立作诗主张创新，崇新尚奇。梁启超曾评道：

义宁公子壮且醇，每翻陈语逾清新。

两位诗人新奇而卓越的文学主张和创新实践，为色彩斑斓的中国诗坛增添了灿烂的篇章，同时也为生养哺育他们的故乡增色添辉。

用“钟灵毓秀”“人杰地灵”这些字眼来描述陈寅恪故里竹塅村的自然风光，委实是恰如其分的。

驱车出修水县城，朝东南面的弥王峰方向行驶约二十五公里，便来到了一个叫兔形的地方，这里已是弥王峰的北麓了。抬眼望去，但见弥王峰挺立云天，嵯峨峭拔，四周群峰拱拥，幽壑纵横，寒林蓊郁，煞是壮观。弥王峰顶峰那终年云缠雾裹的乳白色雾岚，越发像一个亘古难解的疑团，默默地向世人昭示着它的伟岸与玄奥。

弥王峰绵延数十里，高耸入云，清同治版《义宁州志》对弥王峰有这样的描述：

在州治东南四十里，其山东南横亘安乡，西北绵延泰乡，为安、泰诸山之祖，峰高顶平，纵横几数十里，冈陵蜿蜒，中多村落……

兔形是一个山间小集镇，原是桃里乡政府所在地，该县1994年撤乡并镇后，桃里乡并入义宁镇管辖，后划归宁州镇。桃里原名“曹李”，因境内有曹李村而得名，又因与“桃里”近音而改称桃里。

自兔形绕弥王峰南行约三公里，便是弥王峰的西麓了，竹塅就坐落在弥王峰西麓的山腰处。

翻过一道山坡，到达坡顶时，山势陡转狭窄，一座小山兀立路口，似乎山穷水尽，再无去处。顺着山路朝前走，突然峰回路转，眼前豁然开朗，展现在眼前的是一马平川的山间小平原，这就是下竹塅了。

放眼望去，但见田园阡陌，纵横交错，簇簇人家，枕溪而居。荷锄的农人牵着黄牛踯躅在田野上，偶尔几声黄牛底气十足的嘶吼，引来一串狗们勇武的狂吠，牛吼犬吠互相应和，淋漓酣畅地吟哦着农家的悠闲与田园的静谧。

竹塅分为下竹塅和上竹塅，陈氏故居坐落在上竹塅。

一条青石板小径伴着小溪从弥王峰腹地迤逦而来，踏着小径逆流而行，便看见一个峡口。远望去，但见峡口处烟锁雾罩，树影迷离。村人指点相告：那峡口处是水口，是下竹塅和上竹塅的交界处。

走近水口，果然好个去处：几株百年老树苍劲挺拔，傲立在小溪两岸。树下，一座石桥枕溪而卧，石桥长约丈余，由两块人工凿成的硕大的青石条镶拼而成。清澈可鉴的溪水静静地从桥下流过，桥头有一社坛，社坛前几缕残香尚袅袅地升腾着淡淡的青烟，还有几碟不知是哪位善男信女留下的供果……

古树、石桥、清流、社坛，构就了一幅原始古朴而野性十足的图画，让人顿生一种返璞归真的情怀。

水口近似葫芦口，两岸山形紧锁。热心的村人又指点相告：上竹塅陈家大屋贤杰满门，按风水先生“峦头理气”的说法，就是因了这水口生得紧，水口紧就锁住了风水龙脉。

村人的说法不足为信，但竹塅的自然风光委实让人迷醉。

陈氏故里竹塅陈家大屋（远景）

跨过石桥，便是上竹塅了。

进入上竹塅，已是弥王峰的半山腰了，抬首望去，高耸的弥王峰就在眼前。那飘忽不定的乳白色雾岚仿佛伸手可掬，雾岚游移不定，丝丝缕缕地缠裹在村落四周那团团簇簇生长着的苍松翠竹的梢头，如一位写意画家在水墨画上挥洒的笔触，将村落点染出几丝虚幻、几缕神秘……

竹塅以盛产南竹而得名，环目四顾，漫山遍野幽篁处处。丛丛修竹与参天古木相映成趣，响水流泉缭绕其间。村落正中，垄垄梯田参差错落，屋宇农舍，桑麻鸡犬，绿树掩映。

沿溪行不足百米，东面山脚下一栋高大古老的建筑兀立眼前，这就是名闻遐迩为世所重的陈氏故居——竹塅陈家大屋了。

陈家大屋古雅气派，虽是年代久远，但依稀可见当年的豪华与气韵：巍然耸立的风火墙，斗拱飞檐的梁柱，高大气派的门楼，精美绝伦的雕饰，曲径通幽的格局……

特别引人注目的是：陈家大屋门前两侧的地场上，对称竖立着一对旗杆石和一对旗石礅。它们分别用本地特有的紫红麻石条砌就，顶部正中皆凿有竖旗杆用的圆孔。走近细看，又各有不同：旗杆石是陈寅恪的祖父陈宝箴中举时所竖，由两块硕大的紫红麻石条相对竖立，上面一行阴刻大字“清咸丰元年辛亥陈宝箴中举竖”；旗石礅是陈寅恪的父亲陈三立中进士时所竖，由紫红麻石条砌成高礅，正面阴刻“光绪己丑年主政陈三立”一行大字。

从外观上看，无论内涵还是品位，规模还是气势，旗石礅都超出了旗杆石。父子二人皆在祖屋大门前的地场上竖起大旗，淋漓酣畅地抒发家族的荣耀和各自进取人生向往文化功名的豪壮，既是陈氏故居的一大景观，又是这个文化型大家族内在人文精神勃发的写照，也是这个家族迅速崛起，由“棚民”进入士大夫阶层的见证，同时也为我们了解封建科举制度时举人、进士及第后，在祖屋祠堂前建礅竖旗的典章制度提供了实物依据。据专家学者考证，这两对保存完好的旗杆石、旗石礅十分珍贵，为国内仅存。

陈家大屋为典型的江南祠堂式民居建筑，由新旧两栋连成一体。

右边老屋为陈寅恪的高祖父克绳所建，落成于乾隆五十八年（1793）。老屋一进两重，中开大天井，天井两侧分别为客厅、官厅。

官厅为密室，是谈论官事的地方，由客厅西墙一扇小门进入。官厅密不

陈氏故里竹塅陈家大屋（近景）

透风，除小门外，连一扇通风透气的窗户也没有，只从屋顶开一扇巴掌大的天窗，透进几缕亮光。清朝年间，残酷的民族高压，隔墙有耳、令人沉闷窒息的政治空气，以及生当乱世的士民百姓风声鹤唳的处世态度由此可见一斑。上下堂前两侧是书房与卧室。上厅东厢房为陈宝箴居室、陈三立出生处。下厅堂左边墙上原贴有《陈氏家训》，时经一百多年，虽斑驳脱落，若仔细辨识，“孝父母”“笃友恭”“忠君上”“别男女”“端士习”“勤本业”“崇节俭”“尚忠厚”“戒溺女”“黜异端”“除恶习”“睦宗族”等部分条文仍依稀可辨。

新屋居左，建于清光绪年间，乃陈宝箴中举后所建，结构格局比老屋更显气派。

陈家大屋历尽百年沧桑，除屋前围墙门楼颓倒残缺外，两栋房屋保存基本完好。

陈家大屋亦称“凤竹堂”。陈氏祖先将祖屋名之为“凤竹堂”，取古代神话传说中“凤非梧桐不栖，非竹实不食；凤有仁德之征，竹有君子之节”的含义，希冀陈氏子孙仰凤凰之高风，慕劲竹之亮节。

陈家大屋无论规模还是格局，在该县遗留下来的古建筑中，都不能算是特别引人注目。陈家大屋之所以为世所重，主要是因为它有着别的建筑所无法企及的丰富的人文内涵和重要的文物价值。

笔者去竹塅探访拜谒陈氏故里搜集此书的写作素材时，村中的老者津津乐道地指点相告：陈家大屋的大门口原有“进士第”匾额，上堂前高悬有光绪帝御赐陈宝箴母亲六十大寿的“福”“寿”字匾，下堂前墙壁上有陈克绳立下的《陈氏家训》，上堂前神龛后的板壁上挂着陈衡恪亲手所绘的《钟馗打鬼图》。

和大多数中国民居建筑一样，陈家大屋在选址和朝向上也颇有讲究。

伫立陈家大屋大门口，环目四顾，陈家大屋背倚长窝里，左靠欧家垴，面对义学里，右连塅口。三股豆绿色清澈的溪流从不同方向朝大屋汩汩流来，在正对着大屋门口的不远处交汇成一个深潭。深潭清澈见底，游鱼细石，历历可鉴。

对陈家大屋所在地竹塅的造物之奇、山川之灵，风水先生的说法是：陈家大屋占了绝妙的一方水土，背倚大山，门对“三合河”，这叫后拥龙脉靠山，前纳八方鸿运。此绝佳之风水也。

令人有些不解的是，选址和朝向皆如此讲究的陈家大屋，却有一座祖坟高高地葬在屋后山脊的古木丛中。站在陈家大屋地场上朝屋后望去，阴森的祖坟与气宇轩昂的陈家大屋是这般地不协调，还似乎有些大煞风景，给人留下一个难解的疑团……

沿欧家垴朝弥王峰上行约五华里，有一块叫“四角窝”的山间平地。

同治元年（1862）秋，陈宝箴在这里建了一座读书楼，名曰“四觉草堂”。其时，陈宝箴以“举人”之资至安庆谒见两江总督曾国藩，相谈之后被尊为上宾，曾国藩赞他为“海内奇士”。从此，陈宝箴的政治生涯已初露端倪，求索人生的漫漫征程已现出几缕玫瑰色的曙光，踌躇满志的陈宝箴倍感知识的分量和闭门读书的必要，于是忙里偷闲，在弥王峰的清静地界建了这座读书楼。

“四觉草堂”为两层砖木结构，二楼悬有游廊，前有围墙门楼，门首刻有“四觉草堂”横匾。门前场地上，左边有洗砚池，池前有珊瑚石垒就的假山，假山旁立碑刻“界石”二字。入门楼，过小苑，便是草堂正门，从正门进厅堂登楼，楼正面开一圆门，门楣有“安贞楼”三字。两旁刻有对联“深居观

四觉草堂图

元化，荡胸生层云”。站在二楼游廊上，凭栏远眺，竹塅风光，尽收眼底，不由得让人心旷神怡，物我两忘。陈宝箴的挚友，曾任广东巡抚、中国首任驻英、法大使的郭嵩焘，曾来竹塅小住，并与陈宝箴一道抱书入“四觉草堂”，两人在草堂内寄情山水，读书论史。

郭嵩焘在其所著《养知堂诗文集·四觉草堂记》一文中对“四觉草堂”作了生动的描述，对草堂的主人命名草堂的题旨亦作了揭示：“四觉者，视、听、言、动之四目，恻隐、羞恶、辞让、是非之四端。”陈宝箴以“四觉”命名草堂，是时刻警示自己的言谈举止都要合乎“四端”之行为规范。

时过境迁，斯人已去，草堂早毁。

说起草堂，竹塅的老人们仍津津乐道，其身临其境之感，犹在昨日。据居住在陈家大屋的陈三泗老人回忆：陈宝箴曾在草堂办过私塾，第一任老师名石少甫。陈三立、徐家干、涂承轨同在这里读书，三人后来都中了举人，曾有“桃里三举”之称。

草堂后有石径直达弥王峰巅，拾级而上，右侧山坳间幽篁深处有亭翼然。当年，陈宝箴伏案苦读之余，常登此远眺，悦目怡情。

陈家大屋正前方，群山层叠，峰峦起伏，状若游龙。

光绪十二年（1886），陈宝箴回乡探亲，为造福桑梓，捐田五十担，买租一百担，在大屋正前方的山腰建了一所义学，免费延纳贫寒子弟入学就读。后人不忘陈宝箴的义举，一直把这一带山地统称为“义学里”。据《义门陈氏宗谱》载：宝箴父伟琳生前有此遗愿。宝箴谨遵父志，完成父辈遗愿。

陈宝箴曾有遗训，陈氏后人当做到六字：不治产，不问政。

陈氏后裔将祖先的遗训谨记于心并传为家风。自宝箴后，陈氏后裔再无一人治产为官。三立中进士后，虽授吏部主事，但未尝一日为官。这个家族迅速崛起为一个为世所重的文化型大家族，陈氏后裔皆在各自的文化领域取得登峰造极的成就，除各自的天赋、意志、毅力、机遇、家学传承等智力和非智力因素外，家族文化所特有的人文精神和文化基因，也是孕育这个贤杰满门的文化型大家族的一个不可或缺的因素。

这不由得令人想起中国现代史上的另一位文化巨人梁启超。梁启超认为，政治短暂如过眼烟云，文化永恒如山川河流，政治危险而龌龊，文化单纯而美丽。梁氏后裔亦星汉灿烂，梁启超的儿子梁思成是建筑大师，其他儿孙亦各有造就。两个家族异曲同工，给后人留下诸多思考。

对先祖遗留在竹塅的屋宇房产、良田山场，除陈宝箴外，陈氏后裔再也无人过问。既无人回来收过分文的租金，也无人过问产权归属，甚至很少有人回过竹塅。

竹塅的陈姓族人，都盼望能见到百年未归的陈宝箴这一房的后人，据年长者回忆，截至1989年，宝箴后代只有三人回过竹塅：第一人是陈寅恪的叔叔三畏的儿子覃恪，于1940年回乡探亲；第二人是覃恪的胞妹静娴，于1947年曾回竹塅；后一次是1989年冬，陈三立孙女小从（三立次子隆恪的独生女儿），应修水县政协邀请回乡。

宝箴后代回乡人数最多的一次是2006年6月15日。

这天，“义宁陈氏”后裔赴修水省亲祭祖亲友团一行十二人，回到了祖辈们繁衍生息的故居。他们是陈隆恪之女陈小从；陈寅恪长女陈流求、三女陈美延；陈封怀之子陈贻竹；陈覃恪之孙陈云君等。他们中除陈小从1989年冬回来过一次外，其余均是第一次回修水故里。此次故乡之行，他们祭扫了先祖墓园，参观了故居建筑，与同宗族人共叙亲情，还参观了“五杰广场”，参加了“修水县一中”增挂“散原中学”校牌仪式。他们还向故里的竹塅小学捐款，表达对家乡教育事业的关爱之情（参见周武现、陈景略《“陈门五杰”芳裔回修省亲》）。

当地人习惯称陈宝箴、陈三立、陈衡恪、陈寅恪、陈封怀（衡恪之子）祖孙四代五人为“一门五杰”。因修水县政协文史委与江西省政协文史委于1994年6月合编过一本专门介绍竹塅陈氏五杰生平史绩的资料集，“一门五杰”的说法从此传扬开来。为纪念先贤，激励后人，修水县人民政府于

江西省修水县五杰广场

2003年在县城修建了“五杰广场”。

谈起五杰先贤，当地人无不为之自豪。

竹塅人尽管都未见过五位先贤，但对他们的成就与风范，一直崇敬颂扬。中年男女，皆能如数家珍地说出先贤的事业与名望，能指出陈氏的坟茔墓地，甚至无论男女老幼，都能说出几个有关几位先贤的传说掌故，“陈宝箴是天上的文曲星下凡”“陈宝箴出世时上竹塅红了半边天”“陈宝箴打泉神”“慈禧太后赐毒酒害死了宝箴”“陈三立在城门口对对子气死老学究”“齐白石拜师陈衡恪”“陈寅恪读书一目十行，过目不忘”“陈寅恪是国宝，蒋介石派专机接他去台湾他也不去”……诸如此类不一而足。

竹塅人对他们引以为豪的陈家大屋，倍加珍惜爱护。

特别值得一提的是，有一位住在陈家大屋叫欧阳国太的农民，他是陈氏家族的上门女婿。欧阳国太的人生经历可写一本厚厚的书，他本是湖南省宁远县人，初中文化。他的父亲欧阳疑，早年毕业于黄埔三期，参加过北伐战争，功勋卓著，后任国民党正规部队师长，“武汉会战”时率部参加过著名的“马当战役”，并立下赫赫战功。1946年，他父亲回乡养病，不久便魂归故里。时至1969年，正是“文化大革命”的疯狂年代，地处湘南的道县、宁远一带发生了骇人听闻的“宁远事件”，当时只有二十多岁的“黑五类子女”欧阳国太被迫逃离家园，漂泊流浪到了竹塅，入赘陈家大屋。娶陈寅恪堂侄封美之女为妻。

也许是将门虎子的激情与执着，也许是陈家大屋灵秀氤氲的熏陶，人生的坎坷并未能泯灭他内心的良知，清贫的生活也未能阻挡他情感世界的升华，在紧张的劳作之余，他毅然拿起笔来，一首首带着泥土的芳香，饱含着生命激情和人生体验的诗作从他的笔端喷薄而出……要不是那次偶然的相见，人们也许永远不知道在这偏僻的小山村里，竟还有一位如此普通而不平凡的农民诗人。

那是1998年谷雨时节，一年一度的江西诗坛盛会——“江西省谷雨诗会”在修水举行，各路诗坛高手云集修水，诗人的豪情与浪漫，给古老的修水城骤添了几分迷人的韵致。会间，我陪几位与会的教授、诗人前往竹塅拜谒陈氏故居。当我们走进陈家大屋时，刚好那天欧阳国太因脚痛在家休息，我们就这样不期而遇。当几位教授、诗人在他家的土墙上发现了他的诗作时，顿时兴奋得手舞足蹈起来，他们又是抄录，又是夸奖，一连串地惊呼：“嗬——发现了一位诗人！”“嗬——发现了一位诗人！”其惊愕之状不亚于当年哥伦布发现了新大陆。

在看了他写的一大本诗作后，几位教授、诗人却是怎么也不敢相信：当大都市里那些风度翩翩满腹诗骚的诗人无可奈何地哀叹，世纪末的诗歌走上了穷途末路的时候，这位偏僻山村的普通农民——这位赤着双脚，腿上还沾着泥巴星子的农民诗人，却以其独特的生命体验和艺术追求，轻而易举地完成了山外世界的诗人们也许是终生难以逾越的艺术蜕变。

随后不久，教授、诗人们评介这位农民诗人的大块文章，连篇累牍地登载在各种报刊上，引来山外世界一片惊奇的目光……

入赘陈家大屋几十年来，欧阳国太深知陈家大屋的价值和分量。即使是在视知识如粪土、无数珍贵文物惨遭破坏的年代，他也以其独特的眼光和特有的胆识和方式，默默地珍藏和保护着陈家大屋及屋内的珍贵文物，使这些无价的艺术瑰宝免遭厄运。

近年来，海内外骤然兴起一股陈寅恪热。随着《陈寅恪的最后20年》《学人魂·陈寅恪传》《陈寅恪先生编年事辑》《陈寅恪评传》《陈寅恪的读书生涯》《陈寅恪的家族史》等书的陆续出版问世，沉寂了近百年之久的竹塅陈家大屋，奇峰突兀般地为山外的世界所关注，陈家大屋开始变得热闹起来。一些学者、专家纷纷前来参观考察搜集资料。欧阳国太毫不保留地提供珍藏多年的宝贵史料，并热情地充当讲解和向导，提供食宿方便，其热情周到，不是亲人，胜似亲人。

陈家大屋，原藏有许多明清时期名人所作的字画、篆刻及重要历史典籍，有陈宝箴为官时的奏折底稿及宝箴父子的公文、信函，还有光绪皇帝御赐宝箴母亲六十大寿的金匾。这些极其珍贵的历史文物，除部分书籍由静娴清理寄给衡恪次子封怀等人外，其余多在“土改”运动时散失。据陈朗山说，“土改”运动时抬走一大捆字画，后来不知去向，他家原收藏了三幅，也在1958年被毁坏了。这些字画，皆由明清时期名人所作，精妙绝伦，艺术上更是登峰造极炉火纯青。若是保留至今，件件皆是无价之宝。

那些散失的字画中，有一幅珍贵的《草山虎》图。图是中堂式条幅，一只老虎半蹲半立，隐在草丛中。细看那虎，口如血盆，目似铜铃，眈眈灼人，虎动草偃，暗隐杀机……

据说，《草山虎》最初挂在陈家大屋的厅堂上，刚一挂上去，则鸡鸣犬吠猫嗥猪叫，就连牛栏里的牛也狂躁不安。动物们惊恐万状，到处乱窜，仿佛末日就要来临。后来，主人只得将画移至书房，终日紧闭着书房门，不让闲人进去，这样，鸡犬不宁的陈家大屋方才安定下来。不料，不久之后就是新年正月，许多亲朋好友前来拜年，一位来做客的老太太喜欢乱闯，当她推门走进书房，抬头突见一只猛虎张开血盆大口朝她扑来，老太太顿时吓得昏倒在地，不两天竟一命呜呼。于是，主人只得用针把一只“虎眼”刺穿，虽稍减其威，但仍令人胆寒。时至1953年“土改”运动，《草山虎》曾被农会文书陈某得到，他挂在房里，小孩一见便吓得彻夜啼哭，高烧不止，陈某以为不祥之物，便不敢再挂了。从此之后，《草山虎》便不知去向。1947年，陈寅恪的叔叔陈三畏的女儿静娴回竹塅，还曾见过《草山虎》图。据同去的余杰风说，那虎活生生的神态，确有几分可畏。时至1988年，退休教师余杰风参加新编《修水县志》的编纂，在收集整理竹塅陈氏“一门五杰”资料时，自然想起《草山虎》来，于是，余杰风根据所见所闻，欣然命笔，写了一篇《〈草山虎〉传奇》的散文，此文发表后，引起强烈反响。许多人开始关注《草山虎》的命运，有人愿出高价收藏。然而令人遗憾的是，尽管费尽九牛二虎之力，仍然找不到“虎”的下落。

竹塅的各个山头有陈寅恪家族的祖坟群，陈寅恪家族的列祖列宗就长眠在竹塅各个山头的荒野林莽间。那一座座气势显赫的祖坟，那一块块祖坟的墓碑上遗留下来的陈寅恪家族珍贵的历史档案，以及那本焦黄焦黄虫蚀斑驳的《义门陈氏宗谱》，还有那留存在竹塅的田头路边的处处残碑断碣……

这一切的一切，都在向世人昭示着这个家族——这个从“棚民”迅速崛起为士大夫阶层，这个为星汉灿烂的中国文化书写了崭新篇章的文化型大家族不寻常的过去。

这个家族在漫长的生命史流变中那艰难的跋涉，氤氲弥漫在这个家族之上的那既神秘而又奇异强劲的孕育了大师的家族文化的遗传基因密码，这个家族辉煌而又灿烂的人生情韵与生命壮歌，以及笼罩在这个家族之上的那几缕离合的神光……所有这些，都是当今的读者所普遍关注的热点，也是本书的重点所在。

让我们带着这些疑问，一道去追溯这个家族所经历的近百年来中国历史波谲云诡的时代风云，一道去感受、去体验主人公的人生命运与情感世界，以及他们浓墨重彩挥洒人生的生命激情……

第二章 家族溯源

客观地说，迄今为止国内出版的堪称汗牛充栋的各类著作中，有关陈寅恪家族溯源及家族流变的叙述考证，是不能尽如人意的。在这个问题上，这类著作都有一个不可饶恕的通病，或是避实就虚语焉不详，或是互相引证以讹传讹，或是张冠李戴逻辑混乱，或是妄加揣测众说纷纭，或是世次混淆昭穆莫辨。陈三立及诸子的诗文中又鲜有涉及义宁陈氏先贤及陈氏源流演变的，因而读者及后世学者对义宁陈氏先贤及源流演变莫衷一是如堕五里雾中。

作为陈寅恪故里的一位作家，得地利之便，因仰慕先贤，我曾先后多次前往陈寅恪故里竹塅陈家大屋探访拜谒，为感受先贤故里的氤氲灵气，激发创作灵感，我又多次在陈家大屋借宿小住，发现了竹塅陈氏后裔珍藏的民国三十二年（1943）光义堂重修的《义门陈氏宗谱》（以下简称《义门陈氏宗谱》）残本。为了收集资料，我又向专业人士学习并掌握了用宣纸拓印石刻拓片的技术，并拓印了竹塅陈氏一百一十二世祖文光、迁宁（江西义宁）始祖腾远（公元）、陈寅恪高祖父克绳、曾祖父规鋐（伟琳）等人的墓志铭。在我之前，从未有人接触过这些珍贵的家族历史档案。这些家族历史档案皆第一手资料，是至目前为止国内唯一尚存的有关陈寅恪家世的真实可信的权威史料，且从未见任何经传。

打开这些沉睡在陈氏故里竹塅荒野林莽间的其家族弥足珍贵的历史档案，陈氏家族的源流演化脉络便渐趋清晰。为了写作此书，我又历时数年，行程数万里，遍稽有关方志、宗谱、墓志铭、信札以及流传于民间的野史轶闻，查阅了全国各地各大档案馆、图书馆、政协文史委尘封的馆藏资料，拜访了陈寅恪的弟子、再传弟子、后裔及亲友，综合了国内外有关陈寅恪研究的最新成果，进一步完善并充实了对陈寅恪家族的起源、流变、迁徙及源流演化脉络的考证研究，使此书更为真实可信，更为接近陈寅恪家族历史的本来面目，以期为读者及后世学者的研究抛砖引玉。

据《义门陈氏宗谱》载：陈氏出自有虞，周武王克商，求舜后于虞，得有虞氏三十三世孙满，配以元女太姬而封诸陈，因以国为姓。周成王九年（前1034），满卒，谥胡公。胡公满遂为陈氏受姓大始祖。满公四十二世孙名实，字仲弓，为汉太邱长，封颍川郡，中平三年（一作四年，186或187）卒，谥曰文范先生。陈实"以节义风四方"，至有谓曰："宁为刑罚所加，不为陈君所短。"厥子皆贤，而元方、季方为最，世称"难兄难弟"，殆本诸此。自是颍川之陈益著。陈氏"由是以颍川为族望"……更三十二世至旺公，自庐山迁江州浔阳县太平乡永清村常乐里艾草坪，为宋之江州"义门陈氏"始祖。

族谱作为一部家族的生命史，记载着一个家族源流的起源、流变、迁徙及源流演化脉络，它的神圣性、神秘性及可靠性是毋庸置疑的。

《义门陈氏宗谱》的这段文字，记载的虽是陈氏的远祖，文字也极简约，但我们从字里行间不难看出：

一是义宁陈氏起源于北方的黄河流域。"虞"为传说中的远古部落，即"有虞氏"，居于蒲阪（今山西永济西蒲州镇），舜乃其领袖。黄河是神州大地的母亲河，黄河流域自古就是中华民族繁衍生息的摇篮，中华民族的祖先早在人类混沌初开的远古时代，就在这里建立了原始共产主义社会，谱写了远古人类文明的壮歌。

二是义宁陈氏的流变、迁徙及源流演化与战争有关。义宁陈氏的发展始终伴随着人类社会前进的步履。原始社会解体后，进入奴隶社会，私有制从此产生。经济学家和社会学家称私有制为万恶之源。私有制产生后，战争便应运而生。伴随着战争的硝烟，金戈铁马，攻城略地，气吞万里，杀人如麻。随之而来的是弹冠相庆，封侯晋爵。从此，战争的怪圈始终伴随着人类社会的历史进程，至春秋战国时期，诸侯争霸，狼烟又起，到处是刀光剑影，遍地皆血雨腥风。

随着人类部落由游牧生活转向农业定居生活，陈氏家族的祖先东迁于中原地带肥沃的平原，他们定居的地方，就是河南宛丘（今淮阳县）。宛丘又名“陈州之山”。世易时移，后来周武王克商，封有虞氏后裔妫满（即陈氏家族祖先，有虞氏三十三世孙胡公满）于他们定居的这方故土，国号就叫陈国。陈国的国都就是宛丘。据传，妫满的受封得益于其父阏父，阏父是名闻遐迩的制陶专家，因为阏父制陶有功，深得周武王欢心，便将长女太姬嫁给了阏父之子妫满。自此，有虞氏三十三世孙胡公满的后裔遂以封邑陈国的国号为姓，受姓大始祖是胡公满。陈氏家族姓氏的由来即源于此。至今，全国陈姓皆以胡公满为受姓大始祖。今胡公满的墓仍在河南淮阳县柳湖旁，因城壕水浸之故，陈氏后裔特以铁铸护，俗称铁墓。

自周武王将长女太姬嫁给妫满，又将“陈”地封给妫满后，作为周王朝统领下的封国，陈国的地位开始显赫起来。陈国所处地理环境优越，虽方圆仅百余里，却位于川泽纵横平坦无垠的肥沃的中原地带，物产丰饶，经济繁荣，国力强大。加之政治开明，陈国的势力日益发展壮大，呈现出勃勃生机。陈国在西周初年的诸侯国中，可算是一个富强的大国。

然而，如此强大的陈国又是如何衰落，又是如何从地处中原的北方迁徙到南方的江州浔阳县太平乡永清村常乐里艾草坪（即今江西省德安县车桥镇义门村）的呢？

这首先得归结为陈国后来内政的腐败和随之而来的内乱。

我国第一部诗歌总集《诗经》，对有关陈国的记录十分丰富而传神。《陈风》十篇专叙陈国的风俗，诗中记载：胡公满的夫人太姬无子，因祈祷得子，因而迷上巫觋，喜欢鬼神歌舞之乐，无心过问政事。上行下效，大臣百姓也跟着仿效，埋下了腐败的隐患。

后来，陈国内部又经历了陈国国君陈桓公的弟弟陈佗、陈厉公陈跃的弟弟宣公、陈灵公时夏姬之子夏征舒等数次内乱。几次内乱之后，陈国元气大伤，从此一蹶不振。在群雄逐鹿的年代，本应为诸侯之首的陈国却坐失良机，在随后崛起的晋、吴、楚等强国的夹缝中苟且偷安。

至公元前478年，楚惠王北伐，陈湣公被杀，陈国灭亡。原本强大的陈国变为楚国的一个县。从妫满封陈到陈闵公亡国，陈国共传二十世，二十六代君王，历时五百八十八年。

姓氏作为人类家族部落的符号，自然不免带上几缕战争的印记。陈氏家族的生命史起源、迁徙及源流演化的发展历史，始终与战争相关联。

这从象形文字“陈”字的结构就可以看出来。象形文字是世界上最奇妙的文字，它的笔画间潜蕴着丰厚的文化积淀和信息密码，从金文中的“陈”字，我们可以看到一个极有意思的形象，“陈”字的左边是“阝”，“阝”作旌旗之状，右边的“东”，古代的写法为战车的车轮，整个“陈”字的含义，是以战车排列于国土边界保卫国土。

也当该是“天不灭陈”，陈厉公的弟弟陈宣公之乱时，厉公的儿子陈完为避难逃到齐国，改姓为田，寄人篱下，从一个芝麻小官做起，一直做到位至极品的相国，后来干脆取而代之。田姓齐国，比故国要强大得多，成为战国七雄之一。后来，齐国被秦国灭亡后，齐王建之子陈轸相于楚，封为颍川侯，因此迁入颍川，遂死灰复燃，复姓归宗改为陈姓。陈姓的这一支虽历经磨难九死一生，却子孙兴旺发达，成为现代陈姓的主要来源。

《义门陈氏宗谱》提到的“自是颍川之陈益著”“由是以颍川为望族”即指此。现代陈姓大多自江州义门（即今江西省德安县车桥镇义门村）派出，有“天下陈氏出义门，离开义门不姓陈”之说。江州义门陈氏的后裔皆视颍川为根本，以陈轸为其复姓始祖，我在陈氏故里竹塅陈家大屋小住时，见到陈氏后人供奉的祖先牌位上至今仍冠以“颍川”二字。

陈轸一族迁居颍川后，他的后裔陈霸先天资聪颖，自小就有霸王之才，深得梁敬帝的信任，随后便做了相国，封为陈王。至梁敬帝太平二年（556），陈霸先夺取了梁朝的政权，建立了陈朝，又一次将陈氏家族史的显赫推到了极致。陈霸先成了陈武帝，年号“永定”，在金陵（南京）建都。三十三年后，至风流皇帝后主陈叔宝时，陈朝被隋文帝大将韩擒虎所灭。

589年陈灭亡后，后主叔宝之弟叔明等皇族随叔宝入长安。叔明五世孙陈兼唐朝时为玄宗朝进士。兼的儿子京为德宗朝进士，京无子，以侄儿褒过继为子。褒生灌，盛唐大历年间，灌为高安县（今江西高安）丞。灌的孙子环为避难迁于福建泉州仙游（今莆田），环的第五子伯宣，又迁出福建，隐居江西庐山。

史载伯宣颇具文人气质，兼具文史之才，他风流倜傥，才华横溢。有一次，他与马总为友自仙游浪迹匡庐之龙潭窝，见庐山幽奇清远，遂生隐居之念。于是从福建泉州仙游迁居庐山，在庐山圣治峰前龙潭窝结茅晦迹，终日徜徉于湖光山色里，踯躅在幽谷峭壑间，庐山秀美的自然风光令他如痴如醉，乐而忘返。从此，他摒弃世俗杂念，厌倦官场倾轧，潜心评注司马迁《史记》，名闻朝野，朝廷屡诏不出。诏著作佐郎，不就。

伯宣子檀，檀任福州刺史，檀的儿子旺于唐玄宗开元十九年（731），再迁至江州浔阳县太平乡永清村常乐里艾草坪（今江西省德安县车桥镇义门村）。

应该说，天下陈氏来自宛丘，陈氏的兴旺却在义门。

在陈氏家族的源流演化史上，江州“义门陈”是值得大书特书的。

旺公乃名倾天下的江州“义门陈”始祖。自受姓大始祖妫胡公满受封于宛丘，建立陈国，以国为姓，陈氏家族历尽沧桑，辗转流徙，至“义门陈”始祖旺公，已是七十四世了。

传说旺公迁居常乐里，得益于仙人指点。

旺公八岁时，有一次随祖父伯宣在庐山打猎，突遇一位鹤发童颜须髯飘逸的老者，老者告诉伯宣，不可久恋庐山，离庐山不远处有个叫“常乐里”的地方，你把家迁往那地界，定会长发其祥。老者说完之后即飘然而去。伯宣方知遇上仙人，但他留恋庐山风光，回家后对仙人指点毫不在意，依然安居庐山。

旺公长大当家后，想起少小时路遇仙人这件事来。他想既是仙人指点，于其家族必有好处。于是，他不动声色地悄悄骑马去了一趟常乐里。到那一看，但见那地界地势平坦开阔，泉甘土肥，芳草鲜美，果然好个去处。他又骑马围着常乐里转了一圈，策马跃上一个高坡，纵目四顾，不由得暗暗大吃一惊：按风水先生所奉“峦头理气”的说法，此地山水幽静祥和，沙抱深弯如牛角样，水口紧似葫芦口，山势以摆动为妙，山形以特达为尊。再看四面朝向，左青龙，右白虎，前朱雀，后玄武，样样皆占着优势。如此一方宝地，确是打着灯笼也难找。

此时此刻，他想起了早已过世的祖父伯宣公。伯宣公迷恋庐山，不听仙人指点，致使如此一方宝地虚掷荒芜。他不由得对祖父生出几分埋怨的情思。祖父一生风流倜傥，迷恋学问，寄情山水，不问世事，不理家政，致使家道日见中落。庐山虽好，但只是修身养性怡情悦目的地方，庐山上地无一块，田无一垄，一个家族要想在那里繁衍生息，也不见得就能好到哪里去。

幸亏老天有眼，常乐里闲置这么多年，也未被别人占去，仙人也未告诉别人，可见他的祖上有德有福。

于是，旺公当机立断，全家总动员，扶老携幼搬下庐山，迁往常乐里，开始了陈氏家族又一轮艰苦卓绝的创业历程。

千百年来，陈氏家族的列祖列宗在社会和人类生命的历史长河中，挥洒着智慧，谱写过无数璀璨和辉煌。但真正堪称书写了人类家族文化史上的世界奇观、创造了人类文明史上辉煌业绩的，当首推他们所创建的封建大家族——江州“义门陈”。

江州“义门陈”是我国封建社会中人口最多、文化最盛、团结最紧、合灶时间最长的唯一大家庭。这个封建大家庭十九世同居，聚族三千九百余口，有田三百余处，历世二百三十余年尚未分异，成为中国封建时代人类梦寐以求的最高理想模式。“义门陈”现象，是中国古代传统的自给自足的聚居型田园经济制度的典型，封建社会忠义之家的样板。

“以诗书立门户，以孝悌为根本”，始终是这个家族生命史绵延的基因。

据《义门陈氏宗谱》载：江州“义门陈”要求这个家族的所有成员做到：清而纯、善而和、义而正，才者不矜，富而不骄，贫而不怨，有勇不犯，有刚不折……

为了达到这个要求，这个庞大的封建大家族内部管理极为严格，它拥有严谨的族规家训和严密的内部管理制度。始终被这个家族的男女老幼奉若神明的三十三条家法，其制定的目的就是为了维系这个家庭的团结统一，使上下尊卑有序，和睦相处，齐心协力使家族繁荣昌盛。

这个封建大家庭的管理模式堪称封建家族管理模式的楷模，在三十三条家法的统摄和规范下，一切是这般地有条不紊，整个大家庭如同一个缩小的社会，各种机制健全而有序。“立主事以专家政，库司以掌家财，庄长以督赋租，勘司以习男女，学院以教童稚，道院以业焚修，巫法以备祈祷，医师以供药石，东佳书院以供学者，酒酱盐米之储，巾履笄箱之用，三时饮食之节，四序宴会之期，长幼出入之仪，晨昏定省之礼，婚疾吊丧，送往迎来，赏以劝能，罚以惩恶，凡诸纤悉，莫不周详。”（参见《义门陈氏宗谱·义门碑记》）

中国传统儒学“修身齐家”的精髓渗透到了这个家族的每一个细胞，家族的统治者要求这个大家庭的所有成员必须做到“奇服异品，莫思玩好；钱财货利，莫视泥沙。富不忘贫，可常保其富；贵不忘贱，可常保其贵。赃获不入其门，鹰犬不为其玩。天文图纬之学，纵横权变之谋，佛图桑门之言，商贾营败之利，禁之不习，惧坏风俗。室无私财，厨无别馔，大小知教，内外如一……”（参见《义门陈氏宗谱·义门碑记》）

这个家族内部实行维持最低消费的供给制。实行经济均等，财富共有，普遍劳动，消费均一，上下和睦，人无间言，带有浓厚的氏族公社残余。家族规定只能一夫一妻，“不得置畜仆隶”。不论娘家尊卑贵贱，新媳妇进门后先得下厨，直做至又有新媳妇进门为止，依此类推。严禁财产私有，就连新媳妇回娘家的礼物也由家族统一配发。小孩生下满月后，也得交给家族统一抚养，父母每七天方可领回家住一晚。然后教读婚配悉由家族统一安排。

这看似微不足道，其实对聚居共处生活的维系很有作用。当有人问“义门陈”为什么能历世不分家，管家的回答说：“吾家男妇一公无私。堂前架上衣无主，三岁孩儿不识母，丈夫不听妻儿话，耕农不说田中苦。”维系这个家庭不散的是族权，在族权实施过程中，是以财产家族共同所有为基础的。

“义门陈”在选贤任能方面，也大胆打破年龄尊卑界限，隐露出几缕民主的曙光。

有一次，选了位八十多岁的老太婆任主事，老太婆甚是精明能干，事无巨细，皆管理得井井有条。

有一年，遇上百年大旱，正抽穗扬花半浆的禾苗都枯死在田里。按祖传规矩枯死的禾苗要放一把火烧掉，以免污秽了天地，这样既合祖规也很轻松省事。就在正准备烧的时候，老太婆传下话来，禾苗不许烧掉，要收割起来，堆好保存。合族大小怨声载道，都怪老太婆太多事。但老太婆是主事，主事发了话，谁也不敢违抗，只得把禾苗都收割起来精心保管好。

谁知第二年春天北方发马瘟，兽医束手，后来他们发现了一个偏方，那就是只有抽穗扬花的半浆干稻草才可治马瘟，可眼下正是春天，上哪里去找那抽穗扬花的半浆干稻草呢？北方人到处寻访，终于在“义门陈”找寻到了，他们如获至宝欣喜若狂，豪爽的北方人自愿出高价悉数买下这些救命稻草。北方马瘟遂治，“义门陈”亦因祸得福，灾年反而胜过丰年。

有一次，一位朝廷派来的钦差，带着皇上特赐的两件礼物来到了“义门陈”。

这位钦差带来的礼物甚是奇特：竟是一只柑，一只梨。钦差先是将一只柑赐给主事的老太婆，老太婆谢过皇恩，利索地将那只柑切成数瓣，又召来各庄庄长，每人发给一瓣，命各庄烧开一锅水，然后放进那瓣柑，不分男女老幼，每人喝一口皇恩浩荡。钦差见状百思不得其解，问是何意，老太婆赶紧跪报：同甘（柑）共苦。少顷，钦差大臣又将一只梨赐给老太婆，老太婆谢过皇恩，毫不犹豫地把那只梨吃了。钦差问为何只分柑不分梨，老太婆又赶紧跪报：永不分离（梨）。钦差将此报告朝廷，满朝文武皆为之感动。

“义门陈”门庭鼎盛，繁华兴旺。就连吃饭也是熙熙攘攘，蔚为壮观。“每会食必群坐广堂，未成年者别为一席。”老弱病残者受到特别关照。

这种彬彬有礼的谦让家风，就连狗们也受到感染，“义门陈”养了一百多条狗看家，它们吃食时共食一槽，如果有一条狗没有准时到达，其余的狗绝不抢先而食。有一次，一只又瘸又瞎的老狗没来，群犬们找到老狗的住处，原来老狗已死。群犬们谁也不去槽边吃食，而是围着老狗仰天哀嚎，其声凄厉，委实让人揪心胆寒。

“义门陈”的家学“东佳书院”是“义门陈”的最高学府，也是我国最早的私家书院。

陈氏家族兴教重学，“以诗书立门户”的家风，可谓源远流长。“义门陈”人才辈出，“东佳书堂”名垂千古。“朝为田舍郎，暮登天子堂”，是封建社会里底层读书人的最高理想。陈氏家族的子孙在“东佳书堂”读书明智，登科出仕。至咸平四年（1001）时，陈氏一门科举及第在朝为官者竟有四百三十人之多！以宋仁宗庆历四年（1044）为例，“义门陈”有四百零三人应举，这四百零三人中，在朝廷担任要职者十八人，到各地任刺史、司马、参军、县令者二十九人。

“义门陈”敦厚的家世家风，知书识礼古风犹存的家学渊源，安居乐业尊卑有序的家教传承，勤劳俭朴和睦相处以及敦朴严谨的家规家训，促成了一方的和谐安宁，也成了举国上下竞相仿效的样板。这对于维系封建社会的统治和对全国士民的教化，起着极其重要的作用。

名倾天下的“义门陈”因此得到了历代最高统治者的褒奖，除免征徭役、钦贷米谷外，还赐予了“义门陈”诸多世袭的殊荣：唐昭宗大顺元年

（890）赐立“义门”；南唐李昪升元元年（937）重敕“义门”；宋太宗淳化三年（992），旌赐“忠者世家”；宋太宗至道年间（995～997），御书“真良家”；宋真宗咸平三年（1000），宋真宗亲自为“义门陈”题诗曰：“水阁山斋架碧虚，亭亭华表耀门闾。颍州郡派传千古，芳振江州绍有虞。”宋仁宗天圣四年（1026），宣主持家政的陈竞入朝，赐一御雀，提归碎雀，和醍酒一壶，合门三千余口共尝其味。使者复奏曰：“陈氏一门咸知天恩加厚矣！”仁宗皇帝赏之曰：“诚哉，义门也！”又敕“义门”，追封“义门陈”始祖旺为晋国公。

“义门陈”作为一个封建大家族，十九世同居，聚族三千九百余口，历世二百三十年尚未分异。这个家族人口之多、历史之久、孝道之真、名声之大、影响之广，是中国乃至世界文化史上独一无二的家族文化奇观。

江西师大教授许怀林在《“江州义门”与陈氏家法》一文中，论述考证了这个家族数千口人长期维系的奥秘。

许怀林教授认为：这个家族的兴起，是在唐末乱世。动荡多变的时局，烧杀抢掠的兵灾，迫使他们寻求安全自保的途径，因而合族聚居，以血缘亲属的纽带联系众人，凭宗族的力量在乱世中维护生命财产，并谋求发展。那么，在环境安定、危险消失之后，继续维系这个家族历数百年而不散的根本原因是什么？俗语道：容易同患难，难于同安乐。家族内部的经济分野，地位变动，家务纠葛，必然导致矛盾错综复杂。解决这些矛盾的方法有两方面的条件：一是有朝廷三番五次的嘉奖，这是很起作用的外部政治因素，它能产生一股舆论力量，形成一种观念，即维系家族不散是崇高的荣耀。二是“义门陈”家族内部制定的三十三条家法，这是内部条件，应该是起决定作用的。没有家族内部的统治力量，朝廷的嘉奖就会失去。历代朝廷周而复始“诏旌其门，赐之义门”，给“义门陈”的合族成员以一种崇高的荣誉感和使命感。

一个如此庞大而团结的大家族，一个以血缘关系为纽带聚合而成的坚固整体，其凝聚力、号召力、向心力是可想而知的。若是他们对朝廷稍有不满，这个家族所构成的潜在威胁是可想而知的，这不能不引起当朝统治者的警觉。

宋仁宗嘉祐七年（1062），在文彦博、包拯、范师道、吕海等的建议下，采取“一箭双雕”的方法分解“义门陈”：一是抑制“义门陈”人口过于集中，朝野势力太盛的现象继续发展；二是以“义门陈”作为封建家族的样板教化全国农民，以维护封建王朝的“家天下”。于是，在同年七月初三，江南西路转运使谢景初率众臣，奉旨临门监护分解“义门陈”，至次年三月始议定分庄事宜，按御赐的“知守宗希，公汝才思，彦承延继”十二个行派分为大小二百九十一庄，依派拈阄分迁各路、州、镇之庄。这二百九十一庄新的封建家族组织，遍布全国各地十六个省市一百二十五个县、市。其中江西最多，有二十八个县、市，湖北次之，有二十三个县、市，最少的是陕西、山西、广西、海南、天津，各占一县。

江州“义门陈”分庄，惊动朝野，宋仁宗为分庄欣然赋《敕赐江州义门分庄诗》一首，诗云：江州久著义门庄，庄上分庄岁月长。蒂固根深谁与并，珠辉玉朗孰同行？谩夸诗礼追邹鲁，须信簪缨赛谢王。子姓各知遵义范，永于舜后有重光。

其实，江州“义门陈”的分解也是势在必行，即使朝廷不下旨分庄，他们的分庄也在所难免，因为他们的经济来源完全依赖于脚下的这方土地，一个三千九百多人的庞大家族完全靠从泥土里刨食是不可想象的，遇到丰年尚够温饱，若是遇到灾年便捉襟见肘。《义门陈氏宗谱·义门碑记》就有“陈氏举宗啖粥……陈氏一宗三千余口，近年乏食，饥贫难济，请每年春贷米二千石（担）以赡之，候本年冬还上……”等语。加之人口不断膨胀，田地却不会增加，生存空间显得越来越狭小，日子也就越过越穷了。此外还有一个更重要的原因，就是家族内部的极端平均主义的“大锅饭”制度，抑制了家族成员的积极性。“出工一窝蜂，干活磨洋工”的现象屡见不鲜，严重地束缚了生产力的发展。皇上的下旨分庄，正好给了他们一个台阶。二百九十一庄“义门陈”的子孙，星布于全国各地，如阳春三月里报春的烂漫山花，他们带去了这个家族敦厚家风的温馨，带去了这个家族“以诗书立门户，以孝悌为根本”的古老家训，带去了这个家族顽强进取自强不息的生命史基因。这二百九十一庄新的陈氏家族组织，门首皆挂有“义门世家”的匾额，故从此有“天下陈氏出义门”之说。（参见何光岳、聂鑫森著《中华姓氏通书·陈姓》、江西教育学院书院史研究室编《江州陈氏东佳书堂研究》、陈振华撰《义门陈氏重修宗谱序》）

中国人历来安土重迁。奉旨分庄后的陈氏子孙，怀着对故土的眷恋，对未来生活的美好憧憬，揣一把故乡的热土，然后，带上妻儿老小，在列祖列宗的灵前，三跪九叩，郑重地焚上几炷高香，毅然告别了世世代代生活在同一个屋檐下的同宗父老，告别了他们脚下的这方热土，告别了让他们引以为豪名倾天下的江州“义门陈”。像他们曾经辗转迁徙，创造了无数辉煌的祖先一样，以前所未有的激动豪壮的情怀，又开始了新一轮的创业历程……

第三章 客家民系

现在，让我们拂去历史的尘埃，将视野转向义宁竹塅陈寅恪家族这一支的叙述考证上来。

据《义门陈氏宗谱·世系续考》载：宋仁宗嘉祐七年（1062），江州“义门陈”奉旨分庄时，旺公十世孙、宋进士魁公“自江州义门挈眷九十七人入汀州庄，是为迁闽始祖，溯满公至魁公乃八十四世”。

汀州就是现在的福建省长汀县，不过，当时的汀州治辖甚广，包括今三明市和永安、漳平以西地区。当时魁公所住的汀州庄在宁化县的石壁宁德村。魁公共有五个儿子，分别取名为昆、仑、嵩、岳、峰。

义宁竹塅陈寅恪家族属魁公第五子陈峰一支。自陈峰下再传十二代叫陈中兴，中兴共有十八个儿子，号称“十八郎”。由于人口过于繁盛，宁化县的石壁宁德村的生存空间又显狭小。俗话说，家不分不发。于是，“十八郎”再一次分家，散居福建、广东、江西、湖南等地，义宁竹塅陈寅恪家族属“十一郎”后裔。“十一郎”初由宁化迁往广东潮州，又从广东潮州迁居福建上杭县来苏中都林坊。这个时代大约是宋末元初。

“十一郎”定居上杭之后，历十六代而生陈文光，陈文光有三个儿子：公远、腾远、芳远。首先从福建上杭迁来江西修水竹塅定居的，就是陈文光次子腾远。

自江州“义门陈”奉旨分庄，宋进士魁公“挈眷九十七人入汀州庄”，至陈文光次子腾远（字公元）于雍正年间从福建上杭迁入江西修水，其间，陈寅恪家族在福建、广东两地生活六百多年。

陈氏故里竹塅陈家大屋

在长期的迁徙流变中，由我国北方汉族移民与南方畲、瑶等少数民族互相融合，形成了一支独特而优秀的民系——客家民系。客家民系形成于我国的赣南、闽西、粤东的三角地区，形成的年代大约是明朝中期（15世纪至16世纪）。

赣南、闽西、粤东的三角地区历来被称为客家大本营。客家人有自己的方言和风俗习惯。客家人素以聪明智慧、勤劳勇敢、富于进取精神而著称。我国历史上许多杰出人物如洪秀全、黄遵宪、孙中山、廖仲恺、叶挺、朱德、叶剑英、郭沫若、林风眠等都是客家人。千百年来，客家人不论迁居何处，始终聚居在一起，保持着自己的方言和风俗习惯，不轻易被别的语言所同化。客家方言还保留着相当多的汉语古音和古语词汇，被后世学者称为“汉唐语音的活化石”。在过去的年代里，许多客家人难免要受到当地土著人的歧视和排挤，他们的聚居地，亦常常遭受掠夺和欺凌。客家人过去的这种生存方式，与西方的犹太人有点相似。

江州“义门陈”奉旨分庄，陈寅恪家族一支迁入闽西汀州庄，进入客家大本营地界，长期地耳濡目染，无论是语言还是生活习惯以及气质和思维方式，陈寅恪家族完全客家化。这样，这个家族遂成为庞大的客家大本营中的一员。

位于赣北幕阜山腹地的江西省修水县（古称义宁州），四面群山环绕，幕阜山和九岭山两大山脉像两条巨龙在境内盘桓腾挪，悠悠七百里修河九曲回肠缠绕其间，大山的氤氲与修河的滋润，使这里一度呈现出物阜人兴的气象。

然而，因其地处吴头楚尾，加之又在湘、鄂、赣三省边陲，义宁州东邻本省武宁、靖安，南接本省奉新、铜鼓，西连湖南平江、湖北通山，北交湖北崇阳、通山。据有其地，可厉兵秣马，积蓄力量，从西北方向可以复出江汉平原，从东南方向可以直插赣抚平原。因战略位置险要，义宁州自古成为兵家必争之地，境内战火连年不断。有史可稽的就有宋绍兴元年（1131）五月，赵延寿据义宁，僭称楚王，宋高宗命安抚使吕颐浩征讨，义宁遭洗。清顺治二年（1645），李自成率部入境，作战数月，最后战死于与义宁州相邻的湖北通山的九宫山，今其墓尚存。康熙十三年（1674）至十六年（1677）又出现杨白巾、张猷龙谋反。此外，还有刘旺七、戴朝晓等起兵反清。义宁州的城头上王旗变换，狼烟不息。连年的战争加上自然灾害，县民死亡及外逃者极多，造成人口骤减，田园荒芜，地广人稀。

据清同治版《义宁州志》载：康熙十四年（1675）五月，义宁州东接吴壤、西抵星沙三百余里，人烟绝少，抛荒田土山塘共计达5263顷71亩，占当时全县田土山塘总面积的60%，欠粮赋10000余石无人完纳。

为了尽快恢复生产，发展经济，义宁州知州斑衣锦奉旨向闽、粤、赣南等客家人聚居地发出招帖，述说其地山清水秀，土地肥沃，租税甚轻，并有垫给耕牛、种子等优惠条件，招募他们前来开垦。该地客家人积极应招，先来之人互相邀集，呼朋唤友络绎不绝，形成了一股移民热潮。福建的长汀、上杭、武平、宁化，广东的长乐、兴宁、平远、龙川、和平，赣南的会昌、上犹、崇义、兴国、定南、龙南等数十县的客家人，扶老携幼，成批迁来。至康熙末年，全县已有客家移民一万余人。（参见黄君《一个文化型的爱国家族》）

笔者的祖先就是在这股盛况空前的移民热潮中，于雍正年间由原籍广东嘉应州兴宁县（今广东省兴宁市）北厢岗背堡张坑田牌坊内来到义宁州垦荒，从而定居其间的。（参见《叶氏宗谱》《客家人在修水》）

在这股移民热潮的裹挟和感召下，陈腾远于雍正八年（1730），毅然离别了福建上杭县来苏中都林坊，来到了地处幕阜山深处的江西义宁州。

陈腾远（1710—1795），字公元，号鲲池，陈文光次子。陈腾远被认定为陈寅恪家族的迁宁（江西义宁州）始祖。

我们在了解陈寅恪家族的源流演化时，有几个人物应该记住，他们分别是宛丘受姓大始祖胡公满、颍川复姓始祖陈轸、宋之江州“义门陈”始祖陈旺、迁闽始祖宋进士魁公，以及迁宁始祖陈腾远。这几个人物在陈寅恪家族生命史的起源、流变、迁徙及源流演化脉络中，起着承前启后继往开来的作用。

陈腾远为陈寅恪的五世祖。当他决定像其他的无数客家老乡一样，离别故乡热土，去异地他乡的江西义宁州谋生时，他才刚过二十岁的生日。

无须珍重的话别，无须留恋故土的温情。故园虽好，但水恶山穷。加之当时生齿日繁，人口急剧膨胀，家家户户生起崽来像铆足了劲儿似的，一生就是一大窝。越穷越生，越生越穷，恶性循环的怪圈使他们的生存空间越来越窄。人会生崽，田地却不会生崽，客家人世世代代赖以生存的那方土地，已不再是一方乐土了。一年到头一把泥一把汗地从土里刨食，也不够全家人的温饱，饥饿和贫困迫使许多客家老乡纷纷逃离家园。

那时，陈腾远的许多老乡都往江西义宁州那地界跑。虽然满街花花绿绿贴着的招帖上明明白白地写着，义宁州地方地广人稀，山清水秀，土地肥沃，租税甚轻，还垫给耕牛、种子，招募客家人前去开垦，但陈腾远却是怎么也不相信自己的耳朵，世上怎么会有这么好的事情?

然而，当陈腾远看见他的许多从义宁州回来探亲的老乡，看他们的衣着和神态，看他们的气色和举止，陈腾远就知道他们在那地界混得不赖。不几年工夫，这些人一个个扶老携幼，把合家大小都迁往那地界去了。

中国农民向来安土重迁，然而，当生存空间越来越窄，脚下的这方土地难以养活他们的时候，素以勇于开拓进取而著称的客家人，又一次表现出了卓越的胆识和勇气。他们毅然离开了世世代代繁衍生息的故乡热土。他们迁徙的主要原因不是由于灾荒或是遭受兵燹之祸，而是寻找一方可供自己辛勤耕耘而赖以维系生命的土地。特别是他们所处的时代，商品经济极不发达，传统的封建农业占主导地位，土地就是他们的命根子，他们渴望土地，就像饥饿的人渴望面包。他们希望得到土地的那份焦渴，以及他们得到土地后的那份喜悦，用世界上所有词汇来形容也会显得贫乏苍白。

陈腾远的家境也是一样，祖上留给他们兄弟三人的那几块瘦田薄土，一年的收成还填不饱肚皮。

他们的父亲陈文光乃一介书生，虽饱读诗书，能文善咏，但安贫乐道，淡泊功名，终生未能登科晋爵，最终只得在家办塾馆为生。

在中国这个古老的国度里，“万般皆下品，唯有读书高”。读书自古被认为是进取人生的唯一坦途，但“落第秀才不如鸡”，读书人若是不能中举晋爵，其地位却是异常低下的。中国自古就有“穷文富武”之说，元代统治者更是赤裸裸地把人分成十等：一官、二吏、三僧、四道、五医、六工、七猎、八民、九儒、十丐。读书人列为第九等，仅居于末等的乞丐之上，其社会地位和经济地位可想而知。

陈腾远的父亲陈文光虽是落第乡间，但他满腹诗骚，人又善良正直，因而倒也颇得乡亲们的器重和厚爱。他在家办塾馆，乡亲们都乐意把自家的子弟送到他的门下，因而他家的生活虽谈不上富足，但也算能够维持温饱。

陈腾远少年时也在家随父侍读，他天资聪颖，读书日见长进。他有一个朦胧的梦幻，不是常听大人们说，书中自有黄金屋，书中自有颜如玉么。那时的陈腾远年少无知，既不知“黄金屋”，也不懂“颜如玉”，认为只要读好了书就不会饿肚皮。年龄稍长后，陈腾远的那个朦胧的梦幻愈加清晰：他要发了狠地读书，中举——中进士，登科晋爵，重振家风。

然而，偏偏命运不济，就在陈腾远的那个梦幻圆得正酣畅的时候，他的父亲却突然与世长辞。父亲的英年早逝，使陈腾远的那个梦幻彻底破碎。书是无法读下去了，陈腾远只得含泪珍藏起书本，把青春和希望投注在祖上留下的那几块薄田瘦土之上。

经过简短的准备，陈腾远辞别了哥哥公远和弟弟芳远（公升），把家中的几间破屋和那几块瘦田薄土托付给了他们。临别时，兄弟几个相对无言，陈腾远与他们事先约定，他带着母亲先过去，若是那边好活命，他就过来把兄弟们接去。

就这样，陈腾远带着母亲刘太夫人出发了。

临行前，他没能忘记把他精心珍藏的书本放进简单的行囊，他在心里暗暗地对自己说，不论走到天涯海角，也要让书相伴终生。

在以后的岁月里，陈腾远的确履行了自己的诺言。他死后葬在竹塅陈家大屋右侧的凤形山上，他的墓志铭上清清楚楚地刻着：“公年逾七十始循例入太学，以继先世科甲家声……”

我们仅从陈腾远古稀之年而入太学这一点即可看到，“读书”在陈腾远的心中具有何等重要的地位。很明显，陈腾远是继承了上杭陈家，特别是他的父亲陈文光，崇尚文墨之风的。

与陈腾远同行的还有一个姓何和一个姓邱的福建老乡，他们一道结伴来到江西。在素有“江西四大名镇”之一的吴城，他们来不及看一眼吴城的繁华与喧闹，便匆匆登上一艘乌篷船，沿着悠悠七百里修河逆流而上，朝着那云缠雾裹苍莽蓊郁的幕阜山深处驶去。听人说，吴城是修河的尽头，七百里修河从这里汇入赣江，注入鄱阳湖，流向大海。吴城还是赣北重要的货物集散地，山里的山货、山外的珍奇都在这里集散。吴城一年四季繁华喧闹，自古就有“装不完的吴城，卸不尽的汉口”的说法。

沿着修河逆流而上，不几天工夫，他们就来到了义宁州。

当时的义宁州，治下分高、崇、奉、武、仁、西、安、泰八个乡，下设七十三都八十五图。

他们初到义宁州，落脚在安乡十三都护仙源。

到护仙源一看，一行人不由得心中暗自惊喜：护仙源山环水抱，泉甘土肥，风俗醇美，果然是个居家过日子的好去处。于是，他们遂生卜居之念。

此时，二十岁的陈腾远正是血气方刚对美妙的未来充满憧憬和幻想的年龄。

俗话说，在家靠父母，出外靠朋友。在几个先行到达的福建上杭老乡的帮助下，他们选了个依山傍水的地方，“结棚栖身，种蓝为业”。稍事安顿之后，他们就开始拓荒创业了。

身处异地他乡，两手空空，无依无靠，一切都得从零开始。

落脚在义宁州安乡十三都护仙源后，陈腾远和一道结伴同行的何姓、邱姓两位福建老乡并没有分开，他们结拜成兄弟，组合成一个“奇特”的大家庭。在异地他乡他们唇齿相依，患难与共，和睦相处。

1999年，江西省修水县客家文化研究会编印了资料集《客家人在修水》，对历朝历代迁居修水的客家人各姓各支的迁入地、迁入年代、生活习俗、生存状态、生存智慧等作了较为全面而具体的叙述，是研究江西修水客家人的一本真实可信的资料集。该书对陈寅恪家族迁宁始祖腾远初迁修水的这段不寻常的生活亦有记载，现摘录如下：

这户“奇特”的大家庭，说同样的客家话，穿着式样相同的衣服，一同居住，一同吃饭，一同劳动，从事同一种职业——开荒种蓝。说他们“奇”就在于他们这些“同”。因为细究起来，他们并不是同一个血统的家庭，而是由陈、何、邱三姓在内的三个以上的家庭组成的“特殊”家庭。维系这个家庭的力量，是从福建上杭来苏中都林坊来江西义宁州的途中结下的高尚友谊。按照中国的传统习俗，不仅过去，就是今天，“家庭”的含义，只能是指以婚姻和血统关系为基础的社会单位。像这样以三个以上的婚姻和血统关系为基础而结合起来的“家庭”，都应该是难得一见的现象……

令人敬佩和感动的是，这个“奇特”的大家庭，他们同吃、同住、同劳动，亲密无间，时间竟长达三十多年。三十多年后，他们才像普通人家一样，分成数户居住。分家时还立有“分关”（分家契约）。姓何的一户人家，世世代代珍藏着属于他家的那份“分关”，直至1949年，那份“分关”犹在。

在陈寅恪故里江西省修水县，类似这样的珍贵文物俯拾皆是。笔者在收集此书的写作资料时了解到：修水县溪口镇陈坊村浆坑一户陈姓人家，至今还珍藏着宋仁宗嘉祐七年（1062）江州“义门陈”奉旨分庄时，仁宗皇帝御赐的分庄“圣旨”原件。这件陈氏家族源流演变史上极为珍贵的历史文物，历千年而犹存，堪称家族文化史上的奇迹。

迁宁始祖陈腾远在江西义宁州安乡十三都护仙源“结棚栖身，种蓝为业”的这段生活，以及陈、何、邱三姓组成的这个“奇特”的大家庭，在异地他乡建立的这种高尚情谊和开拓进取的客家精神，在陈寅恪家族的起源、流变、迁徙及源流演化史上，有着重要的意义。

他们的创业，艰难而卓越；他们为寻求生存空间而做出的求索和抗争，悲壮而深沉。在护仙源站稳脚跟之后，陈腾远征得何、邱两位老乡的同意，又回了一趟福建上杭老家，把哥哥公远和弟弟芳远一起接来，加入了这个“奇特”的家庭，兄弟几个齐心协力，在异地他乡共同创建着他们新的家园。

拓荒创业的日子，虽然艰辛却充满希望和喜悦。兄弟几个都刚刚二十出头，血气方刚，身强体壮，浑身有使不完的力气。他们起早贪黑，没日没夜地干，精心种上一种能作染料的蓝草。他们在市面上见过，这种蓝草在市面上十分紧俏抢手，能卖上好价钱。

据史料记载：当时，迁居义宁州的客家人都以种蓝为业。

光绪十三年（1887）至十五年（1889）编撰的《全局善志》载：当时闽、广、赣南迁来义宁州人众数万，负深山倚穷角，初在山上搭棚居住，开荒垦地，生活极为困苦。清人熊为霖有诗描述了义宁州客家人的这种生活："青布裹头肩荷锄，沤麻才了又沤蓝。棚家血汗经霜露，茅屋三间月一岩。"

兄弟几个有一个共同的心愿：豁出全部力气，种上几年蓝草，攒上一笔钱，做几间土屋，再把父母接来，然后娶妻生子，一家人团聚在一起，欢欢喜喜在这地界安居乐业。老婆孩子热炕头的生活，委实让几个光棍汉神往，那娇嫩水灵的义宁州的姑娘，更是让他们耳热心颤。兄弟几个的内心深处都有一个心愿，他们都到了婚配的年龄，他们想找一个心爱的姑娘，一个能与自己分享创业的艰辛和喜悦的姑娘……

常言道，一方水土养一方人。义宁州山清水秀，历来以出美女而闻名于世，这里的姑娘，一个个容貌出众，性情娴淑，温柔端庄，人见人爱。

陕西有句口头禅很是流行，叫作"米脂的婆姨绥德的汉"，在江西也流传着"景德镇的瓷器修水的姑娘"的说法。到过修水的人，见小县城里满街走着的女子，一个个国色天香花容月貌，皆惊叹不已。

兄弟几个多次听当地人说起过：

义宁州的姑娘为啥长得这样美，据说有两个原因：一是义宁州的水好；二是当年李自成打进紫禁城，逼死了崇祯皇帝，后来兵败山海关，败退时裹胁了紫禁城三千宫女南下，逃至九宫山后又遭惨败。李自成和他部下的将领们没有福气消受这些绝代美色，于是在临死前将那些宫女就地遣散在义宁州一带，让她们嫁给当地的农民……

既然是宫女们的后代，义宁州的姑娘不美也不行了。

写到这里，笔者插上一段花絮：有一年人民大会堂来修水地界挑选服务员，一次竟然选去五个。近年有一位修水普通的农家姑娘去深圳打工，无意间竟在深圳选美中艳压群芳，一举夺魁。

可是，当兄弟几个把想娶义宁州的姑娘为妻的想法，红着脸告诉一位比他们先来此地的福建上杭老乡时，那老乡却把头摇得拨浪鼓似的，连声说他们是“癞蛤蟆想吃天鹅肉”，并指责他们的想法空洞而不切实际。

原来，在客家人的迁居地有一个普遍的现象：那就是客家人与土著人互不通婚，土著人家的女儿不嫁给客家人做媳妇，客家人家的女儿也不嫁给土著人家为妻。据《客家人在修水》一书提供的资料，主要有如下原因。

一是当时的婚姻受宗族势力的制约。义宁州的诸多族谱都载有关于婚姻问题的“家训”，如曾、吴两姓的家训中就有这样的文字：“夫妻为人伦之始，万化之源，故儿婚必择其妇之德，女嫁必择其婿之贤……匹配不均，门户不对，识者耻之。”受宗族势力的制约，婚姻择偶，首先讲究门当户对。

客家人来自异地他乡，毫无根基可言，一切都得从零开始。他们所处的社会地位、经济地位，与世世代代盘根错节居住在此地的土著人相比，显然不在同一水准上，因而客家人被土著人视为“贱民”。若是与客家人通婚，自然也就“门不当，户不对”了。即使后来许多客家人积极进取，考了秀才，中了举人，有了钱，有了社会地位，但因为客家人的血统无法改变，在通婚问题上还是不能被土著人所接受。倔强的客家人在遭受委屈和轻视的时候，自然也就产生了对抗心理，久而久之，这种对抗心理就发酵成傲慢。“你瞧不起我，我还瞧不起你呢。”“你说我配不上你，我说是你配不上我。”世易时移，这种对抗心理发酵成的傲慢就积淀成婚姻上约定俗成的老死不相往来。

客家人与土著人互不通婚的第二个原因是生活习俗上的差异，主要是语言不通。土著人称客家话为“伲话”或“麻介”话（“伲话”和“麻介”话从客家话的代词借代而来）。最初，这种话土著人很难听懂，一家人两种语言无法交流。

三是客家女子不缠脚。土著女子一个个缠成三寸金莲，走起路来犹如风摆柳。这在土著人中就形成了一种病态的审美观。土著人不喜欢大脚女人，称客家女人为“大脚婆”。客家人也不忍心自己的女儿嫁到一个语言各异的陌生人家去受歧视。土著人和客家人这种互不通婚的现象一直延续了二百多年。直至清政府垮台，民国建立，自由、民主、平等的风气渐趋浓厚，二百多年的禁锢方才开始被打破，才零星地出现了部分通婚。客家人和土著人两个群体之间这种互不通婚的奇怪现象，在人类发展史上，也是极为罕见的。

事实上，客家人所受的委屈和轻视远不止这些。

陈腾远他们这个“奇特”的大家庭落脚在义宁州安乡十三都护仙源后，在“入籍”问题上，也遇到了诸多的麻烦。经多方奔走后，他们方才得知，客家人入籍的条件烦琐而苛刻：须得有田产、坟墓、房屋、纳税完粮，要造丁粮图册，按册清查是否属实，还要检验买卖契约，进行田粮过户登记，并写下保结到州备案，由州造册申报省府批准。

陈腾远他们落脚伊始，一切都得从零开始，面对如此烦琐而又苛刻的条件，他们只得把入籍的事暂且搁置一旁。然而，他们并不气馁，他们坚信：凭着他们的智慧和汗水，凭着他们的执着和虔诚，他们会感动上苍，这一切，他们都会有的。

据1991年版《修水县志》及《客家人在修水》载：

> 客家人迁居修水后，称之为客籍，因种种原因，土著人排外情绪激烈，阻其入籍与应科举考试。有的客家人迁来居住二三十年，有田产、坟墓、房屋、纳税完粮，有妻子儿女，遵纪守法，却仍不准入籍……

在“入籍”问题上，落脚在义宁州的客家人曾进行了不屈不挠的斗争。他们都意识到入籍的重要性和紧迫性。如果不能入籍，子女就不能参加科举考试，不能参加科举考试，子子孙孙就永无出头之日，也就永远没有社会地位。这对一直受歧视和排挤的客家人来说，是万万不能容忍的。他们有的赴州府衙门面禀，有的详文上奏要求入籍当差，均遭阻止。故时有诉讼，多数知州因土著人多势众，不敢公断，有稍持公论者，即遭排挤。

在义宁州客家人入籍的斗争过程中，有一个人物当得记住，这就是雍正年间的义宁州知州刘世豪。就是这位刘世豪，面对义宁州部分乡绅、生童对客家人入籍问题的反对、干涉、阻挠、排挤和恫吓，秉公处置，仗义执言，毫不畏惧。

客家人最早迁入义宁州是康熙二十年（1681），至康熙末年已经居住了四十年。按照清朝的例规：居住二十年以上，有了产业，有了坟茔，有了亲戚的外乡人则可以申请入籍。

雍正元年（1723），有黄、刘、谢、张、余等五姓客家代表联名具文申请入籍。刘世豪批准了他们的这一正当请求，一面要求各姓客户分别造好人丁、田粮清册，作好准备；一面向南昌府申报，计划成立“广福乡”安插客户，等候批示。消息传出后，当即受到少数本地乡绅、生童的反对。其时，因州内发生叛乱，入籍问题也就暂且搁置下来。

雍正二年（1724），户部尚书张廷玉，奏请在浙江、江西两省安置棚民，经雍正皇帝亲自批准，文件由省、府，转到州，并要求火速办理。这时，又有少数乡绅、生童联名告状，阻止客家人入籍。有了圣旨撑腰，刘世豪态度更加坚决而强硬，对他们的联名告状，给予严词驳斥，不予理睬，因而引起土著不满。雍正二年闰四月初四，当地土著二百多人聚众围攻州衙，驱散赴考童生，致使当年的州考五次更改考棚未果。当地土著还不解恨，又诬陷刘世豪是客家人（实际上是南京人）庇护客家人，是“分裂版图”“养虎贻患”，扬言将其伺机杀害。刘世豪不畏强暴，仍然具文上奏朝廷安置棚民。

雍正三年（1725）五月，土著熊允兴等上告到省，说上级指示要大家商议如何安置棚民，可州里并没有和大家商议，就自行决定。随之，南昌府批文：要捉拿他们当面对质。熊允兴等人心虚，躲起来不敢见面。不久，刘世豪收到江西布政使的批示：

> ……前据尔等以州立怀远都图并非众议，辩控发府确审，正宜公同力为剖白，何其潜匿不出。明系勾结奸党，阻挠挟制，假公事以济贪私，大干法纪，已于详内批饬访拿审究在案矣。

刘世豪接到这个批示后，依法严惩了为首肇事的土著乡绅，同时又一次召集全州士绅开会，会议一致同意将黄、刘、谢、张、余等姓客家人另外编成一个都，取名“怀远都”（“怀远”有怀念远方的亲人之寓意）。到会的人全部赞同，土著和客家人都非常高兴。

其时，居住在安乡十三都护仙源的兄弟几个听到这消息后，更是欣喜万分。

同年七月十三日，知州刘世豪遵照院、司、府的另立“怀远”都图甲的批示，正式发文派差深入客家人聚居处着手办理相关手续。客家人欣喜若狂，奔走相告。

雍正三年（1725）八月七日，总督部院正式批准义宁州设立“怀远都”。此后，居住在义宁州境内的客家人就一直被称为“怀远”人。

费尽九牛二虎之力，入籍问题总算解决。但“怀远”籍子女入学问题却一直悬而未决。

那时科考是分配名额的，现在义宁州冷不丁增加了许多新入籍的人，再加上这些“怀远”子弟读书又格外勤奋，土著人简直无法可比，这样势必会占去土著人的学额。

在此之前，义宁州就曾发生过多起当地土著考生阻挠殴打客家考生的事，发生过多起恶性的“考棚之争”，并曾惊动过州、府，引起过州、府官员的恐慌。客家考生也不示弱，为争得科举考试的权利，他们奋起抗争，常常成群结队前往府、州、司、院告状。

义宁客家谭姓后裔珍藏的《谭氏宗谱》残本就记载着这么一个故事。

地处县境东南的毛竹山是当时义宁州通往南昌和京城的必经之路，为阻止客家人外出上告，心虚的土著人就在毛竹山的险要处设立关卡，许多上告的客家人经常在此被挡回。备受委屈和轻视的客家人无法出山。一天，许多客家考生在毛竹山附近的平港商量对策，一位叫谭承绪的考生，自告奋勇，他将自己周身遍体涂满猪血，装扮成死人模样，躺在棺材中，棺材后又有许多人披麻戴孝，哭哭啼啼，一路燃放鞭炮，一路飞撒着纸钱。这支特殊的“出殡”队伍径自翻过毛竹山，越过关卡。然后他们扔下这特殊的“行头道具”，换上普通衣服，直奔京城，设法进入金銮殿中向皇帝喊冤，状告州、府、院衙门不给“怀远都”学额。皇帝为了考验喊冤之人所说是否属于实情，命太监取来一只烧红的铁靴，要谭承绪穿上说话。谭承绪当即毫不犹豫地上前就穿。皇帝见他态度如此坚决，方知是实情。皇帝听了谭承绪的一番血泪陈词之后，当即传下圣旨：“对怀远人一视同仁，准予考试，另行追加录取名额。”事后，乾隆二十七年（1762），义宁州“怀远都”中了第一位举人，这位举人就是居住在下武乡“怀远都”三都一图的张愉。为了感谢谭承绪上京告状的功劳，客家人特意在南坪桥建造“万寿宫”，免去谭姓捐资。每年“万寿宫”集会时，客家人都要用轿子恭恭敬敬地接谭承绪去参加。

《谭氏宗谱》记载的这则带有几分悲壮和传奇色彩的故事，其真实性尚待推敲，但为科考名额打官司的事，在义宁州的客家人中却是屡见不鲜的。

后经客家人多方努力，知州刘世豪仗义执言，朝廷终于允准义宁州的客家子弟参加科举考试。同时又特别强调，客家考生必须在考卷的姓名之前写明“怀远都人”字样，以免录取时与本地人混淆。由于后来陈寅恪的祖父陈宝箴、父亲陈三立父子俩的考卷上都写明是“怀远都人”，“怀远”这个名字也就随之在全国各地传开。

据光绪十三年（1887）至光绪十五年（1889）编撰的《全局善志》载：

> 义宁州的客家人取得科举考试的资格后，慷慨解囊，捐献巨资，在州城创办梯云书院，专供“怀远都”子弟入学。他们还拨款奖励仕进，凡“怀远都”中秀才者赏钱一吊（一百枚穿眼钱），中文举者赏四吊，武举减半，中文进士者赏十吊，武进士五吊。再有上进者临时酌议。文武举赴京会试者，每人给盘缠两吊。

从这些看似枯燥的数字间，我们不难看出义宁州的客家人对功名的向往，对文化的敬重，以及他们渴望摆脱困境跻身上层社会的殷切情怀。

据清同治版《义宁州志》载：义宁州的客家人自雍正三年（1725）获准参加科举考试后，自清乾隆至光绪末年，“怀远都”共有进士8人，占全县同期17名进士的47%；共有举人（大多数为武举）75名，占全县同期202名举人的37.12%，而客家人的同期人口却只占全县人口总数的7%！

此后，义宁州的客家人中更是人才辈出，呈现出方兴未艾璀璨辉煌的可喜局面，仅迁宁始祖陈腾远后裔竹塅陈寅恪家族一门，就有清末举人湖南巡抚陈宝箴、清末进士近代同光体诗派领袖陈三立、近代著名画家陈衡恪、文史大师陈寅恪、植物分类学家中国植物园之父陈封怀……义宁陈氏贤杰满门，高山仰止，堪称人类家族文化史上的奇迹。

义宁州的客家人就是这样，凭着他们的勤劳和智慧，凭着他们有理有节不屈不挠的斗争精神，凭着客家人所特有的一往无前开拓进取的勇气，他们忍辱负重，大智大勇，终于在异地他乡的幕阜山腹地，寻得了自己的生存空间，张扬了自强不息的客家精神，淋漓酣畅地挥洒了客家人顽强不息的生命意识。

自此之后，义宁州的土著和客家人之争渐趋平息。随着时间的推移，土著和客家人之间由矛盾而团结，由团结而融合，久而久之，日趋和睦，以至联姻。他们与当地土著人一道，挥洒着智慧和汗水，建设着他们共同的家园。

作为“怀远都”客籍大家族中的一员，竹塅陈氏家族迁宁始祖陈腾远，从落脚江西义宁州安乡十三都护仙源“结棚栖身，种蓝为业”的那一天起，就与他们无数的客家同乡一道，同呼吸，共命运，在脚下的这方热土上，一步一个脚印，艰难而执着地前行……

第四章 家族流变

用“荜路蓝缕”来描述陈寅恪家族迁宁始祖陈腾远初迁江西义宁州安乡十三都护仙源创业的这段不寻常的岁月，委实是再确切不过的了。

《义宁陈氏宗谱》有这样一段文字记载了他们的迁宁始祖陈腾远初迁时的生活：

> ……回忆自汀来宁时，无尺寸凭借，身无一文，地无一垄，屋无一间。公等遂结棚栖身，种蓝为业。时公方弱冠，力勤耕稼，尽三农之苦，阅十余稔，家道日侈，置田园，新宇栋，俨然有大家风……

落脚护仙源后，他们起早贪黑，垦荒种蓝。正是天遂人愿，那几年风调雨顺，蓝草的市场行情又好，往往蓝草还长在地里，行商走贩们便早早地送来了订金。几年下来，他们手头已略有积蓄。

后来蓝草的价格跌落下来，茶树和茶油的市场行情看好，他们又改种茶树和油茶树。护仙源到处是荒山野岭，他们依着山势开垦出一垄垄旱地，一行行地栽种茶树或油茶树，行间又套种红薯。红薯成熟后，刨成薯丝晒干，易于储存。用干薯丝拌上少许大米煮饭，香甜松脆，可口养人。从此，红薯成了他们的主食。当时，义宁州一带土著人家的主食也是以红薯为主，当时民间有首歌谣是这样吟咏他们的生活的：“薯丝饭，茶壳火，除了神仙就是我……”

咸丰元年（1851），陈腾远的曾孙陈宝箴乡试中举后，于光绪元年（1875），授湖南辰沅永靖道官职。见当地山多土瘠，粮食低产，而当地人口众多，生活十分贫困，陈宝箴就根据家乡的经验，亲自教当地民众植竹种茶，增加收入；教他们种薯代粮，弥补粮食不足。在以后的日子里，这些生产方式，在当地得到普及推广。

护仙源鸣泉响水，泉甘土肥，每逢低洼有水的地方，他们又修好渠堰，垦出丘丘水田。

十余年的心血和汗水没有白费，手头宽裕后，他们又大兴土木，选择了一个依山面水、阳光充足的地方，做了一栋土木结构的房屋，从而搬出了低矮潮湿的窝棚，住进了宽敞明亮的大瓦房。然后，各自成家立业，娶妻生子。然后，陈腾远和何姓、邱姓的两位结拜兄弟又于农闲时结伴回了趟福建上杭来苏中都林坊老家，迁来了各自的祖坟。

当陈腾远用一个老蓝花布包袱把父亲陈文光的骸骨背到义宁州安葬时，不由得一阵心酸：父亲生于康熙十六年（1677），殁于雍正十一年（1733），五十六岁上便去世了。父亲乃一介书生，他满腹诗骚，为人正直善良。他一生在家设馆授徒，终生教书育人，诲人不倦，深受乡亲们的敬重。父亲生养了三个儿子，却未享过儿子一天的清福。

现在，陈腾远他们终于可以申请入籍了！

想当初他们背井离乡来到这里，两手空空头顶苍天脚踏黄土，一锄头一锄头地从土里刨食，如今他们有了田产，有了祖坟，有了房屋，有了妻子儿女，他们纳粮完税，遵纪守法，和睦乡里。那府里州里所规定的苛刻的入籍条件他们全都具备了！

造了丁粮图册，又按册清查核实，检验了买卖契约，进行了田粮过户登记，又写下保结到州备案，然后由州再造册申报府、省。

陈腾远他们终于堂堂正正地入籍了。

这是一个受人敬重的“奇特”的大家庭，他们淳朴敦厚的家风、相敬如宾古风犹存的懿德、甘苦与共相濡以沫的风范，使得这个“奇特”的大家庭在幕阜山里声名远播。

通往护仙源的青石板山路上，总是人来人往，络绎不绝。义宁州方圆百里相识或不相识的乡邻，扶老携幼结伴而来，他们要亲眼看看这伙千里迢迢背井离乡来此垦荒的“怀远人”，看看这个由不同姓氏、不同血缘组合而成的家庭。看看人家是怎样居家过日子的。更有一些诸如兄弟不和、妯娌不睦、整天指鸡骂狗吵成一锅粥的家庭，合家大小由他们当家的老人领着来到护仙源。待看过了人家的光景之后，老人们气不打一处来，当着众人的面，直把他们那不争气的晚辈骂得把头低到了裤裆里。晚辈们心悦诚服，这看得见摸得着的现身说法，胜似老人们喋喋不休的唠叨和训斥。

三十多年后，这个“奇特”的大家庭像普通人家一样分家，他们分家分得异常平静而友好。虽然说是分家，更多的是彼此的谦让和对过去岁月的依恋与怀念，几位结拜的兄弟像亲兄弟分家一样立有“分关”。他们这段奇特的生活委实让人感叹不已。

陈寅恪家族的祖先与他姓移民的一个显著区别就是：垦荒不忘读书。这是这个文化型大家族的重要特征，也是这个家族日后迅速崛起的先决条件。

分家后，陈腾远仍住护仙源老屋，继续着他的耕读生活。《义门陈氏宗谱》对他的这段难忘的耕读生活记载甚详。

离开福建上杭老家时，陈腾远将父亲陈文光留下的书籍悉数带在身边。每到深夜，窗外虫声唧唧，家人们进入了甜蜜的梦乡，陈腾远却打开书卷，端坐桌前，一豆孤灯伴着他不倦的身影。

迁居护仙源的这些年，不论农事多么繁忙，也不论如何腰酸背痛，如何贫穷不堪，陈腾远一直坚持着这种耕读生活。在书中，他的思绪遨游于亘古的旷野，在亘古的旷野里，他与诸多的圣贤邂逅相逢。圣贤的睿智洞开了他凝滞的思绪，烛亮了他心中的神灯。有了这神灯的烛照，他为人处世安身立命就有了无限的智慧和勇气。陈腾远的这种耕读生活一直坚持到他生命的晚年。

陈腾远娶妻何氏，何氏亦是客家人，她的父亲何觐光也是从福建上杭迁来此地的。

尽管远离故乡，陈腾远却仍然和迁居义宁州的“怀远都”的大多数客家人一样，还保持着诸多客家人所特有的生活习俗。

客家人属多神论者，每家每户的祖宗牌位上，都要写上“祀奉万神”四个大字，这四个大字充分表现出客家人信仰的多义和兼容的特色。他们逢年过节，婚丧嫁娶亦依客家习俗。

在饮食习惯上，客家人喜食熏肉（又称腊肉），由于采用了特殊的熏制方法，熏肉有一股特别浓烈的香味。烹制时，满室盈香，且可经久储藏亦不变质。除家居食用、待客外，还可以馈赠远方亲友，受到各方人士的喜爱。陈寅恪的长兄陈衡恪在《吃熏肉》一诗中赞道："雕盘出熏肉，云是吾母寄。郑重饷邻友，食饕宴昆弟。沾唇饫亲慈，举箸夸国粹。"衡恪将熏肉夸之为国粹，足可见他对熏肉是何等喜欢了。

客家人的孩子出生，繁文缛节颇多。陈腾远的第一个孩子陈克绳刚刚出世，陈腾远就依客家人的惯例，将其包好襁褓放入米筛内，然后打开一把油纸伞，将襁褓连同米筛端出大门，又将襁褓从大门边的狗洞中传入。客家人的这种做法颇有讲究，其用意是让小孩像小狗一样生命力顽强，容易养大。小孩出生后，接下来是往外祖母家报喜，这时得备上一壶米酒、一只鸡，还得备上染红的鸡蛋若干，此外还须备上肉、鱼、油烛、香纸、炮竹等物事，派专人往外祖母家"报酒"。这"报酒"也有讲究，若生的是男婴，酒壶嘴用红纸塞紧，鸡用公鸡。若生的是女婴，则用绿纸塞酒壶嘴，鸡用母鸡。这只鸡叫带路鸡，外祖母家不能收下，要双倍奉还。

陈腾远共生有四子：克绳、克调、克藻、克修。这四兄弟就是人们通常所说的"竹塅四房"。

《义门陈氏家谱》载：

> 陈腾远年五十无嗣，生先生每过怜爱，先生亦不敢稍有放逸。

老来得子，陈腾远自然视若掌上明珠。但是，陈克绳却并不娇生惯养，相反，因父亲年老体衰，他却过早地挑起了家庭生活的重担。

陈克绳，字显梓，号绍亭，为陈寅恪高祖父。生下陈克绳之后，陈腾远又接连生下克调、克藻、克修，四个儿子接踵而至，陈腾远乐不可支，他庆幸祖上积了德，老天爷有眼，使他年过半百，临近残年，却接连喜添四子。

渐渐地，陈腾远发现在他的四个儿子中，唯有长子克绳聪颖过人，且忠诚老实，为人厚道。稍长后，读书也很有长进，经史子集，他读得滚瓜烂熟。然而，尽管如此，克绳却时运不济，屡试不中……

后来，因父亲年迈，弟弟尚幼，家中已无力支撑读书费用，于是，陈克绳遂放弃学业，一心操持家业。

《义门陈氏宗谱》是这样记载陈腾远的长子克绳治理家政的才能和业绩的：

> ……治理家政肃内严外，合义门之规……建仙源书屋，拨立田租为膏火……倡修祠宇，修考棚，立义渡，起浮桥，辟桐树岭路，主修陈氏谱牒……

从以上这段文字我们不难看出，陈克绳在治理家政方面表现出了超凡的才能，他将家政治理得井井有条，家底也弄得相当地殷实。同时，他还是一位出色的社会活动家，他不像一些目光短浅只看到自己脚指头的土财主那样，死死地攥着钱袋不放。相反地，陈克绳对社会公益事业表现了极大的兴趣和热情，他对公益事业乐于组织，慷慨解囊。从《义门陈氏宗谱》记载的他的诸多作为我们可以看出，陈克绳还具有博大的胸怀和高超的组织才能。

从清同治版《义宁州志》的记载中我们也可以看出，陈克绳的所作所为，是一种抗争，是渐渐站稳了脚跟，挺直了腰杆之后的客家人张扬自己人格个性，树立自身形象而采取的一种文化和社会道德方面的抗争。通过大力兴办学校和社会公益事业，树立良好的社会形象，来彰显自己的道德风貌，这是他们以此来迅速提高社会地位的一种强有力的手段。他们此举似乎是在用强劲的声音向世人宣告："怀远人"再也不是过去那种受人歧视的"下等棚民"了，他们同样有实力有能力办大事，他们同样有经济实力和人才优势！

陈寅恪家族自迁宁始祖陈腾远迁居义宁州安乡十三都护仙源后，已渐有家声。

陈寅恪的高祖父陈克绳的一系列壮举，使陈寅恪家族愈加声名鹊起。

陈克绳超常的治理家政的才能，以及他所表现出来的对社会公益事业的极大热情，使陈腾远深感欣慰。他的其他几个儿子克调、克藻、克修皆不如克绳，陈腾远就把家族振兴的希望寄托在他的长子克绳的身上。

随着克绳、克调、克藻、克修长大成人，娶妻生子，护仙源老屋的生存空间又显狭窄，他们急需寻找新的生存空间。

《义门陈氏宗谱·重刻凤竹堂屋记》对这段过程有精细的描述：

鲲池（陈腾远）公壮岁迁宁，始择居于护仙源，虽川源秀丽，系在崇山峻岭之间，且基址狭隘，其屋仅堪容膝。时公年已八十有三，尝语诸子曰：吾少壮来宁，历数十年之辛勤，虽精神不衰，今苍然为八十余之老翁矣，惜未建一堂屋，上以妥先灵，下以聚儿孙，尔曹识之……

很显然，陈腾远的这段话是有意说给他的四个儿子听的。虽然他在心里知道，他的其他几个儿子没有能力也不可能造一栋让他满意的屋宇。

陈克绳将父亲的话谨记在心，他不惜重金用八抬大轿请来了几位远近闻名的堪舆（风水地仙）。陈克绳鞍前马后地陪同着几位堪舆先生，爬山过岭，寻寻觅觅，也不知翻了多少座山，越了多少座岭，终于在弥王峰西麓山腰处一个叫竹塅的地界寻得了一个绝妙的去处。

竹塅地界，山环水抱，远近山峦苍莽逶迤，嵯峨峭拔。环目四顾，东有双尖峰，西有船尖峰，南有仙鹤峰，北有桃花尖。在几条山脉拱峙环抱着的一个形似躺椅的地方，几位阴阳先生下了大轿，测过“峦头理气”，看过“龙脉走向”，推过“阴阳白虎”，算过“朱雀玄武”。如此这般了一番之后，几位风水先生突然兴奋得手舞足蹈起来，他们嘴里一连串地夸赞着：“好地！好地！”“如此好地，陈氏后裔定会长发其祥！”

然后，几位风水先生插草为标，钉下了新屋基址的第一根标桩。

陈克绳抑制住内心的喜悦和兴奋，站立在标桩前，环目四顾，但见此地峰峦拱拥，山环水抱。水口处紧似葫芦口，三股豆绿色清澈的溪流，在标桩前不远处的地方汇集成一个深潭。陈克绳听人说过，做屋若是后有龙脉靠山，前有“三合河”，是绝佳的风水宝地。

一切打点停当之后，陈克绳就开始大兴土木。他请来各路工匠，每天在做屋的工地上干活的人数以百计，工地上热火朝天，场面极为壮观。俗话说，做屋造船，昼夜不眠。陈克绳废寝忘食寸步不离，人整个儿瘦了一圈。

从第一年秋九月忙至第二年的夏五月，大屋终于告竣。

这新落成的大屋就是陈氏故里竹塅陈家大屋。大屋落成的准确时间是乾隆五十八年（1793）。陈家大屋历二百余年风雨，至今完好。

六月间的一个黄道吉日，是举家乔迁的大喜日子。时年已是八十四岁高龄的陈腾远，一看到新落成的一进两重的大屋，看到大屋的豪华和气韵，顿时喜上眉梢，他连声感叹：“古人云，安居乐业，今日我家堂屋落成，祖宗得有凭依矣！儿孙得有栖息矣！吾亦得以优游杖履矣！虽少壮勤劳，暮年创此一屋，愿亦慰矣！”

说完之后，陈腾远又像个小孩似的在家人的搀扶下左三圈右三圈围着大屋走来走去，徘徊许久之后，他说：“我家大屋就叫‘凤竹堂’吧，我把它取名为‘凤竹堂’的意思是：凤非梧桐不栖，非竹实不食；凤有仁德之征，竹有君子之节。我家子孙必仰凤凰之高风，慕劲竹之亮节，将我家祖上的美德发扬光大！”

乔迁新居之后，陈腾远愈加心情开朗，他鹤发童颜，精神爽朗，居三年后，无疾而终。

陈克绳对公益事业热心，对家族的大小事情更是无微不至地关心，他交游广，能力强，在陈氏家族中享有很高的威望。

直到晚年，陈克绳对公益事业仍表现出巨大的热情。在竹塅陈家大屋门口不远处的三合河路边，至今可见一组碑文，碑文上清清楚楚地记载着八旬老人陈克绳为善乡里，“带头捐资修三峡河路”“禁无赖僧道借称盖庵塑佛杠神抬轿挨户强行化缘”“诫民从善勿沾游荡赌博偷窃恶习”等，从这荒野林莽间遗留下来的弥足珍贵的历史档案中，我们仍可看出陈克绳对公益事业所投注的一腔热诚。

陈克绳共生四子：规镜、规鋐（伟琳）为元配谢氏夫人所生，规钫、规镐为侧室何氏夫人所生。

陈克绳八十二岁时与世长辞。临终时留下遗嘱，死后要将他的坟墓埋葬在陈家大屋背后山脊的古木丛中，他说：他死后也要看到他的子孙后代能够显达，能够中举、中进士，能够在他亲手创建的陈家大屋地场上竖起中举、中进士的旗石！否则，他死不瞑目！

陈克绳的话语和遗嘱，时刻激励、警示着他的子孙。自此，一种锐意进取、渴望功名的强烈愿望已渗入陈寅恪家族的血液之中。

本书第一章提到的陈家大屋背后“阴森的祖坟”，以及这祖坟留给读者的那个不解之谜，至此算是找到了答案。

在陈克绳的四个儿子中，规镜、规钫、规镐皆早殁，他最小的儿子规鋐成了维系香火血脉的独根苗。

规鋐，名伟琳，字琢如，号子润，为陈寅恪曾祖父。

陈寅恪家族崛起于晚清，陈伟琳是承前启后的关键人物。

陈宝箴的挚友、曾任广东巡抚、中国首任驻英法大使郭嵩焘所撰《陈府君墓碑铭》，对其生平作了详细的介绍：

> 始六七岁，授章句，已能通晓古今圣贤大旨，端重简默，有成人之风。及长，得阳明王氏书读之，开发警敏，穷探默证，有如夙契，曰："为学当如是矣！奔驰夫富贵，泛滥夫辞章，今人之学者，皆贼其心者也，惟阳明氏有发聋振聩之功。"于是刮去一切功名利达之见，抗心古贤者，追而蹑之。久之，充然有以自得于心。一试有司，不应选，决然舍去，务以德化其乡人，尤相奖以孝友。

陈氏家族崇尚文墨之风，惠及子孙后代。陈伟琳少小时光就受到良好的教育，加之他天资聪颖，明理悟道，孩提时便知书识礼，养成端重简默温文尔雅的儒者之风。长大后，当他读到了王阳明的书后，他的人生观和世界观便发生了重大转变，他在内心深处对王氏之学深为倾倒折服。他对阳明学说推崇备至。

众所周知，阳明学说是中国古代哲学史上最富有现代民族意识的一种哲学思想，被当代学术界评为"近代思想解放的先驱"和"中国社会从中古走向近代的思想先导"。(参见赵士林《心学与美学》)

阳明学说的创立者王守仁，明代哲学家、教育家，字伯安，浙江余姚人。尝筑室故乡阳明洞中，世称"阳明先生"。早年反对宦官刘瑾，被贬为贵州龙场（修文县治）驿丞，后以镇压农民起义和平定"宸濠之乱"有功，封新建伯，官至南京兵部尚书。他发展了陆九渊的学说，用以对抗程、朱学派。断言"夫万事万物之理不外于吾心""心明便是天理"，否认心外有理、有事、有物。提出"致良知"的学说，把封建伦理道德说成是人生而具有的良知。要求用这种反求内心的修养方法，以达到所谓"万物一体"的境界。

阳明学说的思想体系由"心即理""知行合一""致良知"三者所构成。

它熔中国古代儒、释、道等经典哲学于一炉，取其精华，熔铸成自成体系的学说。王阳明乃近世提倡文化复兴最得力者，他将中国古代文化赋予新面目，予以新精神。他鼓励人们即知即行，注重实践，坚定意志，勇往直前。他的最大特色在于对“吾心之吾知”的尊重和知行合一的思想，所以他在激发人的主体精神自觉，反对圣人崇拜，反对专制，争取平等、自由和培养人性自尊、自强，增强民族气节等方面都是有深刻意义的。阳明学说后来传到日本，对日本的明治维新产生了深远的影响。（参见《心学与社会科学》《阳明学说对日本的影响》《一个文化型的爱国家族》）

毫无疑问，阳明学说对陈伟琳世界观的形成和人生道路的选择起了重大作用。

陈伟琳虽没有寻求功名利禄，但以道德和孝义来感化乡里。

陈伟琳虽不入仕，也不求名，但怀经世大志。他曾于道光年间只身一人游历江、淮、齐、豫、京师之间，饱览祖国大好河山。

“读万卷书，行万里路”历来是中国文人实现自我完善的信条。在当时的社会历史条件下，他敢于走出大山，去看看山外的世界，开阔视野，增长见识。他的这种情趣和举止是有一定超前意识的。

可贵的是，陈伟琳的出游不是纯粹的游山玩水，他所到之处，“考揽山川，校其户口，扼塞险易，以推知古今因革之宜，与其战守得失之数。方是时，承平久，天下晏然，无兵甲之忧，而乱机牙孽，隐伏潜滋。先生独心忧之，求思所以消弥之术，欲因以识天下奇士，人莫窥其涯际也。”（参见郭嵩焘《陈府君墓碑铭》）

在封建专制的社会里，文人普遍接受儒家封闭式教育，“两耳不闻窗外事，一心只读圣贤书”的教育模式，在一定程度上消解了知识分子洞察时世的政治敏感。陈伟琳能透过“太平盛世”的表象，看到国家肌体上潜滋暗长的危机和隐患，并产生应时救世的思想，这对于像陈伟琳这样底层士民阶层出身的知识分子来说，是相当难能可贵的。从这里我们可以看出，“位卑未敢忘忧国”这一华夏优秀子孙的可贵精神在陈伟琳身上得到了体现。

凭着敏锐的政治眼光和一腔忠诚报国的热血，陈伟琳上下求索，奔走呼号。他十分重视“识天下奇士”和对后代的培养。他说：“士失教久矣，自天下莫不然。……诚欲兴起人才，必自兴学始。”于是，他倡建义宁书院，又为宾兴会资之赴举。他谆谆教导莘莘学子，不要读死书，要有政治抱负，要努力学好本领，将来报效祖国。（参见郭嵩焘《陈府君墓碑铭》、黄君《一个文化型的爱国家族》）

当洪秀全的太平军攻占武昌后，江西也受到侵扰。这时，陈伟琳在义宁州首倡团练，发动十六岁至五十岁的乡民参加团练，与太平军作战长达数年之久。陈伟琳领导的义宁州团练远近闻名，其人数之多，装备之精，作战能力之强，在江西首屈一指。曾国藩曾奏云："天下团练，并皆虚名，而鲜实效，惟江西之义宁，湖南之平江，办团练确有成效。"

在这里，有一个问题当要澄清。关于抗击太平军一事，当用阶级分析的方法，用当代意识及历史眼光去审视。陈伟琳处在封建社会，忠君报国历来被视为正途。作为地主阶级的一员，他从小受到封建礼法及儒家正统教育，当他所效忠的政权面临倾覆的时候，他的当务之急自然是挺身而出，维护封建统治。这是其时代和阶级的局限，我们不应求全责备，更不能概以镇压农民起义而笼统论之。

陈伟琳娶妻李氏，生子三人：长子观瑚（树年）、次子观瑞（三岁时早殇）、三子观善（宝箴）。

陈树年（1823—1882），谱名观瑚，字六殷，别号滋圃。因助父办团练，有军功，赏戴蓝翎，以同知选用。

据《义门陈氏宗谱》载：陈树年性情豪爽，落拓不羁，遇有心情不好或不快的事情，他就狂饮大醉，醉后则痛快淋漓地借着酒性发泄骂人。然而，酒醒之后，他又内疚不安，忍气吞声地赔着笑脸寻着被骂的那人，细声细语地赔着不是，间或还没话找话地说些高兴的事情来劝慰那人，其憨态可掬，令人忍俊不禁。所以，尽管陈树年常醉酒骂人，但人们都能原谅他，不与他计较。陈树年是个孝子，对母亲李太夫人非常孝敬，他数十年如一日，早晚问安，从不间断。他爱弟弟胜过爱自己，爱弟弟的孩子胜过爱自己的孩子。只可惜五十九岁便去世了，他临终时留下遗嘱：死后也要陪伴母亲。他死后，家人将其葬在湖南平江金坪他母亲的墓旁。

陈伟琳的次子观瑞，因出麻疹三岁便夭折。

在陈寅恪家族的历史上，占有重要地位的是陈伟琳的三子陈宝箴。

陈宝箴（1831—1900），谱名观善，号右铭，晚年自号"四觉老人"，为陈寅恪祖父，是中国近代史上的重要人物。

在陈寅恪家族的历史上，陈宝箴是个承前启后的重要人物。

如果说，陈文光、陈腾远、陈克绳、陈伟琳四代的积累和准备，为陈寅恪家族的崛起奠定了必要的基础，那么，陈宝箴在仕途上的显达，则为陈三立、陈衡恪、陈寅恪在中国文化史上大放异彩铺平了道路。正因为有了陈宝箴，他们才有条件受到良好的教育，如三立诸子除方恪之外全都远涉重洋，出国留学。这在当时的环境和条件下，没有相当的经济基础作后盾，没有深厚的家学渊源，没有深邃的文化眼光，是不可能做到的。

陈宝箴很小就有远大的政治抱负，他少年英毅好学，二十一岁乡试中举，似锦的前程已在他的面前显露了几缕朦胧的曙色。

儿子少年得志，陈伟琳自然是喜在心头。但他的期望值越高，对儿子的要求也就越严格。为了充实陈宝箴的人生阅历，让他学到书本上学不到的东西，具备更为扎实的真才实学，使他的人生更加深沉，陈伟琳让陈宝箴一边读书，一边跟着他一起办团练。事实证明，陈伟琳确实很有眼光，陈宝箴这段不寻常的生活，对他以后涉足军旅，建功立业，以至步入仕途，起了不可替代的重要作用。

为了提高儿子的学识修养，陈宝箴中举后，陈伟琳"益督以学，诫无遽试礼部。日取经史疑义相诘难"，同时，他要求陈宝箴钻研哲学，"考究朱、陆之学所以异同"（"朱"：朱晦庵；"陆"：陆象山。以这两人为代表的两大儒派对阳明学说的形成曾产生过重大影响）。

很显然，陈伟琳让宝箴钻研朱、陆之学，是想让宝箴深入钻研阳明学说。他告诫宝箴，"学须豫（"豫"通预，言事先有准备）也，脱仕宦，虚疏无以应，学又弗及，悔何追矣"。在这里，我们可以看出，陈伟琳把自己忧国忧民应时济世的抱负全部寄托在他最钟爱的儿子宝箴身上。直到他生命的最后一刻，陈伟琳也没有忘记对宝箴的谆谆教诲，他与宝箴"备论死生之故"，并郑重写下"成德起自贫困，败身多因得志"的遗嘱赠予宝箴诫勉。

能有这样一位胆识非凡的父亲，是陈宝箴崛起于晚清，成为我国近代史上重要人物的重要条件。

细考陈宝箴一生的吏治人品，我们可以明显地看到，他几乎就是按照父亲的教导去行事的。特别是他的维新变法思想，与其父一向推崇的阳明学说

有着非常密切的联系。（参见郭嵩焘《陈府君墓碑铭》、黄君《一个文化型的爱国家族》）

戊戌变法期间，陈宝箴在湖南巡抚任上积极推行新政。他本着“营一隅为天下倡，立富强之根基，足备非常之变，亦使国家他日有所凭恃”的思想，在湖南积极罗致维新人才，大刀阔斧地推行新政，他领导的湖南新政真正赋予戊戌变法以实际意义，自己也成为全国各省巡抚中唯一支持戊戌变法者。充满生机的湖南被外国人称之为中国最富有朝气的省份，外国人把湖南比作日本幕末明治维新时期的萨摩和长州。

继陈宝箴之后，陈寅恪家族辉煌璀璨，贤杰满门，迅速崛起为为世所重的文化型大家族。陈宝箴后裔大放异彩，并在各自的文化领域取得登峰造极的成就。

从陈寅恪家族的起源、流变、迁徙及源流演化脉络中，我们清楚地看到，占有文化素质和为学风气之先，是陈寅恪家族迅速提高社会地位、政治地位，从“棚民”过渡到“良民”和士大夫的重要条件。特别是陈腾远之后迅速走向兴旺，我们更能清楚地看到，这个家族始终把崇尚文化、渴望功名作为自己生命的极致。最初，这个家族刚迁义宁州时，他们也和许多他姓移民一样，是“棚民”，是垦荒者。为了“入籍”，他们同样费尽周折，备受冷眼。

陈宝箴

然而，可贵之处就在于他们垦荒不忘读书，艰难苦楚不忘诗书文墨。《义门陈氏宗谱》载："陈腾远年七十始循例入太学，以继先世科甲家声。"他在躬耕之余，"学而不倦，不知老之将至"。

在这里，我们可以想象，一位七十多岁儿孙绕膝已是风烛残年的老人，在他有限的生命里，不是饱食终日，颐养天年，而是寒窗苦读，孜孜不倦，可见读书在其心中占有何等重要的位置，这无声的示范又远远超出读书本身。

自陈腾远之后，陈克绳、陈伟琳、陈宝箴数代更是继承了家学传承。他们崇尚文化，渴望功名，创办书院，重学兴教。尽管世易时移，然而，崇尚文墨之风却是薪尽火传，生生不息。有了这世代绵延的家学渊源的积淀，陈寅恪家族的迅速崛起也就指日可待了。

第五章　垂范后世

翻开那部焦黄焦黄虫蚀斑驳的《义门陈氏宗谱》，有关陈寅恪家族崇尚文墨、孝悌传家的记载俯拾皆是。

陈寅恪家族谨守"以诗书立门户，以孝悌为根本"的祖训，亘古祖训的一缕墨香，伴随着这个家族走过了漫长的岁月，祖训的墨香不因时空的推演而遥远淡漠。

在这个家族的历史上，读书始终被摆在至高无上的位置。

陈寅恪家族迁宁始祖陈腾远的父亲陈文光，本是一介文弱书生，他家境贫寒，以塾馆为业。俗话说，家有半升粮，不当孩子王。塾馆先生的贫寒和无奈由此可见。然而，陈文光不因自己家境的贫寒和社会地位的卑微而放弃读书，《义门陈氏宗谱》记载了他孜孜不倦读书好学的情景：

> 公性敏好学，诸子百家罔弗搜览，年未冠，处贫困耽读，于家之"淡然轩"以古人功名事业自期许。德配刘太夫人，挑灯佐读，纺声书声相伴唱和于五更鸡鸣时。一饭一粥，亦陶然也。迄今诵其诗，读其文，有汉唐风，乡先生尝评曰："惟公贫能自乐，故诗文愈工……公愈贫愈坚，终日惟顺亲教子，至老不倦，其慷慨有气节，行方远俗，任人目为书呆诗痴。"

这段简约的文字，为我们描述了一位勤奋不辍嗜书如命的读书人形象，这形象是这般可爱而可敬。"淡然轩"中那挑战夜读的情景，让人肃然起敬。

夜阑人静，万籁俱寂，一栋低矮破旧的屋舍蜷缩在僻静的山脚下，屋舍的窗口处还亮着昏黄的灯光。顺着灯光朝窗口望去，一豆孤灯下，一对夫妇依然在不倦地忙碌着，男的在读书，女的在纺纱。在这样一个所在，他们是那般地忘情而专注，他们投注了整个的身心，仿佛进入了一种忘我的境地……

此时此刻，那尘世的险恶、人间的冷暖、生存的艰辛、生命的无常……这一切的一切，他们全然抛却九霄云外。夜已深沉，四野一片沉寂，除了窗外偶尔几声唧唧虫鸣外，就只有“吱吱”的纺纱声应和着琅琅的读书声。

突然，远处人家的雄鸡，发出了几声底气十足的嘶啼，夫妻相视一笑，方知天将欲晓，他们打了一个哈欠，睡意顿时袭来……

这是一幅多么恬淡怡人的夜读图！在这里，一个可爱而又可敬的书呆诗痴的形象跃然纸上。

就是凭着这种安贫乐道、贫且益坚的精神，陈文光的艺术功力长进很快，他的诗、他的文、超尘脱俗，渐入佳境，已有汉唐之风。

其实，陈文光的这种嗜书如命勤学不辍精神的意义远非如此，他以自己身体力行勤学不倦的实际行动，为他的子孙后代张扬了一种崇尚文墨向往功名的家族精神，树立了一杆勤奋好学的大旗。这种行为的折射所带来的影响和作用是难以估量的，它将融入这个家族绵延不息的血液之中，他的子孙后代将生生不息地继承和发扬这种精神，从而使这个家族迅速地跃升为为世所重的文化型大家族。

陈寅恪家族是深谙“国势之强弱，系乎人才；人才之消长，存乎学校”（陈宝箴语）这句话所蕴涵的深刻道理的，中国古代士民“朝为田舍郎，暮登天子堂”式的理想，成为支撑这个家族奋斗不息的精神支柱。

这个家族兴教办学已蔚然成风。

我们现在尚且不去论及江州“义门陈”时遐迩闻名人才辈出的“东佳书堂”，也不去论及陈寅恪家族贤杰满门的辉煌，单就陈寅恪家族自迁宁始祖陈腾远后兴教办学的优良家风，我们就不难看出这个文化型大家族成功的奥秘。

陈寅恪家族首开先河创办学校的，当是陈寅恪的高祖父陈克绳。

陈克绳是其父腾远五十岁时所生的老来子，正当他发奋读书进取功名的时候，他的父亲已是年老体衰，无力供养他继续上学，同时，家庭的重担也理所当然地落在了他的肩上。

面对这个残酷的现实，陈克绳毅然放下书本，朝书本投去不无遗憾而深情的一瞥之后，毅然挑起了治理家政的重担。

几年时间，他便以自己的才华和汗水把家治理得相当地殷实富足。然而，家道殷实富足之后，他内心深处潜滋暗长着的读书情结，却驱使着他把视野投注到兴教办学中来。

于是，他举全家之力，创办了"义宁陈氏"的第一所家学——"仙源书屋"。为了保证"仙源书屋"的办学经费，他亲拨良田给书屋，以田租收入维系书屋的正常开支。"仙源书屋"的创办，使陈氏家族的子孙不受当地土著的歧视，扬眉吐气地走进了自己的家学，从而使得地处穷乡僻壤的护仙源第一次传出了琅琅的读书声。

陈克绳不但兴办家学，而且资助同乡应试弟子，鼓励他们立志成才。

嘉庆二十三年（1818），克绳五十九岁，作为腾远的长子，"竹塅四房"分家时，克绳理所当然地担当了分家的主持。当时在"分关"（分家文书）中，克绳特意就子弟科举议定如下章程：

> 读书凡发蒙至半篇者，每年众帮俸钱五百文，成篇者每年众帮俸钱一千文；赴州试者每名卷资钱四百文，终场者倍之；赴府试者每名盘费一千三百文；其州试府试有列前十名者外赏钱一千文；入泮者花红银十两；补廪出贡者五两；登科甲者三十两，祖堂旗匾众办。生监有志观光应乡试，文场者每届帮助盘费两千四百文……举人应会试者，众帮盘费二十四千文。鲲池公坟山内树木永远长蓄护坟，子孙不得砍伐伤冢。如有不遵者，冬至日家法重责外，仍要每一根罚钱五千文上会。其田山永远不许出卖典当，倘有典卖田山者，送官究治。其坟前巨杉，子孙有能登贡科甲者，任其砍伐竖旗无阻。

从这些朴实无华的文字中，我们不难窥出陈克绳睿智的目光和高远的情怀。（参见江西省修水县政协文史委编《义宁陈氏五杰》、1989年版《修水

县志》《修水地名志》）

陈克绳的儿子——陈寅恪的曾祖父陈伟琳，乃一介饱学儒士，他不仅满腹诗骚，精研阳明理学，谙习医理，同时他还走出大山，游历饱览江河山川之美，他“读万卷书，行万里路”，信奉“人生不远游，犹若笼中鸡”的道理。他丰富的知识和开阔的视野，使得他益发重视教育，他不仅对自己的爱子陈宝箴读书仕达关爱有加，而且他还大声疾呼：“诚欲兴起人才，必自学始。”他因创办团练克复义宁州有功，屡受朝廷褒奖，他在当时享有很高的知名度和社会声望。

义宁州素有“文章奥府”之称，兴教办学之风久负盛名。历元、明、清各朝，义宁州共有书院二十五所。初期书院多为望族所办，为本族培养学子，仅黄庭坚故里双井村，北宋一代中进士者就有四十八人，多由书院培养。但晚清因太平军入境，书院大受影响，陈伟琳利用自己的社会影响倡建“义宁书院”，同时他还资助赴举考试的学子，为发展义宁州的文化教育事业奔走疾呼。

陈寅恪的祖父陈宝箴，对兴教办学更是不遗余力。

同治元年（1862），陈宝箴在竹塅陈家大屋左侧欧家垴附近弥王峰上的“四角窝”建“四觉草堂”，陈宝箴抱书入内，闭门苦读。后来陈宝箴出外求仕，又将“四觉草堂”改为家学，供本族弟子及他姓弟子读书。陈寅恪的父亲陈三立就曾在此就读。

光绪十二年（1886），陈宝箴回乡探亲。鉴于“四觉草堂”位置太高，崎岖难行，上学不便，于是出资在竹塅陈家大屋对面山坳平坦处新建“陈氏义学”。据当地乡亲回忆：义学颇具规模，系一进两重的两层楼房，门前辟有场地，讲堂、师房、书室、宿舍、厨房、膳厅、操场等一应俱全。场地边有一排大柞树，环境清静而优美，是个读书的好去处。

陈宝箴又遵父嘱将已分得购买赖姓田租五十担拨归义学，作为义学每年延师开馆之用。为了长期保障义学的经费来源不受侵犯，陈宝箴还就拨归义学的五十担田租立下文书契约：各房子孙永不得异议及典卖，自拨之后，寸土寸木寸石一概归公，由族中子弟经营。（参见《义门陈氏宗谱·义学屋及田租记》）在“陈氏义学”读书的学生除陈姓子弟外，竹塅附近各姓子弟均可入学。

时至今日，尽管义学已全部倒塌，当年的繁盛已成明日黄花，当地百姓仍习惯称当年义学所在地界为“义学里”。

1898年戊戌政变后，陈宝箴、陈三立均被“革职永不叙用”，他们更是把心血投注在子孙身上，陈宝箴曾以书扇训示次孙隆恪（陈三立次子）：

> 读书当先立志，志在学为圣贤。则凡所读之书，圣贤言语便当奉为师法，立心行事俱要依他做去，务求言行无愧为圣贤之徒。经史中所载古人事迹，善者可以为法，恶者可以为戒，勿徒口头读过。如此立志，久暂不移，胸中便有一定趋向，如行路之有指南针，不致误入旁径，虽未遽是圣贤，亦不失为坦荡之君子矣。君子之心公，由亲亲而仁民，而爱物，皆吾学中所应有之事。故隐居求志则积德累行，行义达道则致君泽民，志定则然也。小人之心私，自私自利，虽父母兄弟有不顾，况民、物乎？此则宜痛戒也。
>
> 四觉老人书示隆恪

陈宝箴的这则书扇训示，在于教育他的后人如何读书做人，这段饱蕴了

陈宝箴书扇面

儒家中庸思想精髓的立志处世标准，同时也是对隆恪兄弟辈的家训，成为他们长大成人后读书做人的行为准则。

陈寅恪的父亲陈三立对教育事业更是一往情深。戊戌政变，陈三立被革职后，他移居南京，在南京赁刘世五行宅居住，宅后有雅室名“编心斋”，他在这所斋室中以诗文自乐，并与友人相唱和。然而，尽管如此，陈三立仍然没有忘记改革旧制教育和参与社会公益事业。

据陈三立次孙（衡恪次子）、我国著名植物分类学家、“中国植物园之父”陈封怀在其回忆录中介绍：

> 自祖父挈家寄寓金陵，延聘西席外，在家又办了一所学堂。学习课程，除四书五经外，还设有英文、数学、物理、化学、音乐、绘画等新科目。也有许多文、体设备和仪器设备（如地球仪等）。祖父要求教师改革教学方法，做到第一不打骂学生，第二不让学生死背书。在校学生除自家子弟外，还有亲戚家的子弟如茅以升、茅以南等也附学。

陈封怀的回忆当为可信。从以上叙述中，我们完全可以看出，经历了戊戌维新思潮洗礼的陈三立，对传统僵化的教学模式已深恶痛绝。他的办学思想和当时许多名门望族的办学思想不同，他在教学安排上，以中学为本，以国学基础知识为主，“四书五经”仍占了很大比重。同时，他还大胆地引进西学课程，让子孙后代学习西方现代科学文化知识。很明显，他在这里大胆地采纳了湖南维新时期学堂教学“要博之以经济，向之以道德，重之以时务”的思想。陈三立此举，犹若阴霾的苍穹中刺破云天的一缕阳光，给人们带来了光明和希望。

有关陈三立在南京办学的史实，署名石三友的《金陵野史》也有一段记载：

> 光绪二十九年癸卯（一九〇三）夏五月，柳诒徵、陶逊等，有感于当时科举制度以八股文取士之腐败，不足以富国图强。想在南京创办一所新制小学堂，苦无校舍，乃与散原（陈三立自号）老人

商洽，老人极为赞同，即以其家塾学生脩脯，移就设学于老人寓庐后院八府塘侧，并有广圃平为操场，取名“思益小学”。课程除读经外，设有历史、舆地、算学、格致、体操等，是南京有新制小学之始。……学生除陈氏子弟、夫人俞氏子弟外，还有周馥之孙周叔弢等世家子弟。……时端方（午桥）任两江总督，驻南京。以散原老人为清流领袖，闻之，表示赞许，以为笼络，且到校检阅一次。学生穿操衣，列队演操，行举手礼，精神焕发，端方甚为得意，并赠每一学生文房四宝一份，以为嘉奖。

陈寅恪晚年曾说：“小时在家塾读书，又从学于友人留日者学日文。”指的就是这一时期的学习生活。陈氏家塾的教学方法，陈寅恪受益匪浅：一方面，他在这里接受比较系统的国学教育，从小就打下了坚实的中国文化知识的基础，虽然他以后留学欧美多年，涉猎了大量的西方文化知识，但他推崇中国传统文化的态度始终没有动摇过。另一方面，他自幼对西方文化兼收并蓄，取西方自然科学、人文科学之长，补中国传统文化之短。这不仅大大拓展了他的视野，而且也使他在童稚之年就形成融会中西文化知识的开放心理和合理的知识结构，为他日后学贯中西，作了充分的准备。（参见吴定宇《学人魂·陈寅恪传》）

陈寅恪

陈三立不仅大胆创办新式学校，还让自己的几个儿子走出国门，远涉重洋到外国留学。

1903 年，陈三立将他的儿子衡恪、寅恪送上一艘开往日本的轮船，其时衡恪二十七岁，而寅恪却仅有十三岁。从此，陈寅恪开始了长达二十余年的留学生涯。

陈寅恪更是将家学传承的勤学不倦的精神淋漓酣畅地发挥到了极致，

他成了中外文化史上的一代宗师，创造了人类文化史上无与伦比的辉煌。

除崇尚文墨、好学进取、向往功名的家学传承之外，陈寅恪家族的孝悌家风亦为世人所称道。

《义门陈氏宗谱·家训》所载诸多戒律中，开宗明义第一款便是“孝父母”。

陈寅恪家族祖祖辈辈恪守家训，孝敬父母，承顺颜色，美名传于乡里。

遍稽《义门陈氏宗谱》，有关陈寅恪家族孝敬父母的记载随处可见。

迁宁始祖陈腾远，为了寻求生存空间，毅然远离故土，前往江西义宁州“结棚栖身，种蓝为业”，他担心母亲因父亲逝世而伤心过度，为了使沉浸在悲痛之中的母亲能换个环境，免得在故乡睹物思人，加深痛苦，于是，陈腾远动身离开故土时，毅然决然地把母亲带在身边。置身于异地他乡，举目无亲，房无一间，地无一垄，一切都得从零开始。而这时，陈腾远既要劝慰母亲解脱思念亲人的痛苦，又要从生活上细心地照料母亲，使母亲活得称心如意，不至产生背井离乡之感。这对年方二十出头涉世未深的陈腾远来说，需要何等的勇气与耐心！

陈腾远恪守祖训，他对母亲极尽孝道，无论多忙，他每天必至母亲跟前请安。若是母亲有个头痛脑热，他熬汤煎药，细心照护，寸步不离左右。陈腾远六十五岁时，仍携儿辈嬉戏承欢于母亲面前。人们对陈腾远如此孝敬母亲，皆大为感动，说陈腾远的孝道是“老莱子之孝”。

母亲在陈腾远的精心照料下，直至八十八岁时方无疾而终。

陈腾远孝敬母亲的行为似一道无声的命令，极大地感染和影响着他的子孙，陈寅恪家族孝悌家风一脉相承。

陈腾远的长子、陈寅恪的高祖父陈克绳对父母亦极尽孝道。陈腾远年老体衰时，冬天怕寒冷，陈克绳每天晚上到父亲房间问安时，必先脱下衣服，上床钻进冷冰冰的被窝，用自己的体温把父亲床上的被窝焐热，服侍父亲睡下后，自己再去睡觉。特别让人感动的是，陈腾远八十多岁时患眼疾，陈克绳悉心照料，无微不至，每天用舌头舐去父亲病眼上黏结的眼屎浊泪，晚上则焚香祈祷神灵护佑，又用药煎水给父亲洗眼。陈克绳母亲晚年患皮肤病，奇痒难耐。陈克绳除服侍父亲外，每天还要给母亲搔痒，还从枫树上采摘干枫树球煎水给母亲擦洗身子。常言道：久病床前无孝子。陈克绳如此服侍双

亲，年复一年，日复一日，周而复始，直至双亲过世，始终毫无怨言，委实令人感动不已。（参见陈克绳墓志铭）

陈克绳如此孝敬父母，又直接影响和教育着他的儿子陈伟琳。

陈伟琳常告诫他的子孙要孝敬长辈，他常说："生前不承有限之欢，死后空洒无情之泪。"

陈伟琳是这样说的，也是这样做的。他虽没有寻求功名，但以道德和孝义感化乡里。

据郭嵩焘《陈府君墓碑铭》载：

> 其事父母，专力一心，承顺颜色，不言而曲尽其意。母谢太淑人病亟，夜驰二十里，祷于神。比反，太淑人寐方觉，言神饵我以药，疾以霍然。先生以太淑人体羸多病，究心医家言，穷极《灵枢》《素问》之精蕴，遂以能医名。疾者踵门求治，望色切脉，施诊无倦。自言："无功德于乡里，而推吾母之施以及人，亦吾所以自尽也。"

从墓志铭上的这段文字我们可以看出，陈寅恪家族的孝悌家风至陈寅恪的曾祖父陈伟琳已发扬光大至无以复加的程度。因母亲体弱多病的缘故，为了让母亲早日康复，陈伟琳遂立志学医，这是何等深沉的孝悌之心啊。人世间的这种真挚情怀，感天动地，就连鬼神也受到震惊，因而纷纷前来相助，赐福于孝悌之人，为他们祛病消灾。墓志铭上所叙述的那个带有几分神话色彩的故事，生动地为我们勾画出一个知书达理孝悌有加的感人形象。

陈伟琳学医不是那种现买现卖的肤浅做法，而是全身心地投入。他熟读医书，穷究医理，深知汤头药性，谙熟经络血脉，遂成一方名医，因而"疾者踵门求治，望色切脉，施诊无倦"。陈伟琳的医德极为高尚，他不计报酬，不畏麻烦，使出浑身解数，想病人之所想，急病人之所急。他以自己博爱无私的行动，赢得了远近乡亲的敬重和厚爱。

不仅如此，陈伟琳为人成熟练达，既目光远大又脚踏实地，每"临事必求实济，不惮劳，不计名，诸所以利人者甚众"。而且，他极善解人意，性情乐观豁达，与人为善，人皆乐意与他相处。他长得相貌堂堂，两腮饱满，前额突出而开阔，“丰颐广颡，严重有威，而性乐易，善启发人，扬人之善”。只要与他有过一面之交的人，都对陈伟琳交口称赞。“武宁（今江西武宁县）罗亨奎，故奇士，避乱义宁，敬事先生曰：‘离乱中能相劘以道义，此行为得所师矣。’”（参见郭嵩焘《陈府君墓碑铭》）

罗亨奎后与陈伟琳的第三个儿子宝箴一同中了举人，授官四川雅州知府，他将女儿嫁给陈宝箴的长子陈三立为妻，成为陈三立的原配夫人。罗亨奎遂与陈家结为儿女亲家。陈三立为陈寅恪的生身父亲，罗氏夫人生下陈寅恪的长兄衡恪之后即逝世，陈三立续配湖南知府俞文保（浙江山阴县即今绍兴县人氏）之女俞明诗为妻，陈寅恪为俞夫人所生。

我们完全可以想象，陈伟琳德才如此，当洪秀全的太平军波及江西，由他领头创办的义宁州团练抵御太平军，其影响力和号召力是可想而知的。

陈伟琳自言：“无功德于乡里，而推吾母之施以及人，亦吾所以自尽也。”这段语不惊人的话语，活脱脱地道出了陈伟琳的心声，他广博的胸怀由此可见。陈伟琳“推吾母之施以及人”，很自然地让我们想起我国古代儒家学派的代表人物孟子的那句名言：“老吾老以及人之老，幼吾幼以及人之幼。”陈伟琳深谙中国传统儒学的精髓，他的言行举止都符合儒家“仁义”的规范，他的做法亦符合封建时代读书人“修身、齐家、治国、平天下”的行为准则。

陈伟琳医术高明，又将其医术传授给他的儿子宝箴，宝箴的医术也十分高明。他先后为多位朝廷重臣治好过疾病，他的医名在当时闻名朝野。

翁同龢在光绪二十一年（1895）正月二十一日的日记中写道：

> 晚访陈右铭（陈宝箴字），未见。灯后右铭来辞行，长谈。为余诊云：肝旺而虚，命肾皆不足。牛精汁白术皆补脾要药，可常服。（自注：“脉以表上十五秒得十五至，为平。余脉十八至，故知是虚”。）

翁同龢是光绪皇帝的老师，又是朝廷重臣，宫廷内御医众多，高手如云，各种珍贵药品应有尽有，而他却依然对陈宝箴的医术深信不疑，请陈宝箴为之诊脉并开具处方。由此可见，陈宝箴的医术在当时是颇有声望的。

曾任直隶总督、北洋大臣，后以户部尚书、协办大学士入军机处的王文韶，亦请陈宝箴为其母治病。王文韶的母亲患有一种头痛病，百医束手，最后还是陈宝箴的一剂偏方药到病除。

光绪二十一年（1895），湖北巡抚谭继洵（谭嗣同之父）得重病。当时陈宝箴任直隶布政使，给谭继洵开了一个药方，谭吃了药方上的药后，病即已痊愈。谭继洵素知陈宝箴一向为官清廉，家境并不富裕，陈宝箴又在河北任上，为了以济急时之需，因而重金酬谢，有意资助他。于是派人送来鱼翅一盒，酒一瓮，银票五百两。陈宝箴的妻子黄氏夫人只收下了鱼翅和酒，却将五百两银票辞谢了。

陈宝箴除医术高明谙熟药性外，对药材的辨识也堪称高手。戊戌政变后，陈宝箴寓居南昌西山，有一天与家人在一起闲话叙旧，谈到了寅恪的曾祖母患咳嗽，正好门外有人出售人参，买后服用，病就痊愈了。陈宝箴对此感到惊诧，因为当时他们家境并不富裕，不可能买价格昂贵的人参，若是价格贱，肯定不是人参，而应是荠苨。因为荠苨像人参，能治咳嗽。陈宝箴指出，这一点《本草纲目》上讲得很清楚，但一般人不会引起注意。当时，陈宝箴说这段话时，年幼的寅恪刚好在场，寅恪自幼记忆超群，于是他从此便知道了有《本草纲目》这本书。寅恪的母亲身体不好，经常有病，寅恪便在案头放了一本《本草纲目》，以备经常翻阅。寅恪好奇，翻开《本草纲目》“荠苨”条一对，正与祖父讲的一模一样。此后，寅恪受家学的熏陶感染，也对医学有了兴趣。

寅恪少小时多病，大多服用其祖父陈宝箴及父亲陈三立所开药方抓的药，一直到光绪二十六年（1900）迁家南京后，方延请西医治病，家中才渐渐不用中药。

陈寅恪是陈伟琳的曾孙，他将《吾家先世中医之学》一文置于他叙述自己家世的《寒柳堂记梦》一书的开头。大师为何如此呢？我们可从下列方面揣其用意。

陈寅恪家族的中医之学，是从陈寅恪的曾祖父陈伟琳开始的，经其祖父陈宝箴、父亲陈三立，刚好三代。其实，笼统地说，应该是第四代了。寅恪对医学亦很有研究，他不时翻阅旧刻的医书、药书，还常读外文版医书。他在法国留学时，当时英法等国上层社会人士有一种传统风气，凡出身书香门第的子女，必须具备法学与医学的修养，方不失体面。所以陈寅恪学医是为了便于与外国上层学者交往，有利于他的学术研究。他对医药亦很熟悉，一次他上药房买西药，问到多种药名，一位医生惊奇地说："陈教授知道的药比我知道的还多！"他的不少文章皆得益于这些业余所学的医学知识的帮助。他的长女流求，毕业于上海医学院，后为四川省成都市第二人民医院内科主任医师，不过，她学的是西医而不是中医。这是陈寅恪将《吾家先世中医之学》置于《寒柳堂记梦》开头的表层意思。其实，更深层面的意思我们完全可以理解为：他的祖父陈宝箴后来步入仕途，虽为湖南巡抚，乃堂堂封疆大吏，在位仅不足三年。他的父亲陈三立，虽中进士，曾授吏部主事，却未尝一日为官，后襄助祖父陈宝箴治理湖南新政，几个月后即遭戊戌政变，父亲陈三立与祖父陈宝箴一并革职。陈寅恪深感他们不该误入仕途，还不如就家学——医道，正如范仲淹所说，不为良相，便为良医。医道同样是可以救人救世的。

很显然，作为学贯中西的史学大师，陈寅恪在这里使用了曲笔，那深层的意思，他未便挑明。(《参见刘以焕《国学大师陈寅恪》)

如果仅仅是崇尚文墨好学进取，以及世代相承的孝悌家风，陈寅恪家族还不足为世所重。

陈寅恪家族为世人所景仰的更重要的原因，不只是因为这个家族贤杰满门，创造了家族文化史上无与伦比的辉煌；不只是因为这个家族孝悌有加，和睦乡里的敦厚家风；更重要的是因为这个家族源远流长一脉相承的爱国情怀。在这个家族的迁徙流变及发展过程中，他们始终把家族的命运和国家民族的命运紧密地结合在一起。

当他们尚处于"结棚栖身，种蓝为业"的社会底层时，他们尚能"位卑未敢忘忧国"，能够不囿时俗，离乡背井，垦荒开拓，重创新居，完粮纳税；当他们站稳了脚跟并渐有家声之后，他们不尚空谈，而是倾其所有，兴书屋，建祠宇，修考棚，立义渡，起浮桥，辟村路，把博大的爱国情怀与脚踏实地的实干精神结合起来。

正因为如此，陈寅恪的高祖父陈伟琳能在"太平盛世"之际，看到国势危机，并"先天下之忧而忧"，产生应时济世的思想。

正因为如此，陈寅恪的祖父陈宝箴入京会试时，遥见英法联军火烧圆明园，便义愤填膺，击案痛哭。当他授湖南巡抚后，能够致力于民族自立，变法维新，本着“营一隅而为天下倡，立富强之根基，足备非常之变，亦使国家他日有所凭恃”的思想，大兴新政，开维新风气之先，使湖南成为中国最富有朝气的省份。

正因为如此，陈寅恪的父亲陈三立能够在中进士、授吏部主事之后，未尝一日为官，而是前往湖南，追随父亲“擘画新政，罗致人才”。戊戌政变后，他虽袖手神州，却依然致力于社会公益事业，又把自己的几个儿子送往外国留学，使他们个个学有所成，报效国家。当甲午战败，李鸿章与日本签订了丧权辱国的《马关条约》，陈三立闻讯无比痛恨，他致电张之洞：“力请先诛合肥（指李鸿章），以伸中国之愤……”当挚友郑孝胥投靠日军，建立伪“满洲国”，他痛骂郑孝胥“背叛中华，自图功利”，并在他的《散原精舍诗》重印时，将原来郑孝胥所作的序文全部删除，显示其爱憎分明、大义凛然的原则立场。当“卢沟桥事变”发生，已是八十五岁高龄的陈三立深为忧虑，常梦中惊呼：“杀日本人！”从此，他心情悲愤，一病不起。就在这年八月，他带着对祖国山河破碎的愤懑和忧伤，含恨逝世。

陈寅恪更是把自己对祖国满腔的爱，投注于他所钟爱的学术研究之中。他生当清末乱世，正值内政腐败、外患日逼之际。他从少年时代起，游历东西洋各国二十余载，广涉古今典籍，探求国家兴衰成败的历史教训。他终身致力于捍卫本民族的文化传统的地位，创造了人类文化史上“前不见古人，后难得有来者”的辉煌……

爱国、好学、尚德、养廉是陈寅恪家族为世所重的根本原因，这个创造了人类文化史上奇迹的家族，这个孕育了一代史学大师的文化型大家族，这个贤杰满门英才辈出的家族，将永载在人类文明不朽的史册上。

第二编

陈寅恪的祖父陈宝箴

一代封疆大吏

陈寅恪家族的崛起，陈宝箴是一个关键人物，在清末光怪陆离的官场上，陈宝箴的宦海生涯堪称奇特。他领导的“湖南新政”，真正赋予戊戌变法以实际内容，但关于他的死因一直众说纷纭。

第一章 初涉军旅

道光十一年（1831）农历正月十八，是一个大喜的日子。

这一天，陈伟琳的第三个儿子宝箴降生了。

陈宝箴是陈寅恪的祖父。在陈寅恪故里桃里竹塅，老人们至今仍津津乐道地传颂着陈宝箴出生时的种种传说。

陈宝箴呱呱坠地的当天晚上，下竹塅人见上竹塅陈家大屋上空红彤彤的，红了半边天，下竹塅人以为陈家大屋着火了，待他们成群结队拿着水桶等家什跑去救火时，陈家大屋却并未失火，而从大屋内传来一阵婴儿呱呱坠地的啼哭声。在这静悄悄的夜晚，那婴儿的啼哭声异常洪亮，像是大声地向这个世界宣告着什么，奇怪的是，刚才那红彤彤的火光此时却奇迹般地消失了……

乡亲们虚惊一场，方知是陈伟琳的老婆在生孩子。紧接着人们七嘴八舌地议论开了，有人说，分明看见东南方向一轮硕大的火球在夜空中翻滚，火球径直朝陈家大屋降落下去。有人说，这孩子好生了得，一定是天上的文曲星下凡，陈家大屋祖坟冒青烟，后生晚辈要发达了。

斗转星移，人们在平凡而枯燥的日子里，隐隐地企盼着什么。

翻滚的火球与文曲星的传说显然不足为信，不过，有一点却是完全可以肯定的：那就是在陈寅恪家族的历史上，陈宝箴是个承前启后的重要人物。陈宝箴的仕达，使陈寅恪家族迅捷地崛起为士大夫阶层。陈宝箴的出现，使这个家族“以诗书立门户，以孝悌为根本”的生命史基因产生了巨大的裂变，从此之后，一个群星璀璨登峰造极的文化型大家族赫然出现在中国历史的舞台上。

陈宝箴

陈宝箴自幼聪明颖悟，英毅好学，他的记忆力和理解力都异常惊人。牙牙学语时，陈伟琳试着教他几首古诗，教过几遍之后，陈宝箴便能倒背如流，再过十天半月，陈伟琳又让他背，陈宝箴依然是一张口就能背出。陈伟琳又将那些诗句写在纸上教他认，没教几遍就能认出，过了一段时间再让他认，那字就像是刻在他脑子里似的。

不久之后，陈伟琳的第二个儿子观瑞因出天花而夭亡，他的长子树年（谱名观瑚）又不是读书的料，陈伟琳遂将自己全部的希望寄托在他的幼子陈宝箴的身上，把他当作自己生命的延续。

陈伟琳将爱深藏于心底，表面上他对宝箴并不溺爱。

宝箴七岁时，陈伟琳就让他寄宿外村的私塾蒙馆。刚刚离开父母身边寄宿外塾的第一天晚上，宝箴思念父母，想着临行时父母及家人的嘱托，辗转难眠。第二天早读时，宝箴对先生说：“昨晚不能寐者三人，吾父吾母及吾是也。”（参见《范伯子文集卷·第九·故湖南巡抚义宁陈公墓志铭》）

陈宝箴不仅读书上进，而且不信鬼，不信邪，有胆识。他的这种敢作敢为的精神，在少小时光就表现出来了。

有一天，私塾先生突然病了，无法上课。村里有人说：“先生的病是被猪婆潭的‘泉神’害了。”陈宝箴听后，心想：泉神害人，就要把他打倒，不能让它兴妖作怪。于是，他和几个同学商量，决定打泉神。他到乡戏草台班找熟人借来演古装戏用的衣帽，然后画脸勾须乔装打扮，敲锣打鼓来到“猪婆潭”边，自称是“打鬼菩萨”到此。陈宝箴威风十足地喝令：“猪婆精听着，我勒令你立马三刻归还先生的魂魄，否则，叫你不得安身!”接着，他带着同学们一阵乱石打到水潭里。岂知歪打正着，经陈宝箴他们这一闹腾，第二天先生的病竟果真好了。原来先生得的是重感冒，吃了些民间小偏方，那药物发挥了作用，不两天就好多了。先生听说学生们为他“打泉神”，心里非常高兴，心里一高兴，病也就越发好得快了。过后，先生听说是陈宝箴带的头，连夸陈宝箴有胆有识，敢同邪恶作对，又聪明又勇敢，长大后定会有大出息。

还有一次，父亲陈伟琳去义宁州城拜会朋友，陈宝箴跟着去玩。当他们跨过浮桥，刚刚走进东门，就听一阵急促的敲锣声由远及近，随即就见有人大声吆喝：“州牧大人出巡，行人回避！”陈伟琳赶紧拉着宝箴让路，宝箴却站着不肯挪步，还大声嚷着：“我要看州官！”陈伟琳急了，忙说：“不行，要赶紧避开，冲撞了州牧大人，要坐牢的！”宝箴却努起小嘴咕哝道：“州牧也是人，有什么了不得的，为什么这么大的威风，看一下都不行吗？”

十九岁时，陈宝箴入义宁州学。

咸丰元年（1851）八月，三年一度的乡试在省城南昌举行。

十载寒窗苦读，眼下就要去接受朝廷的挑选，陈宝箴异常兴奋。对此次出门应试，他胸有成竹，志在必得。临行时，他刻意修饰打扮一番，与平素判若两人。他新婚的爱妻黄氏在一旁默默无语深情地注视着丈夫。陈宝箴见了，便诙谐地问道：“娘子，夫君我像个举人吗？”黄氏夫人假装生气地说：“像个鬼哟！”陈宝箴听后大喜，连声说：“谢夫人金口玉言，‘鬼’就是‘举’，夫君我这就中举去了！”不久，陈宝箴果然金榜题名，中了举人。这年，陈宝箴年方二十岁。

陈宝箴中举的旗杆石

陈宝箴中举之后，世道已不太平。

咸丰元年（1851）初，洪秀全在广西桂平金田村举行起义，建号太平天国。太平军声势浩大，攻城略地，迅猛异常，三年后，洪秀全建都南京，与朝廷分庭抗礼，朝廷上下一片恐慌，咸丰帝连下诏示，命各地乡绅及朝廷在籍官员创办团练，抵御太平军。

在这种背景下，陈伟琳创办了义宁州团练。宝箴遂停下学业，在乡随父帮办团练。几乎与此同时，以母丧丁忧在籍的礼部侍郎曾国藩亦在湖南湘乡县荷叶塘（今属双峰县）督办团练，后遂发展成为举世闻名的湘军。

有关陈宝箴办团练反太平军的功过是非，历史自有定论，非本书所及范围。不过，在办团练的过程中，陈宝箴所表现出来的非凡的军事才能，却使他高扬起人生的风帆，朝着自己理想的彼岸奋力搏击。

陈宝箴的仕途生涯，始于军旅，而他初涉军旅，是从办团练开始的。在与太平军的作战中，他英勇善战，屡建战功；而且多谋善断，深得父亲的赞赏和喜爱。在此期间，陈宝箴在父亲的指导下，熟读诸家兵书，精研攻守战术，积累了不少沙场征战的经验。

咸丰四年（1854），陈伟琳病逝，终年五十七岁。

父亲临终时，给宝箴留下遗嘱：成德起自贫困，败身多因得志。谆谆告诫宝箴于乱世中要恪守儒家信条，戒骄戒躁，谨慎为人。

父亲逝世后，陈宝箴继承父志，继续领办义宁州团练。

义宁州地处湘、鄂、赣三省边陲，战略位置十分险要。为了打开湖北、湖南与江西的通道，太平军翼王石达开接连对义宁州发起进攻，陈宝箴率领团练协助官府进行了顽强的抵抗。

然而，就在陈宝箴的父亲逝世的第二年五月，石达开亲率数万大军从湖北进攻义宁州，双方激战二十余日，终因寡不敌众，州城被石达开攻破。在御城战斗中，义宁州团练伤亡惨重，州牧叶济英死难。在异常艰难的情况下，陈宝箴率领义宁州团练仍然顽强奋战，最后，协助湖南湘乡罗忠节部官军收复州城。

在这次战斗中，陈宝箴的军事才能得到了湘军将领罗忠节的赞赏。战后，陈宝箴以自己的亲身经历，并结合对当时局势的分析，写下《记义宁州牧叶济英御城死难事》《义宁同仇录序》《义宁同仇录书后》，其中论述战争的攻守策略，颇具见识。后来，还得到了兵部侍郎郭嵩焘的好评。

从此，义宁州团练遐迩闻名，在江西首屈一指，从而受到朝廷嘉奖。陈宝箴也因克复义宁州有功，被咸丰皇帝谕以知县候补，并尽先选用。

咸丰十年（1860），陈宝箴入京会试，未中。

会试落第后，陈宝箴没有立刻离开京城。京城人才荟萃，各路英豪齐集，对渴望建功立业的陈宝箴来说，京城得天独厚的人文环境，具有极大的吸引力。

陈宝箴遂一度留京，结交四方俊雅之士，尤其与易佩绅、罗亨奎交谊甚厚，三人形影不离，常以道义、经济相切磋，时人誉为“三君子”。他们在谈论时势国情时，都感到朝廷昏庸腐懦，面对列强侵凌，朝廷只知割地赔款，忍辱退让。列强入侵，中国衰弱，陈宝箴深感辱国之痛，于是萌发为国治乱抗敌的初衷。

一日，三人正在茶楼小饮，忽然，遥见西郊方向火光冲天，一问方知是英法联军火烧圆明园。

圆明园被世人誉为“万园之园”，始建于康熙四十八年（1709），集中外建筑艺术之大成，堪称人间奇迹，园内藏有各种奇珍异宝。在京期间，陈宝箴不止一次地游过圆明园，他流连于园中的湖光山色、亭台楼榭间，惊叹园中藏品的精美绝伦。可如今，这座建筑艺术瑰宝将要毁于侵略者的战火，园中的稀世珍宝将要被强盗们洗劫一空。

此情此景，圆明园冲天的火光，似万把利箭刺着陈宝箴的心，他义愤填膺，恨不得立即指挥千军万马，将这伙强盗碎尸万段……

然而，自己一介书生，手无寸铁，空有一腔报国之志，眼巴巴地看着强盗们在自己的家园施暴却无可奈何。此时的他，犹如一个无能的弱者，面对着强盗们在自己的家门口恣意地蹂躏着自己的母亲……

陈宝箴再也抑制不住内心的悲痛，他捶胸顿足，击案痛哭起来，哭声号啕，撕肝裂肺，满座茶客无不为之动容。（参见《范伯子文集·卷第九·故湖南巡抚义宁陈公墓志铭》）

自此之后，陈宝箴依然闭门读书，但他却再也无心迷恋科场，他感到习儒学、钻八股，难以救中国于水火之中。于是，转而精研强国兴邦的学问和军事攻守方略。

这时，南方的局势又趋恶化。湖南巡抚骆秉章调任四川总督，应骆秉章之邀，易佩绅、罗亨奎奉命前往湖南招募乡勇千余人，组建果健营。

应易、罗二位好友的邀请，陈宝箴离开了已逗留三年的京城，前往果健营，协助二位好友统领这支刚刚组建不久的武装。

其时，果健营正奉命困守湖北来凤、湖南龙山两省交界处的岩塘，抵御太平军翼王石达开亲率十万之众的进攻。尽管双方力量悬殊，但由于果健营占据的关隘十分险要，加之防守得当，石达开连续进攻达数月之久，关隘仍未攻破。

陈宝箴是石达开的老对手，早在领办义宁州团练时，他们就多次交手，陈宝箴因而熟知石达开的战术和为人。陈宝箴的到来，易、罗两位好友十分高兴，更坚定了他们必胜的信心。

然而，就在这个时候，果健营面临粮尽饷缺。时值隆冬，北风呼啸，将士们饥寒交迫，情况十分危急。

就在这紧要关头，陈宝箴自告奋勇，冒着风雪，穿着薄棉衣，只身前往湖南永顺募饷，以缓解果健营饥冻之苦。他昼夜兼程，终于在一个风雪之夜赶到了永顺。

永顺县县令张修府见陈宝箴衣着单薄，冻得脸色乌紫直打哆嗦，急忙取来一件狐裘披在他身上。陈宝箴把狐裘一扔，疾言厉色地说："张大人，果健营一千多名将士在忍饥受冻，还要拼死抵挡住石达开的十万大军，他们随时都有倒下的危险，我怎忍心只顾自己暖和呢！"

陈宝箴爱护将士的拳拳赤诚之心，张修府深受感动，他急忙筹饷输粮，此外还为果健营将士筹集了衣被等物，解了果健营粮尽饷缺饥寒交迫之危。

果健营的粮饷得到及时补充，士气更加高昂。石达开累攻不破，情知遇上了对手，只得怏怏撤军，果健营从此名声大振。

离开果健营后，陈宝箴建功立业报效国家的意志和决心更加高昂。

他得感谢自己的京城之行，陈宝箴觉得京城之行的最大收获是改变了自己人生理想的航向，他对自己进取人生的道路重新进行了自我设计。他在内心深处暗下决心：以"十年时间从当世贤豪，历南北贤公戎幕"（参见《范伯子文集·卷第九·故湖南巡抚义宁陈公墓志铭》），以充实提高自己，彻底摒弃科场进取的人生道路，由以前的钻研文学求取科场功名转入关心国家政治时事，精研治国平天下之要与疆场厮杀兵法战阵之学。

他首选的目标是两江总督曾国藩。对曾国藩，陈宝箴心中仰慕已久，对这位当世奇人的人生传奇，陈宝箴早已耳熟能详。

曾国藩早年亦溺于文辞，忙于科场，由一乡间儒生跻身进士行列。咸丰二年（1852）奉诏在他的家乡湖南湘乡办团练，身经百战，几经沉浮，其所率湘军屡建奇功，横扫千军如卷席，湘军终为朝廷所倚重。不仅如此，曾国藩作为朝廷重臣，在改革军制，用纲常伦理道德、规范治军，重视人才的选拔培养以及家庭教育等方面皆为世所重。（参见《曾国藩家世·序》）

同治元年（1862）秋，得好友郭嵩焘举荐，陈宝箴以“举人”之资前往安庆谒见两江总督曾国藩。

郭嵩焘，湖南湘阴人，嘉庆二十三年（1818）农历三月出生于湘阴城西一个不甚富庶的读书人家。

郭嵩焘自幼跟着父亲习诵诗书，十七岁考取秀才，十八岁就读于著名的长沙岳麓书院。道光十七年（1837）乡试中举，郭嵩焘禀赋聪颖，又刻苦自励，二十岁以前，已在同辈中小有文名。道光二十七年（1847）中进士，选翰林院庶吉士。

鸦片战争中国惨败，对郭嵩焘刺激很大，于是，他开始留心外国的情况。他与曾国藩关系甚密，曾国藩留湖南办团练后，他有四年的时间是在曾的幕府中度过的，并成为湘军中为数不多的几个高层决策者之一。湘军在南昌一带辗转征战期间，他发现湘军屡战屡败的重要原因之一是太平军拥有大量战船，水陆策应，机动灵活，于是建议曾国藩急办水师。对他的这一主张，曾国藩高度赞赏并予以采纳。自从采纳了他的建议之后，战局随之发生了根本性的变化。

郭嵩焘

此后，他奉曾国藩之命，多次为湘军筹措军饷。途经上海时，他接触到一些资本主义物质文明，又一次在思想上引起了不小的震动。咸丰八年（1858）正月，郭嵩焘供职翰林院，先后三次受咸丰皇帝召见，并奉命入值南书房。在京师，他结识了大批达官显宦。同治二年（1863）六月，郭嵩焘署理广东巡抚。

陈宝箴留京期间与郭嵩焘结识后，两人交谊甚厚。尽管郭嵩焘比陈宝箴年龄上大十三岁，且又官高位尊，但他对陈宝箴却很是器重。陈宝箴对郭嵩焘亦是终生敬仰，光绪元年（1875）七月十八日，郭嵩焘奉诏以侍郎候补，充任出使英国钦差大臣。此前，因马嘉理案的发生，英国一面以武力威胁，提出苛刻的侵略要求，一面责令清政府速派一、二品实任大员，亲往英国赔礼道歉。这一不光彩的使命便落在了郭嵩焘身上，随后，他又被任命为出使英国大臣。

赴英道歉，任驻外公使，这在当时的国人看来，乃是与“夷狄”周旋的奇耻大辱，同僚目之为汉奸，同乡耻与为伍，当时的京师文人更是露骨地编了一副对联讽刺：

出乎其类，拔乎其萃，不容于尧舜之世；
未能事人，焉能事鬼，何必去父母之邦。

郭嵩焘此举在他的家乡湖南，也引起“全湘大哗”。面对一片众叛亲离的责难之声，陈宝箴却对郭嵩焘此行表示了极大的理解和支持。

其时，曾国藩正在安庆大开幕府，广纳天下贤士名流。

因是郭嵩焘举荐，曾国藩对陈宝箴自然是刮目相看。与之论道后，陈宝箴对国事和军事的独到见解，曾国藩甚为赞赏。当他得知陈宝箴不仅有真知灼见，而且还有实战经验，青年时亦从父亲办过义宁州团练，还与曾的部将罗忠节在义宁州一道抗击过石达开，收复过义宁州城，受过咸丰皇帝的谕令褒奖，又协助果健营在来凤、龙山的岩塘之战中立过战功……曾国藩便对陈宝箴格外器重。

初来乍到，陈宝箴发现曾国藩不愧是旷世奇才，他不仅德高望重，有匡时济世之才，而且还具备多方面的才能。

更让陈宝箴吃惊和不解的是，曾国藩竟善相术，并著有《冰鉴》一书。曾国藩相貌清癯，眼呈三角，他的那双眼睛熠熠有神，看人看事入木三分，他用人有时只要看上一眼，那人的忠奸真伪便能八九不离十。曾国藩将自己的观人之法总结为："邪正看眼鼻，真伪看嘴唇，功名看气概，富贵看精神。主意看指爪，风波看脚筋。若要看条理，全在语言中……"

曾国藩

曾国藩将自己这独特的相术巧妙地融会到他的治政、治军的实践之中，从而使得他的治理才能达到了出神入化的程度，他天才的领导艺术在清廷朝野中享有很高的声誉。

郭嵩焘曾讲过这样一件事，有一天，曾国藩视察李鸿章的淮军，见一淮军将领形貌魁梧，衣着整洁，曾国藩注视良久，回去后对部下说："那位将军精力充沛，按理说并无夭折之理，这段日子也太平，无仗可打，怎么他一脸的晦气，那神色就像个行将就木的人呢？"部下听后，当时觉得非常奇怪。果然没过十天，那将军端的暴病身亡，部下皆诧异不已。（参见《清稗类钞》第4638页）

曾国藩不仅治军、治政有方，而且治家亦有良方，他治家的"八字诀"：书、蔬、鱼、猪、早、扫、考、宝。"八本"：读古书以训诂为本；作诗文以声调为本；养亲以得欢心为本；养生以少恼怒为本；立身以不妄语为本；治家以不晏起为本；居官以不要钱为本；行军以不扰民为本。"三致祥"：孝致祥，勤致祥，恕致祥。曾国藩的这些家训格言，皆被世人视若瑰宝。

此生能有幸入曾国藩幕府，陈宝箴甚为珍惜这段时光，他在内心深处把曾国藩当作自己"修身齐家治国平天下"的最高境界和行为楷模。

然而，正如郭嵩焘所说，曾国藩亦非完人。当初，曾国藩因母丧丁忧在籍，咸丰帝命他帮办团练，抗击太平军。开始时曾国藩亦具疏力辞，郭嵩焘因与曾国藩同在岳麓书院就读，关系甚密，特以"保护桑梓"为由，说服曾国藩收回辞疏，创办湘军。咸丰四年（1854）三月，曾国藩督水师，靖港一战，湘军惨败，曾国藩羞愧交加，他乘人不备想投水自尽，幸亏部下及时发现后方得获救。（参见《清代人物传稿》）

陈宝箴入曾国藩幕府不久，就发现曾国藩与江西巡抚沈葆桢有矛盾，仔细一了解，原来事情的经过是这样的：

咸丰末年，为抵御太平军，曾与沈事先有约：江西的粮税、工商税均纳曾养军。同治初又奏请以九江洋税为曾军军饷，约好如江西遇太平军进攻等情况，曾则分兵相助。不久，江西境内接连受到太平军的进攻，而曾军又在江西以东方向，相隔甚远，沈因此担心曾军不能及时援救，因而上奏朝廷，留下江西的税收，建养江西的防军，沈的奏折立马得到了朝廷批准。曾国藩因此十分生气，并与沈绝交。尽管沈就此事多次致信向曾表示道歉，曾国藩却是不依不饶，根本不予理睬。

陈宝箴发现这个情况后，觉得自己有义务调解两人之间的矛盾。他趁曾国藩心情好的时候，找一个机会不动声色地与曾国藩闲聊，就在两人天南海北聊得兴起的当儿，陈宝箴不显山不露水，巧妙地引喻进言：舟行水上，突遇狂风，掌舵人与撑篙人、划桨人相互指责叫骂，即使父子兄弟也不相让。不久，风停船泊，置酒庆贺平安，互相慰劳，又欢若平时。

曾国藩不知是计，信口回答说："船夫互相责怪，是怕翻船，并无私心；既然船停无事，又何必再互相生气呢？"

陈宝箴认为时机已到，突然话锋一转直接进入正题："以往您与沈公之争，也是担心两江（安徽、江苏、江西）不安定；如今两江已太平无事，而你们的嫌隙又怎么不能消释呢？您等如此互不相让，岂不是连那些船夫还不如吗？"

陈宝箴一番肺腑之言，喻之以事，晓之以理，动之以情，说得曾国藩怦然心动。他认为陈宝箴所言句句在理，遂幡然醒悟，意识到自己错怪了人家，立即提笔写信给沈葆桢，表示应弃前嫌，重归旧好。

自此之后，曾国藩对陈宝箴愈加器重。

湘军将领席宝田奉命驻防江西，席宝田钦慕陈宝箴之才，三番五次托人带信给陈宝箴，要陈宝箴到其军中共商大计。

一则席宝田盛情难却；二则陈宝箴亦不想只做一个光靠卖弄两片嘴皮子空谈的幕客。他想直接投身军旅，真刀真枪，厮杀疆场，建功立业。于是毅然告别曾国藩幕府，离开安庆，到江西投奔席宝田。

席宝田，字研芗，湖南东安人，道光九年（1829）生。早年以县学生就读于岳麓书院。咸丰二年（1852），席宝田在乡创办团练，咸丰九年（1859）率部参与解除太平军对安庆之围，因功擢为知府。咸丰十年（1860），席宝田奉湖南巡抚骆秉章命募勇千人，号“精毅营”，率赴郴州、桂阳等地，阻击天地会军。同治二年（1863），席宝田率军援江西。

到席军不久，陈宝箴又敏锐地觉察到席宝田与江西巡抚沈葆桢也有矛盾。其时，江西的形势极为严峻，太平军攻占江西多县，只有席军左冲右突，疲于奔命，其余清军坐山观虎斗，按兵不动。其原因皆由于席、沈不和，使席军陷入势单力薄孤立无援的境地。

陈宝箴还发现，席、沈的矛盾似乎已炽热化，每次接到来自巡抚的公文，席宝田都鄙弃不屑地扔在地上，还冷嘲热讽地说：“我真讨厌这些以卖弄文字为能事的官吏！”

陈宝箴想，两位大人如此不和，久而久之，必然会遗患无穷，后果将不堪设想。他决计劝两人以大局为重，重归于好。

于是，陈宝箴又一次施展自己能言善辩善于调解矛盾的才能，当他又一次发现席宝田扔沈宝桢的公文时，便笑着劝道：“沈公是位贤者，只是对你的才智和忠心还不甚了解，当他了解了你，一定会尊重你的。据我所知，二位大人之间，并无根本利害冲突，只是互相之间缺乏沟通罢了。”

紧接着，陈宝箴又去谒见沈葆桢。因不久前陈宝箴刚刚调解了沈葆桢与曾国藩的矛盾，沈葆桢对陈宝箴很是感激。虽然陈宝箴如今投在席宝田帐下，但沈葆桢毫不介意。

见面之后，两人谈得十分投机。在言谈中，陈宝箴直言不讳地极力推崇席宝田如何沉毅勇猛，带兵有方，并坦诚相劝：“席公沉毅勇猛，忠于职守，即使处于孤立无援的困境，可也不致误了军事，以席公的才智谋略，必能战胜困难打败敌人。大人您若能摒弃个人恩怨，以朝廷大业为重，与席公肝胆相照，携手并进，席公必能竭尽全力，江西地界必定能固若金汤。不然的话，若是席公战败，形势危急，朝廷追究下来，大人您身为江西巡抚，您能安然无事吗？”

陈宝箴所言，句句顺耳中听，事事言之有理，说得沈葆桢口服心服，连连点头称是。沈葆桢是个爽快人，他按捺不住内心的愧疚，决计向席宝田负荆请罪。于是，他亲率众官员和粮饷物品，立马启程，前往席军慰劳将士，同时调兵五营，增援席军。

沈葆桢的坦诚大度，席宝田深受感动，他也主动检讨了自己的错误，从此，二人重归于好。军事上，他们配合默契。加之陈宝箴屡献奇策，席宝田言听计从，江西战场频传捷报，屡受朝廷嘉奖。

同治三年（1864）十月，清军攻克太平天国首都天京后，太平天国幼天王洪福瑱（又名洪天贵福、洪天贵）、干王洪仁玕等率余部逃入江西境内，陈宝箴经过仔细分析，断定其一定会逃往福建，于是向席宝田建议派兵到广昌、石城间的杨家牌设下埋伏。

席宝田依其计，果然不出所料，击败太平军余部，并俘获洪仁玕、黄文英和洪仁政等太平军将领十余人。后陈宝箴又建议追击洪福瑱，果然将其俘获。席宝田因此立下赫赫战功，由道员升为贵州按察使，以记名布政司遇缺题奏，赏穿黄马褂，封云骑尉世职。

陈宝箴对自己献奇计生擒太平军幼王一事，丝毫不为己功，当有人说到此事时，他总是谦逊地说："吾虽臆决幸中，然非席公坚忍，用将士死力，福瑱终不可得。席公用兵，天授也。"

席宝田听了陈宝箴的这番话后，大为感动，一再向朝廷叙保陈宝箴为知府，但陈宝箴没有接受。

陈宝箴的足智多谋与高风亮节，席宝田甚为钦佩，两人交谊与日俱增，后遂结成儿女亲家，陈宝箴的长女嫁给席宝田的儿子席曜衡。

陈宝箴在席宝田军一年后，正值曾国藩在江宁大开幕府，其时天平军已被扑灭，曾国藩的幕府里高朋满座盛极一时，陈宝箴遂离开席宝田军，复投曾国藩幕府。

曾国藩生于嘉庆十六年（1811），陈宝箴生于道光十一年（1831），曾国藩比陈宝箴年长整整二十岁，尽管年龄相差悬殊，但曾国藩却把陈宝箴引为知己，相见恨晚，并尊为上宾，给他以高度评价，并赞为"海内奇士"。

在这一时期，曾国藩曾亲笔题写一副贺寿对联赠给陈宝箴，对联写道："万户春风为子寿，半杯旨酒待君温。"对联真实地记叙了他与陈宝箴交往的情景，从这位当世奇人亲笔所题寿联的字里行间，我们不难窥出他们之间彼此相知亲密无间的情谊，同时亦不难看出曾国藩对陈宝箴的器重。

应该说，作为封建统治阶级的一员，陈宝箴是恪尽职守的。从当时历史看，陈宝箴出于维护朝廷安全和社会秩序稳定，能恪尽其责，不似一些昏庸的官吏不顾一切，坐食俸禄。我们也不应以现在的眼光要求他从本质上认识太平军的人民性和正义性，这是不现实也是不可能的，同时也不符合历史发展的客观规律。

初涉军旅的这段经历，在陈宝箴的宦海生涯中，有着举足轻重的作用。

曾国藩书法

这段不寻常的特殊经历，不仅修正了陈宝箴人生进取的航向，使其彻底摒弃了封建社会里“朝为田舍郎，暮登天子堂”式的科举之途；不仅让他善用兵、有谋略、能言善辩、善于处理复杂的人际关系的非凡才能得以显露，而且在初涉军旅征战疆场的过程中充实提高了自己。内忧外患的政局、波谲云诡的战争风云、讳莫如深的官场倾轧，使得他对社会、对人生的思考更为深邃成熟。初涉军旅的人生磨砺，还使得他结识了曾国藩等当世豪杰重臣，并受到他们的重用和交相举荐，终于踏上宦海仕途，甚至以“举人”之资而至封疆大吏，成为我国近代史上的重要人物。这在视科举为唯一晋升之阶的时代里，是特别破例的。

在曾国藩的一再劝说下，陈宝箴在经历了初涉军旅牛刀小试之后，遂决定出仕为官。

同治四年（1865）四月，曾国藩调升直隶总督，督办直隶、山东、河南三省军务，镇压捻军。得曾国藩保荐，陈宝箴入京觐见皇帝，授以知府发湖南候补。从此，陈宝箴步入了他向往已久的宦海仕途，朝着自己的人生理想和生命目标艰难地跋涉前行……

第二章

政声卓著

陈宝箴奇特的求仕之路，源于阳明学说的影响。阳明学说的精髓是“心即理、知行合一、致良知”。阳明学说“知行合一”的思想，影响并贯穿了陈宝箴的一生。从他的求仕之路和他以后的宦海生涯中，我们不难看出，他始终注重实践，不尚虚名，将博大的爱国情怀与应时济世的实践完美结合。

应该说，陈宝箴是幸运的，他初涉军旅，就有缘结识曾国藩等当世豪杰。在他初涉军旅的岁月中，他非凡的韬略与军事才能得以淋漓酣畅地展现，从而使得他由一介书生迅捷地跻身政坛，并得到曾国藩等朝廷重臣的交相引荐，这是多少人梦寐以求的事啊。

而在当时特定的社会历史条件下，一般的封建士大夫走的却是科举晋升之路。普天下多少莘莘学子，终年寒窗，皓首穷经；多少人虚掷青春，然而却徒唤奈何……

让人惊奇的是，陈宝箴的政治才能也和他的军事才能一样杰出。纵观他的吏治人品，纵观他卓尔不凡的政绩，我们仍可看出阳明学说应时济世思想对他无处不在的影响。他治政为官，尚德、养廉、勤政爱民，疾恶如仇，德识兼优。

早在初涉军旅为幕客时，当他离开安徽安庆曾国藩幕府前往江西席宝田军中时，经彭泽、鄱阳等县前往南昌，途中目睹这些地方因遭战祸，田园荒芜，饥民遍野。断垣残壁间，荒僻山野里，到处是嗷嗷待哺的婴儿，到处是倒地待毙的老者，插草为标卖儿卖女的现象，更是随处可见……

此情此景，陈宝箴极为痛心。他仔细一了解，原来当地官府也曾颁发了每人每天救济两斤大米的《赈章》，但地方劣绅从中冒领浮销，官府的赈济大半被侵蚀，每人每天实得大米不到半数，难以充饥度日。面对这种现状，陈宝箴在路途中奋笔疾书，给江西巡抚沈葆桢写了一封信。

陈宝箴在《上江西巡抚沈中丞书》中详陈灾民苦状及官绅劣迹。沈葆桢得信后大为震怒，立即派员察看实情，并向灾民公布抚衙赈灾数目及条例，并按侵克军粮例，查处贪官污吏。陈宝箴又经深思熟虑，认为单纯以发赈米方法救济，非根本久长之计，要给灾民创造必要条件，发动灾民生产自救，重建家园。于是，陈宝箴又向沈葆桢建议："按耕地面积发给种子、耕牛，扶助农耕。并要进一步整饬吏治，选拔能人；禁天主教，废耶稣堂；恢复学校，培养人才。"

陈宝箴的真知灼见，沈葆桢极为赞赏，他很敬佩陈宝箴的政治才华与爱民美德。

同治四年（1865）四月，经曾国藩保荐，陈宝箴入京觐见皇帝，被授以知府发湖南候补，当时湖南巡抚是刘琨，布政使是王文韶。

陈宝箴初到湖南，正逢贵州苗乱严重。此前，朝廷原已用兵数年，屡费周折，但仍然收效甚微。其时，湖南诸军中只有席宝田能战，而席宝田此时因患瘴疠病离职，一时兵无主将，以至谣言四起，众说纷纭，皆云苗乱积重难返，已不可平。

陈宝箴到湖南后，巡抚刘琨便派他到贵州。于是，陈宝箴深入贵州军中数月，详细了解掌握了苗乱的概况及活动规律后，向巡抚立下军令状，保证第二年的四五月苗疆之乱可定。此言一出，有人替他捏一把汗，苗乱多年未平，而他却竟敢说得如此肯定。军中无戏言，别到时候自己下不来台！

然而，第二年，苗乱果然平定。陈宝箴用自己的实际行动，再一次向世人展示了他卓越的军事才能和谋略。

苗乱平定后，陈宝箴又协助处理善后工作，遣散防军达数万人之众，由于复员措施得当，进展极为顺利，为历来所仅有。这其中，大多是陈宝箴的功劳。与此同时，陈宝箴还建议将已平定的苗地，全部入官，以屯田来充实边地，然而，因贵州当地官吏从中作梗，屯田未成。

光绪元年（1875），陈宝箴被任命为湖南辰沅永靖道官职。这时，他开始独当一面，正式担任地方官实职。

辰沅永靖道治所驻凤凰厅（即今湘西凤凰县城），这里与贵州苗区接壤，山势嵯峨，云遮雾罩。

陈宝箴上任伊始，就有人告知，境内宁远地界有欧阳姓豪族，横行乡里，欺压百姓，无恶不作。欧阳家族还与历任官府相勾结，犯下事来有官府庇护，大事化小，小事化了。有时还反咬一口，陷害好人，置人于死地。因而欧阳豪族愈加放纵，肆无忌惮，欠下累累血债，百姓敢怒而不敢言，甚至连官兵也无人敢惹。

陈宝箴接到投诉后，异常气愤，他平生最不能容忍的就是以强凌弱鱼肉百姓的事情。当他手里攥着那一份份血写的诉状，一阵阵莫名的隐痛袭上心头，他仿佛看到那一道道哀怨而期待的目光，他仿佛听到屈死的冤魂一声声幽咽的哀号。他不能容忍在他治下的范围内有如此暗无天日的事情发生，他在心中暗下决心，一定要割掉这块地方上的恶瘤，不管他的势力有多么强大，也不管他有多大多硬的靠山，就是老虎屁股他也要摸一摸，就是天王老子地王爷他也要和他较一较劲。

于是，陈宝箴明察暗访，在充分掌握了事实证据的基础上，采取恩威并施、宽严兼用的做法，下令捕获为首作恶及在查处中逃跑的罪犯二十一人，一一处决。对胁从者采取警告和逼恶为良的办法，及时镇压了欧阳豪族的嚣张气焰，多年遗留的社会问题一举平定。社会地方秩序顿时改观，百姓拍手称快。陈宝箴刚直不阿疾恶如仇的胆识和气魄，赢得了社会普遍的好评。

陈宝箴任辰沅永靖道办的第二件事，就是教当地百姓种薯代粮，解决粮食不足的困难。

辰沅永靖道地处湘西山区，山多土瘠，粮食低产，加之人口众多，百姓生活十分困难。陈宝箴根据自己家乡农民以番薯为主粮的特点，教当地农民种薯代粮。

番薯是土种农作物，易种易活，产量亦高，适宜山区栽种。番薯全身是宝，番薯藤可以喂猪，番薯可以蒸吃，可以刨成丝晒干和大米煮饭吃，干薯丝可久藏不坏，以备荒年。大量引种番薯（红薯）之后，长期困扰当地百姓的吃饭问题终于得以解决。与此同时，陈宝箴还教当地百姓植茶种竹，增加经济收入。

辰沅永靖道治所凤凰厅，历来为苗防重镇。往年治苗乱时，屯军无数，军粮皆从周边各县运来，山高路险，崎岖难行。城西有沱江流过，但江水湍急，江中怪石林立，下游舟船无法上行。

于是，陈宝箴做出了一个大胆的决定，他决计疏通沱江，以便舟船直通凤凰城下。他多方筹措资金，组织民工开凿沱江。因资金不足，他征得母亲李太夫人同意，全家节衣缩食，减少应酬开支，挤出自己的薪金资助疏河工程。

郭嵩焘撰《陈母李太夫人墓志铭》对这段史实作了如下记述：

> 右铭度水势远近，凿石通渠，蠲俸入万金，犹不足，以告太夫人。太夫人喜曰："是地方久远之利，未宜以难自阻计。即吾日食所需，节缩以给用，累少为多，功幸完。"右铭于是毅然任之。自泸溪北通沅水，舟楫辐辏城下，兵民大欢，于是而知太夫人明敏断决，识道理，当时贤士大夫或罕能之。所以能贞于德，光于有家，施益宏而意量常无穷也。

为了治河，在征得母亲李太夫人同意后，在这一时期，陈宝箴将家里的生活水准降至最低限度，为了节约每一个铜板，他反复交代厨房仆役多买蔬菜，少买荤菜。厨房仆役说他故作清廉，陈宝箴听后，却并不生气，作诗一首送给厨工：

> 嚼来却是菜根甜，不是官家食性偏。
> 淡泊生涯吾习惯，并非有意钓清廉。

陈宝箴挤出薪金资助疏河工程一事，极大地鼓舞了当地百姓治河的积极性，百姓们纷纷踊跃捐款捐物，使开凿沱江工程进展异常顺利，仅七个月时间，凿河工程便告峻工，舟船可直达凤凰城下，沱江不行舟船的历史从此宣告结束。

自此之后，沱江之上，帆船点点，渔舟唱晚，一片繁忙景象，湘西凤凰交通闭塞状况从此改观。湘西百姓有口皆碑，纷纷传颂着他们的父母官陈宝箴捐出俸金治河的壮举。

光绪二年（1876），陈宝箴任满离职回长沙府待命。由于他带头捐资治河，以至离任时，陈宝箴落得一身清贫，这在当时的封建官吏中是极为罕见的，朝廷士大夫皆钦佩震惊而交口称赞。

在陈宝箴离开湖南调任河北道时，时任兵部侍郎的郭嵩焘在其所撰《送陈右铭赴任河北道序》一文中说：

> 久之，而君所治事，群湖南之人信而服之。又久之，承望君之名，则亦莫不顺而从之。……而君之去人远矣，则宜湖南之人流连咏慕，旁皇太息于君之行也。

这段话的大意是，陈宝箴在湖南治政，无论立事立名，湖南人都深为信服，乐意顺从。对他离湘北上，湖南人都有依依惜别之情，感叹走了一个好官。其时，郭嵩焘已年近六旬，且已名满天下，却对年仅四十五岁的陈宝箴如此推崇赞赏，实为难得。

光绪六年（1880），陈宝箴奉命授河北道，离湘北上。

在河北道任上，陈宝箴惊异地发现当地盗窃成风，地方秩序极为混乱。他决心改变这种现状。于是，他制定并公布了《治盗法规》，依法从快从重惩处了一批盗贼惯犯，同时也严惩了一批捕盗不力、徇私枉法的官吏。从此之后，他所治的河北道内，百姓安居乐业，官吏亦不敢胡作非为，社会秩序大为改观。

河北道内，黄河堤坝经常决口，十年九涝。决口时，淹没村庄，冲毁田园，百姓流离失所。

陈宝箴到任后，决心整治黄河大堤。他亲自审订疏河筑堤的措施，并制定对在治河工作中玩忽职守的官吏的惩办条例，使河堤及时得到整修加固。由于措施得力，防范严密，往年经常决口成灾的黄河堤坝，陈宝箴在任三年内却未发生过一次决堤，从而有效地保障了当地百姓的生命财产安全和生产的发展。

义宁陈氏家族素以重视文墨著称于世。陈宝箴为官河北道时，亦不忘兴教办学，开读书风气之先。他创办“致用精舍”，大量购买各种书籍，精选优秀弟子入学“致用精舍”，聘任名师执教，制定学规、校规。其目的是为了培养一批关心和了解时事世务，通变古今，有道德修养的学生。并通过他们在社会上传播，以身示范，移风易俗，使河北风气从根本上得到改观。

陈宝箴勤政爱民，政声卓著，引起朝野注目。

光绪八年（1882），朝廷擢升陈宝箴为浙江按察使。这时光，他的仕途生涯开始坦畅，已显露出几缕玫瑰般的曙色。

然而，偏偏事有不测，就在陈宝箴前往杭州，上任仅数月，却因王树汶案受到牵连，被罢免了按察使之职。

事情的经过是这样的：

光绪八年，河南镇平县大盗王树汶，被处极刑。就在王树汶被绑赴刑场问斩时，王树汶突然狂呼冤枉，因刑场离巡抚衙门不远，河南巡抚涂宗瀛闻知后，急命监斩官刀下留人，另行审理。

重审后方才真相大白：原来王树汶为河南盗首，真正的盗首王树汶狡诈多端，早在闻知官府要抓他之前，已金蝉脱壳，逃之夭夭。官府所抓的并不是真正的王树汶，而是王树汶的一个替身，那是王树汶的一个下人。王树汶在逃走前交代那人，官府叫王树汶，你就应声。然后王树汶又教那人如何招供，并说自己会想方设法救他出狱，但千万不要把替代的事情泄露出去。不知何因，那人竟满口答应下来。那人做了替罪羊后，在监狱中望眼欲穿地等着真正的王树汶来救他，可是等到行将问斩时，也不见王树汶来救，那人方知上当，这才呼天抢地鸣冤叫屈。

后来追究下来，原来主审此案的是镇平县县令方某。方某本为少年进士，初出茅庐，经验不足，以为此乃一宗寻常盗窃案。审理此案时，听凭手下人东涂西抹，以致案卷漏洞百出，与犯人所招供的不一致，方某就问手下人，手下人敷衍说："我们都是老审案件的，您读书初出茅庐，不知其中的奥妙，大人您就放心好了！"方某也就没有多问，就这样把案子报了上去。后来此案经刑部提审复核，镇平县县令方某被革职，他手下当初审案者多人被逮捕。陈宝箴任河北道时，亦曾参与会审此案，因而受到牵连，被弹劾免职。

陈宝箴光明磊落，被免职后，他上疏申辩说："法司者天下之平也。是非者，朝廷之公也。苟不言事实理势，恣意摩乱，黑白任其所指，独立之士，孰不寒心。"

朝廷见他理直言诚，曾派阎敬铭查察。但阎敬铭瞻前顾后，不敢主持公正。

陈宝箴因此而负屈赋闲，放任山水达三年之久。

陈宝箴勤政务实，清廉有为，朝野上下早已有口皆碑，他虽负屈赋闲，却并未损其声誉。

光绪十二年（1886），两广总督张之洞奏调，陈宝箴到广东任缉捕局职，负责治理盗贼。

陈宝箴刚到任不久，李鸿藻在河南郑州指挥堵塞黄河决口，遇到了地方官互相扯皮，治河材料紧张等困难。这时，无可奈何之中的李鸿藻想到了陈宝箴，想到了陈宝箴卓越的才干，于是，他向朝廷请求诏陈宝箴前往相助，陈宝箴遂奉诏离开广东前往河南。

陈宝箴为官河北道时，曾整治过黄河大堤，有丰富的治河经验。他到任后，多方参与谋划，所提各项对策，均被李鸿藻采纳，并立竿见影。

李鸿藻（1820—1897），字季云，号兰孙、砚斋，直隶高阳（今河北高阳县）人，是同治、光绪年间清流派领袖。

咸丰二年（1852），李鸿藻会试及第，初点翰林院庶吉士，三年后授编修，从此他官运亨通，沿着封建官阶稳扎稳打步步升迁。咸丰五年（1855）四月，李鸿藻奉命在上书房行走，后因大学士彭蕴章举荐，授咸丰帝的独生子载淳（即同治）读书，后累官至军机大臣上行走、工部尚书等，官职日益显赫。

同治十一年（1872）九月，同治帝结婚庆典告成，为了表示对师傅的嘉奖和礼遇，加封李鸿藻为太子少保衔。

李鸿藻的帝师生涯与同治朝相始终。他勤于治事，严于要求，所以同治帝颇能接受他的启迪。他又善于揣摩慈禧太后的意图，逐步获得她的倚重，同治、光绪两朝朝廷内部的政治斗争，他经常卷入或涉足其间。

李鸿藻对慈禧也并非百依百顺，有时为了朝廷更大的利益，不免辗转陈词，他的诤谏博得了“清议”的时名。因而，同光之际一些大胆弹劾官吏、批评时政的翰林、御史等言官，为了抒发个人的政见，求得上进的途径，纷纷投其门下寻求他的支持，形成一股不可忽视的舆论力量，被人称为“清流派”。

李鸿藻和沈桂芬分别为对立两派的首领。

李鸿藻的权力鼎盛时期，始自光绪六年（1880）十二月沈桂芬病逝，直至光绪十年（1884）三月清军在越北战败，他和奕䜣等全被排挤出军机处为止。

李鸿藻虽被排挤出军机处，但慈禧对待他与奕䜣不同。奕䜣长期以来受到猜疑，而李鸿藻则多年以来深受信赖。

光绪十一年（1885），李鸿藻被再度起用。

李鸿藻虽被起用，但朝廷内部的派系斗争并没有停息，以醇亲王奕譞为首的实力派，唯恐权力被削弱，对李鸿藻的再度起用存有戒心。他们不让李鸿藻接近权力中心，而是派他前往河南视察河工，有意使之远离朝廷，无所作为。

俗话说“屋漏偏逢连阴雨，船破恰逢顶头风”。这年八月，李鸿藻刚到河南，适逢河南郑州段下汛十堡决口。就这样，指挥堵塞黄河决口的差事便理所当然地落在了李鸿藻的肩头。

面对着决口处的黄河水像脱缰的野马汹涌澎湃，想着自己的处境和决口修复工程的艰巨，此时，年近古稀的李鸿藻心情灰暗，情绪异常低落。官场的失意和人生的险恶一齐袭上心头。

决口已过两月，修复工程进展异常迟缓。李鸿藻心急如焚，暗自哀叹：“糟不可言，运到的料物仍不到十分之一！”他在家书中诉苦不迭：“吾日坐愁城，不知作何结局也。”更让李鸿藻担心的还远不止于此，他担心长此下去，治河工程不见起色，将会给醇亲王奕譞等人留下口实，不久的将来，他们正好借此大做文章，以治河不力为由又一次将自己置于死地。

就在此燃眉之际，李鸿藻的门人张之洞又一次救了他。张之洞向他推荐了陈宝箴：“若得此人，公治河无忧矣！”

犹如置身漆黑的山洞突然有了神灯的烛照，李鸿藻顿时心明眼亮起来。陈宝箴的名字，李鸿藻早已是耳熟能详。陈宝箴的政绩和才干，李鸿藻亦能如数家珍。

危难之际见真情，此时此刻，李鸿藻无法用言语来表达他对张之洞的感激之情。

有关李鸿藻和张之洞的亲密情谊，还得从“清流派”说起。

李鸿藻权力鼎盛的时候，张之洞投奔了他。李鸿藻用人行事，地域观念和门户之见极强，当时“清流派”两位重要成员张之洞和张佩纶，都因祖籍同属直隶而和他结下了不解之缘。张之洞和张佩纶经常奔走于李鸿藻门下，他们之间活动频繁来往密切，有些时候李鸿藻也授意他们指陈时务，弹劾官吏，以争取舆论，获得政治上的优势。当时，李慈铭曾形象地概括了他们的亲密程度：“二张一李内外唱和，张则挟李以为重，李则饵张以为用，窥探朝旨，广结党援。”

张之洞没有辜负李鸿藻的信任和重用，当光绪十年（1884）李鸿藻被排挤出军机处时，张之洞拼死上疏抗争，才使其罪责减轻，从此，李鸿藻更加器重张之洞。

这次，当李鸿藻又一次面临困境，又是张之洞在关键时刻帮了他的大忙。

“知我者，孝达（张之洞字）也！”李鸿藻不止一次地感叹道。

陈宝箴的到来，让心神不定的李鸿藻感觉有了主心骨。

如果说，在此之前，对陈宝箴的政绩和才干，李鸿藻还只是耳听为虚，那么，这次堵塞黄河缺口，陈宝箴所表示出来的胆识和沉稳，李鸿藻却是眼见为实了。面对着重大复杂的堵塞黄河缺口工程，陈宝箴临阵不惊，沉着稳健。他精力旺盛充沛，好像从来就没有疲倦的时候。尽管因王树汶案受诬劾牵连，罢官赋闲，但他却并不怨天尤人，消沉萎靡，而是豁达乐观，心胸开阔，坚信“天生我材必有用”。陈宝箴处理重大事务的能力也令李鸿藻敬佩不已。他的头脑中像是潜蕴着无穷的智慧，似乎天底下的任何困难都难不倒他。

与陈宝箴共事的这些日子，从这个无论是年龄和资历，无论是官阶和见闻都不及自己的下级官吏身上，李鸿藻想了很多很多，他悟出了诸多的人生道理，他想到自己以前在用人行事上的地域观念和门户之见，现在想来，那是多么地狭隘偏激和幼稚可笑！他甚至想到自己以后若是还有东山再起之时，一定要向朝廷鼎力举荐陈宝箴，使他应时济世的才能得以淋漓尽致地发挥。

有关李鸿藻和陈宝箴这段时期的交往，李鸿藻在其日记中有诸多记载。其中一则日记是这样写的：

> 今早专马送中丞信，右铭戏作《牧羊行》。

从这则简约的文字中，我们不难窥出两人之间的亲密情谊。（参见《清代人物传稿·李鸿藻》）

自光绪八年（1882），因王树汶案受诬劾牵连卸任浙江按察使后，陈宝箴虽负屈赋闲，未担任地方官实职，但他的政声和才干早已驰名清廷朝野，他勤勉政事的风范，他卓越的才干，他刚直不阿的性格，在他身上焕发着超乎寻常的人格魅力。

王文韶出任湖南巡抚后，于光绪十五年（1889）秋，向朝廷力奏“宝箴可大用”。

在清廷朝野中，人们皆知王文韶为官缜密，素以圆熟和圆滑著称，时人常以“油浸枇杷核”来比喻他的为人处世。

王文韶虽然处世圆滑，但他对陈宝箴却是推心置腹，深信不疑。早在同治四年（1865），陈宝箴为官湖南辰沅永靖道时，当时任湖南布政使的王文韶，就对陈宝箴的所作所为刮目相看，并引以为知己。

王文韶的奏章得到了朝廷的重视，第二年，陈宝箴便授为湖北按察使，在宦海中沉寂数年之久的陈宝箴，从此又登上政治舞台，开始了他政声卓著的宦海生涯。

陈宝箴授湖北按察使职，上任仅三天，便改布政使，在职一年，又还原任。

当时，湖北有以贩卖妇女为业的歹徒，四处作案，其黑窟极为隐蔽，更有一些狡猾的小官吏为盗窃之辈做爪牙。陈宝箴暗中派出可信而又得力的官吏，化装密查，终于捕获数十名罪犯，从严惩处，大刹歪风，从而保障了妇女的安全。地方秩序明显改观。

陈宝箴为官湖北时，张之洞为两湖总督，谭继洵为湖北巡抚。张、谭二人钩心斗角，水火不能相容。但让人惊奇的是，他们两人对陈宝箴都很信任，都引陈宝箴为心腹知己。因此，陈宝箴在湖北颇能施展自己的才干，他所提的诸多建议，多能被采纳实行。有时遇有不合之处，陈宝箴却不轻易苟让，而是坚持定见，据理力争，张、谭二人也多能言听计从。有时两人处事失当，相持不下时，陈宝箴也敢犯颜抗辩，陈明自己的主张，终使二人信服。

有一次，湖北襄阳县县令开缺，按例任命新县令应是陈宝箴的职权范围，但总督张之洞和巡抚谭继洵两人却都要插手此事。张之洞命陈宝箴用朱某为襄阳县县令，谭继洵又极力推荐委任张某赴襄阳县就任。陈宝箴无可奈何之际，便书写两块告示牌挂在自己官邸门口，一时全城舆论哗然，都觉得此事蹊跷。其时，武昌知府李有棻认为这样不妥，请求陈宝箴撤掉一块牌，陈宝箴说：“总督与巡抚眼中没有两司（指按察使和布政使二司），我要让他们知道两司也不是可以任意侮辱的。”

最后，在襄阳县县令任命的问题上，陈宝箴坚持己见，没有任用张、谭推荐的那两个人。奇怪的是，事过之后，张、谭二人都意识到了自己的不妥，他们不但没有责怪陈宝箴，相反，他们对陈宝箴敢于按章行事并不唯命是从深感钦佩。

陈宝箴为官，极重视吏治，他谆谆告诫所属官吏要清正廉洁，克己奉公。在其官邸的醒目处，挂有他亲笔手书的这样一张条幅：

尔俸尔禄，民脂民膏。下民易虐，上天难欺。

说起这条幅，还有一段来历。

这条幅是陈宝箴的义宁州同乡先贤——北宋著名诗人、书法家、江西诗派始祖黄庭坚亲笔所书的《戒石铭》。宋神宗元丰五年（1082），黄庭坚知江西泰和县，取蜀主孟昶文“尔俸尔禄，民脂民膏。下民易虐，上天难欺”句书于官舍，勒石立衙内。南宋高宗时，诏令黄庭坚所书《戒石铭》于天下郡县。

陈宝箴还时常亲笔书写《戒石铭》送给下属官吏，勉励他们自相激励。

张之洞是李鸿藻清流派的重要代表，又是清廷重臣。

在晚清为数不多的朝廷重臣中，张之洞是极富个性魅力的一个人物。

张之洞

张之洞（1837—1909），字孝达，号香涛，直隶南皮（今河北沧州）人。四岁就读家塾，八岁读完“四书五经”，童年即好夜坐深思。稍长，跟从胡林翼等治史学与经世之学。十三岁在南皮入县学，成秀才。咸丰二年（1852）应顺天府乡试，中试第一名举人，时年方十五岁，一时名噪京华。

同治二年（1863），张之洞入京会试，取中一甲三名（探花），赐进士及第，授翰林院编修。此后先后奉旨任浙江、湖北、四川学政等职。通过视学外省，张之洞发现并网罗了一批有才干的知识分子，同时也赢得了统治阶级上层人士的垂青。

在晚清的朝廷重臣中，张之洞拔擢之快，令人目眩。

张之洞之所以能够青云直上，主要是他以京官词臣的身份投身“清流”，频频上书言事，纠弹朝政，投合了以慈禧为首的统治集团的政治需要。

光绪五年（1879）张之洞接连上疏，请求为四川东乡地方官残杀村民并诬告叛乱一案平反。慈禧借此笼络人心，并打击地方官员嚣张气焰，经刑部判处肇事官员死刑。积压多年的东乡冤案得以昭雪，张之洞更以敢言名噪一时。

在维护朝廷主权上，张之洞亦慷慨激昂，洋溢着爱国情怀，为朝野人士所传诵。张之洞亦因此崭露头角，与黄体芳、宝廷、张佩纶并称为“翰林四谏”，张之洞因而成为清流中的佼佼者。

光绪七年（1881），张之洞以内阁学士补授山西巡抚，从而成为镇守一方的封疆大吏。由于手中开始拥有实权，张之洞也由清流党人逐渐演变为洋务派头面人物。

湖北新政是张之洞用力最勤而又自视最高的业绩。湖北新政的成功，使张之洞成为“中体西用”这一文化模式的代表人物。

在湖北，张之洞创立了诸多中国近代工业的辉煌。他创办的汉冶萍煤铁厂矿公司，是当时中国最大的钢铁联合企业；他创办的汉阳兵工厂，是当时国内最大的军火企业，所产“汉阳造”步枪，应用尤广；他在湖北兴办的新式学堂，亦居全国前列。

张之洞热心于举办洋务新政，“癸卯学制”是其得意之笔。

张之洞深谙为官之道，一直深得清廷最高统治者的赞赏。晚年的张之洞，位尊名重，权倾朝野，与袁世凯一起成为清末新政两大支柱，成为左右清末政局的枢要重臣。

张之洞性格复杂，又极具个性魅力，时人论其为习气大全兼而有之，与翁同龢关系甚密的张謇评张之洞有“五气”：少爷气、美人气、秀才气、大贾气、婢姬气。（参见隗瀛涛著《张之洞传》《清代人物史稿·张之洞》）

陈宝箴能得到张之洞的赏识与信赖，李鸿藻向张之洞鼎力推荐的因素固然不可或缺，然而，更主要的是陈宝箴与张之洞之间人格魅力的相互吸引。

在此后的宦海生涯中，有较长的一段时间，张之洞为两湖总督，陈宝箴为湖南巡抚，他们两人配合默契，共同谱写着他们政治生涯中的璀璨篇章。

第三章 宦海奇才

在清末光怪陆离的官场上，陈宝箴的宦海生涯堪称奇特而又带有几分悲壮的色彩。

光绪十九年（1893），陈宝箴再任湖北按察使。不久，因发生中日甲午战争，京城戒严，又授陈宝箴为直隶布政使。

其时，国内的局势已陡转危急，惨烈的战云已密布在古老中国的上空。

与中国一水之隔的弹丸岛国日本，历来在自视四方来朝泱泱大国的中国人的眼里，是不太被看得起的。在历史上，日本曾以中国为师，派遣多批遣隋史、遣唐使，把中国的政治、法律、艺术、宗教等先进文化带了回去。一千多年来，中国与日本一直是先生与学生的关系。西学东渐后，当中国依然以天朝王国自居闭关自守自我陶醉时，日本却低下头来，拜西方为师，搞明治维新，走君主立宪道路，从而迅速强大起来。

如今，强大起来的学生公然踏海而来，气势汹汹地向昔日的先生宣战。先生虽说是有些愤怒却还是不以为然。

当日本政府看到自己的海军落后而急起直追，日本天皇为做表率下令带头缩减皇室开支，每年节约三十万日元皇室经费支援海军。当日本政府全体官员缴纳薪金的10%充作海军军费时，中国举国上下却正在忙乎着慈禧太后的六十大寿庆典。为了修建颐和园，以作为慈禧太后日常起居的憩息之所，总理海军事务大臣的奕譞下令挪用海军经费三千万两白银，用于修建颐和园。如此还嫌不足，奕譞又亲笔写信给各地督抚，以海军建设急需军费为由，一次就要他们缴纳二百六十万两白银。以致甲午战争爆发前夕，北洋水师请求为其二艘主力舰定远、镇远号配备十厘米口径的德国克虏伯快炮十二尊，清政府也以“太后大寿庆典，支费太多，无款可拨”为由，批驳不准。

修园重于建军，祝寿重于备战，中国海军的命运由此可知矣。（参见闵杰《戊戌风云》）

在国家危亡之际，光绪皇帝宵衣旰食焦头烂额，在慈禧太后的淫威下，这位在夹缝中生存与治国的皇上全然失却了天子之威，他的治国施政，他的力挽狂澜，就像是在螺蛳壳里做道场，可施展发挥的空间实在太小。

然而，就在如此艰难的情况下，光绪皇帝也没有放弃最后一丝努力，在甲午战争爆发前夕，他频频地召集群臣，询问战守方略，以便应对危局。

陈宝箴卓越的才华终于得到了光绪皇帝的赏识。在京城戒严，局势日益危急的情况下，陈宝箴被调往京城，任命为直隶布政使。在此非常时期委此重任，陈宝箴可谓受命于危难之际。

在事关国家民族命运的大是大非问题上，陈宝箴属铁骨铮铮的爱国主

光绪与珍妃

战派。

早在咸丰十年（1860）十月，英法联军占领北京火烧圆明园时，当时尚为一介落第书生的陈宝箴即感辱国之痛，他抱着抵御侵略者的爱国之心，言辞恳切地写信给河北结义朋友田鼎臣，劝他应朝廷勤王之召，率兵速赴京畿抵抗侵略者。他在书信中说：朝廷一向对外敌抱有幻想，喜欢用割地赔款和议的办法息事宁人，其结果无异于养虎为患。朝廷畏敌如虎，侵略者欲壑难填，以致造成今日这等局面。然而，侵略者毕竟太狂妄自大，视我等如草芥，英军不足万人，孤军深入，后无援兵，而且英军所处之地地形极为复杂。我等占天时，得地利，兼人和，若能捕捉住这一天赐良机，调集一支英勇善战的部队，犄角相抗，设伏置疑，出奇袭击，敌人必惧而谋划退兵，然后以蒙古铁骑与应募兵勇四面夹击，定能杀敌一个片甲不留！陈宝箴还表示待田军到后，请求参战与侵略者血战到底。

由于朝廷的腐败无能，致使坐失良机，田军也没有应约前来，陈宝箴上陈的计策多未采用，上阵杀敌的愿望也未能实现。

然而，作为一位热血男儿，作为一名铁骨铮铮的主战派，陈宝箴并没有停止对国家民族命运的思考和探索。

光绪六年（1880），陈宝箴向清廷上《拟陈夷务疏》，洋洋三千言，引古喻今，痛斥英法等国欺凌我国的累累罪行，劝请朝廷“励精求治，赏罚分明，进贤退不肖，慎简公卿，整顿军旅”。他以“恃道者为，恃器者亡”的道理以及他反复论证的攻守军事战略，力谋清廷精选良将，练好兵马，暗修守具，筹足粮饷，坚决抵御外国侵略者，以维护国家民族的尊严。然而，早已被侵略者的坚船利炮吓破了胆的慈禧，正忙于“量中华之物力，结与国之欢心”，哪里还听得进陈宝箴的一番忠言。

局势的发展继续朝着不可思议的方面恶化，噩耗般的战况不断地从前方传来。已经亲政的光绪皇帝急得如热锅上的蚂蚁，他敬慕陈宝箴的政治与军事才能，召陈宝箴入见，陈宝箴抓住这一机会，向光绪皇帝上陈了《谨奏兵事十六条》。

《谨奏兵事十六条》较为完整地体现了陈宝箴于大敌当前的战略思想。

在这篇奏折中，陈宝箴分“固畿辅”“择军将”“严津防”“简军实”“筹急款”五部分，详细地陈述了自己对时局的洞察以及大敌当前所应采取的计策和措施，现摘录如下：

一曰固畿辅。上年自平壤之后，我军节节溃退，畿辅震惊。倭人声张势厉，所向莫当……沿海千里，岂能处处设防备？多则力分，兵分则势弱，非厚集其力以扼冲要之地，而徒令星散置防守障者，然一经敌人蹈踏而入，则缘边皆成虚设。日前奉天等处，经诸军扼守，渐能得力。所最要者，莫为畿辅。畿辅既固，则海边少有得失，尚非安危所系。窃谓宜选久经战阵智勇统将四人，每人各统十营，合兵二万余人，择畿辅适中之地共扎一处，先令各营统将会同阅视海边，自津沽以至山海关所有沿海隘口及可登岸之处，并畿辅远近冲僻数百里之形势，俱令了然心目。然后距海稍远，敌船不及接应之区，而我军可以东西策应者，择其形胜，合兵驻守，各军相距各不出数十百里，而附近一带何处可以截剿，何处可以包抄，以及设伏出奇之所，务须平时会商审度，成算在胸，斯临事得驾轻就熟之妙。并许给以侦探之费，饬令严密侦探，预知敌军所向，一旦登岸，则随机奋击，或分或合，无不如志。主客之形既殊，劳逸之势又异，胜负之数决矣，且能将劲兵二万人，雄踞一方，俨然有猛虎在山，藜藿不采之势，纵令敌军致从他道旁窜入内犯，亦不敢越之以入，自陷绝地。军志所谓示敌以形胜，不战而屈人之兵。此者。

一曰择军将。各省留防之军，其初皆百战之余，迨光绪十年以后，为时已久，将屡易，其中曾经战阵之卒，亦成弩末，新募之田夫市人，更无论矣。现在战守惟淮军聂士成最为得力，此外皆不深知，不敢妄举。其所往来于耳目之前，而为人所共知者，惟甘军将领董福祥、虎字营统将余虎思、铁字营将领熊铁生及其分统方友升、黔军统将丁槐等灵敏人，皆久经战阵，功绩卓著。而年力均未就衰，忠勇奋发，虽资秉各有不同，而或以勇猛特胜，或以谋略终称，联而合之，适以相济，似宜请旨谕调此四军合扎一处，如前所陈，和衷办理。又谕刘大臣等开诚布公，勉以忠义。并令通知兵事之员，周旋其间，共相筹划。务使畛域胥忘，通力合作，如手足之捍头目。近闻皖军统将陈文炳一军之械整齐，亦多旧亲弁员，暂与董福祥生死不相负。第所统倍于四军，若令并扎，恐生轩轾。似可以会扎稍近内地，与董福祥军相为掎角。此外，各军或三四营，或七八营，亦宜令自相要约归并驻扎，约以万余人为一处。电禀统兵大臣迅速行之，不宜分守海边，自成孤立。大抵用兵局势贵活，最忌钝置，亦犹熊、余二军不必株守山海关，董、程二军不必株守南苑也。军必择将，将必择地，似为目前急务。

一曰严津防。海边不能偏防，而天津北海均为切近堂奥扼要之区，不可稍有疏虞。外国以水陆夹攻，炮台是其长技。陆路策应之军与驻守炮台之军，均非精锐不可。近来淮军挫败，类由统将非人。平时既不能扶循士卒，使人服从；临事又不能效命致忠，以为之倡，故至于此，非一军弁勇皆不可用也。似宜请旨谕令北洋帮办大臣，精加考察，博访周咨。审其实不得力者，会商北洋大臣汰而易之。或择人而任，或就本营军官，择其为士众信服者，擢为统将；哨官擢为营官，均无不可。其炮手并宜精择多备，不惜重资，以待能者。兵士最宜壮朝气，忘暮气，一经整饬，壁垒为之一新，应敌自有把握矣。

一曰简军实。各军所用精快枪炮，除陆续运解外，惟丁淮一军所缺尚巨，此外亦有不足者。似宜令帮办北洋大臣详加考察，尽数以给得力之军。其闲散防军非处要地者，如有精枪，亦可腾挪换给，并悬赏购买溃卒已弃枪械，并消隐患而资协济。如仍有不给，似可以抬枪、劈山炮参互用之。昔刘永福在安南，恃此破敌，故谓之平炮。此炮可装群子数十两，一个可以携挈，而人人可以施放，不似洋械之必待练习。虽不及快炮之速而远，过之里余，比其行近则亦数发矣。现在湖北业已仿造，似可令山东、天津各制造局同时赶办，以应急需。又熊铁生、余虎思等军，均曾携带锄铲，为挖沟之用。丁槐地营之法，用之越南，大有可效。似直驾聘等人，不乏奇俊，破格求之，以类加招。或可得，当以报天下。士有求之而不得，未有不求而得者，况得之而有邱山之益，不得并无秋毫之损乎？

一曰筹急款。近来捐厘两款，有减无增，即息借商款，较洋息有加，而抑勒尚鲜成效，更欲急求筹款之法，徒失民心，而于事仍无所济。目前防军数百营，加以外省江海之防，为费不可数计。非急图借款，何以图功。夫事，苟可已，则诚不如己已为得矣；万不可已，而又无他术以处之，是不得以计较盈绌之心而处必为之事矣。语曰："小不忍则乱大谋。"传曰："皮之不存，毛将焉附。"一念及此可为寒心。东隅已逝，尚可收之桑榆。圣君贤相，亦惟坚忍以求干济而已。军事大定以后，上下一心行节俭，屏除一切不急之费，以事当务之急……（参见义宁陈氏后裔封恪之子继虞所存手抄本。原件只录此五条，抄于光绪二十年。）

这篇奏折分析中肯，条分缕析，议论精辟，可谓真知灼见，字字珠玑。最后陈宝箴还以《周易》中"庶得变而不失其常之道"的道理，言辞恳切地奏请光绪皇帝坚定用武力抵抗侵略的决心和信心。

陈宝箴所上陈的治政抗敌谋略很符合光绪皇帝的心意，光绪皇帝深为陈宝箴的军事才能和爱国情怀所打动，他很赞赏陈宝箴的干练与谋略。

然而，光绪虽然名义上已经亲政，但是他的行动无处不受到慈禧的钳制，陈宝箴上陈的计策再好，有名无权的光绪皇帝也无法实现。

不久之后，光绪皇帝便命陈宝箴担任东征湘军转运粮台，驻天津，同时享有专理有关向皇帝呈递奏折的特权。

紧张的战局牵扯着朝廷上下每一根敏感的神经，几乎与此同时，翁同龢等朝廷重臣也放下架子向陈宝箴求教。翁同龢在日记中曾写道：

午正，赴督办处，诸公皆集，请陈右铭商事。右铭从曾文正军营，颇知兵机。其言以游击之师为主，津北、津南，须分两大支兵御之。

东征湘军转运粮台，是陈宝箴宦海生涯中的一个重大转折点。

也就在这个时候，陈宝箴的政治、军事才能进一步得到了一批朝廷重臣的重视。无论是后党官僚荣禄、王文韶，还是帝党大学士翁同龢、李鸿藻，以及封疆大吏张之洞、刘坤一等皆倚重陈宝箴。有了他们的赏识与推荐，陈宝箴在朝廷的眼里已是一位非同等闲的能臣，他的提升与重用，只是时间上

翁同龢

的问题。

在晚清的朝廷中，翁同龢与李鸿藻是两位身份和地位都很特殊的人物，他们同为帝师，李鸿藻是同治皇帝的师傅，翁同龢既当过同治帝师傅，又是当朝皇上光绪皇帝的师傅。

翁同龢是担任光绪皇帝的师傅时间最长、对光绪帝影响最大的人物。

翁同龢（1830—1904），字声甫，号叔平，江苏常熟人，出生在一个官宦世家。其父翁心存历任道光、咸丰、同治三朝尚书、大学士等职。

咸丰六年（1856），会试，翁同龢以一甲一名中状元，授翰林院修撰。同治四年（1865），在弘德殿行走，任同治帝师。同治七年（1868），升国子监祭酒。光绪帝即位后，两宫太后便发布懿旨命翁同龢入毓庆宫为光绪帝授读，升为户部右侍郎，充经筵讲官。光绪五年（1879）任刑部尚书。光绪七年（1881）管理国子监事务，赏太子少保衔。光绪八年（1882）任军机大臣，光绪十一年（1885）任户部尚书。

翁同龢长期以来既得到两宫太后的信任，又得到光绪皇帝的信任。光绪皇帝“每事必问同龢，眷倚尤重”。但是，随着光绪亲政日期的迫近，慈禧与光绪帝之间产生嫌隙。然而，在此之前，慈禧对翁同龢还是十分信任的。（参见徐彻《光绪帝本传》）

陈宝箴就任东征湘军转运粮台后，设立往设局，用毛庆蕃专管局务，任用能人，堵塞弊端，扫除以往以钱物折征米粮的做法，有效地制止了收粮过程中的贪污行为。陈宝箴的这一做法得到了督师刘坤一的高度赞许，刘坤一称陈宝箴为“历来粮台所仅见”。

然而，就在这个时候，中日甲午战争的主要战场黄海海面传来噩耗：

中国的北洋舰队全军覆没！

消息传来，举国震惊。

紧接着，奇耻大辱便接踵而至。

历史当永远记住这个时刻：公元1895年4月17日，李鸿章代表中国政府在日本马关春帆楼与日本政府签订了丧权辱国的《马关条约》。

李鸿章

《马关条约》规定：中国割让台湾全岛及所有附属岛屿、澎湖列岛和辽东半岛给日本，赔偿日本军费二亿两白银，开放沙市、重庆、苏州、杭州为通商口岸，日本臣民有权在中国通商口岸城市任意开设工厂等等。

自从鸦片战争后，中国已经多次经历了战败的痛苦，被迫签订多个丧权辱国的不平等条约，但哪一个条约也没有像《马关条约》那样给中华民族带来如此深重的灾难。当时清政府一年的财政收入是八千多万两白银，《马关条约》竟索要二亿两。接近于中国财政收入的三倍。(参见闵杰《戊戌风云》)

当时，正在天津任东征湘军转运粮台的陈宝箴，闻知《马关条约》后，异常悲愤，流泪哀叹道："无以为国矣！"陈宝箴立即向光绪皇帝上陈奏章，陈述《马关条约》的利害得失，言辞恳切。悲愤之情，溢于言表。

不久，李鸿章从日本回国经过天津，陈宝箴愤不往见，并说如李鸿章回来后仍任直隶总督，他便立即辞官不做。他指责李鸿章："猥塞责，望谤议，举中国之大，宗室之重，悬孤注，戏付一掷。"指责他明知清军军备与日本比较，处于劣势难以战胜，但没有不顾自己的生死去向西太后反映实际情况，采取切实措施加强军备，抵抗侵略者，而是附和于西太后身旁一群卖国的谗臣，以致误国到如此不堪收拾的地步。

在这里，陈宝箴指责李鸿章误国是不过分的，也符合历史的真实。

《马关条约》的签订，李鸿章担当了一个极不光彩的角色，当时举国上下都把满腔怨愤倾泻到李鸿章一人身上，在全国上下形成“国人皆曰可杀，万人一词”的局势。平心而论，在签订《马关条约》的过程中，李鸿章还是尽力而为地作了抗争的。常言道：弱国无外交。在惨败面前，李鸿章的这种抗争是无济于事的。条约签订的最后定夺大权却是在慈禧的手中，李鸿章只是代人受过而已，至于在条约上签字，则主要责任不在李鸿章，换了李鸿章，还会有赵鸿章、钱鸿章、孙鸿章……

然而，话又说回来，李鸿章作为总统军机外交的重臣，对中日甲午战争的失败，负有不可推卸的责任。

李鸿章从战争一开始就表现出缺乏必胜信念，大敌当前，他不是采取切实措施，加强军备，而是寄希望于俄、英、法、美、德等列强的出面调停。由于李鸿章一味地畏敌避战，助长了日军的嚣张气焰，延误了战机。在慈禧出于体面而对日宣战时，李鸿章的内心世界实则已全线崩溃。战争开始后，他畏敌如虎仓促应战，最终在军事上形成了一种无可奈何、听天由命的宿命变态思想。李鸿章消极防御避战求和的战略方针，使他在甲午战争中始终充当了一个误国误民的角色。（参见闵杰《戊戌风云》、隗瀛涛《李鸿章传》）

陈宝箴出色的治政和军事才能、坦荡的爱国情怀、对朝廷殚精竭虑的勤勉以及其独特的人格魅力，得到了一批朝廷重臣的交相举荐。

光绪二十一年（1895）秋，也就是他就任东征湘军转运粮台的第二年，陈宝箴被朝廷擢升为湖南巡抚，成为镇守一方的封疆大吏，从而有了一展宏图的机会。

陈宝箴就任湖南巡抚的背景是这样的：

江西巡抚德馨出了事，他的位置出缺，但陈宝箴不能补这个缺。因为晚清朝廷规定：当地人不能就任当地的地方官。另外，两湖总督张之洞即将回任，而当时湖南巡抚德寿是一个庸才，不足以支撑湖南局面，以陈宝箴的才干，可望在那里干一番事业，于是朝廷就调德寿去江西，陈宝箴补缺任湖南巡抚。

甲午战争中国惨败，当时中国朝野的有识之士痛感若不讲新学、重洋务，中国将亡国灭种。在全国督抚中，张之洞倡导新学办洋务是久负盛名的，而他所治辖的湖南却又以守旧而著称于世，张之洞正为湖南一潭死水的局面而头痛伤感。要想打开湖南的局面，必得寻找一位既有胆识又得力能干的巡抚。

前面我们已经有所交代，张之洞这人身上有诸多的怪毛病，时人称之为“习气大全”。可想而知，若要与张之洞融洽相处，不但要有过人的才干，还得要有虚怀若谷的胸怀，沉稳宽容的处世态度，以及刚柔相济行事有序的性格特征。而这一切，陈宝箴都具备了。事实证明：陈宝箴在为官湖北布政使、湖北按察使期间，就与张之洞配合默契，并得到了张之洞的赏识。

这样，湖南巡抚一职就非陈宝箴莫属了。（参见刘以焕《国学大师陈寅恪》、隗瀛涛《张之洞传》）

得知自己就要擢升为湖南巡抚，陈宝箴的心情无疑是非常高兴的。为官一任，造福一方，报效朝廷，实现自身的人生价值，这是陈宝箴心目中多年的夙愿。而且，陈宝箴曾经为官湖南，熟知那里的情况，并与湖南的各界人士有诸多的交往，湖南的百姓也拥护他。再加上他的故乡江西义宁州与湖南的平江、浏阳相毗邻，湖南境内有名的汨罗江就是发源于陈宝箴故乡的幕阜山主峰黄龙山。从义宁州到湖南长沙比到江西的南昌还要近，自古以来，湖南与江西有着天然的亲近，湖南人称江西人为“老表”。发生于明末清初的“江西填湖广”“湖广填四川”的人口大迁徙中，江西移民遍布湖南各地，以至于湖南境内的许多士民，至今还能说出自己的祖籍是江西某地。

在陈宝箴的心目中，对湖南有着一种难以言喻的独特情怀。难怪陈宝箴“闻得湖南，独窃喜自慰”。陈宝箴的长子陈三立在《巡抚先府君行状》一文中这样描述父亲此时的心情：

> 府君故官湖南久，习知其利病，而功绩声闻，昭赫耳目间，为士民所信爱，尤与其缙绅先生相慕向，平居常语人曰：昔廉颇思用赵人，吾于湘人犹是也。

经历了中日甲午战争中国惨败的切肤之痛后，陈宝箴从更深层次认识到：软弱落后就要挨打，就要受人欺凌，就要被淘汰。物竞天择，适者生存。大自然的法则是这样，人类社会的发展规律也是这样。这些年亲身经历了官场的磨砺，耳闻目睹了中国屡受列强欺凌的血淋淋事实，陈宝箴深感中国已由一个“四方来朝”的泱泱大国，变得孱弱不堪。在与资本主义列强的历次较量中，中国屡战屡败，朝廷只知割地赔款，巨额的战争赔款，已足以使中国陷入财政破产而经济难以复苏的境地；领土的被肢解，更造成国将不国难以图存的局面。

作为一个有着深沉博大爱国情怀的华夏子孙，作为一个从小受父亲影响，推崇阳明理学，立下应时济世大志的热血男儿，陈宝箴决计在湖南这方土地上描绘自己心中酝酿已久的蓝图，以湖南一省为新政示范区，“营一隅为天下倡，立富强之根基，足备非常之变，亦使国家他日有所凭恃”（陈宝箴语）。

陈宝箴变法思想的形成由来已久，面对1840年以来各个不平等条约的签订，陈宝箴“叹为臣子之大耻”。光绪六年（1880），陈宝箴在他上陈的《拟陈夷务疏》中，请清廷吸取教训，急图对策。他早已看到国势不振，若不扫除弊政，后果将不堪设想。

早在光绪十年（1884），陈宝箴欣然为冯桂芬著《校邠庐抗议》一书作序，这是晚清第一部倡导变法的专著。在此之前，作者冯桂芬曾请曾国藩作序出版，但曾国藩认为此书言过偏激而不肯作。由此可见，陈宝箴主张维新变法由来已久。《校邠庐抗议》一书出版后，在全国引起广泛影响，甚至光绪皇帝也受到影响，曾下旨发翰林院传阅。此书能得以广为流传，说明维新变法已逐渐为人接受，在维新变法的思想潮流上，陈宝箴显然是占风气之先的人物。

然而，当时湖南的情形确实令人担忧。陈宝箴莅湘之际，正值湖南遭受数十年来罕见的旱灾。湖湘大地，赤地千里，饥民遍野，田园荒芜。长沙、衡州、宝庆等府为重灾区，每处乏食饥民达四五十万，饥民咽糠皮吃草根，甚至有饿死及绝望而自尽的。

正在天津东征湘军转运粮台任上的陈宝箴，得知这一情形，忧心如焚，焦急万分，食不甘味，寝寐难安，他十万火急地向朝廷递交了请开办湖南赈捐及截留漕折银（上交朝廷的田赋）的奏折。鉴于情况紧急，同时向光绪皇帝上奏请免入京觐见，请求直接赶赴湖南，处理善后。他的请求得到光绪皇帝允准后，陈宝箴遂一面电传各省求援，一面直接由天津经海道火速赶往长沙。

仅十多天工夫，陈宝箴就得到捐款五六十万，他委派公正廉洁的官员赶赴各地核实户口、灾情，立即将所得捐款发放给灾民，并将那些流浪在外的灾民资遣回籍。同时，严禁运米出境，以保证粮食供应。还严惩救灾不力，从中贪污自肥的官吏。由于措施得当，救灾及时，湖南灾害减少到了最低限度，使一百多万人免于死亡。地方秩序大安，人心大定。

对湖南的地理环境及湘人的性格特征，陈宝箴可谓是了如指掌。

湖南较为偏处内地，北枕大江，南薄五岭，西接黔蜀，为群苗所萃，经济较为落后。湖南又是重要的内陆省份，素以地灵人杰著称于世。湖南自古以来就是中原地区南通两广、南海，西进云贵的中介和走廊，同时，从赣、皖、苏、浙西上，从甘、陕、巴蜀南下和东进，湖南亦属必经之地。

自曾国藩首创的湘军和湘系集团在太平天国的社会大动荡中突兀崛起后，湖南由此改变了历史上碌碌无为无所轻重于天下的状况，而为天下所瞩目。自从有了这样的历史背景，湖南人亦一派唯我独尊的气势，生发出前所未有的荣誉感和使命感。同时，湖南又以守旧排外著称于世，特别是对外来侵略者，表现出顽强的抵抗力。直到十九世纪末，湖南尚未开辟通商口岸。以致被外国人称之为“大陆腹地中一座紧闭的城堡，因而也是一个无与匹敌的、特别引人注意的省份”，外国人甚至将湖南诋之为“铁门之城”——《圣经·创世记》中一个拒绝文化洗礼的地方。

湖南是湘军将才、兵源的基地，在扑灭太平天国烈火中，立下赫赫战功而至达官显宦者数量之多，在全国是绝无仅有的。这样，绅权势力在湖南迅猛膨胀。由于地理、血统、移民等多种原因的结合，湖南人自古以来即形成了强悍“霸蛮”的士风民气。甲午战败，民族危机日益加深，湖南人更多地表现了一种勇往直前以天下为己任的责任感和使命感。所以当时在全国流传着这样一句话：湘人不倒，华夏不倾。（参见《湖南通史》）

然而，陈宝箴深知，在湖南人的性格中，既有壮怀激烈士气果敢可用的一面，又有封闭保守妄自尊大的一面。这从他的好友郭嵩焘出使英、法在湖南引起重重风波的遭遇中可以看出。

郭嵩焘1876年受命为首任驻英公使，1878年兼任驻法公使，成为近代中国第一位驻外使节。郭嵩焘的出使却在湖南士绅间引起轩然大波，引来一片讥讽、嘲笑、谩骂之声。最后，湘中士绅甚至发展到耻以为伍的地步。

士绅们将“中洋毒”“有二心”“桧党”等罪名一股脑儿地加在郭嵩焘的

头上。1879年，年逾花甲的郭嵩焘满怀忧愤卸任离英返国，抵上海后，未上京复命，托病请假径回湖南。然而，就在他回到日夜思念的父母之邦，竟受到意想不到的难堪待遇。传说他“乘小轮返湘，湘人见之，大哗，谓郭沾洋人习气，大集明伦堂，声罪致讨，并焚其轮”（参见《清代轶闻》）。

焚其轮，所传不实，但湘中士绅给他的冷遇和难堪却是事实。家乡士绅们的冷漠和无理对待，使郭嵩焘在愤懑之余，心灰意冷。他“到家谢绝酬应，即故人相过从，亦辞不见”（参见《郭嵩焘日记》）。

此后，郭嵩焘退出官场，专心从事讲学和著述活动，与黄卷青灯相伴，在孤独抑郁和疾病折磨中，度过了自己的晚年。

陈宝箴自然知道，要在封闭保守静如一潭死水的湖南维新变法，打开局面，困难是可想而知的，遇到阻力也是在所难免的。陈宝箴首先在难度上作了充分的思想和心理准备。然而，要做的事情千头万绪，变法从何开始呢？这些日子，陈宝箴一直在焦灼地思考着。

与此同时，康有为、梁启超、严复等具有良知的资产阶级知识分子，不甘坐视国家被瓜分豆剖的危机和亡国灭种的命运，他们在异口同声地大声疾呼，发出振聋发聩的“鼓民力”“开民智”“新民德”的口号。

这些口号同样震撼着陈宝箴。然而，多年宦海沉浮的陈宝箴，认为这些只知坐而论道的书生所提的口号虽是响亮，却不合中国的国情。中国是一个古老的封建国度，单提开民智是不切实际的。在中国，欲开民智，必得先开官智。如果吏治不清，任何形式的变法维新，将永远是一纸空文。

因此，陈宝箴制定的湖南新政的措施，首要便是整顿吏治。

陈宝箴曾在湖南为官多年，熟悉当地官吏中的弊病，不是贪赃枉法、营私舞弊之徒，便是保守落后、愚昧无知之辈。这些人上有后台，下有爪牙，横行乡里，危害地方。有些官僚，尸位素餐，对本应尽的职责，也甘心拱手，听命于越俎代庖之人。

如此吏治不清，将严重阻碍新政的推行。

陈宝箴首先罢免了劣迹昭著的常德知府文杰，惩办了同知衔吴爱亭，又严惩“显僚幕府中最有气势者”长沙府幕僚任麟。陈宝箴查获任麟在湘游幕多年，广通声气，植利营私，不义之财积至五万余元。为避免其设置障碍，抗拒查处，清查之前，陈宝箴首先勒令其回原籍。清查出任麟的劣迹有：伙开钱铺典当多处，收受贿赂，代通关节，猎取要缺，密布爪牙等。在查实之后，陈宝箴专折向朝廷禀奏，请求裁夺。

陈宝箴整饬吏治的三板斧，犹如捅了马蜂窝，说情、开脱、恐吓、反诬随之接踵而至。

陈宝箴丝毫不为所动，他深知：若是要论关系、讲情面，就什么事情也做不成了。

这些年宦海沉浮的经历告诉他，清末的官场犹如一个硕大的怪圈，这个怪圈内密织着一张张其韧无比的关系网。什么亡国灭种、什么变法图强、什么朝廷安危、什么百姓冷暖……这些堪称经天纬地的大事，只要一触到了这张网上，就得变形、变味、变调、变得轻若鸿毛不值一谈。基于此，有的拍马溜须之徒，不学无术之辈，置国计民生于不顾，毕尽平生之力在编织着这张网。有了这张网的庇佑，这些人有恃无恐，为所欲为，顶戴花翎，扶摇直上。人情大于国法，坏就坏在这张网上……

陈宝箴决计碰一碰这张网。他在湖南维新变法的决心已定，他暗暗下定决心，只要是阻碍变法，只要是乱纲违法证据确凿，不管他是谁，不管他的靠山多大，背景多硬，也不管庇佑他的这张网多么地结实坚韧，就是老虎屁股，就是天王老子地王爷，他也要碰一碰！

决心已定的陈宝箴已是无所顾忌了。

任麟果然神通广大，查处他的奏折上呈之后，说情者便络绎不绝。

直隶布政使王廉为之说情，陈宝箴没有应允，并上疏告他“党私背公，颠倒是非”，王廉被革职。直隶总督王文韶又为王廉说情，也受到“交部议察”的发落。

陈宝箴严惩恶吏的举动，震动朝野。一时间，群吏懔然，但也有人对他私相指目，诟议横生，并动以声势报复相胁，也有联名诬告他，诽谤他的。

这一切，都在陈宝箴的意料之中。面对这一切，他无所畏惧、正义凛然地说：“苟非置得失毁誉于不顾，将不能去一个贪赎之夫，进一个气节之士。”紧接着，陈宝箴又察劾府县以下，以私乱公的官吏二十余人。

通过整饬，一改湖南往日“官幕朋比，声气把持，几无复是非邪正之辨”的黑暗局面。此后，湖南各级官吏皆能各安职守，不敢胡作非为。确保了政令畅通，为即将开始的湖南新政铺平了道路。

在整饬吏治方面，为了执行新政和造就一批熟悉新政的官吏，陈宝箴率先在湖南设立了一个“统全省官吏而课之”的课吏馆，课吏馆除有目的有计划有步骤地让全省各级官吏进行一次系统而正规的培训外，还让那些确实不能胜任而又愿求上进的官吏进馆学习。课吏馆学习内容充实，讲求居官事理，研习吏治、刑名。并按学业等差，酌给奖励，寓津贴于策励之中，学课分农工、工程、刑名、缉捕、交涉等科。对“不知检束，任意旷学者”，一并革职。为了避免课吏馆流于形式，防止走过场，陈宝箴给负责课吏馆的湖南按察使黄遵宪的札饬中，明确指出：“既有课吏之名，应循名责实。必使候补正佐各员，皆有向学之方，期得学问之益。日有所考，月有所稽，学业有成而后出而从政，不至茫无所知，徒假手于人，一听书吏提掇。”

虽因新旧党争，前来课吏馆受课的官吏不是很多，但课吏馆的开设，却仍然不失为陈宝箴在湖南推行新政中的一大创举。大批志在维新的精干人才从课吏馆走出，源源不断地奔赴如火如荼的湖南新政运动之中。

从赣北幕阜山深处走出的陈宝箴，深知粮食为民生之本、土地为农家之本的道理。“民以食为天”，要确保一方平安，首先得抓农耕，解决千家万户的吃饭问题。受任湖南巡抚后，陈宝箴见湖南尚有不少土地荒芜闲置，十分痛心。他劝谕各地山主：“有山之家，与其日久荒芜，不如交附近山民立约承佃，只须保留地权，不必计较山租，以促富安民。”同时他还饬令各府县设法开垦境内荒山荒土，还告诫他们有一分耕耘就有一分收获。

他的话切合实际像拉家常：“木果杂粮，都可种植；松柏杉竹，桐茶棕漆，白蜡木油，皆有用场。布种一山，获利千百。桃桑桂柚，梅柿枣栗，或干或鲜，少本多息。”

陈宝箴的饬令，各地都认真遵照执行了。芷江县还明文规定：“富户三年内不将荒地垦种，又不招佃开垦，则由官府悬示招佃。”

陈宝箴重视农耕的这些措施，是他推行的湖南新政“辟利源”的重要组成部分。这些措施的实施，对于发展湖南山区的农林生产，改善农民的生活起了积极的作用，从而有效地保证了其他各项新政的勃兴。（参见湖南省社科院编《陈宝箴与湖南戊戌变法》《湖南历史资料》、武冈子《变法维新与湖南巡抚》、陈小从《陈宝箴传》）

第四章

湖南新政

这是一个毋庸置疑的历史定论：发生在公元1898年中国历史上的那场声势浩大的戊戌变法运动中，当时全国十八行省的所有督抚，真正大刀阔斧推行新政的是湖南巡抚陈宝箴，真正赋予戊戌变法以实际意义的是陈宝箴领导下的湖南新政。

陈宝箴推行的湖南新政的主要措施是：“董吏治、辟利源、变士习、开民智、敕军权、公官权。”

这些新政措施环环紧扣互为表里，陈宝箴在实施时主次分明有条不紊。

经过整饬吏治之后，湖南各级官吏一改往日陋习，精神面貌焕然一新。这样，初步铺平了湖南维新变法的道路。

辟利源是湖南新政的主要任务。在辟利源的过程中，陈宝箴首先以农业为突破口，狠抓粮食和经济作物的种植。紧接着，陈宝箴就将开辟利源的视线转向发展工商矿业。

陈宝箴对湖南地下资源早有认识，早在他任辰沅永靖道时，就曾拟开采湖南地下资源，但此愿望一直未能实现。这次受任湖南巡抚后，陈宝箴决定付诸实施。

陈宝箴向朝廷奏请设立矿务总局，他在奏折中详陈：“湖南山多田少，物产不丰，而山势层叠奥衍，多砂石之质类，不宜于树艺；惟五金之矿，多出其中，煤铁所在多有，小民之无田可耕者，每赖此谋生。”因此，故请：“先择铜、煤、铅、磺等存矿较有把握之处，试行开采”。上疏获准后，陈宝箴拨三万两银子作矿务总局开办费，又向厘金局、善后局挪借几十万元基金，采用官办、官商合办、官督商办三种形式开采矿藏。

陈宝箴的行动，得到了湖南商界巨擘朱昌琳的拥护和支持。（参见《陈宝箴中丞遗集》手抄本、《江西历代乡贤列传》）

商界怪杰朱昌琳，在湖南称得上是一位如雷贯耳的人物。他天才的商业眼光与谋略，他在商海中的传奇式经历，他奇迹般的成功和暴富，让人不得不对他肃然起敬。

朱昌琳，字雨田，道光二年（1822）生，湖南长沙人。他虽出生于一个世代书香人家，却偏偏屡试不第。迫于生计，他只得到富绅唐艺农家担任账房先生。

做了几年账房先生之后，朱昌琳又不免陷入痛苦惆怅之中，他想到自己长期给人做工，并非久长之计。于是，乃借资在长沙租铺房，开设乾升杂货铺。

道光二十五年（1845），湘中农业丰收，谷价骤跌，至一千钱三石（担），当时的人认为粮价如此低贱，因而对粮食皆很不看重。而这时朱昌琳却独具慧眼，拿出所有积蓄，又向亲友借贷了一大笔现款，大量收购粮食，囤谷无数。第二年，长沙大旱，滨湖遭水灾，粮食奇缺，谷价腾贵，比丰收时涨了十五倍。朱昌琳遂抛售所囤全部粮食，以此富甲一方。他因此将乾升杂货铺改为朱乾升碓坊，专营谷米生意。

同治三年（1864），清政府实行盐票制度，招商交款领票，运卖淮盐。就在一般商人踯躅观望之际，朱昌琳捷足先登，倾其资产购领盐票，并成立乾顺泰盐号。不久之后，淮运大通。盐票价格猛涨，初值十金，后卖至巨万。

随后，清政府又征商转贩茶叶于陕、甘、关外。朱昌琳在陕甘总督左宗棠的支持下，积极应征，增设朱乾升茶庄，将湖南茶叶运至西北各地，获利无数。

光绪三年（1877），陕西、山西等省发生灾荒。陕西巡抚谭仲麟、山西巡抚曾国荃都是湖南人，以赈灾事相托于朱昌琳。朱昌琳在运粮时开动脑筋，他将运往晋、陕的大米全部改为布袋包装，待大米抵晋、陕之后，他命人将布袋全部洗净翻拆，得布数万匹，做成棉衣出售，再获巨利。朱昌琳在获利的同时，因赈灾有功封为道员，加按察使衔。

朱昌琳经商巨富后，还广置田产，在安徽南陵县购买荒田二万余亩，在长沙征集农民百户移往耕垦，自己在长沙坐享其利。

有人问朱昌琳聚财致富的要诀，他说："务审时，如治国。"

陈宝箴任湖南巡抚推行新政时，朱昌琳已是七十三岁高龄，正住在他长沙丝毛冲风景幽雅建筑别致的豪华别墅里，优哉游哉地颐养天年。当朱昌琳得知陈宝箴在推行新政过程中遇到困难，这位湖南商界巨擘，不顾自己已年逾古稀，欣然披挂上阵，多方赞助新政。

当时长沙城北，湘江环绕而下，水流湍急，不利泊船。湘春门外，原有碧浪湖。商民曾议开北湖纳浏阳河以避湘江洪水。此举酝酿多年，但苦于无资金一直未能动工。陈宝箴任湖南巡抚后，又将此事提到议事日程。自光绪二十三年（1897）起，朱昌琳先后捐资十三万两，招民工导浏阳河水入北湖再与湘江接通，开辟了一条新河。完工后，两江汇合处水面深广，利于商船停泊，并使湘江东岸、浏阳河北岸一片沙滩变为良田。新河开通后，官绅保奏，朱昌琳获三品卿衔。（参见《清代人物传·朱昌琳》）

矿务总局开设之初，不少人迷信"风水"之说，认为开采矿山会断了"风水龙脉"，因而响应者不多，甚至有人阻挠反对。由于朱昌琳等湖南士绅的拥护和支持，矿务总局成效显著，先后在宁乡、湘潭、醴陵、常宁、平江、新化、益阳、芷黔等地开煤矿六座、金属矿十三处。其中，常宁水口山铅矿、平江黄金洞金矿、新化与益阳锑矿，为官营重点。其中新化与益阳锑矿同为戊戌维新时期创办得最有成效的锑矿山，也成为湖南锑矿的主要产地和出口基地，在以后不长的时间内，湘锑产量及出口量在全国一直居首位。

为了统一全省矿物的收购与销售，陈宝箴还在湖南设立转运局。专营收集全省矿砂，又在汉口设立"驻鄂湘矿转运局"，专营出售湖南矿砂。矿务总局的成功，使矿业在湖南近代工业企业中占有显著位置，给整个湖南新政以有力的推动，同时也使新政运动获得了经济上的支持。至戊戌年间，湖南已有各类厂矿百余处，初步奠定了湖南工业的雏形。

与此同时，陈宝箴还积极支持创办其他近代企业，扶助民族工业，以抵制洋货，与列强的经济渗透争利。

湘绅张祖同、刘国泰、杨巩等商议创办和丰火柴公司。因缺乏资金，陈宝箴将清政府发给湖南的旱灾赈款一万两移作创办基金，使公司顺利投产。

该公司每日生产火柴二十余箱，十余种，其中以红头、黑头两种最为畅销，红头销行本省，黑头则多运销外地，颇有声誉。

湖南维新时期较有影响的轻工企业除和丰火柴公司外，当数湘绣。

湘绣是湖南特有的轻工艺制品，与苏绣、蜀绣、粤绣并称为中国四大名绣，在海内外享有盛誉。早期的湘绣还未作为一种独立的专业商品性产品生产，只是作为一种自给性的副业生产形式出现或作礼品馈赠亲友。

湘绣真正作为商品性生产始于湖南维新运动。在此之前，最早的专业户是胡莲仙，胡莲仙在丈夫死后，从湘阴迁往长沙。她先在天鹅塘租了一间小屋，后又迁尚德街，挂上“彩霞胡莲仙女红”的招牌。绣品以小件日常用品为主，当时顾客盈门，颇有影响。维新运动高涨后，胡仙莲的儿子吴汉臣在长沙红牌楼正式开设了“吴彩霞绣坊”，专事湘绣生产，接受订货，自产自销，成为湖南第一家专门从事湘绣生产的绣坊，湘绣从此走向市场。

陈宝箴又支持王先谦、黄自元、张祖同等筹设宝善成机器制造公司，这是湖南第一个近代民用机械工业企业。初为官督商办，后为官办。该公司从上海购置机器，招聘技工，主要制造制辫机，还拟生产电气灯、东洋车、银元、纺织、舂米、榨油以及制造洋烛等生产项目。但较有成效的还是制辫机以及发电装置。他们生产的制辫机性能较旧式工具优越很多，工效提高十多倍。

宝善成机器制造公司最值得一提的是：该公司于光绪二十三年（1897）在长沙开设了一个小规模发电厂，派工程师赴上海，购回小型发电设备一套，在巡抚衙门附近设厂装机，试行发电。又架设电线、安装电灯到附近学堂、报馆和沿街商店。

小型发电厂的开设，为湖南送来了第一缕工业文明的曙光。然而，刚开始时却步履维艰，有些市民视电灯为鬼火，甚至扔石击打。加之巡抚衙门曾发生一次漏电失火事故，更是一时人心惶惶，不少市民对电灯更生恐惧心理。针对这种现状，谭嗣同在《湘报》第二十九期上发表《论电灯之益》一文，论述了电业是一门新的现代科学，赞扬宝善成机器制造公司开设电厂给省城带来了光明，是社会进步的表现，巡抚衙门失火只是线路故障所致，并非其他原因。经谭嗣同等人的宣传，许多人解除了顾虑，用户迅速增加，开灯四百多盏，随后又在长沙南门口增设南厂（原厂称北厂），亦供应电灯四百多盏，南北两厂开灯共八百多盏，到厂挂号定灯者不下两千盏，出现了供不应求的局面。

陈宝箴确实是办事的干才，有远见、有魄力。担任湖南巡抚期间，是他一生中最可施展抱负的辉煌时期，湖南新政亦是他一生中的得意之作。陈宝箴致力于近代工业的发展，他在矿业、轻工等领域取得成效时，又将他的视线转向近代交通业。

王先谦

湖南近代交通业始于内河航运业，内河航运业发端于光绪二十三年（1897）湖南新政时成立的官督绅办的“鄂湘善后轮船局”。之所以称为近代交通业，其主要原因就是因内河航运中开始采用机器发动的轮船作为航运工具。

湖南近代航运业的发展，经历了一番艰难曲折的努力。想当年，中国第一任驻英法大使郭嵩焘乘小火轮回湖南，引起一场轩然大波。郭嵩焘因喜谈洋务而受到旧势力的多次诋毁。

在湖南维新思潮的影响下，熊希龄、蒋德钧开始筹办湖南内河行轮事宜。陈宝箴接到禀报后，很快批准了熊、蒋的计划。取得陈宝箴的支持后，熊、蒋又联合王先谦，向湖广总督张之洞递交公呈，公呈中充分陈述了内河行轮的理由，反映了湖南维新人士忧时谋国和力图与帝国主义争夺内河航运权的决心。没想到却遭到了张之洞的反对。

张之洞以湖南情况特殊，要慎重，不可贸然从事为由，予以拒绝。张之洞说：“中国十八省（当时中国共分十八个行省），惟湖南无外国人足迹，既行小火轮，外国人则接踵而至矣！”

对张之洞这个所谓的拒绝理由，陈宝箴不以为然。他给张之洞写信，详陈自己的见解和主张，认为只有推行新政，兴办近代企业，振兴民族工业，与帝国主义列强争夺利权，国家才能强大，才不至于受帝国主义的欺辱。目前的情况是内河行轮，势在必行，我不兴办，彼必驶行。最后，陈宝箴在信的结尾反问张之洞："不行小轮船，又能禁外国人不来乎？"在陈宝箴的多方努力和劝说下，张之洞直拖至1897年8月，才同意由湘鄂两省善后局招商合办。经过如此一番周折之后，湖南内河终于有小轮通航。

湖南内河航运业的开发，意义重大。一是适应了湖南经济的振兴和繁荣。当时，湖南矿业的迅猛发展，急需便利的交通与之适应。在小轮开航之前，仅铅、锌、锑矿的转运问题就成了制约其发展的"瓶颈"。二是保障了本省的经济利权。在此之前，外国侵略者正处心积虑地窥视着湖南航运，时刻准备乘虚而入。湖南内河航运的开发，既保障了利权，又打破了帝国主义的野心。（参见《湖南通史》《湖南百年大事记》）

湖南近代交通业发展的另一标志就是铁路运输业。

自1825年英国建成了世界上第一条铁路以来，铁路作为近代交通业发展中革命性的重要标志，在英、美、法、德、俄、意等国得以飞速发展。而铁路在中国的引进却和其他近代先进技术的引进一样，同样走过了一段步履维艰的路程。

同治四年（1865），一位名叫杜兰德的英国商人，为了用实例来向中国显示铁路的先进性，在北京宣武门外建了一条长约一里的小铁路。在今天看来，这条小铁路不过是儿童游乐园中的玩具火车而已，但在当时的中国却是"见者诧赅，谣诼纷起"，最后竟由步军统领下令将这条小铁路拆除。时至1870年，当英、美、德的铁路分别已经发展至52000、24500、19500公里时，偌大的中国竟还没有一寸铁路！

1876年，又有一英商在上海修筑了一条13公里长的窄轨小铁路，一出现就遭到市民的强烈反对，最后清政府以28.5万两白银的高价赎回后拆除。

由中国人自己修筑的第一条铁路是李鸿章为了解决开平煤矿的运煤需要，于1881年聘请英国技师修筑成的唐山胥各庄铁路，长11公里。修好后刚一使用机车便受到言官的弹劾："机车直驶，震动东陵，且喷出黑烟，有伤禾稼。"朝廷谕令查办，只许用骡马拉车。在今天看来，这自然是十分可笑的，经数月波折，才允许重新使用机车。（参见隗瀛涛《张之洞传》）

在修筑铁路的问题上，经历了长达数十年之久的口舌争论之后，经张之洞等力奏，清政府终于决定同意修筑卢汉铁路，卢汉铁路北起京郊卢沟桥，南至湖北汉口。

对中国修筑铁路的紧迫性，陈宝箴早有认识。早在光绪六年（1880），陈宝箴在为淮军重要将领刘铭传代拟的《筹造铁路以图自强折》中，就详陈了修筑铁路的重要性和必要性。奏折中说：“……东邻日本，北邻沙俄，皆恃有铁路，藐视中华，亦遇事与我们中国为难。”面临着俄、日两个强邻的军事威胁，中国必须急起直追，修筑铁路。因为铁路便于调兵运饷，保卫边疆，也有利于发展经济，他痛切地提醒朝廷：“中国安行故步，不肯变法，将无法自立。”

卢汉铁路动工后，鉴于粤汉一线为南北要道，必须与卢汉相连，清政府又计划修筑粤汉铁路。朝廷原计划粤汉铁路只经江西而不经湖南。

陈宝箴认为这是借助外力振兴湖南经济千载难逢的极好机会，机不可失，时不再来，必须力争改道湖南。于是，陈宝箴派熊希龄等至湖北，与湖广总督张之洞及主持修筑铁路的盛宣怀交涉，要求粤汉铁路“折而入湘”。熊希龄振振有词，改道湖南“自汉口渡江，贯武昌而南，而长沙，而广州，一线联串无事傍绕”，且“路途坦易，免造巨桥，易招劳工”，湖南地界“产煤足以行车，产木足以垫道”。经过一番周折，盛宣怀终于同意改变原来的路线，粤汉铁路不经江西而经湖南。

盛宣怀（1844—1916），江苏武进人，早年入李鸿章幕府，1872年参与

卢汉铁路通车庆典

创办中国第一个洋务民用企业轮船招商局之后，主持创办了煤矿、电报、纺织等工业企业。他不仅控制了大批洋务企业，而且与英、美、日商联系较广，是一个颇有经济实力和经营管理才能的人物。

盛宣怀谙熟中国国情，深知中国官商之间的奥妙关系，他更懂得“官不靠商官不肥，商不靠官商不富”的道理。因此，他在当时中国的上下、南北、中外、官商之间精心编织着一张联系广泛而魅力无边的“关系网”，他在这张“关系网”中左右逢源，游刃有余。(隗瀛涛《张之洞传》)

光绪二十四年（1898），张之洞为了解决汉阳炼铁厂的运煤问题，使萍乡的煤能顺利运往汉阳，决定修筑株萍铁路。株萍铁路从江西萍乡安源煤矿至湖南株洲。为消除士民对修铁路的顾虑，陈宝箴发布告示，晓谕各地：“修筑铁路，为中国富强要务，而于经过的地段，犹有无穷大益。”由于陈宝箴的大力鼓动宣传，士民们很快消除了顾虑，对铁路的修筑皆持积极与欢迎的态度。

为有利于“军机密事”及“商贾市价的随时通达”，陈宝箴决定改变湖南邮政落后状况，使湖南邮政向近代化迈进。

陈宝箴与张之洞商议，决定架设鄂湘两省间电线，改变线路，从省城长沙起，沿湘阴、临湘、岳州一带架设线路至湖北蒲圻县境，接通湖北重镇武汉。紧接着，请盛宣怀派人率工匠来湘，沿途立杆架线。

1897年4月，线路架设完毕，陈宝箴在长沙设立了电报局，经营官、商电报业务，湖南通信落后的状况从此改观。

陈宝箴在支持私人创办企业方面也很有成绩。湘潭监生张本金等创设“湖南化学制造公司”，他们经营的主要项目是“蒸熬樟脑”。陈宝箴不但批准“迅速开办”，并准“在省境内专利十五年”。绅士梁肇荣等创立“水利公司”，陈宝箴又免其“提成报效”，批准专利十年。

陈宝箴推行的湖南新政中辟利源的各项措施，不仅开发了湖南的地方资源，而且发展了湖南的民族资本主义经济。

湖南广袤的土地山川，像一张素洁无瑕的白纸，陈宝箴以其恢宏的胆量和气魄，在这张白纸上尽情地挥毫泼墨，淋漓酣畅地描绘着图强振兴的蓝图。(参见《湖南通史》《湖南百年大事记》)

轰轰烈烈的湖南新政令光绪帝感奋不已。

在清末历史上，光绪是一位充满悲剧色彩的皇帝。正如后人所评价的那样，他是被女人攥着命根子的皇帝。他是男人，却宣泄不了男人的欲望。他是皇帝，却只能看着女人的眼色行事。（参见赵辉《光绪皇帝》）

光绪又是一位力图有所作为的皇帝，他不甘心大清的江山葬送在自己的手中。他又是大清所有皇帝中最能接受新生事物的皇帝，在大清王朝风雨飘摇大厦将倾的当儿，他宵衣旰食，殚精竭虑，幻想着摆脱列强瓜分的梦魇，以“舍我其谁”的责任感和使命感，朝思暮想着恢复大清昔日的辉煌。在中日甲午战争中，他力主以牙还牙血战到底。更让人敬佩的是：在戊戌变法运动中，他气吞山河的豪情，他大刀阔斧的变法举措，他摧枯拉朽雷厉风行的行动，都使他和他领导的这场戊戌变法运动，在灾难深重的中国近代史上留下了悲壮而深沉的历史印记。

光绪帝的努力堪称破釜沉舟、义无反顾。自1898年6月11日光绪帝“诏定国是”开始，到9月21日慈禧发动政变为止，光绪帝实行变法一百零三天，历史上称之为“百日维新”。

“百日维新”期间，光绪帝连珠炮似的发下一百八十多道谕旨，这一道道谕旨像一声声沉闷的春雷，炸响在古老中国的上空，给紧裹在愁云惨雾中的人们以无限的感奋，善良的人们毕竟看到了微茫的希望。

光绪帝的谕旨令维新派感奋不已，而顽固守旧派则怨声载道垂头丧气。但在当时的历史背景下，光绪的谕旨毕竟是打的雷大下的雨小，虽然他下的谕旨多，又三令五申苦口婆心，朝廷重

梁启超、光绪皇帝、康有为

臣及各地督抚们却无动于衷，只是把上谕视为一纸空文，真正认真执行的就只有湖南巡抚陈宝箴，只有陈宝箴和他领导的湖南新政真正赋予了戊戌变法以实际内容。因此，光绪帝对陈宝箴倍加器重与赏识，他于“百日维新”期间的8月5日、8月10日，连下两道谕旨，谕奖湖南巡抚陈宝箴。

朝廷重臣及各地督抚对谕旨的冷落和无动于衷，令光绪帝十分地震怒。两江总督刘坤一、两广总督谭仲麟，因循守旧玩忽职守，不肯力行新政，遭到了光绪帝的严旨切责。因阻挠下言上达，礼部尚书怀塔布、许应骙、侍郎徐会沣、曾广汉被革职。

这些人皆资深老臣，又为后党，为慈禧所信赖，在朝廷中树大根深盘根错节。（参见徐彻《光绪帝本传》）

仅以刘坤一为例。刘坤一为咸丰、同治、光绪三朝老臣，功勋卓著。

刘坤一（1830—1902），字岘庄，湖南新宁县人。曾国藩组建湘军时，刘坤一以一名秀才的身份背井离乡，随湘南的楚勇出境攻打太平军，以勇猛顽强、奋不畏死获得嘉奖。咸丰八年（1858），太平军翼王石达开由江西转战闽、浙，次年又到湖南境内，刘坤一跟踪太平军作战，解永州、新宁之围，加盐运使衔。他所在的这支军队的统帅为他的族侄刘长佑，刘长佑虽比刘坤一辈分小，年龄却比刘坤一大得多。咸丰十年（1860），刘长佑被擢广西巡抚，遂将所统军队全部交给刘坤一带领，刘坤一以布政使衔驻柳州，继续与太平军作战，咸丰十一年（1861）以战功补授广东按察使。同治元年（1862）又获简授广西布政使。同治三年（1864），刘坤一以优势兵力打败“大成国”余部，俘虏黄鼎风。刘坤一以极其残忍的手段将黄及其三妾和儿女杀害。行刑之日，先将黄的三妾、两子、两女押跪台下，每杀一人，以首级示黄，然后将黄杀死。表现了刘坤一与农民军的势不两立。同治四年（1865），刘坤一在江西南昌就任江西巡抚。

其时，太平天国首都被攻克，康王汪海洋领导一支转战广东嘉应州（今梅州），清廷把这数万人视为心腹之患，调动闽、粤、赣三省清军，在闽浙总督左宗棠的节制下，加以围剿。刘坤一刚到南昌，即奉命奔赴前线督战。汪海洋攻克嘉应州，刘坤一凭着多年与太平军作战的经验，清楚地看到这并不表明太平军的胜利，反而使其战略上陷于被动，如果其打开北进的通道，一直挥师北上而不折回，则将永远立于不败之地。如今全部人马困于一城，这势必受到围歼。于是，刘坤一作了围歼的部署。果然不出刘坤一所料，汪海洋亦意识到了困守孤城的危险。在率部突围的过程中，汪海洋战死，军队群龙无首，四散奔逃。刘坤一因战功获得清廷头品顶戴的赏赐。

其后，刘坤一在江西巡抚任上九年，调兵遣将，东突西奔，为清廷立下汗马功劳。

同治十三年（1874），刘坤一继李宗羲之后，署理两江总督。

光绪元年（1875），刘坤一抵南京上任。数月之后，又奉命调补两广总督。

刘坤一有卓越的军事眼光和才能，当左宗棠准备收复新疆，而李鸿章却大倡海防之议，朝廷因此发生“海防”与“塞防”之争。刘坤一拥护左宗棠出关，他给左宗棠写信说：若放弃新疆，“我弃人取，中国十八省皆为大、小莫斯科，不独关、陇无安枕之日”。又说：“天下正气，系公一身，伏望为国为民，节劳自爱。”

刘坤一虽有军事才能却思想保守。从军事角度考虑，他赞成造船铸炮，却对于电线等洋务事业，看作是“变华为夷”“期期以为不可”。因此遭到张之洞等清流的弹劾，光绪七年（1881）被免去两江总督，赋闲家居达十年之久。

光绪十七年（1891），清王朝危机四伏、内外交困，不得不启用湘、淮两系重要首领以支撑危局。这样，清廷于光绪十七年再次任命刘坤一为两江总督。

光绪二十年（1894）中日甲午战争爆发，战火烧到辽东半岛，京城震动，朝廷抽调东征湘军企图挽回败局。刘坤一被任命为钦差大臣，到山海关驻节，节制关内外各军，继续对日作战。陈宝箴就是这个时候奉光绪帝之

光绪皇帝

命，受命为东征湘军转运粮台。陈宝箴以其杰出的才能得到了刘坤一的称赞，刘坤一称其为“历来军兴粮台所仅见”。

刘坤一敢于言事，戊戌变法失败，慈禧再度临朝训政，将光绪帝幽禁南海瀛台，散布病重消息，以欺骗舆论，混淆视听。刘坤一致书荣禄，表示担心这种弄虚作假的把戏将带来严重后果。1900年1月12日，慈禧立载漪的儿子为大阿哥，废立之说甚嚣尘上。面对这种状况，各省督抚噤若寒蝉，只有刘坤一提出异议。他向荣禄说：“君臣之分已定，中外之口宜防。”再加上英国人已提出警告，这样，光绪帝有名无实的皇位总算保住了。（参见《清代人物传稿·刘坤一传》）

然而，在戊戌变法的关键时刻，光绪帝对刘坤一这样功勋卓著、德高望重的三朝老臣，对他对变法态度冷淡无动于衷很为恼火，在给刘坤一的诏书中，光绪帝措辞严厉，严旨切责，充分表露了他破釜沉舟变法的决心和对变法前途的焦虑。

陈宝箴推行湖南新政的另一项主要内容是改革教育，为“变士习”与“开民智”。

瀛台

陈宝箴一贯重视教育，这里自然有其深厚的家学渊源与家学传承的影响，陈宝箴曾说："国势之强弱，系乎人才；人才之消长，存乎学校。"

早在同治二年（1863），陈宝箴就认为"科制之弊，则务为帖括抄袭以资弋猎"，此法必须"变通"，"应就（书院）成法之中寓化裁之意"。"厘定书院章程"，要"明学术以育人才"。（参见陈宝箴《厘定学术人才折》）

陈宝箴进京赴考落第后，目睹了英、法联军火烧圆明园的兽行，圆明园冲天的大火，使他骤然警醒。同时，他敏锐地意识到：古老中国世代沿袭的科举制度已经陈腐不堪，诗云子曰书法楷帖敌不过近代新兴的西学，几个科举取士选拔出来的儒雅风骚的学子，难以担当匡时济世保家卫国的重任。中国要自强自立，唯有改革教育，造就新型人才。

谭嗣同

谭嗣同的主张与陈宝箴不谋而合。早在《马关条约》签订之初，谭嗣同就意识到中国已濒临危亡的边缘，因此，谭嗣同提出了自己的变法主张："广兴学校，无一乡一村不有学校。"在谭嗣同的倡导下，他的家乡浏阳成为湖南全省生气勃勃的地方。谭嗣同曾从浏阳名儒欧阳中鹄学习，陈宝箴知道他具有革新思想，希望他进行变法活动，"先小试浏阳一县"，改南台书院为算学馆，"招集聪颖子弟肄业其中"，所学课程"除购读译出诸西书外"，还学习时事、天文、地理、医学、经济等。

陈宝箴路过浏阳，见算学馆所刊《兴算学议》，大为赞许。于是令将该文印刷千本散发全省各书院，该书在全省造成广泛影响。

不久，张通典等禀请在湘乡东山书院，专设算学、格致、物理、化学、方言、商务等科课目，陈宝箴立即批准立案实施。

出于一种强烈的爱国情怀，陈宝箴痛感科举制度的陈腐，为了国家的强盛和振兴，改革科举取士制度已是刻不容缓。他痛切地意识到，科举一日不废，则学校一日不兴。全国士子终年寒窗苦读，学的都是一些空洞无用的陈词滥调，士子胸中无实在学问，国家没有匡时济世之才，如此下去，中国永远也难以富强自立，受欺辱宰割的日子永远也没有尽头。未等朝廷降旨，陈宝箴就以无私无畏的胆量和气魄，令湖南各地书院裁去“童卷”（考秀才时以八股文试帖诗为主的八股文试卷），改试算科。

时务学堂故址碑

紧接着，陈宝箴又与张之洞联名向光绪帝奏呈《请饬妥议科学新章兼酌改考试诗赋小楷之法》一折。该奏折详陈了“求才不怨多门，而学术仍归一致”，“考试内容要博之以经济，向之以道德，重之以时务”，并提出改革乡试、会试的具体措施。此奏折甚合光绪帝的心意。光绪帝接到这一奏折后，欣喜万分，奋笔疾书详加批阅，光绪帝在朱笔御批的谕示中称赞所奏各节，颇为周详中肯，并亲自谕示全国推行：“嗣后一切考试均以讲求实学实政为主，不得凭借楷法优劣为高下，以励硕学而黜浮华。”

陈宝箴与张之洞的奏折，是颇具历史眼光的。在改革旧中国陈腐教育体制和科举取士制度方面，具有开先河的意义，由此而产生的巨大作用将影响一个时代。

光绪二十三年（1897），学政江标改革省城校经书院，创立方言、算学、舆地等学会，陈宝箴大力支持，称赞：“学会为士子群聚讲习，以开拓心胸，讲求实学，造成远大之器，用意甚美。”

校经书院创办的《湘学报》，为湖南首创的新报。《湘学报》在舆论上为湖南新政摇旗呐喊擂鼓助威，该报以大量篇幅介绍东西方资本主义国家的政治、经济、文化等方面情况，传播自然科学知识。该报尤以“史学”“掌故”两栏，鼓吹维新，办得最有生机。

陈宝箴对《湘学报》给予高度评价，推崇该报“指事类情，洵足开拓心胸，为学者明理达用之助”“为湘中承学有德之言，于本省人士启发尤为亲切”。为此，陈宝箴通令湖南全省各州县订购，“分送书院肄业及城乡向学士子一并披阅；劝告绅商自行购买”。此外，又从省厘金项下拨款购买梁启超等人创办的以宣传“变法图存”为宗旨的《时务报》，分发各府厅、州县书院存储，以开风气而广见闻。（参见《湖南通史》《湖南百年大事记》）

陈宝箴推行的湖南新政，在湖南历史上具有划时代的意义。在当时的历史条件下，湖南新政既有利于封建统治的稳定，又维护了士绅阶层的政治与经济利益，同时也给普通民众以诸多的实惠，因而得到了社会各阶层广泛的拥护与称赞。

第五章

群贤荟萃

日新月异具有拓荒意义的湖南新政犹如一个巨大的磁场，吸引了无数忧国忧民的仁人志士，他们怀着满腔的热忱，相继来到了湖南这方古老而神奇的土地上。

湖南新政火热的生活，给他们提供了施展才华的空间和舞台。在这方古老而神奇的土地上，他们集思广益，将忧思与豪情、现实与理想、才情与机运淋漓酣畅地发挥到了极致，为了他们梦寐以求的强国之梦，他们投注了自己全部的生命激情，将对生命意义的求索与追寻，将人生的情韵与生命的辉煌，紧密地与他们所酷爱的事业维系在一起。

在陈宝箴的运筹帷幄之下，湖南新政继“董吏治”“辟利源”“开民智”“变士习”等方面取得一系列重大成就之后，继续朝着纵深方向发展。

设立时务学堂，是陈宝箴改革教育的一件大事。

光绪二十二年（1896），宝善成机器制造公司主持者熊希龄等建议“在公司内开设学堂，推广工艺”。陈宝箴闻知后，“惊喜叫绝”，亲自将该学堂命名为“时务学堂”。为了使时务学堂早日创办成功，陈宝箴破例批准先行立案，颁发印钤，并准每年从省矿务余利中拨银三千两作学堂常年经费。为了扩大时务学堂的社会影响，陈宝箴又以巡抚的名义向全省发布《招考示》，在《招考示》中承诺：“凡诸生入学三四年后，中学既明，西学亦熟，即由本部院考选数十名，支发川资，或资送至京师大学堂学习专业，获取文凭。或资送外国分别攻读水师、武备、化学、农学、矿学、商学、制造等学科。俟确有专长，即分别擢用。”

谈到湖南的教育，得先谈谈湖南学政江标。

在陈宝箴尚未就任湖南巡抚前，在湖南就有一位讲新学的先锋，这就是湖南学政江标。

江标（1860—1899），字建霞，江苏元和（今吴县）人。光绪进士，早年曾入同文馆学习，研究时务，熟知西洋情形。因此思想较为激进，并萌生了变法图强的主张。

光绪二十年（1894），江标以翰林院编修主持湖南学政。江标离京赴任时，有不少好心人劝告他：湖南那地界历来以守旧闻名于天下，你到湖南上任时，千万不要讲时务，不然的话你就将在那里栽跟头。但是，江标却不以为然，他以变法开风气为己任，将个人得失置之度外。当谭嗣同申请在浏阳设立算学馆，禀帖一上，江标当即“札饬浏阳知县，将南台书院改为算学馆，准其立案”。因此招来守旧派的一片谩骂之声。史家研究表明：湖南的维新运动发端于浏阳算学馆。因此，江标在湖南维新运动中的功绩是不可抹杀的。

江标在湖南维新运动中的另一功绩是创办《湘学报》，该报是湖南首创

创办时务学堂时的部分教员

的新报。

《湘学报》是湖南较早宣传维新变法思想的重要舆论阵地。该报思想激进，内容涵盖面广，为开湖南风气，为蓬勃兴起的湖南新政推波助澜呐喊助威，在当时湖南的各个阶层中影响深广。从该报当时的发行范围我们就可略见一斑：该报除在湖南发行外，邻省湖北也有《湘学报》广为流传，湖广总督张之洞认为，《湘学报》大率皆教人讲求经济、时务之法，因而饬令湖北各道府州县购阅，发给书院诸生阅看。另外，远在东海之滨的上海也设有《湘学报》分馆。（参见《清代人物传稿·江标传》）

1897年11月，时务学堂正式成立，陈宝箴任命熊希龄为时务学堂提调（校长），主持学堂一切行政事务。学堂决定聘请上海《时务报》主笔梁启超、李维格为中、西文总教习。有关中文总教习的聘任，陈宝箴事先拟聘梁启超的老师康有为，后经他的儿子陈三立建议，遂舍康而聘梁。

梁启超为全国维新运动的主将，舆论界骄子。

在中国近代文化史上，梁启超是一位值得大书特书的人物，他既是一位文化巨人，又是一位学界天才。

梁启超

梁启超（1873—1929），字卓如，号任公，广东新会人。少小时光，就有“神童”之称。他十二岁中秀才，十七岁参加广东乡试，中举人第八名。十八岁入京参加会试，落第。在这次会试中，他结识了康有为，并拜康有为为师。从此，他在康有为的“万木草堂”断断续续学习了四年，全面接触了中国传统的义理之学、经世之学、辞章学、考据学，中国历代典章制度的沿革，数学、物理、天文和中外历史、地理，以及西方传入的机械学、图谱学、化学、地质学等，特别是系统地接受了康有为的今文经学思想，从而“奠定了一生学术和事业的大基础”。二十岁时，梁启超再次入京参加会试，落第。

1895年春，二十三岁的梁启超第三次入京参加会试，适逢《马关条约》签订，梁启超与他的老师康有为在京发动十八省一千三百多名举人参加签名的“公车上书”运动。所上之“书”全文一万八千多字，是康有为用一天两夜时间奋笔疾书而成，边写边由梁启超缮写的。该文言辞恳切，气势磅礴，催人泪下。要求朝廷“下诏鼓天下之气，迁都定天下之本，练兵强天下之势，变法成天下之治”。“公车上书”大胆地冲破了康熙、乾隆以来严禁“士人干政”的律令。最后签名者竟达一千三百余人，创“清朝二百余年未有之大举”，开近代中国知识分子干预时事之先河。

“公车上书”失败后，梁启超与康有为等联络帝党官僚在京师成立了强学会。强学会是中国资产阶级仿照欧美政党形式建立起来的全国第一个公开合法的政治性团体，标志着他们有组织地在社会上公开从事政治活动的开端。由于翁同龢等帝党高级官员的介绍和康有为、梁启超等人的努力，强学会联络并结识了京师不少开明官员，他们中有陈炽、文廷式、沈曾植等。强学会还得到了张之洞的支持，张之洞给了一千两公款和五百两私款，作为强学会的经费。一些讲求洋务的官僚也想加入强学会，李鸿章自愿捐款两千两作为入会经费。同年11月，强学会的分支机构——上海强学会成立，并出版《强学报》，李鸿章又捐款一千两，但强学会却拒绝李鸿章的捐款和入会要求，理由是李鸿章名声太臭。此事对李鸿章刺激很大，他开始对强学会有所不满，并发展至存心与强学会为敌，陷害强学会领袖人物文廷式等人，此系后话。

这个阶段，梁启超最关心的当属办报了。京师强学会成立后，强学会办了《万国公报》，后改为《中外纪闻》。上海强学会成立后，办了《强学报》，后来，又办了《时务报》。这些报纸的主笔均为梁启超。

特别是《时务报》，发行量扶摇直上，“为中国有报以来所未有”，与天津《国闻报》遥相呼应，成为一南一北两大报纸。在这些报纸上，梁启超挥动如椽之笔，撰写了一篇篇评论文章，大胆地针砭时弊，鼓吹新政，唤醒民众，淋漓酣畅地抒发了自己对祖国强盛的渴望。他的文章，明白晓畅，别具一格，见解新颖，犹若空谷足音。他别具魔力的文章，使他获得了巨大的成功。他所办的报纸拥有广泛的读者群，以至报纸一出，天下震动，洛阳纸贵。湖广总督张之洞、湖南巡抚陈宝箴、两江总督刘坤一、山西巡抚胡聘之、浙江巡抚廖树丰、安徽巡抚邓华熙、江苏学政龙湛霖、贵州学政严修、江西布政使翁曾桂等地方官也都“通札各属及书院诸生悉行阅看，或令自行购买，或由善后局拨款购送”。

梁启超因此获得了“舆论界骄子”的美称，一时间，梁启超影响之大，“上自通都大邑，下至穷乡僻壤，无不知有新会梁氏者”。舆论界骄子梁启超从此赢得了社会各界的顶礼膜拜。

在晚清的官场上，张之洞素以心高气傲、性情怪僻而著称，然而，张之洞对梁启超的态度却是截然不同。

多家史料均言之凿凿，记载着这样一个故事：

1897 年年初，梁启超来到武昌。当他去拜见湖广总督张之洞的那天，正值张之洞的侄儿结婚，张之洞撇下众多的客人不顾，非常殷勤地接待了梁启超，请梁出任两湖书院院长，又请梁入其幕府。两人畅谈古今兴替，讨论中外大势，一直谈到深夜二更方才话别。此前，张之洞亲笔写信给梁启超，信中言辞恳切：“甚盼卓老中秋前后来鄂一游。有要事奉商。”并赠银五百两。张之洞生于道光十七年（1837），时已年逾花甲，竟称年方二十四岁的梁启超为“卓老”，其对梁启超的赏识与崇拜便可想而知。

梁启超在湖南维新派人士的心目中亦享有很高的声誉。听说梁启超将来湖南任时务学堂中文总教习，湖南的维新派人士欣喜若狂奔走相告。

梁启超来到湖南后，果然不负众望，以其耳目一新的变法之论和果敢豪猛的实际行动，迅速掀起了湖南维新的巨澜。

梁启超之所以看中湖南，可以用一句话来概括，那就是湖南有利于鼓吹自立，便于宣传民权平等思想。湖南新政火热的生活吸引了他，湖南广袤的土地和风起云涌的新政热潮如一个巨大的实验场，便于描画他心中酝酿已久的理想蓝图。

到湖南后，梁启超亲自拟定了《湖南时务学堂学约十章》。《学约》的具体内容包括：一曰立志，以天下为己任，为救亡而献身；二曰养心，破苦乐，破生死，破毁誉，威武不屈，富贵不淫，贫贱不移；三曰治身，忠信笃敬；四曰读书，穷尽上下千古，纵横中外之学；五曰穷理，深思考，勤观察；六曰学文；七曰乐群；八曰摄生；九曰经世；十曰传教。这十条《学约》，虽然没有完全脱离儒家“修身齐家治国平天下”的亘古律条，但其主要宗旨在于学以致用，全面发展，以期培养出来的学生能适应变法维新的需要。因此，他特别强调“经世”，以求“治今日之天下所当有事”。这个《学约》，充分体现了资产阶级改良主义的教育思想。（参见《清代人物传稿·梁启超传》、闵杰《戊戌风云》、王勋敏／申一辛《梁启超传》、隗瀛涛《张之洞传》）

几乎与此同时，先后来到湖南的还有任长宝盐道兼署理按察使的黄遵宪、接任江标任湖南学政的徐仁铸以及应陈宝箴之约从南京弃官回乡的谭嗣同等。梁启超不仅带来了新观念、新思想，而且把康有为的弟子韩文举、叶觉迈等维新志士带来湖南任中文分教习，任中文分教习的还有唐才常等。一时间，各地维新志士如水归东海，云集长沙。

一大批仁人志士的到来，使湖南新政如虎添翼。随着新政的纵深发展，变法运动日趋激进，明显地具有资产阶级“民主”“民权”思想。

光绪二十三年（1897）冬，在陈宝箴的倡议和支持下，南学会宣告成立。

南学会是一个以行民权、立议会、促地方自治为宗旨的政治团体，这是湖南新政的命脉之所在。

南学会成立之际，正值德国强占胶州湾，民族危机日益深重的时刻。陈宝箴更加感到国家已到了异常危急的时刻，若不加快新政的步伐，扫除弊政，兴起人才，国家将无以图存。陈宝箴在与谭嗣同等维新人士商议成立南学会时，曾慷慨陈词：“时局危促，至于今日，欲与诸君子商一破釜沉舟、万死一生之策！”

陈宝箴对南学会寄予厚望，南学会开学典礼，他亲自参加，并作了《论为学必先立志》的演说。他说：“以天下四万万之众，不得与欧洲诸国比，岂非吾之大耻乎！”他的演说慷慨激昂，全场为之动容。陈宝箴又手书“有耻立志”四字，以激励会友为爱国而学，指出“立志自知耻始，为学自止志始”。于每周礼拜日，他亲率抚院大小官员到南学会“从旁坐听，与平人齐立”。南学会立会籍时，陈宝箴又“带头入会，列名其首”。

南学会成立之后，湖南各地纷纷仿效，与学会性质相似的其他组织如雨后春笋、层出不穷，形成了以南学会为中心的社团组织群体。这些社团群体较著名的是不缠足会与延年会。随着维新运动的高涨，湖南风气骤开，催萌了社团群体的成立。社团群体的相继诞生又反过来促进了维新运动的发展。正如梁启超所说：“自时务学堂、南学会既开后，湖南民智骤开，士气大倡……人人皆能言政治之公理，以爱国相砥砺，以救亡为己任，其英俊之才，遍地皆是。”（参见梁启超《戊戌政变记》）

在这些以救亡为己任的英俊之才中，黄遵宪是较为突出的一个。

黄遵宪与陈宝箴因同系客家人氏，两人交谊甚厚。他与梁启超亦为莫逆之交，梁启超来湖南任时务学堂中文总教习，就是因了黄遵宪的推荐。

黄遵宪（1848—1905），字公度，自号人境庐主人，广东嘉应州（今梅州市）人。青年时喜阅读西文书籍，对时务外交颇有兴趣。

光绪二年（1876）秋，黄遵宪参加顺天乡试，中举人，并以五品衔拣选知县用。年底，翰林院侍讲何如璋被任命为首任出使日本大臣，知黄遵宪喜时务，了解世界形势，便举荐他为驻日使馆参赞官，黄遵宪欣然接受，从此开始了他的外交生涯。黄遵宪任驻日参赞四年多，力倡中日两国平等相待，对日本统治集团损害中日关系的行为，也能不辱使命。在驻日四年多的时间里，他对日本历史与现状进行了较为广泛的调查研究，并收集了两百多种参考文献，开始撰写以介绍日本典章制度为主的著作《日本国志》。

黄遵宪

光绪八年（1882）春，黄遵宪奉命调任美国旧金山总领事，适逢美国国会制定《限禁华人例案》，无理排斥、迫害华工，他一面向朝廷奏请采取对策，一面尽可能保护华侨利益。一次，美国官吏借口卫生原因拘捕大批华侨，黄遵宪便亲自去狱中调查，并丈量囚房面积，愤怒责问：“这里的卫生，比他们住的地方还要好吗?”美方只得释放被囚华侨。

光绪十一年（1885），黄遵宪

任满回国，谢绝了新任驻美公使张荫桓和两江总督张之洞的聘请，在家闭门谢客潜心编撰《日本国志》，终于在光绪十三年（1887）完成《日本国志》，全书共四十卷，五十万字。这部书不仅是近代中国研究日本的重要著作，而且成为戊戌维新的启蒙读物。

写完《日本国志》后两年，黄遵宪被任命为驻英二等参赞，随公使薛福成出使英国。驻英期间，他认真考察了英国的政治制度，认为中国应当效法英国。光绪十七年（1891），黄遵宪又被调任新加坡总领事。

任满回国后，黄遵宪在上海加入康有为、梁启超创办的强学会分会，成为维新运动中的著名人物。1895年9月，光绪破格下特旨召见黄遵宪，接着，帝党领袖翁同龢也接见了他。10月，清政府准备派黄遵宪以道员加卿衔出使德国，但由于德国企图强租胶州湾，竟故意制造借口，拒绝接受黄遵宪为驻德公使。这样，黄遵宪由翁同龢推荐，出任湖南长宝盐道，并署理湖南按察使。（参见《清代人物传稿·黄遵宪传》）

陈宝箴也是客家人，黄遵宪来自客家人的聚居地广东嘉应州，两个客家人同时为官一地，语言风俗相同，显得特别亲切。更何况两人志同道合，性格又很相投，因此，黄遵宪与陈宝箴成为无话不谈的亲密朋友。

黄遵宪以其丰富的阅历和广博的见闻，痛感中国变法图强的紧迫。

湖南热火朝天的新政运动，给黄遵宪以极大的鼓舞。

他到湖南后，积极协助陈宝箴推行新政，时务学堂刚刚成立，黄遵宪就向陈宝箴建议聘请梁启超为中文总教习。

当时湖南的社会秩序还很不安定，为了求得一个安定的社会环境，使各项新政得以顺利实施，黄遵宪向陈宝箴建议：省城内外，户口繁盛，盗贼滋扰，痞徒生事，不免扰乱人心。而保甲团局不足以弹压，不如仿效欧美各国，以设巡捕为根本。陈宝箴采纳了黄遵宪的建议，裁撤保甲团防局，改办保卫局。

已具警察功能雏形的保卫局不仅为湖南新政保驾护航，还开中国近代警察制度先河，从某种意义上说，称陈宝箴为“中国警察之父”亦有几分道理。

应该说，以陈宝箴为首的湖南省行政领导集团是团结而富有战斗力的。这是一个坚强而卓有成效的领导核心，在推行新政的过程中，无论是作为一省的最高领导巡抚陈宝箴，还是按察使黄遵宪、学政徐仁铸（接任江标），他们对新政的重要性和紧迫性，都有着深切的认识。他们深知自己的一举一动，都密切地关乎着这个已是风雨飘摇的朝廷和满目疮痍的国家的命运。在此国家民族面临危亡的紧要关头，他们决计殚精竭虑，发愤而为，将他们治下的湖南作为新政的示范区。若是湖南的问题办好了，一来即使局势继续恶化，湖南也可作为大后方，国家他日也好有个作为依恃的地方；二来也使那些一直处于踌躇观望状态的朝廷官员和其他行省大员认识到，只有变法和推行新政才是唯一出路。

蓬蓬勃勃的新政热潮，风气骤开的民风民习，丰硕喜人的新政成果，强大壮观的人才阵营，使湖南呈现出一派崭新气象。

充满生机的湖南举世瞩目，外国人将湖南称之为中国最富有朝气的省份，他们甚至将湖南比作日本明治维新时期的萨摩和长州。陈宝箴亦因此而声名大震，赢得一片赞扬之声。湖南新政的参与者，后来成为顽固派的王先谦对陈宝箴也给予了很高的评价："陈宝箴居得为之位，任先觉之责，力行新政，为疆臣之冠。"三朝元老刘坤一更是对陈宝箴推崇备至，他由衷地赞叹陈宝箴为"四海九州所共尊为山斗，倚为柱石者"，就连光绪帝也视陈宝箴为"新政重臣"。

然而，随着湖南新政的不断深入，特别是梁启超等的到来，湖南新政已从根本上发生了变化，从单一的洋务实业朝着有关民族、民权等方面转化。时务学堂以开风气为己任，勉励学生阅读介绍资本主义社会学说和自然科学知识的翻译著作，使他们的思想逐渐脱离封建传统的樊篱。他们在课卷札记中大胆地抨击封建君主制，表示了对民权运动的渴望，将"中华帝国的政治传统说成是道德沦丧和政治上巧取豪夺的可耻记录"。(参见《剑桥中国晚清史》)

时务学堂学生的"离经叛道"之举，特别是梁启超、黄遵宪等人的游说鼓吹，搅沸了湖南思想界的一潭死水。维新派对民权运动的主张，势必触及湖南的顽固势力以及整个封建体制，这自然为他们所难容忍。很快引起了湖南保守势力的恐慌。他们连成一气，骂时务学堂学生"紊乱旧章，不守祖宗成法"。

以王先谦、叶德辉为首的湖南保守势力，一改当初对新政的包容、支持和参与的态度，转而对新政进行疯狂的攻击。紧接着，他们首先发难，引起"全湘大哗"。王先谦纠集叶德辉等于1898年7月10日向巡抚衙门递进《湘绅公呈》。

这份臭名昭著的《湘绅公呈》，对梁启超等时务学堂的进步师生表示了刻骨的仇恨。针对保守势力的进攻，熊希龄等于三天后亦向巡抚衙门上《为整顿通省书院与黄膺等上陈宝箴书》，针对岳麓书院等积弊丛生的现状，提出了整顿书院的七项具体要求。陈宝箴在批复中几乎全部肯定了这些要求，这不啻对王先谦之流的当头棒喝。接任江标职务的新学政徐仁铸，更是站在维护革新派的立场，甚至准备追查《湘绅公呈》的主谋。（参见《湖南百年大事记》）

王先谦在湖南颇有根基，他自光绪十五年（1889）卸任江苏学政，回长沙定居。次年主讲湖南思贤书院，第二年任城南书院山长，后转任岳麓书院山长，主讲岳麓书院达十年之久。

与王先谦同一阵营的保守势力代表人物叶德辉，也是湖南保守势力的急先锋。

叶德辉（1864—1927），字奂彬，号直山。光绪十八年（1892）中进士，授吏部主事，次年回湘，从此不再离开湖南，他与王先谦甚为要好，标榜以提倡经学为己任，慢慢地在地方士绅中崭露头角。

叶德辉坚持旧学，竭力反对新政。梁启超主讲时务学堂，宣扬康有为的“孔子改制”学说。叶德辉疯狂反对，声言：“宁可以魏忠贤配享孔庭，使奸人知特豚之足贵；断不可以康有为扰乱时政，使四境闻鸡犬之不安。”叶德辉因充当了反对维新的急先锋，得到王先谦等保守势力的赞赏。

叶德辉

光绪二十六年（1900），唐才常组织自立军起义失败，叶德辉奉湖南巡抚俞廉三之命，搜集守旧者攻击起义论著，编成《觉迷要录》，以作“康、梁叛案之定谳”。宣统二年（1910），叶德辉趁本省灾荒严重，积谷万石（担），囤积居奇，被清廷革去功名。叶德辉为人性情暴烈且又乖戾，他在他家的书橱上特地标明：“老婆不借书不借。”叶德辉头脑顽固，入民国后又拥戴袁世凯称帝，因此在地方上声名狼藉。1927年湖南农民运动掀起高潮，叶德辉被处死。毛泽东在他的著作中曾提到过叶德辉。

有关叶德辉的死，有两种说法：

一种说法是，叶是因一副对联招来杀身之祸的，那对联是：

农运初开，稻粱菽麦黍稷，尽皆杂种；
会场广阔，马牛羊鸡犬豕，都是畜牲。

横额是“斌卡尖傀”。

这副对联齐头嵌“农会”二字，后面咒之为“杂种”“畜牲”。横额“斌卡尖傀”，拆开来的含意就是“不文不武，不上不下，不大不小，不人不鬼”。

关于叶德辉的死，还有另一种说法，周作人的《知堂集外文〈亦报〉随笔》中有《叶德辉案》一文，此文记载甚详，兹录如下：

去年夏天在上海遇见一位北大同人，五四前后在校，所以年纪已有五十多岁了吧。因为他是湖南人，谈话便提到叶德辉上边去，事有凑巧，那年他正在湖南党部办事。这叶案即是他经手办理的。他便把这经过讲给我听。据说这事根源还在民国四年，袁世凯准备做皇帝，各地官绅群起劝进。叶德辉忽发奇想，在民间征发了五十名十五六岁的少女，说要训练了送到洪宪宫中当女官，他在地方上很有势力，老百姓哪敢违抗。不久帝制被迫取消，女官也用不着了，可叶德辉自己“先都用过了”，随后再打发她们回家去。事隔十年，人民革命在两湖开始，那些女人现在也成干部，便向农会申诉这事，其时农会是有武力的，便把他捉了起来，由党部主持共同审理，那些原告一一陈述，时地都有确凿的证据，他也无可否认。讲话的人说：“我们也像现在这么坐着，并没有什么形式。我们便问他，叶先生你怎么说？他回答说，杀一儆百可也。”这事便是这样解决的。我的记录在用字上或者稍有出入，因原语已记不真，大意则并无错误，至于传说叶之得祸由于给农会写对联……全是凭空捏造的话，这诗全是千百年前的老话，对联则是想借笔祸做烟幕，其用意是很明显的了。

湖南守旧势力的急先锋叶德辉最后的结局发人深省。然而我们也不能因人废言，叶德辉对古籍的整理和保存还是有贡献的，特别是他从日本访回的房中术古籍（编为《双梅景阁丛书》），有很高的学术价值。

以王先谦、叶德辉为代表的湖南守旧势力，虽然受到了陈宝箴毫不留情的回击，但他们并不因此而善罢甘休，他们在观望，在积蓄着力量，在等待着反扑的时机。

时机终于来了，《湘报》第二十号刊登了易鼐的《中国宜以弱胜强说》，易鼐在文章中主张“中法与西法相参”“民权与君权两重”“中教与西教并行”“黄人与白人互婚”等等。易鼐的文章措辞激烈，宗旨鲜明，在当时是颇具勇气的。

《湘报》是湖南的第一份日报，是继《湘学报》之后，于1898年2月由熊希龄创办的。梁启超、谭嗣同、唐才常、皮锡瑞等维新思想的先导者均以此为阵地，为湖南维新摇旗呐喊。皮锡瑞之子皮嘉祐曾在《湘报》发表著名的《醒世歌》：“若把地球来参详，中国并不在中央。地球本是浑圆物，谁居中央谁四旁？”较之《湘学报》，《湘报》的言论要深刻、激烈得多，其影响远远大于《湘学报》，且与上海《时务报》、澳门《新知报》一道三足鼎立，成为当时中国最有影响的三大报纸之一。

易鼐的文章发表后，湖南的守旧势力视若洪水猛兽，群起而攻之，并唆使湘籍京官徐树铭、黄均隆等向朝廷参劾。湖广总督张之洞看到这篇文章后勃然大怒，致电陈宝箴、黄遵宪，说易鼐的文章“十分悖谬，见者人人骇怒。此等文字，远近传播，必致匪人邪士，倡为乱阶”。张之洞十分严厉地责令予以“阻止”并“更正”。

陈宝箴毕竟抵挡不住这种压力，当湖南新政脱离了既定的轨迹，犹如脱缰的野马，从单一的洋务实业朝着民族、民权方面转化，又受到湖南守旧势力的进攻以及张之洞施加压力相夹击的时候，陈宝箴表现出了一种无可奈何的软弱。

随着时间的推移，这场斗争已渐渐地由学术之争变成了你死我活的政治斗争。由于陈宝箴态度的转变，维新派人士的斗争更加步履维艰，湖南新政出现了前所未有的危机。

不少人对陈宝箴态度的转变表示了惶惑和不解。在这里有必要对陈宝箴的深层思想作一剖析。

陈宝箴毕竟和康有为等激进派在变法思想和方法上有所不同。在思想上，他比较接近郭嵩焘和张之洞，他主张变法要稳步缓进；在方法上，他主张用有经验而稳健的大吏来领导变法。他一直认为康有为心术不够纯正，难当大任。至于光绪帝所依赖的谭嗣同、林旭、杨锐、刘光第四位章京，陈宝箴认为他们毕竟是嫩竹扁担，难胜此重任，必须要有一重臣来掌舵把关。环顾朝野，陈宝箴认为这重臣非张之洞莫属。他希望张之洞入军机，因张之洞为慈禧所喜，又有经验和资望，他在湖北领导的洋务实业亦是轰轰烈烈，颇有成效，若让张之洞入军机，定能领导这场全国性的变法。他想经一向对他器重的荣禄劝引慈禧赞助变法。然而，陈宝箴赞成变法毕竟是以忠君爱国、济世应变思想为基础的。加之他又奉行儒家伦理本位的改革原则，行事有序，不为偏激，不敢逾越封建纲常，他希望在不激怒守旧势力的前提下，逐步地推行新政，这就限制了湖南新政不可能向纵深发展。

由于陈宝箴的软弱，对守旧势力采取了退让、迁就的态度，随之，时务学堂章程被改变，南学会的津贴也被撤销，维新派人士内部互相产生猜疑，接着，梁启超等维新志士相继离去。一时间，犹如原野里那生长茂盛的庄稼，突然遭到一场突如其来的倒春寒的袭击，蔫蔫地全然失却了往日的生机。各项新政遭受严重挫折，或停滞不前，或名存实亡，后来，随着戊戌变法的失败，轰轰烈烈的湖南新政以失败而告终。

湖南新政虽然失败，但陈宝箴作为一位爱国者，他那种为拯救民族危亡而积极探求救国救民真理的精神，他那种顺应历史潮流，敢于批判旧传统，支持新事物的勇气，以及在封建势力群起环伺，能够布新除旧，敢为天下先的精神，是难能可贵的。（参见谢冰《戊戌变法时期的湖南巡抚陈宝箴》）

第六章　魂断峭庐

就在湖南维新运动如火如荼，各项新政次第展开的当儿，京城里帝后两党的斗争也到了剑拔弩张的地步。

为了罗致新政人才，光绪帝曾下谕旨，命各省督抚访查“通达时务，勤政爱民之员”，随时确保引进。

出于一种强烈的责任感和爱国情怀，陈宝箴向朝廷举荐了十七名维新人才。其中谭嗣同、杨锐、刘光第三人分别被光绪帝委以“章京”重任。

多年的官场摔打，张之洞已练就一身十分圆滑的本领。清末官场曾用“油浸枇杷核”这句话来形容王文韶的圆滑，枇杷核本已溜滑无比，再加油浸，其圆滑可想而知。若是同样用“油浸枇杷核”这句话来形容官场上张之洞的为人，其实也是再确切不过的了。

朝廷里帝后间的争斗，远在中南重镇武昌的张之洞却是洞若观火。

受荣禄的举荐，光绪拟让张之洞入京主政。张之洞从在京的幕僚钱恂处得知这一消息后，已风闻京师情况不妙，忙电告钱恂：“如拟请诏不才入京，务望力阻之，才具不胜，性情不宜，精神不支，万万不可。”

善于把握风向的张之洞，已从种种迹象中敏锐地嗅到了什么，他不想卷入这个危险的旋涡，因而他采取了隔岸观火的态度。后来，戊戌政变，光绪被囚，事实又一次证明了张之洞的判断是准确的。

张之洞有一个关系很密切的学生杨锐，张之洞在两广总督和湖广总督任上时，曾召杨锐入幕，杨锐很得张之洞的欢心，所以梁启超称杨锐为张之洞的“第一亲厚弟子”。本来，张之洞的儿子在北京，有关京师的诸多事情张之洞不托儿子而托杨锐。同时，与杨锐同为“军机四卿”的刘光第也对张之洞甚为钦慕。

因杨锐、刘光第与张之洞的这种关系，当时的许多人便认为，他俩是作为张之洞的代表进入“军机四卿”之列的，他们在参与新政中执行的也是张之洞的“洋务派路线”。在“军机四卿”中，杨锐、刘光第对变法的态度较为稳健，而谭嗣同与林旭则较为激进。

张之洞真个是圆熟精明到了极点，他既要趁着光绪帝下谕旨广纳人才之际安插自己的亲信，自己又要不显山不露水。为了避嫌，也为了免却风险，他将举荐杨锐、刘光第的差事推给了陈宝箴。

陈宝箴在奏折中称杨锐“才学淹通，志性端谨；切究当时之务，绝无浮夸之习”，称刘光第“器识宏远，廉正有为”。

戊戌政变失败后，四章京被杀，陈宝箴父子亦因“滥保匪人”被“革职永不叙用”，从此结束了他的宦海生涯，而张之洞却依然稳坐钓鱼船。后世的诸多学者认为，陈宝箴实则是在替张之洞受过。（参见隗瀛涛《张之洞传》）

蔡锷

陈宝箴和他领导的湖南新政虽然不可避免地以失败而告终，但其历史功绩和深远影响却是不可抹杀的。

时务学堂可说是陈宝箴领导的湖南新政中得意的一笔。时务学堂不仅为当时湖南旧式书院的改弦易辙提供了蓝本，促进了各地新式书院的设立和书院制度的改革，更重要的是时务学堂培养了一批新学士子。中国近代史上叱咤风云的人物蔡锷，就是其中杰出的代表。

蔡锷（1882—1916），原名艮寅，字松坡，湖南邵阳人。

时务学堂创立时，蔡锷由邵

阳徒步数百里到长沙，以第三名的优异成绩考入时务学堂，是第一班四十名学生中年龄最小的一个，也是这个班有名的“高材生”。在时务学堂这个大熔炉里，蔡锷受到梁启超、谭嗣同、唐才常等维新志士思想的影响和熏陶，遂立下救国救民大志。戊戌政变失败后，维新人士受到残酷迫害，梁启超被迫逃亡日本，谭嗣同等“戊戌六君子”惨遭杀害。一度轰轰烈烈的时务学堂改为求实书院，原有教习纷纷离去，这给少年蔡锷以极大的震动。

光绪二十五年（1899）夏，蔡锷接到梁启超从日本来信相招，遂东渡日本，入大同高等学校，研究政治、哲学，并补习普通科学。蔡锷在日本初步接受了资产阶级民主革命思想的影响，并经沈云翔引见，得以结识孙中山。

光绪二十六年（1900），唐才常等组织起义军，筹划在长江中下游发动反清起义。蔡锷特地归国参与其事，事败后，唐才常等相继遇难。蔡锷悲愤至极，于是决心投笔从戎，改名艮寅为锷，重返日本，入成城学校习陆军，专心于精研韬略战术。1903年年底，蔡锷与蒋方震自费考入日本陆军士官学校第三期，旋补为官费生，次年冬毕业。在一百多名毕业生中，蔡锷成绩优异，名列第五，与蒋方震、张孝准号称为“中国士官三杰”。

1904年冬，蔡锷返回祖国，先后任江西、湖南等武备学堂教官，次年转广西，亦任武备学堂教官及学兵营长等职。

蔡锷在广西期间，南方革命形势发展迅速，同盟会在两广边境频繁地发动起义，对蔡锷影响很大，后来同盟会在镇南关（友谊关）发动起义前夕，黄兴曾秘密访问蔡锷，蔡锷积极响应并参与谋划这次起义。

1911年春，云贵总督李经羲邀请蔡锷到云南任职，同年夏，蔡锷被任命为新军第十九镇第三十七协协统兼云南陆军讲武堂教官。

1911年10月10日，辛亥武昌起义爆发，风声所至，举国震动。蔡锷被推举为云南起义军临时总司令，不久，蔡锷指挥部队控制了昆明，随之，传檄云南各府、州、县，全省光复。

11月1日，起义军组织了“大中华国云南军都督府”，公推蔡锷为云南军都督。云南军都督府成立后，编制了《滇省五年政治大纲》，发布了一系列文电布告，进行了带有民主主义色彩的改革，生产得到较迅速的恢复和发展，省财政收支由赤字变为盈余，使云南成为辛亥革命时期比较安定的省份之一。特别难能可贵的是，蔡锷在1912年两次带头减薪，直将其薪水减至六十元，只相当于一个营长的工资。作为一省都督尚能如此克己奉公，确为当时全国所仅见。

袁世凯窃居临时大总统，为加速独裁统治，亲自策划暗杀了国民党代理理事长宋教仁。孙中山及一部分国民党人逐渐认清了袁世凯的真面目，决定武装讨袁，发动“二次革命”。国民党人对蔡锷寄托了殷切希望，但蔡锷对袁世凯尚抱幻想，站在了“二次革命”的对立面。

尽管如此，袁世凯对蔡锷却并不放心，他对亲信曹汝霖说：蔡锷“有才干，但有阴谋”，“我早已防他，故调来京”。因此，袁世凯在镇压“二次革命”后，遂决定调虎离山，下令调蔡锷进京。

1913年10月，蔡锷到京，先后担任陆军部编译处、陆军大元帅统帅办事处办事员、政治会议议员、参政院参政、全国经界局督办等职，并加昭威将军的头衔。一段时间内，他对袁世凯仍抱幻想，他依然恪尽职守。

1915年年初，蔡锷对袁世凯的幻想彻底破灭。这时，日本政府向袁世凯政府提出灭亡中国的《二十一条》，袁世凯居然全盘接受。蔡锷遂开始秘密策划反袁。

因时机尚不成熟，蔡锷表面上显得若无其事，为掩人耳目，他频频涉足于京中八大胡同，与名妓小凤仙打得火热。但是，他的行踪还是引起了袁世凯及其爪牙的注意。一天，蔡锷在统帅办事处，袁氏爪牙拿一个赞同帝制的题名录向蔡锷试探，蔡锷不假思索地大书“赞成”二字。9月间，袁世凯秘密派人闯入蔡锷住处，翻箱倒箧，查抄函件电报。蔡锷明知是袁世凯在捣鬼，却严词抗议，袁世凯故作姿态，命军警当局捕拿盗犯，为了遮人耳目，从监狱中提出数名罪犯枪决。蔡锷得知事已无法挽回，遂决定逃离北京。

1915年11月11日，蔡锷以治病为由，潜赴天津。历尽艰辛后，于12月19日抵达昆明。蔡锷的到来，对云南正在酝酿的反袁斗争起了催化作用。

12月25日，蔡锷、唐继尧等联名宣布云南独立，通电武装讨袁。在宣布起义的同时，组织护国军，以蔡锷为护国第一军总司令率军出蜀，以李烈钧为护国第二军总司令率军入桂，唐继尧以都督名义兼护国第三军总司令镇守后方。

护国军所向披靡，以先声夺人的气势，给袁世凯以沉重的打击。特别是蔡锷指挥的护国第一军，与数倍于己的袁军激战于川南各地，仗打得异常地惨烈，连蔡锷自己也说：“川南之战，实吾国有枪炮后之第一战也。”

护国战争结束后，蔡锷被任命为四川督军兼省长。

长期艰苦的斗争，蔡锷喉病加剧，终因医治无效，于1916年11月8日凌晨4时在日本福冈医院逝世，终年三十四岁。

蔡锷英年早逝，令人扼腕悲痛，人们以国葬之礼来悼念这位忧国忧民的英雄。（参见《清代人物传稿·蔡锷传》）

除蔡锷外，从时务学堂走出的学生，不少成为后来中国资产阶级民主革命的闯将。如林圭、田邦璿、蔡钟浩、秦力山、李炳寰等，后来曾任清华大学校长、教育部总长的范源濂等也是时务学堂的学生。

轰轰烈烈的湖南新政令光绪帝欣喜不已，这位中国近代史上最具进取精神而又最具悲剧色彩的皇帝，他的形象委实让人可敬可佩而又可叹。他在“百日维新”运动中的左冲右突，他有限的权力范围和活动空间，很自然地让人联想到“圆桌上跳舞”这个不甚确切的譬喻，还让人联想起中国古典名著《西游记》中“孙猴子跳不出如来佛的掌心”那个妇孺皆知的典故来。

应该说，这既是他个人的悲剧，更是这个时代和民族的悲剧。历史不容假设，假设“戊戌变法”能够成功，中国将会是什么样子，这是很能够让人遐思和感奋的。

陈宝箴和他领导的湖南新政毕竟给了光绪帝莫大的慰藉，在堪称悲壮的“百日维新”中，光绪帝苦心孤诣，大声疾呼，然而毕竟应者寥寥。来自东南腹地湖南的热烈响应，犹若空谷足音，委实让他异常地感奋和欣喜。

当湖南的顽固势力“联名函告京中同乡官，谓陈帅紊乱旧章，不守祖宗成法，恐将来有不轨情事，不能不先事预防”。湖南京官接函后，即请徐树铭“据情揭参”。然而光绪帝对陈宝箴不仅未加惩处，反而下诏：“陈宝箴自简任湖南以来，锐意整顿”，“不免指责纷乘，此等悠悠之口，属在缙绅，倘亦随声附和，则是有意阻挠，不顾大局，必当予以严惩，断难宽贷”。这无疑是对湖南顽固势力的当头棒喝。后来，当光绪帝得知新政受阻，又下诏电慰陈宝箴，“新政关系自强要图，凡一切应办事宜，务当坚持定见，实力举行，慎勿为浮言所动，稍涉游移”（参见汤志钧《戊戌变法史》）。

京城的形势进一步恶化，1898年，戊戌政变发生，光绪帝被幽禁于瀛台，慈禧第三次临朝听政，一度轰轰烈烈的“百日维新”以失败而告终。

文廷式的到来，给陈宝箴带来了一个不祥的信号。

文廷式（1856—1904），江西萍乡人，出身于世代书香门第，他青年时期就有“江南才子”之称。他博览群书，精通欧、美、日各国的历史、地理、政治、经济情况，是一个有强烈爱国思想的通才。

1890年，文廷式被光绪帝御笔点定殿试第一甲第二名，赐进士及第，旋被授为翰林院编修。1894年，翰林院考试，光绪帝又亲擢他为一等第一名，从七品编修升为四品侍读学士，兼日讲起居注。从此，文廷式成为可以接近皇帝并得以上疏言事的重要人物。

1894年，正值慈禧太后六十寿诞，寿辰在十月十日，早在正、二月间，清廷就布置了全国范围的祝寿活动。不料5月间就爆发了中日甲午战争，清军连战连败。因此，文廷式出于国家民族的大局考虑，建议罢庆典，把这笔钱移作军费。论理说，这本是无可厚非的事情，然而，昏庸的慈禧阅奏大怒，将其奏折扔在地上，说：“今日令吾不欢者，吾亦将令彼终身不欢！”1895年4月，文廷式果遭弹劾被迫返乡。

当年秋，文廷式入京复职，力主效法日本明治维新，创立新政，重振国威。他出面组织强学会，以“中学为体，西学为用”之说，与康有为等人酝酿变法，又遭慈禧忌恨。1896年2月，慈禧下令对文廷式“着即革职，永不叙用，并驱逐回籍，不准在京逗留”。于是，文廷式结束了在京的政治生涯，回到了江西萍乡老家。

文廷式

戊戌政变发生后，在康有为的家中，搜得文廷式致康有为的信件。慈禧欲置文廷式于死地，密电江西巡抚翁曾桂：“已革翰林侍读学士文廷式是否在籍，无论行至何地，着即缉拿就地正法。”

当时，文廷式的九弟文和在南昌得知这一情况，星夜去长沙白鹅塘密告文廷式。文廷式在京朋友获悉这一消息后，致电密告文廷式的旧友、湖广总督张之洞，引用一句古文暗示：天将丧斯文也。张之洞也巧妙地引用一句古文复电：文不在兹。而文廷式当时实潜居湖南，住在一个叫彭铭恭的同乡家。彭铭恭当时在长沙候补知县，他在长沙萍乡会馆看到文廷式，听到有诏捕文廷式，于是，他心生歹念，想邀功请赏，遂写信向湖南巡抚陈宝箴告密。

陈宝箴一向敬慕文廷式的才学人品以及他变法图强的主张，加之文廷式与陈宝箴的儿子陈三立皆是上海强学会的会员，两人交谊甚厚，陈宝箴决计解救文廷式。

于是，陈宝箴一面稳住彭铭恭，一面暗中授计于陈三立，让陈三立派人化装进入彭铭恭家，找到文廷式，送给大洋三百元作为盘缠，催促文廷式赶快逃走。紧接着，陈宝箴亲自带领皂隶张张扬扬地鸣锣开道，在彭铭恭的导引下赶到彭家捉拿文廷式。其时文廷式早已逃之夭夭。后文廷式经日本友人佐源介绍，化装东渡日本避难。（参见《萍乡古今》及陈寅恪侄女陈小从回忆文章）

灾难的阴影开始梦魇般笼罩着义宁陈氏家族，1897年，陈宝箴的爱妻黄氏夫人不幸逝世。黄氏夫人的逝世，陈宝箴异常悲痛。

黄氏夫人是陈宝箴的结发妻子，她是陈宝箴的义宁同乡黄应享的女儿，黄氏夫人出身书香门第，其父黄应享乃义宁名儒。她自十八岁嫁给陈宝箴后，夫妻恩恩爱爱，相敬如宾。黄氏夫人知书识礼，温柔贤惠，孝事父母，在亲友中广有口碑，特别是对陈宝箴的母亲李太夫人，她数十年如一日，极尽孝道，其体贴入微，就连陈宝箴也自愧不如。

陈宝箴一生为官清廉，黄氏夫人实在是功不可没。身为巡抚夫人，黄氏夫人可算得上是位尊人显，但她却依然每天纺纱织麻至深更半夜，一家人穿的衣服，着的鞋袜，都是她一纱一线亲手织就。她勤俭持家，任劳任怨，吃的是粗茶淡饭，穿的是家织土布衣。

说来令人难以置信，她的长孙衡恪娶妻时，长孙媳妇范孝娥进门时穿的嫁衣是什么布料，黄氏夫人竟识不出来。后来，范孝娥见婆家祖母如此节俭，受其影响，自嫁到陈家后，那身嫁衣便再也不敢穿了。（参见范孝娥的父亲范当世《清故湖南巡抚义宁州陈公墓志铭》）

黄氏夫人知书达理，安贫乐道。陈宝箴为官湖南辰沅永靖道时，为支持丈夫疏通沱江，在征得母亲李太夫人同意后，全家节衣缩食带头捐资，使疏通沱江工程得以顺利完成。由于带头捐资，家中陷入极度贫困，连续几个月时光，家中的餐桌上不见荤腥，餐餐以干薯丝代粮。黄氏夫人不仅毫无怨言，反而认为丈夫为百姓做了一件功德无量的大好事，丈夫能够事事想着百姓，能够为民办事，她的脸上也有光彩，心里比吃了山珍海味还要舒坦。

黄氏夫人相夫教子，她为陈宝箴生下三立、三畏两个儿子和两个女儿。她对儿女异常关爱却从不娇纵，四个儿女除次女早夭外，其余三人个个成器。

长子三立为光绪己丑进士，授吏部主事官衔，因淡于名利，未尝一日为官，辅佐父亲罗致人才，擘画新政。当时与谭嗣同、徐仁铸、陶菊存并称为“维新四公子”，后为清末同光体诗派领袖，为清末诗坛泰斗。

次子三畏，因陈宝箴的次兄观瑞三岁时出麻疹早夭，三畏遂承祧观瑞为子。三畏成年后，娶永州知府、翰林院编修张修府之女为妻。

说起这段姻缘，还有一段故事：

同治初年，陈宝箴应好友易佩绅、罗亨奎之邀，投身“果健营”，奉命困守湖北来凤、湖南龙山交界的岩塘，抗击太平军石达开部。于粮尽饷缺之际，陈宝箴在风雪之夜穿着薄棉衣，只身到永顺筹粮募饷。其时，张修府正任永顺县县令，他敬慕陈宝箴的人品学识和爱兵如子的敬业精神，将自己的亲生女儿嫁给陈宝箴的二儿子为妻，两人竟成儿女亲家。

陈宝箴的长女亦嫁给席宝田的儿子席曜衡为妻。陈宝箴与席宝田乃多年好友，陈宝箴初涉军旅时，巧妙地调解了席宝田与江西巡抚沈葆桢的矛盾，深受席宝田的赏识与信任。特别让席宝田终生难以忘怀的是：同治三年（1864）10月，当清军攻克太平天国首府天京后，太平军幼天王洪福瑱、干王洪仁玕等率余部逃入江西境内，陈宝箴帮助席宝田在江西广昌、石城间的杨家牌设伏，席宝田不仅大获全胜，而且擒获太平军幼王洪福瑱及洪仁玕等将领，席宝田遂立下赫赫战功。（参见《义门陈氏宗谱》）

随着黄氏夫人的亡故，灾难便接踵而至。由于湖南守旧势力王先谦、叶德辉等人的反对，加之湖广总督张之洞的多方阻挠，致使陈宝箴倾注了全部理想和精力的湖南新政受挫，这无异于给他从头到脚浇了一桶凉水，幸好有光绪帝的理解和支持，才给了陈宝箴那寒彻的心以些许的慰藉。

当陈宝箴尚还没有完全从灾难的阴影中解脱出来的时候，更大的灾难便降临了。

戊戌政变失败后，慈禧便对维新人士大开杀戒，先是将光绪帝囚禁在一个叫瀛台的孤岛上，按慈禧的本意是想废黜光绪，将其置于死地而后快。当废立之声甚嚣尘上之际，两江总督刘坤一力排众议，斗胆向慈禧电奏："君臣之分已定，中外之口难防。"当时中外人士普遍认为，刘坤一这短短十二字电文，无疑让头脑发热的慈禧猛醒，也给囹圄中的光绪以延命金丹。慈禧碍于中外舆论的压力，始终未敢对光绪下手。

慈禧对维新人士毫不手软，继诛杀杨深秀、杨锐、林旭、谭嗣同、刘光第、康广仁"六君子"后，又大肆捕杀迫害维新人士。

当时清末官场有帝党、后党之分，陈宝箴任湖南巡抚，乃荣禄、王文韶所荐，陈宝箴当属后党营垒，但因陈宝箴向光绪帝保荐杨锐、刘光第、谭嗣同等维新人士，而这些人士皆为慈禧所切齿痛恨，陈宝箴父子亦因此而招致灾祸。

光绪二十四年（1898）八月二十一日，一纸来自紫禁城的革职令宣告了陈宝箴宦海生涯的终结，他一生的抱负和事业亦因此而付之东流：

> 光绪二十四年八月二十一日内阁奉
>
> 上谕湖南巡抚陈宝箴以封疆大吏滥保匪人实属有负委任，陈宝箴著即行革职永不叙用，伊子吏部主事陈三立招引奸邪，著一并革职永不叙用，并交地方官严加管束。钦此。

两天后，曾因保荐陈宝箴的荣禄，亦受到交部议处的处分。（参见北京第一历史档案馆微胶档案）

滚滚长江，烟波浩渺，江水拍打着赭褐色的崖岸。

一艘破旧的木帆船在波急浪高的江面上颠簸漂流，陈宝箴着一身蓝布长衫，静静地伫立船头，夏日的江风轻撩着他蓝布长衫的下摆，远远地望去，给人一种临风飘逸的感觉。然而，此时此刻，陈宝箴的心情却沉甸甸的，他缓步走到黄氏夫人的灵柩旁，轻轻地抚摸着黄氏夫人的灵柩，几滴滚烫的清泪顿时夺眶而出，此情此景，陈宝箴百感交集，大半辈子的酸甜苦楚一齐袭上心头……

他想起自己年轻时光怀着满腔热情从家乡幕阜山中走出，上下求索，几经摔打，终于建功立业，成为封疆大吏。本想可以淋漓酣畅地施展才干，实现自己匡时济世的理想和抱负。然而，仕途的险恶，官场的倾轧，人生的无常，世事的多艰，常常使得他心力交瘁疲惫不堪。曾寄予了他满腔的理想和抱负，曾让他为之陶醉并引以为豪的湖南新政，亦因戊戌政变的失败而付诸东流。湖南这个一度轰轰烈烈众望所归的中国维新运动的实验场，这个被外国人比作"日本幕末维新时期的萨摩和长州"，这个真正赋予戊戌变法以实际意义的地方，如今却已是萧条依旧，景色黯然。各项新政次第瓦解，灰飞烟灭，而自己年近古稀，风烛残年，却落得个"即行革职，永不叙用"的下场。

自从接到革职令后，陈宝箴就决计离开湖南回到江西。俗话说：眼不见心不烦，他不忍心看到他所钟爱的湖南眼下的现状。

人往往就是这般地不可思议，当全力以赴紧张忙碌的时候，倒一点也不觉得累；而一旦清闲下来，却反倒觉得筋疲力尽了。陈宝箴想自己端的是已经老了，余下的时光，他想找个清静的地方安顿下来，静下心来梳理一下如麻的思绪，在宁静、安详中度此残生。他实在是太累了。

思来想去，陈宝箴决计把自己晚年的栖身之所定在九江。在此之前，他郑重地托亲友帮忙在九江陶渊明故里栗里购买一块地皮，他打算在那里筑几间简陋的屋舍定居下来，像当年的陶渊明那样过一种"采菊东篱下，悠然见南山"的田园生活。

一切打点停当，陈宝箴遂带着家人和黄氏夫人的灵柩，乘船沿长江东下直奔九江。

然而，意想不到的事情发生了。

当船行至九江时，方知所托之人并未将买地皮的事情办妥，那人把陈宝箴托付给他买地皮的银子花了个精光后，早将买地皮的事情丢到了九霄云外。

陈宝箴一听，顿时怒发冲冠，他气得一拳砸在船窗玻璃上，由于用力过猛，窗玻璃被砸得粉碎，破碎的玻璃划破了他的右手，顿时鲜血直流。

人一背时往往盐罐里也要生蛆。陈宝箴在位时，那人嘴上就像抹了蜜似的，对陈家的一些家事也常常大包大揽。那时光，他大包大揽的事情也都办得丁是丁，卯是卯，从没有落空过。然而，这回这么大的事情却偏偏落了空！

陈宝箴不由得慨叹世事的炎凉，人情的冷漠。俗话说，贫居闹市无人问，富在深山有远亲。在这个世界上，人其实是最世故也是最自私的。人在行时走运的时候，亲戚朋友也多。人一背时倒霉，亲戚朋友就都像躲瘟疫似的躲着。（参见陈寅恪侄女陈小从对宗九奇《陈三立传》的补充）

无可奈何之中，陈宝箴只得临时改变落户九江的计划，前往南昌，在西山（今新建县望城乡青山村）择地安葬了黄氏夫人，并在墓旁筑室数间，陈宝箴亲自命名为“崝庐”。

闲居“崝庐”的日子，陈宝箴、陈三立父子足不出户。除与少许知己互通信札外，极少与人交往。陈宝箴还亲笔撰写了一副对联，贴在“崝庐”的大门口，那对联是：

天恩与松菊

人境拟蓬瀛

从这副对联的表面看，陈宝箴表示了对朝廷忠心不渝的心迹。然而，这表面的文章毕竟难以掩饰和排遣他内心难言的隐痛。

从外表看，他们种梅养鹤，悠闲自在。然而，每至夜深人静，万籁俱寂之时，远离了尘世的喧嚣，置身于这荒郊野地的简陋草舍中，面对一豆摇曳的孤灯，父子二人四目相对，常常唏嘘嗟叹。他们感叹时运不济，轰轰烈烈的维新运动毁于一旦，自己壮志未酬，却落得个如此下场。想到这里，父子二人不由得泪眼相对，黯然神伤。

就在这时光，黄遵宪千里迢迢，从广东嘉应州寻至“崝庐”，前来拜访昔日的好友。

黄遵宪的到来，给陈宝箴、陈三立父子以莫大的慰藉。在湖南巡抚任上，陈宝箴与黄遵宪因都是客家人，语言、风俗习惯相同，加之政治倾向乃至艺术爱好皆有颇多相同之处，因此他们除了在事业上配合默契外，私交甚厚。每有闲暇，他们把盏论诗，互酬应和。

戊戌政变后，黄遵宪亦遭迫害。两人多日不见，似有千言万语要向对方倾诉。

1898年4月，光绪诏定国是，开始了“百日维新”。不久光绪帝即命湖南巡抚陈宝箴将黄遵宪送部引见，并数次催促其“迅速来京，毋稍延迟”。

两个月后，即命黄遵宪以三品京堂充任出使日本大臣。由于黄在湖南得了痢疾，不能上任，等到7月抵达上海，痢疾又复发，无法北上。待病情略有好转后，戊戌政变却已发生，有人奏劾黄遵宪与康、梁等“朋比为奸”，“同恶相济，结为死党，似应一律拏拿治罪，以杜后患”。1898年10月9日，上海道蔡钧奉命将黄遵宪扣留于上海洋务处，并派兵围守，因外国人干涉，两天后，乃得旨放归。

自此，黄遵宪遂回到广东嘉应州家乡，除在其“人境庐”书斋读书作诗外，或为子侄讲学，或漫步山野，以排解胸中的郁闷。

因了黄遵宪的到来，往日死气沉沉的“崝庐”骤添了些许生机，他们谈诗论文谈国事家事，忘了昼夜晨昏，忘了乾坤日月，忘了身世宠辱……

然而，敏感的黄遵宪却还是看出了陈宝箴内心深处难以排解的愤懑和忧郁。回家后，黄遵宪在他的《人境庐》诗集中，曾以“人竟以死祈，世事可知矣”这样的诗句来描述陈宝箴此时的心境，从黄遵宪的诗句中我们不难看出，陈宝箴此时的心境极坏，他心情颓丧，万念俱灰，希望一死，以求得永久的解脱。

这样的日子委实是一天也难以挨熬，应友人之邀，陈三立决计移家金陵（今南京市）。一来换个环境，使父亲从郁闷中解脱出来；二来投靠金陵的亲友，相互间也好有个照应。在征得父亲的同意后，陈三立于1900年4月携带妻子儿女移家金陵，准备在秋高气爽时节迎父亲前往金陵就养。

然而，两个月后，令人意想不到的事情终于发生了。

光绪二十六年六月二十六日（1900年7月22日），一个燥热烦闷的下午。如火的骄阳肆无忌惮地烘烤着大地，到处是灼人的热浪，就连丝丝儿的风也没有，狗们躲在屋檐下的阴凉处，伸长着猩红的舌头拼命地喘息着。江边那一排排婀娜的垂柳，全然失却了往日的风姿，蔫蔫的枝叶无精打采地低垂着，树上的蝉儿不知趣地叫得人心烦意乱。

突然从巡抚衙门方向传来一阵急促的马蹄声，旋即，只见一彪人马疾若流星，从巡抚衙门内卷出，他们径自离开南昌城，朝着西山方向疾驰而去。

这彪人马为首的是江西巡抚松寿，千总戴闳炯以及几名兵弁，他们此行的目的是执行一项特殊的使命——奉命前往西山“崝庐”宣读慈禧太后密旨，赐陈宝箴自尽。

到了“峙庐”门口，一行人停下马来，千总戴闳炯远远地朝屋内吆喝：“陈宝箴接旨……”

陈宝箴闻声慌忙从屋内走出，见江西巡抚松寿等一行人站在门口。松寿手拿一卷黄色的圣旨，凶神恶煞地站着。

一种不祥的预感蓦地涌上陈宝箴的脑际，那个险恶的女人终于动手了！

闲居“峙庐”的这些日子，陈宝箴一直在想，以慈禧的为人，是不会轻易放过他的，大限降临的那一天，迟早会到来的。“壮志未酬身先死”，每每想到这里，陈宝箴都有一种透骨的寒意，周身遍体顿觉异常悲凉。

然而，当这一天真正到来的时候，陈宝箴反倒异常地镇静，他平静地北面匍匐受诏。拜谢过后，他找来一根白色长绫，搬过一个长凳，将长绫系在屋梁上，然后将白色长绫套在自己的脖子上，踢翻长凳……

少顷，一代封疆大吏就这样带着对未竟事业的怅惘，带着那个亘古的梦幻，带着对尘世的依恋和对国家前途命运的忧虑，撒手离开了这个让他且爱且恨的世界，终年七十岁……

陈宝箴自缢身亡后，巡抚松寿令取其喉骨，奏报太后。（参见宗九奇《陈三立传略》）

据陈宝箴的曾孙女陈小从回忆，幼时，他的父亲喜和他谈述其曾祖陈宝箴轶事，唯独未提及陈宝箴之死，陈氏后裔也没有传过这类话。直到宗九奇写出《陈三立传略》披露出陈宝箴属“慈禧太后赐死”这桩轶闻，陈氏后裔震惊不已。宗九奇文章发表时，陈宝箴去世已有八十余年了。而陈氏后裔一直对陈宝箴的“寿终正寝”之说深信不疑。如今突然冒出一个“冤死”奇闻，思想上一时难以接受。

其实，有关陈宝箴“冤死”，持此说法者均言之凿凿，例证充分。

1991年5月26日，江西省修水县政协文史委为了编写反映修水先贤的文史资料集《一门四杰》，特约请陈宝箴的曾孙女、隆恪之女小从，由该县政协干部卢发义陪同，前往北京清华园拜会农业部离休干部俞启忠老先生。俞老先生年近九旬，乃陈小从的表兄。一见面，俞老先生便直言不讳地对陈小从说：“是慈禧传密旨处死你祖父的！”俞老见陈小从异常惊诧，又说：“我还是小时候，在南京听大人们说的，大人们见我听见，还叫我不要到外面瞎说。”俞启忠乃陈三立继妻俞明诗之父俞文保的后裔，俞文保当时住南京，陈三立从江西“崝庐”迁居南京时，先寄住在岳父家，与俞家交往密切。陈宝箴之死，作为一大冤案，只在与陈家有密切联系的少数知情人中秘密流传，也就不足为怪了。(参见陈小从、卢发义访谈录)

持“冤死”之说的另一例证是当朝千总戴闳炯之子戴远传《普之文录》手稿的记载。此手稿披露的经过是这样的：

1952年某日，宗九奇的父亲宗远崖前往九江拜访戴明震（戴明震为当朝千总戴闳炯之孙，五十年代任教于九江二中）。闲谈中，言及陈三立所作《巡抚先府君行状》一文，其中有“忍死苟活，盖有所待”之语，疑其必有难言之隐。当时戴明震脸色立变，良久不语，后来入室取出其父戴远传所著《普之文录》手稿给宗远崖看，宗远崖默默记下文中一段要语：

> 光绪二十六年（庚子）六月二十六日，先严千总公（名闳炯）率兵从巡抚松寿往西山“崝庐”，宣太后密旨，赐陈宝箴自尽，宝箴北面匍匐受诏，即自缢，巡抚令取其喉骨，奏报太后。

宗远崖默记下这段话，回家后录于旧书空页中。后来其子宗九奇作《陈三立传略》时引用，有关陈宝箴“冤死”之说方才披露于世。(参见宗远崖1984年致陈小从信)

纵观当时的政治形势，义和团运动迅猛发展，帝国主义群起干涉，维新派著名人士唐才常乘机起事，清廷下令缉捕。当时朝廷顽固派奏于慈禧，说陈宝箴任湖南巡抚时，与唐才常关系密切，倘为唐才常所得，东南半壁局势难以收拾。于是慈禧下密旨令江西巡抚就地处置。

有关陈宝箴的死因，除上文的说法之外，尚还有下列说法：

一种说法是病死，义宁陈氏后裔多持此说。陈三立在《巡抚先府君行状》中写道：

> 二十六年四月，不孝方移家江宁（南京），府君且留“崝庐”，诫曰“秋必往”。是年六月二十六日，忽以微疾卒，享年七十。前数日，尚作《鹤冢》诗二章；前五日，尚寄谕不孝：勤勤以兵乱未已，深宫起居为极念。不孝不及侍疾，仅乃及袭殓，通天之罪，锻

魂锉骨，莫之能赎，天乎痛哉！……不孝既为天地神鬼所当诛灭，忍死苟活，盖有所待……

其实，上述这则闪烁其词的文字，多少透露了一些陈宝箴死于非命的信息。陈宝箴死后，陈三立悲痛之状，超出常人，他写了悲痛欲绝的《崝庐哀诗》数篇，在《由崝庐寄陈芝潭》一诗中，哀叹“无何昊天降灾凶，坐使孤儿仆且叫”。陈小从回忆说：陈三立住南京时，每年清明、冬至两节日都要回到江西亲自登西山扫墓，每次都匍匐墓前痛哭不已，甚至长达一二小时方才起来，似有难言之隐痛。

另一种说法是陈宝箴气得吞金自杀死的，在陈宝箴故里——江西修水竹塅老辈人中，多持此种说法，在修水民间老辈人中，这种说法也较普遍。

由于当时政治形势复杂，陈宝箴又独居偏僻的山野，并且死得太突然，所以近百年来，有关陈宝箴的死因，留下诸多的难解之谜与历史疑点，众说纷纭，莫衷一是。然而事实毕竟只有一个，笔者不敢妄加揣测，仅将各种说法照录于兹，以供史学界及后世学者定论。（参见江西省政协文史委、修水县政协文史委合编资料集《一门四杰》）

陈宝箴既是一位政绩卓著的封疆大吏，又是一位才华横溢的诗文大家。然而，后世的诸多学者在评价他的时候，他们的视线，往往过多地聚焦于其超尘脱俗的宦海生涯和摧枯拉朽举世震惊的湖南新政，而其同样卓尔不凡的诗文成就，往往为其政绩所掩，不为人们所关注。

义宁陈氏崇尚文墨的家风源远流长，受家学的传承和熏染，陈宝箴饱读诗书，满腹文章。尚在青少年时期，他就酷爱诗文写作，他的诗风沉郁深挚，文章词理兼佳。只可惜因戎马征战居无定所，大多已散失无考。入仕后，他为国事日危而忧虑万分，很少写诗作文，转而关注匡时济世和富国强兵之道。然而，他只要动笔，则出手不凡。正如范当世在《清故湖南巡抚义宁州陈公墓志铭》中所叙的那样“公于诗文果不多为，为则精辟有法”。

陈宝箴为数不多的诗文，皆文采飞扬，字字珠玑，为时人及后世学者所称道。

1862~1867年间，陈宝箴写了有关朝廷政治方面的论文多篇，如《疏广议》一文，刘成澜评语是“识解高出流辈，议论精警，文格近于欧曾”。如

《晋谢安淝水战论》，郭嵩焘赞为“尽用兵之能事，立论已得兵要”。《拟陈夷务疏》一文，痛斥英法等国欺凌我国的野心，劝请朝廷“励精图治，赏罚分明，进贤退不肖，慎减公卿，整顿军旅”。他在《上江西沈中丞书》中，更代百姓陈诉疾苦，要求体恤民艰，又论述重视教育，转移败俗，刻不容缓。此外，还有《上曾相国书》《答席廉访书》《与段观察论办教匪书》《答黄鸿九书》《记义宁州牧叶公济英御城死难事》《义宁同仇录序》《丁节妇传》《书塾侄诗卷》等三十多篇文章，这些文章陈宝箴全部送给他的好友郭嵩焘鉴阅，郭嵩焘认真地读过之后，在评语中写道：“右铭十余年纵迹与其学术智略具于斯，其才气诚不可一世。而议事理曲折，心平气夷，虑之周而见之深远，又足见其所学之邃也。”曾国藩《复右铭太守书》中，也赞陈宝箴的文章“骏快激昂，有陈同甫、叶冰心诸人之风”。

陈宝箴抚湘后，他常亲自撰写奏章、手札、文牍，对当时推行新政，不仅有极为重要的宣传、鼓动作用，而且是很重要的思想武器。如他出席南学会开学典礼时所作《论为学必先立志》的演讲词，深入阐述“知耻立志”，即知“国耻”，“立维新救国之志”的道理，曾轰动一时，令湖南人为之折服。

陈宝箴的诗作，按他自己在《书塾侄诗卷》中说：“诗言志，志超流俗；诗不求佳，然志高矣。”《近代江西诗话》有评“修水陈宝箴诗，抒爱国怀抱，可作诗史看”。他的诗，不附会风雅，特重民族气节。诗风沉郁深挚，

陈宝箴书法

于中可见一生抱负与愤懑。如《长沙秋兴用杜（杜甫）韵八首》中，有“水阁鱼龙争落照，风高鹰隼突层阴”句，可看作是他的人格的象征。“麟阁嵯峨第一功，如云材武出湘中，喜看金紫蒙殊泽，渐沉衣冠易古风”，表达他对湖南一时英才济济而喜溢眉宇的欢欣之情。“始觉英才为世累”“乾坤泡幻局如棋”等句，又写出了他所进行的新政，被守旧党人多方掣肘，似预料到难免挫折的忧虑。

因忙于政务，陈宝箴所作诗词较少，且一些唱和之诗有些已散失，因此传世不多。

近年，由著名学者汪叔子、张求会编辑的《陈宝箴集》，已由中华书局出版，该书已列入“国家清史编纂委员会·文献丛刊”系列，该书全三册共计约一百五十万字，系两位学者“积廿余载”之“孜孜搜采，勤勤校理”而成的重要文献。此书共收录陈宝箴奏议二十二卷，五百七十余篇；公牍十卷，四百余篇；电函二卷，六十九篇；书札三卷，一百零七篇；文录三卷，八十三篇；诗联一卷，录有诗作四十六首，联十三副；附录传记资料，七篇。此书集陈宝箴诗文之大成，为近年国内出版的有关陈宝箴诗文最全面、最权威的汇编。汪叔子、张求会两位著名学者的辛勤劳动，于存史、研清、研陈功不可没。（参见胡迎建《江西诗话》，江西省政协文史委、修水县政协文史委合编资料集《一门四杰》，江西省修水县政协文史委编资料集《义宁陈氏五杰》）

第三编

陈寅恪的父亲陈三立

近代诗坛泰斗

陈三立为清末著名的『维新四公子』之一，他襄助父亲擘画新政，戊戌变法失败后，他『袖手神州』，以诗文自娱。他的诗奇诡雄浑，卓然大家，开一代诗风，为后人所景仰。

第一章 擘画新政

狂风裹挟着暴雨像万千条肆虐的皮鞭猛烈地抽打着大地，四野一片混沌迷茫，仿佛骤然回溯了远古的洪荒。倏地，一道银白的闪电掠过苍穹，照得四野如同白昼，紧接着一声炸雷，犹若天公震怒，雷霆万钧，惊恐的大地在痛苦地抽搐着……

风雨飘摇中的"崝庐"，孤寂而萧索，弥漫着难解的愤懑与悲哀。

陈宝箴的灵柩停放在"崝庐"昏暗的厅堂内，灵柩前的小方桌上，摆放着陈宝箴的遗像，遗像上的陈宝箴依然是丰颐广颡，端庄威严，目光炯炯。眉宇间隐露着几缕难以掩饰的兴奋与自豪，仿佛刚刚办理完一件新政要务，仿佛刚刚呈递了一份满意的奏折，仿佛他理想的蓝图已经浓墨重彩地展现在他魂牵梦绕的三湘大地上……

陈三立匍匐着长跪在父亲的灵柩前，一豆孤灯闪烁不定地摇曳着，清黄的灯光将他长跪的身影投放在昏暗的墙壁上。

许久过去，陈三立依然长跪不起。父亲惨死"崝庐"，而且死得这般蹊跷，这般突然，无论从情感上还是心理上都让他难以接受。陈三立于1900年4月间离开"崝庐"前往金陵，原准备秋高气爽时节迎父前往金陵就养。父亲虽然心情忧郁，但思维敏捷身体尚好。谁知几天过去，父亲竟与世长辞了。从收殓遗体的惨状看，父亲定是死于非命。

戊戌政变后，许多曾经与陈三立朝夕相处的维新志士惨遭杀戮，他梦寐以求的富国图强的理想破灭了，曾一度轰轰烈烈的"百日维新"毁于一旦。维新志士们满腔的热忱和殷切的期待顷刻间化为乌有。

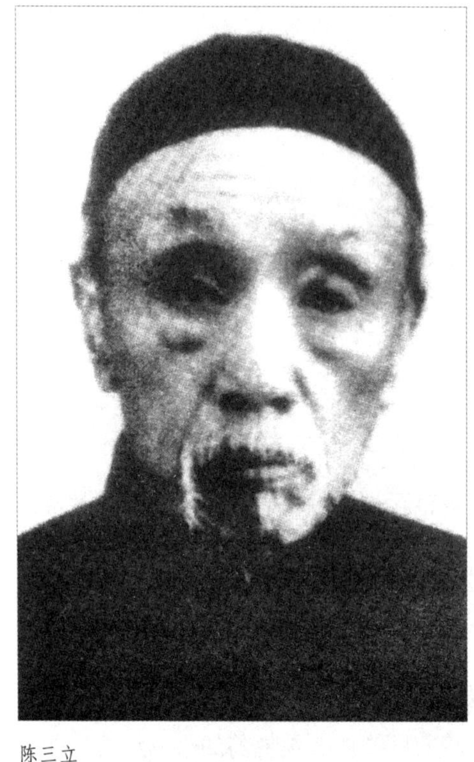
陈三立

陈三立知道那个险恶的女人并不会就此善罢甘休。这些日子，他一天到晚心惊肉跳，无边的惶恐如麻地缠绕着他，他的内心深处老是担心着要发生什么，谁知意想不到的事情果真发生了，而且发生得这般突然，这般让人猝不及防。离开父亲才两个多月时间，父亲竟遭此厄运！

家国之痛，一齐袭上陈三立的心头，他欲哭无泪，悲痛欲绝，他"忍死苟活"，万念俱灰。

"崝庐"地处南昌西山，北魏地理学家郦道元在其所著的《水经注》中，将西山称作散原山，为了永远铭记这内心深处难以言传的隐痛，自此之后，陈三立遂自命其号为散原。在他的家乡——江西省修水县，陈散原的名字甚是响亮，这其中的缘由是陈三立逝世后，他的家乡为了纪念这位铁骨铮铮的爱国诗人，1945年，江西省政府1713次省务会议决定：将设在陈三立家乡修水境内的赣西北临时中学（即今修水一中前身）改名为"散原中学"，此名一直沿袭至中华人民共和国成立。

陈三立是中国近代史上一位声名显赫的人物，他的一生，经历了咸丰、同治、光绪、宣统、民国等历史时期，他的一生几乎与中国近代史的发展进程相始终。

在陈寅恪家族发展的历史上，陈三立是一位承前启后继往开来的重要人物。欲探讨贤杰满门的陈寅恪家族的形成和发展，欲从家族文化这一独特视角破译孕育文化型大家族的基因密码，我们不得不对陈三立倍加关注——他的人生经历、他的精神风范、他的价值取向，乃至他的兴趣爱好、师学传承、社交网络……

湖南巡抚陈宝箴共有两个儿子，长子三立，次子三畏。

陈宝箴饱读诗书，在儿子的取名上亦颇有讲究。“三”为“义门陈氏家族”行派，按《义门陈氏宗谱》载：受姓大始祖满公为一世，魁公为八十四世，文光为一百一十二世，宝箴为一百一十六世，三立为一百一十七世。满公一百一十六世裔孙之后行派为：三（上）、恪（下）、封（上）、虞（下）、后（上）（以下上下交错顺序与前同），良家重海邦，凤飞占远耀，振采复西江，文明开景运，卜吉世蕃昌，聚星彰厚德，绍述迪前光。三立得名典出：“太上有立德、其次有立言、其次有立功”的古训。三畏得名典出“君子有三畏：畏天命、畏大人、畏圣人之言”。

陈三立，字伯严，晚年自号散原，咸丰三年（1853），生于江西省修水县桃里竹塅（现为江西省修水县宁州镇竹塅村）故居。

少小时光，陈三立与弟三畏同时就读于父亲创办的“四觉草堂”。“四觉草堂”严格得近乎苛刻的教育和丰富的藏书，使陈三立从小便受到中国传统文化的熏陶和家学家风的影响。也就在这个时候，他开始接触了百家经典，打下了扎实的传统文化功底和良好的诗文基础，并在祖父及父亲的影响下，树立了“经时济世”的思想。

同治十年（1871），十八岁的陈三立离开“四觉草堂”入义宁州学。

义宁州学位于州城（即今江西修水县城）内。州城是一个风景优美的好去处，这里依山傍水，背倚凤凰山，清澈的修河呈月牙儿状抱城而过，给这座古老的江南小城平添了几许迷人的神韵。出州城东门渡修河，有一个景色绝佳的所在，这就是名闻遐迩的江南名胜——南山崖。

南山崖位于修河南岸，相传这里是北宋文学家、书法家、江西诗派始祖黄庭坚读书栖游之地。其地寒林蓊郁，古木参天，处处回廊曲径。河边的石壁上，青翠欲滴的薜荔藤垂下一道道绿色的幔帘，这漫天舒卷的幔帘，更给秀丽的南山崖增添了几分飘逸婀娜的神姿。在那绿树掩映的深处，偶尔露出古城一角飞翘的檐牙。与南山崖一箭之遥的山头上，文峰古塔直刺云天相映成趣。

陈三立每有闲暇，就约了三五好友，游南山崖，登文峰塔，吟诗作赋，陶冶性情。南山崖留有黄庭坚手书珍迹颇多，那悬崖峭壁之上，回廊曲径之间，处处可见黄庭坚的诗作碑刻及摩崖石刻。

黄庭坚出自苏轼门下，与苏轼齐名，文学史上历来以“苏黄”并称。不知是出于对这位同乡先贤的景仰，还是对他的诗歌、书法艺术风格情有独钟，也就是在这个时候，陈三立对黄庭坚的诗歌、书法艺术产生了浓厚的兴趣。

黄庭坚的诗，气象森严，讲究修辞造句，字敲句打，追求奇拗硬涩的风格，提倡“无一字无来处”“脱胎换骨，点石成金，化腐朽为神奇”，因而从根本上摒除了陈词滥调，成为江西诗派的开山始祖。黄庭坚不仅在诗歌史上开宗立派，而且书法堪称一绝，他擅长行、草，初以周越为师，后取法颜真卿及怀素，以侧险取势，纵横奇崛，自成风格，为“宋四家”之一。

陈三立后来成为清末同光体诗派领袖。他的诗歌在艺术形式上好用僻词拗句，避俗避熟，艰涩奇崛，但辞不泛没，字无堆砌，一字一句皆经千锤百炼，以生涩硬拗的风格写枯寂萧瑟的感伤情怀。他的这种卓尔不凡的艺术风格得到了许多艺术大家异口同声的赞扬。

郑孝胥在《〈散原精舍诗〉序》中评价陈三立的诗风：“虽出于鲁直（黄庭坚字鲁直），而苍莽排戛之意态，卓然大家，非可列诸江西社里也。”

梁启超在他的《饮冰室诗话》中，亦对陈三立的诗歌艺术大加赞扬：“其诗不用新异之语，而境界自与时流异，浓深俊微，吾谓于唐宋人集中，罕见其比。”

黄庭坚

陈衍在《石遗室诗话》中，称赞陈三立的诗歌：“表达上要求隐晦深凝，像嚼橄榄似的耐于咀嚼。用词上，则避熟避俗，语必惊人，字忌习见。”

从这些艺术大家由衷而精辟的赞扬声里，我们不难看出，陈三立明显地继承了他的同乡先贤黄庭坚的诗风并又开辟了新的洞天，两位诗人皆成为江西诗派领袖。

毓秀钟灵的修水山河有幸，在“双井”和“竹塅”这两个赣北幕阜山腹地普通而平凡的小山村里，相继走出了黄庭坚、陈三立两位在中国诗歌史上开宗立派并产生深远影响的大家。这两个普通而平凡的小山村，亦因此让山外世界的人们变得耳熟能详起来。

两位修水籍的大诗人，在近千年的时间里，各自以其璀璨夺目的辉煌，交相辉映，鲜明地体现了地域文化的强劲传承与艺术生命的经久不衰。

在明清的科场角逐中，有一种叫作“八股”的文体。由于它充当了读书人入阶晋爵唯一的敲门砖，因此，这种文体生命力强劲，历数百年而不衰，备受读书人的青睐。

其实，这种文体异常地僵化而呆板。每篇由破题、承题、起讲、入手、起股、中股、后股、束股八部分组成。每部分都有严格的要求和限制。就连标题也主要摘自《四书》，所有内容也要根据宋代朱熹的《四书集注》等书，不允许作者有自由的发挥，也不允许作者有丝毫的想象空间。

在陈三立的求学生涯和成长过程中，随着知识的积累和视野的开阔，逐渐形成了自己落拓不羁和我行我素的性格特征。特别是进入青年时期后，他的思维判断力、想象力异常地灵敏而丰富，他的思想力图挣脱传统的桎梏，寻求自己的价值取向和心灵空间。因此，年轻人身上常有的那种叛逆色彩在他身上表现得尤为明显。

光绪八年（1882），二十九岁的陈三立赴南昌乡试，该届乡试的主考官为内阁学士、名倾朝野的“清流”派代表人物陈宝琛。

陈宝琛（1848—1935），福建闽侯人，同治七年（1868）成进士，这年他刚满二十岁。随之，陈宝琛被选翰林院庶吉士，散修馆编修。光绪五年（1879）擢侍讲，充日讲起居注，后任内阁学士。入阁后，陈宝琛以敢于上谏太后而崭露头角，与张之洞、黄体芳、宝廷、张佩纶号为“清流”，从而名倾朝野。

陈三立参加的这届乡试的题目是“岁寒而后知松柏之后凋”，毫无疑问，这是要求用“八股”文体答卷的。

陈三立自进入义宁州学的那天起，就对“八股文”深恶痛绝。他认为这种文体已经腐朽僵化，不应再让它来束缚天下学子。他固执地认为，把天下学子禁锢在“八股”的怪圈内，读书作文、为人处世皆按照“八股”的模式，这样培养和造就出来的人，只能是缺乏想象力和创造力的应声虫，这样未免太残忍太专制了！因此，尽管他对“八股文”的格式已能娴熟于心了如指掌，但他却一直不屑且不习惯于运用“八股文”这种文体作文论道。除诗歌外，陈三立平生酷爱唐宋古文，他喜欢唐宋古文那种自由奔放无拘无束的风格，作文时可以“精骛八极，心游万仞”，充分发挥自己的想象，而不必像作“八股文”那样摸着石头过河，时时谨慎处处小心，受到严格的限制。

应该说，在当时的历史条件下，陈三立的这种做法和倾向是极为危险的，将很有可能导致终生与科举仕途无缘。对读书人来说，这样必将意味着永无出头之日！

尽管赴考前州学的先生和家人千叮咛万嘱咐，让陈三立千万不要依着自己的性子，考试时一定要严格按照“八股”的章法作文，否则，将悔恨终生。然而，当陈三立进入考棚后接到发下来的试卷，当他看到“岁寒然后知松柏之后凋也”这个考题时，他那落拓不羁我行我素的性格特征占了上风。面对考题，他突然灵感勃发，横溢的才华、广博的知识和娴熟驾驭语言文字的能力，使他才思如涌，情不自禁，整个儿沉浸在他笔下的艺术世界里。

此时此刻，临行前先生的叮咛，家人的嘱托，什么八股章法，什么“破题”“承题”“起讲”“入手”，什么“起股”“中股”“后股”“束股”……他全然弃之脑后。在答卷文体的取舍上，经历了片刻的犹豫之后，陈三立毅然决然地摒弃了他深恶痛切的“八股”文体，大胆地采用了他平素酷爱的古散文体，他满腔的情感与才思，随着那种无拘无束自由奔放的文体喷薄而出，洋洋洒洒数千言，他几乎是笔走龙蛇，一气呵成……

陈三立的这种落拓不羁我行我素的性格特征，很自然也必将深刻地影响着他的子孙后代。被后世学者奉若圭臬的陈寅恪的独立之精神、自由之思想，这种精神和思想的形成自然有着父辈的影响。此外，家族文化的基因密码也是不可或缺的因素。

此届乡试，陈三立因答卷文体是用古散文体答卷，而不是用“八股”文体答卷，其结果自然可想而知，他的考卷被考官毫不犹豫地打入另册。

事过之后，陈三立也暗暗地有些后悔，他悔恨自己不该一时意气用事，自己毁了自己的前程。

然而，奇迹出现了！

阅卷结束之后，即将宣布考试结果。这天晚上，主考官陈宝琛调来落第考生的答卷在灯下一一阅读，当读到陈三立的考卷时，突然大吃一惊：天下竟有这等考生，竟敢抛弃“八股”文体，而用古散文体答卷！

不知是出于好奇，还是别的什么，陈宝琛耐下性子，专注地阅读起这份试卷来，读着读着，陈宝琛不由得倒吸一口凉气。试卷上的文章，气势恢弘，思路严谨，文采飞扬，真可谓句句精练，字字珠玑。

“险些遗漏一位难得的人才！这帮迂腐的蠢猪！”

放下试卷之后，不知是对陈三立横溢才华的赞赏，还是对腐朽僵化的“八股”取士科举制度的愤慨，陈宝琛不由得自言自语地骂道。

阅完试卷之后，陈宝琛当机立断，大胆打破常规，破格录取陈三立为本届乡试举人。

陈宝琛的知遇之恩，陈三立终生难忘。时至1934年，陈三立迁居北平，其时他已是年过八旬白发苍苍，且名满天下。当他见到自己年轻时的座师，已是八十七岁高龄的清朝遗老陈宝琛时，不顾别人劝阻，依然坚持行三跪九叩大礼。时人见之，莫不感叹唏嘘。

陈三立八十岁的生日是在庐山度过的，陈三立的家人及散居各地的亲友纷纷上山祝寿。他的座师陈宝琛特地从北平寄诗祝寿并作《散原少予五岁，今年八十矣，记其生日，亦九月，赋寄庐山》诗一首：

平生相许后凋松，投老匡山第几峰。
见早至今思曲突，梦清特地省闻钟。
真源忠孝吾犹敬，余事诗文世所宗。
五十年来彭蠡月，可能重照两龙钟。

这首诗首句点出陈三立乡试中举的往事，时过境迁，如今师生皆垂垂老矣，不由得让人感慨万千。（参见吴宗慈《陈三立传》）

光绪十二年丙戌（1886），陈三立会试中试，但这一年他未应殿试，而是至光绪十五年己丑（1889）补殿后始成进士。

关于陈三立中举的时间，史家各执一词，争论不休。其实，陈三立中进士的准确时间应是光绪十五年己丑无疑，在他的故居竹塅陈家大屋地场前，陈三立中进士时竖的旗石礅至今尚在，旗石礅上“光绪己丑年主政陈三立”

的字样至今依稀可辨。《散原精舍文集》总目后亦有陈三立诸子的说明文字：“先君于光绪八年乡举后，丙戌会试中试。是年未应殿试，己丑成进士……”

至于是何原因未应殿试，陈三立诸子的这则说明文字还是没有说清。笔者经考证发现陈三立本人在《致许仙屏书》中，对于自己丙戌会试中试后未应殿试的原因作了坦率而权威的说明：

……三立谬举礼科，以楷法不中律，格于廷试，退而习书……

这则史实又从一个侧面反映了陈三立落拓不羁我行我素的性格特征，陈三立的书法，受他的同乡先贤黄庭坚书法的影响，质朴古拙，自成一体。然而，因当时殿试时兴馆阁体，所以他的书法不合潮流（读者诸君请注意：又是不合潮流!）。

书法不合潮流，陈三立只得回家练了三年书法，方于光绪十五年己丑（1889）补殿后成进士。

陈三立中进士后，授吏部主事考功司行走，在京城逗留期间，他常常与一些有进步倾向的士大夫交游，讲学论世。面对朝廷的腐败昏庸和列强的环伺，常常扼腕唏嘘，慷慨激昂。希望自己能够大展宏图，报效国家，同时也希望朝廷能够变法图强，使国家兴旺，百姓安居乐业。

然而，陈三立高昂的情怀和满腔的热忱却在黑暗而残酷的现实面前碰了一鼻子的灰。当时吏部弄权，积重难返，已到了不可救药的地步。陈三立感到自己如随俗浮沉于这样一个浑浊的吏部官衙，纵有经世大志，无奈也是难以施展的。

陈三立当时这种难以排解的惆怅和愤懑的心情，他的好友，后来同为“强学会”发起人之一的文廷式在其《闻尘偶记》中作了这样的描述：“……陈吏部（即陈三立）曰：‘举五千年之帝统，三百年之本朝，四万万人之性命，而送于三数昏佞大臣之手’。”（参见汪荣祖《史家陈寅恪传》）

其时，陈三立的父亲陈宝箴正在武昌任湖北布政使，襄助湖广总督张之洞推行洋务实业。当时的湖北，一派热火朝天的景象，雄心勃勃的张之洞在湖北办铁厂，修铁路，造枪炮，开织布局。

作为中国近代钢铁工业的开拓者，张之洞确实具有理想和魄力，他在创办企业、振兴实业的实践中，还提出了中国工业化的构想，他把发展近代新式工业视为中国经济发展的关键。张之洞在距今一百多年前的清末就提出这种构想，确实是难能可贵的。难怪当时英国人评价说：“此时担任总督的张之洞，是中国政坛一颗冉冉升起的新星。”［参见李策译《海关十年报告》(1882—1891)，汉口］

湖北热火朝天的洋务实业，磁石般吸引着陈三立，于是他毅然决然地离开吏部衙门，来到湖北父亲的身边，来到父亲任职的湖北布政使任所。

陈三立在襄助父亲办理布政使事务时，初步显示了卓越的政治才能。

陈三立身上所表现出来的独具情韵的人格魅力，令湖广总督张之洞大为倾倒。

张之洞本与陈三立的父亲陈宝箴同辈，且官至湖广总督，作为朝廷重臣，却对自己的晚辈，刚刚步入宦海仕途且涉世未深的陈三立赞赏有加。因慕陈三立大名，张之洞甚至不惜屈驾亲往访之。从此，陈三立成为张之洞的座上宾，并常酬诗唱和，陈三立曾作有“作健逢辰钦元老”的诗句，叙述了他与张之洞的交往，也表达了他对这位名臣的景仰和钦佩。（参见刘以焕《国学大师陈寅恪》）

陈三立早年的政治生涯是和父亲陈宝箴的宦海沉浮紧密联系在一起的。

1895年，陈宝箴任湖南巡抚，终于有了一方实现理想和施展才华的天地，这是他们父子梦寐以求的。

陈宝箴到长沙上任后，陈三立亦跟随父亲到长沙，襄助父亲擘画新政。他全力辅佐父亲，在“董吏治、辟利源、变士习、开民智、敕军权、公官权”等各项湖南新政中，多所擘画。

其时，陈三立正值精力充沛年富力强之时，他的社交圈异常活跃而广泛。就在这个时候，康有为、梁启超等联合帝党官僚在京城成立了强学会。不久，强学会的分支机构——上海强学会正式成立，江南名士陈三立、张謇等几乎尽入其中。加入强学会后，陈三立结识了康有为、梁启超等一大批维新志士。

方兴未艾的湖南新政急需人才，陈宝箴求贤若渴。陈三立为父亲多方结交罗致，一时间，梁启超、谭嗣同、唐才常、皮锡瑞、熊希龄等有识之士如水归东海，齐集湖南。所以当时社会上流传着“陈氏父子开名士行”的说法。

陈宝箴对陈三立也极为依赖，时务学堂开学时，陈宝箴原准备聘请梁启超的老师康有为任中文总教习。陈三立却向父亲推荐了梁启超，梁启超为舆论界骄子，时任上海《时务报》主笔，正意气风发地挥动如椽之笔，为变法图强摇旗呐喊，名倾朝野。陈三立与梁启超同为强学会会员，对梁启超颇为了解，他对父亲说他看过梁启超的文章，梁启超的思想已超过他的老师康有为。于是，陈宝箴遂舍康而取梁。

除梁启超外，陈三立还向父亲推荐了谭嗣同、唐才常等人。

谭嗣同为湖北巡抚谭继洵之子，陈宝箴为官湖北时，谭继洵为湖北巡抚。在清末官场上，谭继洵素以守旧迂拘、办事惟谨著称。他的儿子谭嗣同却偏偏是胸怀大志，性格豪爽。父子二人的性格形成鲜明的反差。

谭嗣同（1865—1898），字复生，号壮飞，湖南浏阳人。戊戌维新运动的核心人物之一，晚清思想界批判封建专制的斗士。

谭嗣同自幼丧母，继母对他欺凌虐待有加，他从家庭关系中悟出了封建伦理道德的虚伪和残酷，在心中播下了反对纲常礼教的种子。他从十三岁到二十九岁，随父宦游，大大开阔了眼界，并先后结识了梁启超、黄遵宪、严复、徐致靖、文廷式、翁同龢等人，遂立志维新变法。

谭嗣同的父亲谭继洵却要儿子步入仕途，他为谭嗣同纳资捐得五品衔候补知府。谭嗣同遵父命于1896年7月到南京候补听差，趁此躲避达官贵人的罗致和湖北官场的纷扰，继续埋头攻读和探索当代哲学政治问题，并在宁沪参加维新活动。在此期间，他写下了振聋发聩的反封建檄文——《仁学》。梁启超读后，拍案叫绝，高度赞扬，称《仁学》为“其思想为吾人所不能达，其言论为吾人所不敢言”。

在南京期间，谭嗣同还经常前往上海与湖南、湖北之间，为变法奔走呼号。他在他的家乡浏阳组织算学社，全身心地投入维新救亡的各项工作之中。

陈三立向父亲推荐了谭嗣同后，陈宝箴于光绪二十四年（1898）正月，邀请谭嗣同回长沙兴办新政，谭嗣同欣然应约。回到长沙后，他联络地方开明士绅及年轻士大夫，鼎力相助湖南新政，在设南学会、出版《湘报》、办时务学堂、创电信、置轮船、建电厂、筹建机器制造公司等各项新政中，谭嗣同出力颇多，深受陈宝箴的赞赏和器重。

光绪二十四年四月二十三日（1898年6月11日），湖南学政徐仁铸的父亲、侍读学士徐致靖上疏保荐谭嗣同、康有为、黄遵宪、张元济、梁启超等。徐致靖在保荐疏上称“江苏候补知府谭嗣同，天才卓荦，学识绝伦，忠于爱国，勇于任事，不避艰难，不畏谤疑，内可以为论思之官，外可以备折冲之选。”徐致靖上疏之后，光绪帝求贤若渴，于当天就发布上谕，着湖南巡抚陈宝箴速饬谭嗣同来京。

谭嗣同入觐光绪帝后，奏对称旨，光绪帝非常赏识，当即超擢谭嗣同四品卿衔军机章京，与杨锐、林旭、刘光第同参新政，这就是当时名倾朝野的“军机四卿”。光绪帝授予“军机四卿”以至高无上的权力，光绪帝诏令他们“竭力赞襄新政，无得瞻顾，凡有奏折，皆经四卿阅览；凡有上谕，皆经四卿属草。”

慈禧及其党羽密谋发动政变，光绪帝觉察到局势的严重性和危险性，传密诏于谭嗣同等人，要求他们策划出一个既能坚持改革又不致过分激怒慈禧的两全之策。谭嗣同以救皇上为己任，奏请对赞同变法的袁世凯特赏侍郎。紧接着于8月3日夜，谭嗣同只身一人前往北京法华寺访袁世凯。

因袁世凯的告密，事情败露，戊戌政变于8月6日发动。谭嗣同抱着必死的决心，泰然面对厄运的来临，朋友们力劝他暂往日本进行政治避难，他坚决谢绝，并说：“各国变法，无不从流血而成，今日中国未闻有因变法而流血者，此国之所以不昌也。有之，请从嗣同始！”言之铿锵，掷地有声。

谭嗣同从应诏入京，至被宣布投入刑部监狱，前后仅三十六天！

他在狱中意气自若，捡煤屑题诗于壁“我自横刀向天笑，去留肝胆两昆仑”。慈禧被其正气所震慑，内心胆怯，竟不敢提讯，无辞定罪，于8月13日将谭嗣同、林旭、刘光第、杨深秀、杨锐、康广仁六人杀害于菜市口。

谭嗣同遇害时，年仅三十三岁。

谭嗣同为“戊戌六君子”之魁杰，他才华横溢，勇于任事，热忱爱国，被誉为晚清黑暗天地间出现的一颗光彩夺目的彗星。（参见《清代人物传稿·谭嗣同传》）

父亲陈宝箴的胸怀和人格魅力，深深地吸引着他的儿子陈三立。由于陈三立的多方罗致，各路精英纷至沓来，形成强大的人才阵营，湖南新政呈现出前所未有的勃勃生机。

陈宝箴对儿子陈三立也极为信赖。

陈三立的知己梁启超说："陈伯严（陈三立）吏部，义宁抚军之公子也，与谭浏阳（谭嗣同）齐名，有两公子之目。义宁湘中治迹，多其所赞画。"（参见梁启超《饮冰室文集》）。

钱基博在谈到陈三立为湖南新政广罗人才时说："三立在长沙襄助其父，兴利除弊，其父固信之坚也。"钱基博认为"戊戌政变前，湘省的改革，可以说是父子二人的合作"。

中国历史上屡有"四公子"之称，早在战国时，齐之孟尝君、赵之平原君、楚之春申君、魏之信陵君，被称之为"四公子"。贾谊在《过秦论》中称"四公子"是"皆明智而忠信，宽厚而爱人，尊贤而重士"。由此可见，"四公子"是一时俊彦的美称。（参见朱小平《话说中国历史上的"四公子"》）

陈三立全力襄助父亲擘画新政，博得朝野的一致好评，他的社会声誉与日俱增。

当时朝野间流行一种说法，称湖南巡抚陈宝箴之子陈三立、湖北巡抚谭继洵之子谭嗣同、江苏巡抚丁日昌之子丁惠康、广东水师提督吴长庆之子吴保初为"清末四公子"。四位公子皆出身名门，才学出众，风流倜傥，且忧国忧民，功绩卓著，为世人所瞩目。

此外，还有一种说法，因陈三立、谭嗣同、户部侍郎徐致靖的儿子徐仁铸（时任湖南学政）、世家子弟陶菊存等四人皆当时官宦子弟，而且四人当时都是清朝"臣子"，但他们都无意于功名富贵，均醉心于在湖南维新变法，为时人所瞩目，因此又将他们四人并称为"维新四公子"。

"清末四公子"与"维新四公子"的说法，多家史书均有记载，陈三立的人品政声和他的社会影响由此可见一斑。

俗话说，打虎亲兄弟，上阵父子兵。陈宝箴与陈三立父子之间，情感融洽，配合默契。陈宝箴开明豁达，他不甚讲究那陈腐不堪的封建礼法，也不像一般做父亲的那样，整天在儿子面前板着脸孔，摆出一副高深莫测的神态。儿子博览群书，胜友如云，对许多重大问题有独到而深刻的见解，陈宝箴在重大问题的抉择上也很乐意倾听儿子的意见，与儿子一起探讨。年轻人思维敏捷，朝气蓬勃，富于进取，常常与儿子探讨磋商，陈宝箴觉得自己也变得年轻起来。

陈三立中进士后，授吏部主事考功司行走，这差事在一般人看来，委实是有些让人耳热眼馋的。但陈三立淡泊功名，无意仕途，不满吏部弄权，不愿随俗沉浮于吏部的高衙深院，倒愿意跟随父亲擘画新政，罗致人才，做些实实在在的事情。作为父亲，对儿子的人生选择，陈宝箴不仅没有丝毫的责怪，而且给予了更多的理解和宽容。

让陈宝箴聊以自慰的是，儿子不仅是他事业上最得力的助手和最亲密的合作伙伴，而且在处理一些家务琐事上，儿子也颇有见地。

笔者有幸在这里首次披露陈宝箴两封鲜为人知的家书。

这两封陈宝箴墨书手迹的珍贵家书，从未见任何经传。由江西省修水县有关部门，于1983年在陈寅恪故里竹墩征集，1985年裱成横幅，入藏该县博物馆，是研究陈寅恪家世极为珍贵的第一手资料。

1896年4月和7月间，陈宝箴在长沙接连收到两封家书，家书来自他的祖

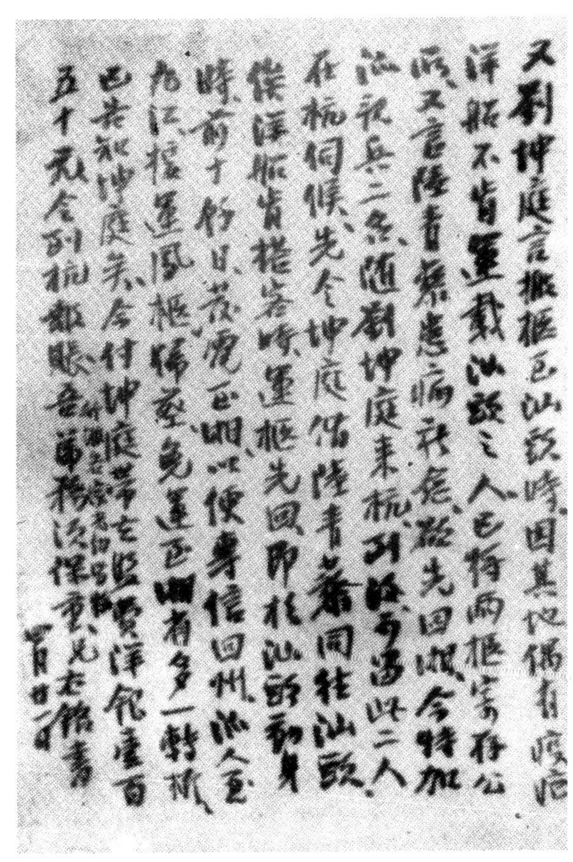

陈宝箴家书（局部）

籍福建上杭县来苏中都林坊村，是他世居林坊村的本族堂弟陈禹畴写来的。

陈禹畴在信中代表陈氏族人，满腔悲愤地向陈宝箴诉说了林坊陈氏祖祠被当地豪族何姓乡民无理焚毁，因而引起纠纷的经过。

福建上杭县来苏中都林坊村陈氏祖祠，乃陈氏家族“迁闽始祖”魁公第五子陈峰后裔所建。陈宝箴的曾祖父——“迁宁始祖”腾远为了寻求生存空间，于雍正八年（1730）从福建迁往江西义宁州（今江西省修水县）谋生时，就是从林坊村迁出的。

林坊村陈氏家族后裔，除“迁宁始祖”腾远的曾孙陈宝箴发迹外，世居林坊的陈氏后裔皆家境贫寒卑微，无钱无势。因而历来“受何姓欺侮，不可数计”。单是焚毁陈氏宗祠，就曾发生过两次：一次是咸丰年间，何姓趁土匪过境，暗中放火，事过之后，托言为土匪所焚。一次就是陈宝箴接信前不久，何姓又一次借故挑起事端，仗着人多势众，明目张胆地烧毁了陈氏祖祠。

这一次，林坊村陈氏家族怒不可遏，他们想到了与他们同族的湖南巡抚陈宝箴，以他们之见，陈宝箴乃声名显赫的封疆大吏，以他的权势，报复何姓自然不费吹灰之力。

事实上，刚刚收到家书的那一刻，陈宝箴也是勃然大怒。何姓欺人太甚，他决计这次要好好地教训教训这帮无法无天的家伙，为陈氏家族出一口恶气。陈宝箴本乃性情中人，他生性豪侠，疾恶如仇，他的眼里最容不得仗势欺人以强凌弱的事情，当年惩处湖南宁远县欺压百姓历代官府无人敢惹的欧阳豪族，严惩湖南“显僚豪幕中最有气势者”长沙府幕僚任麟，他毫不手软。他在任湖北布政使时，因襄阳县令的任命，甚至连位尊权重的张之洞，他也敢“犯颜抗辩”，如今，莫非还怕几个乡间的何姓土豪恶霸不成？陈宝箴甚至想到了他只要发一纸文书，咨请闽浙总督办理，就能轻而易举地解决问题。更何况陈氏祖祠两次被焚，陈氏是受害者！

当陈三立得知父亲的想法时，他耐心地劝说父亲对此事的处理要冷静慎重，不能意气用事，简单处置一时痛快，其结果将会后患无穷。林坊村陈氏家族后裔激于义愤，很有可能仗着有官居巡抚的本家撑腰，对何姓一族实施各种野蛮报复，事情可能会越闹越大，怨可能会越结越深。这样，陈、何两姓将会结成世仇，成为世仇的陈、何两姓同居一村，谁也无法安生。因而，此怨宜解不宜结。

常言道：有理服得爷，有法避得邪。儿子说得句句在理，陈宝箴遂采纳了儿子的意见，对此事的处置采取了息事宁人的态度。

陈宝箴在回信中，对五弟（堂弟）陈禹畴不许族人报复的举措十分赞许："弟处置此事，始终尽诚尽理，有识有量，而不许族人报复一节，识见尤卓。"陈宝箴在回信中进一步阐述"人愈强横，我愈容忍，旁人自有公论"。主张对何姓"宽和处之，隐忍曲从，当行则行，可了即了"。

从这里我们可以看出，陈宝箴在此事的处理上确实是气度过人，有理有节。他并不依仗自己显赫的权势，以势压人，而是恪守中庸，虽受凌辱却与人为善，严以律己，宽以待人，显示了成熟政治家的度量和风范。

在此书的前面我们已经谈到，陈宝箴为官清廉。陈宝箴在第二封信的结尾处顺便提到一件事："陈紫垣孝廉来……因本年署中用度太多，甚形支绌……送仪程四十元，未能多送，意殊抱歉！"

从字里行间我们不难看出：陈宝箴手头并不宽裕。他居官几十年，官至巡抚，是一省的最高行政长官，而且他所居官的湖南又是江南较富庶的省份。俗话说："湖广熟，天下足。"一位堂堂的巡抚大员，送四十元仪程都有困难，可见陈宝箴的官做得何等清廉！

第二章 袖手神州

离开“峭庐”回到南京后，陈三立仍然无法从悲痛的梦魇中解脱出来。

因曾协助父亲罗致人才擘画新政，戊戌政变后，陈三立亦蒙“招引奸邪”罪，与父亲一道，“一并革职，永不叙用……”父子二人遂同遭罢黜。而后，陈三立随父返回江西，筑屋“峭庐”，隐居南昌西山。

革去官职，陈三立本不足惜，他素来视官场如浮云，视荣华富贵若草芥。他中进士授吏部主事考功司行走一职后，本来就只是挂个空衔，并未在吏部为官一日。官本位思想统治中国几千年，多少人皓首穷经孜孜以求，而能挥洒自如若陈三立者，自古至今，委实少见。

真正让陈三立痛心疾首的是，随着戊戌政变的失败，一大批维新志士惨遭厄运，轰轰烈烈的湖南新政毁于一旦。更让他刻骨铭心的是，他毕生敬仰的父亲，竟然不明不白地猝然离去。父亲一生忧国忧民，对朝廷忠心耿耿恪尽职守，到头来却落得个如此下场，不由得让人透骨地心凉。

他有恨、有泪、有血，有满腹的苦楚，有难解的忧愁，有如焚的焦虑……

此后的好些日子，陈三立只要一闭上眼睛，就想起父亲的音容笑貌，以及他在装殓父亲时所看到的——刻在父亲眼里和脸上的那几缕排解不去的忧虑与焦灼……

为了永远记住这内心的隐痛，四十八岁的陈三立遂依父亲长眠着的散原山（西山古名散原山）的名字，以地名为号，自号“散原”。

在此后的岁月里，父亲的冤屈与内心的隐痛，始终如挥之不去的梦魇，缠绕在陈三立的心头。

父亲陈宝箴猝然离去，正是八国联军入侵和义和团运动兴起之时，家国之痛，旧恨新仇，一齐袭上心头。诗人敏感的神经难以承受这异常沉重的打击，这不仅直接导致了陈三立在以后的政治生涯中，采取与当政者坚决不合作的态度，而且他的诗风亦为之一变，变得“隐晦”，变得“生涩奥衍”。

平生的理想与抱负付诸东流，一大批维新志士惨遭厄运，陈三立心情沉重，万念俱灰，思想陷入痛苦的泥淖之中而不能自拔……

理想与现实的强烈反差、内忧外患的黑暗现实、末代王朝的腐朽专制，以及疲惫不堪而又万念俱灰的身心，这一切的一切，促使陈三立开始了对自己前半生人生道路的深刻反思以及对自己未来岁月的冷峻思考……

经历了人生道路上一连串沉重的打击和失败，经历了极其痛苦的思想蜕变，经历了无数次心灵深处的自我较量之后，陈三立终于冷静而理智地对自己后半生的人生道路做出了痛苦的选择：他发誓从此不再问政，他要远离政治斗争的旋涡，而将自己毕生的精力和智慧，投注于他所钟爱并以身相许的诗歌创作之中。

从此，中国政坛上，少了一位淡泊功名的官员，而堪称群星灿烂的中国诗坛上，却有幸多了一位才华横溢的诗坛泰斗。

笔者在本书的第一编《陈寅恪家世渊源》中曾论述到，陈寅恪家族迅速崛起为为世所重的文化型大家族，经历了以下几个阶梯式的跃升。

第一阶梯为陈寅恪的太祖父陈腾远、高祖父陈克绳、曾祖父陈伟琳数代的积累和准备。这一时期的积累和准备，为陈寅恪家族由“棚民”迅速崛起，从而跻身士大夫阶层，奠定了必要的条件。

第二阶梯则为陈寅恪的祖父陈宝箴在仕途上的显达。陈宝箴的仕达，为陈三立、陈衡恪、陈寅恪父子三人在中国文化史上大放异彩铺平了道路。正因为有了陈宝箴，他们才有可能受到良好的教育，陈三立的几个儿子才有可能远涉重洋出国留学，接受到当时世界上最先进的新思想、新文化的洗礼和熏陶。这在当时的环境和社会历史条件下，若是没有相当的经济基础作后盾，没有深厚的家学渊源，没有深邃的文化眼光，是绝对不可能做到的。(参见黄君《一个文化型的爱国家族》)

第三阶梯则应为陈寅恪的父亲陈三立后半生人生道路和价值取向的转变。在经历了思想上的痛苦涅槃之后，陈三立执着于文化艺术领域的进取。

这一阶梯式的跃升，直接促成了陈寅恪家族所特有的由家学渊源、文化传承等诸多因素组合而成的文化基因的裂变和释放，从而孕育了这个贤杰满门的文化型大家族。

有关陈三立后半生人生道路和价值取向的转变，除笔者分析的上述因素外，其实亦与陈宝箴的遗嘱有关。

陈宝箴临终时曾留有遗嘱“陈氏后代当做到六字：不治产，不问政”。

对先祖临终时留下的遗嘱，陈氏子孙铭记于心，不敢有丝毫的违抗。

经历了人生诸多的痛苦和灵魂的涅槃之后，陈三立挥笔写下“凭栏一片风云气，来做神州袖手人”的诗句，表明自己的心迹和悲怆痛苦的情怀。陈三立决定从此超然于官场之外，清醒地与官场保持距离，不再存有“兼济天下”的念头，而决计在此浊世中以诗文自娱，以气节自励，从而“独善其身”。（参见宗九奇《陈三立传略》）

其实，陈三立又何曾袖手。我们从他的诗作中仍可看出他内心深处澎湃的生命激情：“合眼风涛移枕上，抚膺家国逼灯前”（《晓抵九江作》）。尽管他已退出政治舞台，他仍然是“百忧千哀在家国，激荡骚雅思荒淫”（《上元夜次申招坐小艇泛秦淮观游》）。他并没有对国家的命运和人民的疾苦漠不关心。夏敬观曾有诗怀念陈三立：“雨余钟鼓过秋波，袖手凭楼晚更悲。”夏敬观到底是陈三立的知己，他能理解陈三立的心，理解他的感情。所谓“来做神州袖手人”，只不过是陈三立在风云之气的激荡之下而抒发的一句无可奈何的反语而已，字里行间隐藏着诗人深沉的悲愤、失望和无奈。（参见《中华文学通览·近代卷》）

摆脱了官场倾轧的烦恼，摒弃了家产财富的拖累，远离了世俗的纷扰……

弃却了这一切之后，这个文化型大家族是何等地单纯而美丽，她的迅速崛起大放异彩，她的显赫辉煌扬名于世，已是指日可待。

移居南京后，陈三立携家初住在鸽子桥畔珠宝廊（后改名建邺路），后迁中正街（后改名白下路），租赁刘世珩的私宅暂且安下家来。刘世珩是广东巡抚刘瑞芬之子。刘瑞芬曾任出使英、法、俄、比、意等国大臣，所以南京人称之为“刘钦差”。刘世珩的本宅在南京城西新桥殷高巷，房屋共有九十九间半，乃南京赫赫有名的豪门巨宅。陈三立所租赁的中正街住所是刘世珩的别业，亦是同样地宽敞气派。大厅后面有一间雅室，名曰“编心斋”，原为刘世珩的藏书之所，陈三立住进后，权且将其当作了自己的书房兼起居室。

著名的“维新四公子”之一、江南名士陈三立举家迁居南京，这在南京的文化圈中自然引起了不小的轰动，南京的贤士名流奔走相告，纷纷前来探访拜谒。他们谈诗论道，酬诗唱和，互致问候。许多门人后辈更是久慕陈三立的大名，争先恐后，拜倒在他的门下。（参见石三友著《金陵野史》）

自从陈三立举家迁进中正街之后，往日寂静的“编心斋”骤然间变得热闹起来。

陈三立的续配夫人俞明诗娘家的亲人亦大多居住在南京。俞明诗是浙江绍兴人，其父俞文保乃湖南知府。自俞文保之后，俞氏家族在浙江绍兴亦英才辈出，迅速崛起。

俞文保的儿子俞明震（1860—1918），于光绪年间中进士，授庶吉士，后署赣南道。戊戌变法时，积极参与支持，要求发展民族资本主义工商业。戊戌变法失败后，曾任南京江南陆师学堂附设矿务铁路学堂总办。宣统二年（1910），俞明震任甘肃提学使，次年署甘肃布政使。辛亥革命后，为中华民国肃政使，江苏候补道。

俞文保的孙子俞大维（1897—1993），1918年圣约翰大学毕业。1922年获美国哈佛大学哲学博士学位。后进入德国柏林大学深造获数学博士学位。俞大维在柏林大学留学深造时，其姑姑俞明诗的儿子、表兄陈寅恪亦完成美国哈佛大学学业，进入柏林大学研究院，研究梵文及东方古文字学。俞大维与陈寅恪先后同在美国、德国等地留学达七年之久。陈寅恪的博学在当时即已负盛名，吴宓当时亦在美国留学，因慕陈寅恪的渊博学识，由俞大维引见，得以结识陈寅恪。自此之后，吴宓对陈寅恪日益倾服，二人从此终生成为莫逆之交。《吴宓文集》中有这样一段话，记叙了吴宓对陈寅恪的评价：

> 宓于民国八年在美国哈佛大学，得识陈寅恪。当时即惊其博学，而服其卓识，驰书国内诸友谓：“合中西新旧各种学问而统论之，吾必以寅恪为全中国最博学之人。”今时阅十五六载，行历三洲，广交当世之士，吾仍坚持此言，且喜众之同于吾言。寅恪虽系吾友而实吾师……

当时在德国的中国留学生不少，但留学生们留学的目的动机不一，不少人只是前来镀金，寻求一纸抬高身价的文凭，而读书最为勤奋的却只有陈寅恪和俞大维二人。当时同在德国留学的傅斯年亦评价道：

> 在德国有二位中国留学生是我国最有希望的读书种子：一是陈寅恪，一是俞大维。

俞大维后来成为知名的弹道学专家。留学归国后，他弃却所学专业步入仕途。他历任国民政府军政部少将参事、参谋本部主任秘书、驻德大使馆商务专员、军政部兵工署署长、军政部次长、交通部部长等职。民国三十五年（1946）前后，俞大维在蒋介石和马歇尔之间担任翻译联络，是“三人小组”成员之一，参加与中国共产党的谈判。

俞大维随蒋介石到台湾后，历任“国防部部长”“行政院”政务委员、“总统府”国策顾问、“总统府”资政等职。

俞大维

俞大维在德国留学时，曾与一德国女子相爱并生有一子，取名俞扬和。俞大维回国后，与表妹陈新午结为伉俪。陈新午乃俞大维唯一嫡亲的姑母俞明诗的亲生女儿（即陈寅恪的胞妹）。这样义宁陈氏与绍兴俞氏这两个家族就是两代姻亲了。其实，这两个家族的交往还可上溯到陈寅恪的祖父陈宝箴，陈宝箴初涉军旅时曾入曾国藩幕府，被曾国藩尊为“海内奇士”，而俞大维的母亲又是曾国藩的孙女。俞大维与陈新午结婚后，俞扬和由陈新午哺养。俞扬和长大后，娶蒋经国的女儿蒋孝璋为妻。这样，陈氏、俞氏、曾氏、蒋氏这四个中国近代史上著名的家族就有了姻亲关系，这张独具中国文化情韵的婚姻关系网络，蕴涵了中国文化的固有特征。

时至公元1969年，陈寅恪在广州溘然长逝，俞大维惊悉噩耗后，悲痛不已，他在悼念陈寅恪的文章中说："我与寅恪先生可说是'两代姻亲，三代世交，七年的同学了'。"

1993年7月8日，俞大维因胰脏癌并发心肺衰竭在台北逝世，终年九十七岁。

俞大维"学养丰厚，读书之广博和精深，为人称道"。他曾在爱因斯坦主编的《数学现况》上发表过《数理逻辑问题之探讨》，是第一位在该杂志发表论文的东方人，他后来改学军事，成为国际知名的弹道学家。台前"行政院长"郝柏村称赞他是"经文纬武奇男子，特立独行大丈夫"。

陈三立迁居南京时，俞明震一家正居住在南京。陈三立一家初来乍到，饮食起居有诸多的不便，有了妻兄一家的关照，自然也就方便了许多。俞明震思想倾向进步，亦主张维新变法，与妹夫陈三立志同道合，颇多默契。

南京素有历史文化名城之称，自公元三世纪以来，先后有东吴、东晋、宋、齐、梁、陈以及南唐、明、太平天国等九个朝代在此建都，历代封建王朝走马灯似的更迭，在南京的土地上留下了诸多的名胜古迹。

每有闲暇，俞明震便约三五好友，邀陈三立一道游玩观赏南京的风景名胜。每逢风和日丽之时，他们常常结伴而行探幽览胜，流连夫子庙，泛舟秦淮河，逛栖霞寺，游玄武湖，登钟山……

南京的美食久负盛名。清代大诗人袁枚，不仅写诗堪称一绝，而且还是一位美食家。他的《随园食单》搜集了全国各地名馔三百余种，从民间小吃到御馔佳肴应有尽有。袁枚在南京居住多年，《随园食单》又是以他在南京小仓山所筑随园为名，其中自然收录了南京诸多的名菜名点。

据《随园食单》记载，南京久负盛名的名菜名点有南京板鸭、摊鸡、蒸鲫鱼、油炸刀鱼、牛首豆腐干、大头菜、鲞煎、建康七炒、松饼、软香糕等。

陈三立定居南京后，南京的朋友们变着法子让他尝遍了《随园菜单》上所载的南京美食。南京的美食果然名不虚传，不仅色、香、味俱佳，而且用料讲究，烹制工艺独特，委实让陈三立大饱了口福。

一天，俞明震设家宴招待妹夫陈三立一家，那天的宴席自然是十分地丰盛。席间，俞明震命人端上一个朱漆木盘，木盘正中盛着一只菜盘，让人有些不解的是，那菜盘却是用一块大红的锦缎严严实实地盖着，那大红锦缎盖着的菜盘内正腾腾地冒着热气。待那菜盘端上桌后，俞明震猛地揭开那块盖着的大红锦缎，那精致的细瓷菜盘内盛着的却是一坨烧得焦裂的黄泥，看得出，那坨黄泥刚从烧得通红的炉膛内取出，还灼灼地散发着炙人的热气……

陈三立好生纳闷，不知俞明震葫芦里卖的是什么药。他随父宦游多年，也算得上是见多识广了，天下的珍馐佳肴也吃过不少，但还从来没见过这等阵势。

俞明震却故意引而不发，他轻轻地一招手，一个厨师模样的人迅捷地从后堂内走出，那厨师走到桌前，也不多言，只见他双手娴熟地捏着刚才盖着的那块大红锦缎轻轻一抖，铺平在桌上，然后托起那坨灼灼地散发着热气的黄泥，朝铺着大红锦缎的桌面上轻轻一摔。

随着一声脆响，奇迹出现了——

那坨黄泥被摔碎，一只鲜嫩的肥鸡旋即出现在桌面上，肥鸡散发着奇异的清香，旋即，那四溢的清香盈满厅堂，直让人两颊生津，胃口陡增。

俞明震这才打开话匣，娓娓地叙述起来：

这鸡名为“叫花鸡”，本是流传于江苏常熟一带的一道名菜，以特殊的烧制方法和独特的风味驰名于世。其具体做法为：选用肥大的母鸡，宰杀后除毛出白，打开腹腔，取出内脏，洗净，往鸡腹腔内填充鲜肉、虾仁、香肠、香菇、冬笋、油豆腐、萝卜丁、鸡杂、丁香以及葱、姜、茴香、桂皮、盐、酱油等多种作料，将这些作料拌匀，缝合腹腔，在鸡身上裹一层猪油网，用荷叶包上，在外表严严实实地敷裹上厚厚一层湿黄泥，置于炭火上烧烤四至六小时，去掉泥壳即成。“叫花鸡”因烧制工艺近乎原始，吃起来不但酥嫩可口，回味悠长，而且还饶有情趣，蕴涵着一种回归自然的情调。

“叫花鸡”奇异的风味委实让陈三立回味了好些日子，他由衷地惊叹古老中国饮食文化的玄奥与精深。

真诚的友谊、融融的亲情、古城南京古朴幽雅的自然风光……给陈三立那破碎而又脆弱的心灵以莫大的慰藉，他百孔千疮而又疲惫不堪的身心得到了些许的安慰。

在这段虽说短暂但却是回味悠长的日子里，亲情友情的滋润浇灌，复苏了陈三立枯井般灰暗的心田，激活了他飞扬的情思，他暂时忘却了痛苦和不快。诗人敏感的神经得以松弛，诗人的浪漫以及纯朴率真的本性得到了淋漓酣畅的显现。笔者在这里透露出这一时期诗人的几则轶事。

轶事之一：错认自家门

一天晚上，陈三立徒步赴朋友家宴饮，因离家不远，所以没带仆人。深夜回家时，陈三立雇车回中正街住所，至中正街下车后，竟辨不清东南西北，他在街头驴拉磨似的转来转去，硬是找不到自家的门。眼见得夜越来越深，街上阒无人迹，无可奈何之际，陈三立只得向一户人家走去，准备敲开这户人家的门问问自家的门在哪。正好这户人家的主人开门出来，见夜深人静，他的邻居陈三立一个人魂不守舍地在街头晃悠，那人好生纳闷，待问清了情况后，忙说："先生，您的家就在隔壁！"陈三立恍然大悟，随后，两人相对，捧腹大笑。

轶事之二：一袖忘穿

陈三立平日早起穿着衣服，多由夫人或丫鬟侍候。这天他特意起了个大早，执意要破例自穿衣服，他一边穿衣服脑子里一边推敲琢磨着诗句，穿好之后，并没有认真注意衣着。奇怪，这一天，陈三立总觉得左右手臂厚薄不同，且又冷热不均，而坐起俯卧之时，左背部又似乎多出一溜疙瘩，总也难得舒适自在。尽管他推敲琢磨了一天，脑子里还是没有觅出好诗句来。这样，那周身的不自在也就将就着过去了，直到晚上脱衣上床，陈三立方才发现，原来自己早上穿衣服时一件小袄的左袖没穿上，裹在长衣里面，他和夫人大笑不止。

轶事之三：错入嫂房

陈三立的弟弟三畏，年方三十一岁时得急病早逝，其妻乃永州知府、翰林院编修张修府之女。三畏逝世时，陈三立正在京城参加会试。直至一个多月后回到长沙，陈三立方知胞弟三畏已长眠九泉。他悲痛万分，挥泪写了一篇祭文，葬三畏于湖南平江县东乡郑墩。三畏逝世后，其妻张氏因悲伤过度双目失明，遂与兄嫂共同生活。陈三立对孀居的弟嫂饮食与日用均优待有加，妯娌之间也十分地和睦尊敬，即使一器一物，陈三立夫人亦从不自私。陈三立严守礼节，平时除三餐用膳，很少与弟嫂见面谈话。有一天，陈三立在花园里一边散步一边吟哦琢磨着诗句，他苦吟苦索还是佳句难觅。忽然觉得腿脚发麻有些困倦，便且走且吟，信步朝屋内走去，想去卧室休息。不料误入弟嫂房内（恰巧张氏不在）。陈三立不知就里，仰卧在弟嫂床上仍闭目吟哦。不多久，弟嫂张氏进房听见有人在自己房内吟哦，惊得慌忙退出房门。恰巧当时有一快嘴的丫鬟看见，便立马告诉了陈三立的夫人，夫人虽一时难免有些惊诧，但她素知自己的丈夫行止端方，对此事并不介意。连忙走到弟嫂床边，扶起尚还蒙在鼓里的丈夫，轻声说："老爷走错了，这是弟嫂的房里！"陈三立一听，慌忙一个鲤鱼打挺从床上坐起来，嘴里连说："失礼！失礼！"一边说一边与夫人回到了自家房里。（以上三则轶事参见龙公《江左十年目睹记》）

租赁别人的房屋毕竟非久长之计。在俞明震等人的筹划和帮助下，陈三立在南京清溪畔建了一栋房屋，总算把家安顿了下来。

新宅地处偏僻，四面群山环抱，绿水潺潺，峭壑幽邃，风景十分宜人。陈三立十分喜欢这个地方，新居落成后，他亲自名之为"散原精舍"，并亲笔书写匾额，置于门首。

远离了都市的喧嚣，避开了世俗的纷扰。终日置身于大自然的怀抱之中，陈三立暂时忘却了痛苦与不快。这些日子，他诗兴勃发，一种不吐不快的创作激情驱使着他拿起笔来，一首首诗作从他的笔端倾泻而出。

这些诗作，真实地记录了诗人内心深处难以排解的悲愤，表达了诗人苦闷彷徨的心情以及对国家民族命运莫可言状的忧虑……

自此之后，陈三立一改往日诗风，他的诗作初学韩愈，后学他的同乡先贤黄庭坚，从而在中国诗歌史上开宗立派，形成"生涩奥衍"的诗风。

陈三立后来出版的《散原精舍诗集·续集·别集》中所收录的诗作，全是这一时期创作的，在此之前——也就是光绪二十七年（1901），诗人尚有不少诗作，但诗人一直没有收入诗集内，因为诗人不愿将其父陈宝箴死前自己所作的诗文公之于世。

陈三立尽管终日寄情山水，以诗文自慰自娱，以气节自砥砺，然而，他并没有麻木，并没有超然于尘俗之外，他敏感的神经依然感应着时代的脉搏，他的内心深处依然激荡着忧国忧民的情怀。

他虽然不再过问政治，不再与封建统治者合作，但其爱国热忱与匡时济世之志，却丝毫不减。他睿智的目光，更多地投注在改革旧制教育和参与公益事业方面。

1903年5月，柳诒徵、陶逊等人有感于当时科举制度以八股文取士的落后，认为这种取士方法，已远远不能适应富国图强的需要，特别是在西方近代科技迅猛发展的当今，已越来越显示出它的陈腐和僵化。因此，柳诒徵、陶逊等人想在南京创办一所新制的小学堂，但他们苦于没有校舍，于是便与陈三立商量，想借他家的房子作校舍。听了他们的想法之后，陈三立大加赞赏，并欣然答应将自家后院的厅堂借作教室，为了让学生们有一个活动的场所，陈三立又特意命人将后花园平整为操场，并亲自将学校命名为“思益小学”。

该校的课程设置除当时必读的“四书五经”外，还设有英文、数学、物理、化学、音乐、绘画、体操等新课程。此外，还添置了许多文体设备及教学仪器设备，其中一台从外国购买的地球仪很是引人注目，当地的不少士绅闻讯后特意跑来看稀奇，当他们得知自己世世代代就是生存在这样一个会转动的圆球上时，他们惊愕的眼神就像是听了天方夜谭似的，一个个眼睛瞪得铜铃大。

该校聘用的教师皆一时名流，他们是柳诒徵、陶逊、王伯沆、顾实、周印昆等，此外还破天荒地大胆聘用外籍教师。陈三立还要求教师改革陈旧的教育方法，他约定：第一不准打骂体罚学生；第二不准让学生背死书。在那个时代，他们就开始注重学生个人素质的全面发展，注重兴趣和能力的培养，注重学生的知识结构与社会发展的需要相吻合。从教育学的角度看，在那个时代他们尚能如此，确实具有相当的超前意识和文化眼光……

思益小学像一个神奇而巨大的磁场，它所产生的巨大魔力，吸引了南京诸多的求学者。在思益小学就读的学生，除陈家、俞家及周叔韬家等世家子弟外，还有南京其他官宦富绅人家的子弟，此外还有亲戚家的子弟如茅以升、茅以南兄弟等。陈寅恪、俞大维、茅以升就是从小在这样的学习环境中，陶冶性情，接受新知识，并打下了良好的国学基础，为后来的脱颖而出作好了充分的准备和铺垫。

思益小学犹如一个新制教育的实验场，一切都是这般新鲜而奇特，一切都是这般地诱人而神秘，一切都是这般地让人遐思、让人神往……

所有这一切所形成的巨大冲击力，不仅对南京教育界产生了振聋发聩的影响，而且对沿袭了数千年的封闭陈腐的教育模式的冲击震撼，其影响也是不容忽视的。

思益小学的创办成功，不仅体现了义宁陈氏家族一以贯之的重视教育的家学家风，而且为南京后来兴办新制学校提供了蓝本。（参见石三友《金陵野史》、宗九奇《陈三立传略》）

除了改革旧制教育兴办学校之外，陈三立又将他的目光投注在兴办实业方面，他希望能为家乡、为社会兴办一些有利于国计民生的建设事业。

光绪三十一年（1905），陈三立和李有棻等人共同创办江西铁路公司，筹建江西第一条铁路——南浔线。陈三立与李有棻两人为连襟，陈三立的妻子俞明诗与李有棻的妻子为堂姐妹，李有棻曾任陕西布政使，光绪二十六年（1900），八国联军侵入北京时，慈禧太后和光绪皇帝出逃西安，李有棻曾竭力奉迎，得到赏识。光绪二十八年（1902）李有棻调任江宁布政使，一度护理两江总督，次年被解职。创办江西铁路公司时，陈三立先后担任协理、总理、名誉总理等职务，后来因人事关系的阻隔，南浔线终抱憾未果。

光绪三十四年（1908），陈三立又与汤寿潜等人发起组织中国商办铁路公司，但也没有实现自己预期的目的。

惨痛的现实使陈三立又一次陷入痛苦的泥淖，他恨自己无所作为，不能对社会有所贡献。横亘在他面前的那条似乎是无法逾越的理想与现实之间的鸿沟，使他一度产生了消极避世的思想，他痛苦的灵魂需要抚慰，他疲惫的身心需要休憩……

在这样一种情形和心态之下，陈三立产生了不能进而“兼济天下”，就只有退而“独善其身”的念头。于是，老庄哲学和佛教的那方闪烁着智慧灵光的净土，就成了他安顿灵魂的最高理想境界。

在这一时期，他研读了老庄哲学和大量的佛教经典，从而对佛理产生了浓厚的兴趣，遂产生了清静无为和逃禅的想法。

纵观陈三立的人生历程和思想发展脉络，我们不难看出其峰谷跌宕大起大落的发展轨迹。对他这一时期的苦闷彷徨及由此而产生的避世心理，我们不应概以懦弱和消极颓废而统论之，而应设身处地地从其所处的特定历史条件去评说。因陈三立作为一个有着强烈忧患意识的封建士大夫，作为一个情感丰富细腻的诗人，他理想破灭后的苦闷和彷徨，他所醉心的事业失败后的失落与焦虑，以及由此而带给他的内心情感的变化，是一般人很难体验和触摸得到的……

清末知识界研究佛学，在当时具有一定的普遍性。

正如1956年10月在尼泊尔召开的第四届世界佛教徒大会上，时任中国佛教协会副会长兼秘书长的赵朴初先生为大会所作的题为《中国的佛教》报告中指出的那样：

> 在晚清时期，中国知识界研究佛学成为当时普遍的风气。一些民主思想启蒙运动者如谭嗣同、康有为、梁启超、章太炎之流，都采取了佛教中一部分学理来作他们思想的武器，在当时知识界起了启发和鼓舞的作用……

陈三立不仅自己醉心于佛学，他还一再倡导、宣扬佛教，为发展佛教事业献力、献资。

据1908年8月5日《神州日报》载："陈三立认为提倡佛教，当视百事业为尤急……"

他还与沈曾植等倡立祇洹精舍。

当时南京有一个刻印佛教经典的地方，人称金陵刻经处。创办人杨仁山，用了几十年的光阴，致力于佛学和刻经事业。

金陵刻经处不仅刻印并流通了大量的佛教经典，为已呈衰微的清末佛教起了复兴的作用，而且成了当时全国佛教学术交流的中心。

陈三立与沈曾植等创办的佛教学堂——祇洹精舍，就设立在金陵刻经处内。当陈三立了解到金陵刻经处经费短缺入不敷出时，以自己"无功"，岂能"受禄"为由，慨然将自己督办南浔铁路所得薪金捐给金陵刻经处。

陈三立俨然一个"四大皆空"至诚至信的虔诚的佛教徒了，他不仅倡导、宣扬佛教，为佛教事业献力、献资，而且在他创办的"祇洹精舍"内开设中、西文课程，请杨仁山居士讲佛学，请诗僧苏曼殊授英文，请名士李晓暾教国文。他还雄心勃勃地计划选送人员去印度学习大乘佛教……

然而，佛教中的那方玄奥而充满智慧灵光的净土，未能让陈三立找到理想的精神家园，他失落而苦闷的心情也未能从佛教中得到解脱。内忧外患、国恨家仇、理想破灭的委屈与痛苦，仍然时时搅扰着他不安的灵魂，他敏感的神经仍然时刻关注着国家的兴衰与民族的危亡。

长夜如晦，万籁俱寂，到处是死一般的沉寂，到处是墨一般的漆黑。

天地乾坤一片混沌迷茫，远处的旷野里，团团簇簇地扑闪着蓝幽幽的萤火，一群饿狼在撕心裂肺地狂嚎着，许久之后，天地乾坤复又归于沉寂……

在这样一个所在，我分明看见一位瘦削清癯的老者在艰难而倔强地秉烛前行……

第三章 问鼎诗坛

陈三立在极度悲愤之时，曾面对苍天，慨然发誓："今生永不入京!"

这句发自肺腑的誓言，包蕴了诗人的满腹忧愁，万缕情思。这里既有国恨家仇的隐痛，又有平生抱负付诸东流的悲愤，同时也表达了他坚决不与晚清朝廷合作的鲜明态度。

陈三立痛苦而清醒地确定了自己的人生坐标。自此之后，他以文章自娱，以气节自励，与官场保持着适度的距离。尽管时过境迁，官场又屡屡向他频送秋波，然而，诗人恪守誓言，他冷峻而高贵的目光，始终未曾向官场投去哪怕是短暂的一瞥。

光绪二十九年（1903），在慈禧七十"圣寿"那天，曾下诏赦免戊戌维新党人，所罢黜的官吏，除康有为、梁启超之外，皆开复原职。陈三立亦被"恩准"官复原职，但他却丝毫不为所动。

1907年7月，袁世凯入军机，主张君主立宪，意欲修好与戊戌党人之旧怨，曾力举陈三立为资政院议员，陈三立婉谢不就。袁世凯又多次邀请陈三立北上议事，但始终未能如愿。袁世凯还不死心，又托陈三立旧友毛实君、罗循正、吴保初三人联名在天津电请，陈三立在复电中说："与故旧聚谈，固所乐为，但决不入帝城。非得三君誓言，决不启行。"三人只得再联名复电："只限于旧友之晤谈，不涉他事。"在这种情况下，陈三立方于次年4月下旬至保定，再至天津，探望旧友，赋诗纪赠，始终未入北京城。

如果说，陈三立对晚清朝廷的冷落和疏远，是因为尚有切肤之痛，从情感而言，尚还情有可原。然而，此后各个时期的当政者，因仰慕陈三立的景

慈禧

行高德，皆欲延聘罗致，陈三立均一概采取敬而远之的态度……

对孙中山领导的资产阶级民主革命，陈三立亦未能正面认识，有人对此大惑不解，甚至有人认为陈三立反对革命。

其实这种认识未免失之偏颇，陈三立毕竟只是一位封建士大夫，他的思想始终未能摆脱封建意识的束缚。他未能正确认识并参与资产阶级民主革命的洪流，只是作为一种气节的坚守，他是在恪守封建社会“忠臣不事二主，烈女不嫁二夫”的古训。中国士大夫自古以来就有不仕二朝的气节观念，伯夷、叔齐就是一个遥远的榜样，是封建士大夫所崇尚的一种价值观的象征。在封建士大夫看来，臣子如不能事一君而终，与女人不能从一夫而终是一样丢面子的。这种根深蒂固的价值观念，使陈三立陷入了一种两难选择的尴尬境地。（参见《中华文学通览·近代卷》）

在这种无可奈何的状态之中，陈三立所能选择的自然只能是遗世观化，一方面从老庄哲学和佛学中寻求慰藉，一方面幻想踽踽独行在诗歌创作的王国里，实现着自身的人生价值。

中华民国成立后，陈三立的内心也是极其矛盾而复杂的。应该说，民主共和政体在中国的创建和历代君主易姓的改朝换代之间的本质区别，陈三立是能够有所认识的。但是，他毕竟不能够同封建意识彻底决裂，投身于民主革命的行列之中。所以，他既与遗老以诗文相会，又拒不参加清朝遗老的复辟活动，对袁世凯等投机政客以及混战不休的各派军阀均表示不满，从不参加任何派系的斗争，只是与当代的一些名流学者交游往还。基于这样一种矛盾痛苦的心态，陈三立拒不参加当时的政界活动就是顺理成章的了。（参见

宗九奇《陈三立传略》）

由于对资产阶级民主革命缺乏认识与了解，当辛亥革命的风暴席卷南京时，陈三立表现出空前的惊慌与惶恐，他携挈家人逃离南京，前往上海避难。

在上海的这段日子，陈三立每天与朱古微、王雪澄等酬诗唱和，他们三人同是上海当时闻名的诗坛高手，又都住在虹口，时人称之为“虹口三老”。（参见《郑逸梅选辑》）

民国肇兴之后，南京成为临时大总统所驻之地，人心欢乐，秩序安定。民国二年（1913）春，陈三立又携家眷返回南京“散原精舍”。

返回南京后，陈三立依然迷恋于诗歌创作的王国，此时他的作品，或多身世之感，或多倾吐对清王朝的留恋，他用他独有的“生涩奥衍”的韵律，执拗而悲怆地哼着那个已经逝去的没落王朝的挽歌。

在这一时期，陈三立适度地参加了一些社会活动，他曾列名于孔教会和中华民国联合会，并与沈曾植、梁启芬、朱祖谋等组织“超社”“逸社”。

清末民初的诗坛，呈现出盛况空前的繁荣局面。这一时期，诗坛上群星璀璨，大旗变换，流派纷呈。各个流派皆标新立异，对诗歌的创新和发展进行了大胆的探索和实践。

以梁启超为代表的“诗界革命”派，主张在保持旧风格的前提下，变革中国诗歌的语辞和意境。梁启超在《夏威夷游记》一文中提出“诗界革命”的口号后，接着又进一步出示了“革命”的方案。他认为：“欲为诗界之哥伦布……不可不备三长：第一要新意境，第二要新语句，而又须以古人之风格入之，然后成其为诗……若三者俱备，则可以为二十世纪支那之诗王矣。”梁启超作为诗界革命的开路先锋，集合在他旗帜下的著名诗人有黄遵宪、康有为、丘逢甲、金天羽等。

以柳亚子为代表的南社，是以推翻清王朝为主旨的革命文学团体。南社虽然是一个文学团体，但它的宗旨主要是用诗文来鼓吹民族主义，反对满清王朝。在艺术主张方面倒没有什么特别的取向。很显然，南社是以政治立场来划分营垒界限的。政治立场不同，就一切都要排斥。就柳亚子本人来说，他的主要兴趣在唐诗，另外对于民族意识特别强烈的夏完淳和顾炎武，以及富有叛逆性格的龚自珍，他也非常喜爱。正如他自己所说，“至于讲到诗的派别来，我是主张尊唐抑宋的，同时却也崇拜非唐非宋的龚定庵”（参见

柳亚子

《柳亚子的诗和字》）。

同光体诗派就是这一时期杀上诗坛的一匹黑马。这个诗派一经出现，就以其强大的创作阵营和丰厚的艺术成就，引起诗坛瞩目。

同光体诗派虽然声名赫赫，但与别的诗派相反，这个诗派没有扯出什么旗帜，也没有标榜什么口号，与诗界革命派和南社相比，同光体诗派没有任何组织形式，他们之所以被人视作一个流派，主要是其诗人在艺术上有相同和相近的趣味，有基本一致的追求目标。他们是精神上的契合。

这个诗派的名称来源只不过是一句戏言，并没有经过深思熟虑的推敲。正如陈衍在为沈曾植诗所作的序言里所说的那样：所谓“同光体”者，不过是他与郑孝胥对同治、光绪以来不墨守盛唐的一批诗人的“戏称”。具体地说，所谓“不墨守盛唐”，就是以学宋诗为主。同光体诗人其实大多主要活动于光绪至民国初年这一时期。

他们相同的学古主张，集合了一大批饱学之士，他们把“性情”看作诗歌创作的根本，主张“有感而发”，写出自己独特的感受和理解。同时他们还特别重视学问，认为只有通过学问的滋养才能创作出既高雅又深刻的作品，所以他们所创作的诗歌文人气、书卷气特别浓。

若按地域和学古方向，同光体诗派可分为三个流派：一、闽派。以陈衍、郑孝胥、沈瑜庆、陈宝琛、林旭为代表，其学古方向，于宋人则偏于王安石、苏轼、杨万里等。二、江西派。以陈三立为首领，以黄庭坚为宗祖。三、浙派。以沈曾植为代表。

以南社同仁的目光来看，同光体诗派的主要诗人大多为清末遗老，这些人虽曾有变法维新之志，但他们究竟是清王朝的食禄之臣，他们是传统气节观念的牺牲品，是为清朝守节的遗民。这自然为以政治立场来划分营垒界限的南社所不能容忍。在南社内部，展开了一场是尊唐还是抑宋，是赞成还是反对同光体的争论，他们还兴师动众地对同光体大大抨击了一番，并将社内为同光体唱赞歌的朱玺等开除出社，以致纷争骤起，闹得不欢而散。

陈三立以其登峰造极的诗歌艺术成就称雄诗坛，被公认为是同光体诗派的领袖。汪辟疆著的《光宣诗坛点将录》，按中国古典名著《水浒传》中梁山英雄排座次的方法，来评点光绪、宣统年间的清末诗坛，共评点同光诗家一百零八人，该书对陈三立极为推崇，称他为同光体诗派的都头领及时雨宋江。杨声昭说："光宣诗坛，首推陈（三立）、郑（孝胥）……若论奥博精深，伟大结实，自以散原为最。散原生平孤芳自赏，不屑驰逐时誉，而领袖诗坛，名实并茂。"

陈三立的诗歌创作成就无可厚非，诗界革命派的代表梁启超对陈三立的诗非常倾倒，梁启超在《饮冰室诗话》中对陈三立的诗作了极高的评价："其诗不用新异之语，而境界自与时流异，浓深俊微，吾谓于唐宋人集中，罕有其比。"

张慧剑在《辰子说林》之"韭菜"条云："故诗人陈散原先生，为中国诗坛近五百年来之第一人，不仅学力精醇，其人格尤清严无滓，足以岸视时流。"

以柳亚子为代表的南社虽然以政治立场来划分营垒界限，但他们对陈三立登峰造极的诗歌艺术成就亦佩服得五体投地，在南社内部，亦流传着"吏部诗名满海内"的说法。

在同光体诗派内部，更是对陈三立钦佩之至，同光体诗派的代表人物郑孝胥、陈衍、沈曾植等，均对陈三立的诗歌创作成就心悦诚服。

钱锺书曾说，唐以后的大诗人可以用一个地理词语来概括，叫作"陵谷山原"。"陵"有杜少陵，"谷"有黄山谷，"山"有李义山，"原"即散原也。（参见陈小从《图说义宁陈氏》）

陈三立的诗，明显地继承了他的同乡先贤黄庭坚的诗风，黄庭坚不愧为开宗立派的艺术大师，他诗歌创作中"除陈词滥调，避免熟滥""脱胎换骨""化腐朽为神奇"的艺术主张，形成了其以生新瘦硬为特征的艺术风格，使之成为江西诗派的开山鼻祖。

人生道路上的诸多坎坷，现实生活中的种种失意，陈三立万念俱灰，他封闭了自己与外部世界的交往空间，以文章自娱，以气节自励，他只有将自己满腔的忧愤与横溢的才华寄托在诗的王国里，这样，就促使诗人在诗歌艺术上求异创新。诗人的天才和颖悟，使他从一个独特的层面登上了诗歌王国的又一巅峰，成为继黄庭坚之后江西诗派又一开宗立派的大师。

陈三立的诗，以生涩硬拗的风格写枯寂萧瑟的感伤情怀。他笔下的诗作，既是他艺术创作的结晶，亦是他内心真实情感的自然流露。细读其诗，内容隐晦深微，像橄榄以的耐于咀嚼，用词上则避俗避熟，语必惊人，字忌习见。

诗人的这种求新、求深、求奇的兀傲瘦硬的艺术追求和独特的审美眼光，让诗人更深入地表现了内心深广的忧愤。

《扶坐觚庵茅亭看月》一诗，就准确地表达了诗人这种内心的情感：

山气溪光并一痕，微笼新月作黄昏。
剥霜枯树支离出，沉雾孤亭偃蹇存。
邻犬吠灯寒举网，巢鸟避弹旧移村。
鸣笳击柝收闲味，已负秋虫泣草根。

在这首诗里，枯树、孤亭、霜裹雾没、寒气如网、巢鸟避弹、秋虫泣草……这一组组萧索的景物，巧妙地构成了一幅苍凉凄苦的画面，凝注了诗人内心深处难以排解的孤独忧愤之情。

作者的这种情怀，我们在《江行杂感》一诗中同样也可看到：

暮出北郭门，蹴蹋万柳影。
载此岁晏悲，往沂大江永。
涛澜翻星芒，龙鱼戛然警。
峨鳊掀天飙，万怪向俄顷。
中宵灯光辉，有涕如縻绠。
胶漆平生悲，撼碎那复整。
人国所仇耻，曾不一眥省。
猥就羁散俦，啁啾引吭颈。

低屋杂瓮盎，日月留耿耿。
睨之云水间，吾生固飘梗。

这首诗所摄的意象悲怆怪诞，从字里行间，我们不难看出作者对于列强环伺、内忧外患的深沉忧虑和感慨。正如同光体诗派的另一代表作家陈衍所评价的那样“荒寒萧索之景，人所不道，写来独觉逼肖”。

陈三立所创作的诗歌，并非全是悲怆怪诞的萧索之景，其中不乏清新活泼，富于情趣之作。他笔下的世界，色彩斑斓，灵气流动，既有“枯藤老树昏鸦”的悲怆与伤感，又有“小桥流水人家”的恬谈与清新。如他所作的七绝《见道旁菜畦春意盎然口占》诗：“韭甲菘苗纵复横，清渠倒引白虹明。游人指取春深处，恰有晴鸠一片声”。又如《尹和伯画蜻蜓》诗：“雨过池台明夕晖，钓丝微映芰荷衣。回头莺燕衔花尽，莫向清溪款款飞。”

陈三立作诗，初学韩愈，后师黄庭坚（字山谷），有人把他的诗与黄庭坚作了对照，认为其不同之处在于：山谷诗峭瘦，散原诗苍坚；山谷重点铁成金，而比兴寄托，略嫌不足；而散原之诗，意境独辟，即比喻、炼字亦戛戛生造；山谷诗有槎牙之感，散原诗有浑融之气，可以融其生涩。江西诗人，若论开宗立派，当推渊明（陶渊明）、山谷、散原。

陈三立对黄庭坚的诗可谓是情有独钟，光绪十九年（1893），陈三立偶然从一位朋友处读到日本刊印的宋椠《黄山谷内外集》（署名任渊·史容注），他如获至宝，珍视异常。他认为这本书不但在中国没有见过，就是在日本也还是孤本。他想到，黄庭坚是江西诗派的始祖，又是他的故乡江西义宁的先贤，他的父亲陈宝箴更是一向酷爱黄庭坚的诗。因此，陈三立决定翻印此书，让黄庭坚的诗广为流传。于是，陈三立便筹资在武昌请人刻版印刷。经过长达七年的时间，此书方刻印成功，使《黄山谷内外集》一书在国内广为流传。

陈三立的诗，设喻奇特新颖，如“痴云抹漆暮鸦横”“漆云丝雨暗溪楼”。以漆譬云，云的滞重阴沉跃然纸上。又如“水晴磨瓦色，天卷出吟须”，以瓦色喻水面，以吟须喻丝云。笔下景物不同凡响。

陈三立天才的想象和超尘脱俗的锤炼语言文字的能力，使他笔下的诗作腾跃出新奇而动感极强的画面，如“火云烹雁万蹄浮，生秋碧树对油油”

“纤云筛日暖如春，鸥翅袅翁对新对”“半暝湖吹雨，一痕山卧烟”“独夜川原数过鸿，阑干呼月万山东”“闲携野色立高坟”“微晴乌鸟乐，向我啄斜阳”“晴色粘枯柳”“疏林乌鹊衔晴出”……这些堪称神来之笔的诗句，为我们勾勒点染出一个充满生机与灵性的世界。

后世的诸多诗人，对陈三立的诗歌艺术成就顶礼膜拜，赞叹之声不绝于耳。曾任台北文化大学校长、中国诗学研究所所长、获国际桂冠诗人称号的易大德先生，在《读散原精舍诗感赋》一诗中，论陈三立其人其诗尤有见地：“我读散原诗，恍入万山谷。远岫横寒云，危岩飞怒瀑，野鹤唳苍松，奇花生古木。冷如阴气森，倏若清风穆。使我坐其间，百感索心曲。公怀济世才，以戆忤当轴。遂挟家国忧，归卧柴桑屋。峙庐孝子思，庙社愚儒哭……近代论诗派，惟公为大宗……一时‘同光体’，如日照天中……”

陈三立的一生，除创作大量诗文外，还有不少有关诗文创作的真知灼见。他在论述作文时说：“应割爱，由篇审段，由段审句，由句审字，必使词不泛设，字无虚砌。”他对诗歌创作的见解颇为人所称道，陈三立认为：“诗须襟怀高尚，见地笃实，应存己（指自我个性），吾摹乎唐，则为唐囿之；吾仿乎宋，则为宋域之；必使既入唐宋之堂奥，更能超乎唐宋之藩篱，而不失其己。”他主张“避俗避熟”，反对“馆阁气”“纱帽气”。然而，由于诗人所处时代的局限和自身的遭遇，他在创作上始终未能超出古人的“藩篱”，而流于晦涩生隐，并带有浓厚的感伤悲怆情调。（参见胡迎建《近代江西诗话》）

陈三立的艺术才能除诗歌外，他的书法亦堪称一绝。

陈三立曾自我评价说：“书法第一，文章第二，诗为第三。”其实陈三立何尝不知道自己的诗歌艺术成就高于书法和文章，他这样自我评论，是故意在大众面前对自己的弱项提出更高的要求。有趣的是，陈三立这样自我评论后，画坛大师齐白石也对自己的艺术作了自我评论：“诗第一，篆刻第二，画为第三。”

陈三立的书法功底深，质朴古拙，自成一体。因当时时兴馆阁体，所以陈三立的书法不合潮流。因书法不合廷试，几乎因此而误了他的前程。

光绪二十一年（1895）后，陈三立在湖南助父新政，当时湖南矿务局几位擅长书法的翰林仍讥笑他的书法拙朴，但陈三立不以为然，他说：“诸公

的字，自讽行时或数十年，我的一张字，百十年后，恐怕要抵几吨矿砂哩。”（参见俞启崇给江西省修水县政协文史委的亲笔信）

在陈三立的旗帜下，同光体诗派集合了一大批优秀的诗人。

沈曾植就是其中一位杰出的代表。

据说最初沈氏对写诗并没有什么兴趣，他的兴趣主要在研究史学、小学方面，且有很深的造诣。他是近代国内外有重要影响的学者，他是一个通才，精于旧学，经、史、子、集、音韵训诂、西北与南洋地理、元史、佛、道、医、书画、乐律等各个门类无所不通。后来陈衍劝他说：研治史学、小学都是为别人做事。写诗虽小道，却是为自己做事，可以抒发自己的性情，说自己想说的心里话，而且还可以发现哲理。沈氏终于恍然大悟，但他认为自己作诗的功底太浅，于是便将他治学的劲头也用来写诗，很快也就有了诗名。陈三立称他的诗“沈博奥邃”，像出土文物一样，使人看了，“气敛而神肃”。大概由于沈曾植是渊博的学者，满肚子的学问一不经意就要流溢出来。他的诗因用典太多，欣赏时若无渊博的知识，就难免有一层隔膜之感。与陈三立相比，沈曾植的诗更加深奥晦涩，也更侧重于言理。所以钱仲联说他的诗“人亦不能好之”，虽然“与散原齐名，而后辈宗散原者多，宗乙庵（沈曾植别字乙庵）者绝无……”（参见中华文学通览·近代卷）

沈曾植

同光体诗派的另一重要代表人物是陈衍。

陈衍的主要精力在宣传方面。他是最早给“同光体”冠名的人。他写的《石遗室诗话》，是同光体的一部比较全面系统的理论和批评著作，他是第一个将同光体同仁的大量诗歌创作现象上升到理论高度的诗人和理论家。

后世的诸多学者把诗界革命派和同光体诗派视为水火不能相容的两大流派。可是陈衍的这部《石遗室诗话》，却是应诗界革命派理论家梁启超所约，在梁氏所编《庸言》杂志上发表的。

1912年秋天，梁启超在天津创办半月刊杂志《庸言》，当时陈衍正客居津门，梁就请陈执笔发表他的诗作高见，由于梁启超的点拨与促成，陈衍遂萌发了写作此书的念头，此后便一发而不可收，尽管其间断断续续，但作者意犹未尽笔耕不辍。《石遗室诗话》从1912年开始，至1935年结束，其撰写过程历时达二十三年之久，内容丰富，面广量大，在近现代文学史上的影响非常广泛。

陈衍是同光体的理论家，《石遗室诗话》虽是同光体的理论典籍，但陈衍论诗的见解还是比较客观而公允的，他并不是唯同光体是尊，也不是唯宋是尊，更不是唯黄山谷是尊。他对不同的作家、不同的艺术风格的评价还是比较尊重而客观的。他认为“古之诗人一人各具一笔意”，所谓“大家诗文，要有自己面目”。他明确告诉别人，不主张专学某家，并对日本博士铃木虎雄称他专注于江西诗派，大不以为然。

陈衍视野开阔，兼收并蓄，表现了一位杰出诗人和理论家的成熟和稳健。（参见《中华文学通览・近代卷》）

陈三立曾将自己所作诗稿交给同光体的另一位领袖人物郑孝胥，请他删定。这些诗均作于其父亲陈宝箴逝世后。

郑孝胥拜读之后，击节赞赏，称陈三立的诗为“源虽出自鲁直，而苍莽排戛之意态，卓然大家，未可列之江西社里也。”并欣然为之作序。

郑孝胥在《〈散原精舍诗〉序》中说：“伯严（陈三立字伯严）诗，余读至数过，尝有越世高谈，自开户牖之叹……大抵伯严之作，至辛丑以后，尤有不可一世之概……”

因主修《庐山志》得蒋介石嘉许、后执教于中山大学、继任江西通志馆馆长的吴宗慈，对陈三立的诗文更是赞不绝口：“先生之文，早已光烛四裔，其不拘泥于桐城派，亦正如其诗之不可囿于双井也。先生为学，综贯百家，著述宏丽，既从于旧，亦谙于新。其文沈博宏丽，出入范书，如骖与靳。演而为诗，融以至性，绎以至情……而自成一家言……际兹世风板荡，俗学浇漓，幸硕果仅存，皤然一老为群流仰止，不独为吾乡耆献之光，其高躅灵襟永镇，自与名山同垂不朽也。”（参见吴宗慈《庐山志》）。

然而，由于历史上诸多难以尽说的原因，同光体诗派这样一个阵容强大、成果丰厚、影响深广的诗歌流派，在中国近代文学史上却受到不公正的待遇，曾一度被视作诗歌发展史上的“逆流”。

陈三立作为同光体诗派领袖，亦受到种种非难攻讦。有人以其未投身资产阶级民主革命洪流为由，而以“遗老”“颓废”“消沉”等字眼来评价他。我们说，用当代政治的有色眼镜去观照古人，将当代意识强加于古人，这本身就未免失之公允。

近年来，文学理论界对同光体诗派及同光体诗派领袖陈三立重新予以审视评价，还其历史本来面目，这不能不说是值得庆幸的事情。

郑孝胥

陈三立所著《散原精舍诗集》，由商务印书馆先后印行两次。所收入的诗作，都由诗人亲自选定，并多是迁居南京后的作品，他中年时的诗作，功劲追赶汉魏，意境较典雅高古。梁鼎芬以为与后来作品风格不尽相同，建议不收入，以保留“同光体”面貌。此外，还有集外诗稿本两册，是湘潭周印昆手抄。周印昆当时是陈家塾师，书法功底很深。诗稿点评则出自黄遵宪的手笔。

陈三立还亲自审定文稿，编定《散原精舍文集》。该书共十七卷，文章一百八十篇。1949年8月，由中华书局印刷，分上下两集。《散原精舍文集》目录后，有陈三立的儿子隆恪、寅恪、方恪共撰《附言》：

先君壮岁之所为文，多为与湘阴郭嵩焘侍郎，湘潭罗顺循提学等人往复商榷，故去舍独谨。今集编次，悉依年手订。所未载者，除因乱散失外，胥列入别集，待刊。

然而，《散原精舍文集》刚刚印成，尚未来得及发行，上海即面临解放，社会一片混乱，中华书局只好暂将刚刚印成尚散发着油墨清香的《散原精舍文集》封存仓库。1949年后，陈叔通、张元济等人曾建议发行，但有人认为或有不合时宜之笔，暂不发行，以至又被延搁下来。直至1998年12月，经历了近半个世纪的风风雨雨之后，方由辽宁教育出版社重新编排印刷，蒙尘近半个世纪的《散原精舍文集》方得以与读者见面。

2003年，上海古籍出版社印行的《散原精舍诗文集》上下两卷本，即李开军校点本，该书规模宏大，是收录陈三立诗、文较为详尽的版本。该书共收录散原精舍诗卷上、卷下、续集卷上、续集卷中、续集卷下、别集、集外诗、文集十七卷和集外文。通计全书诗篇（包括联语、诗钟）二千余首，文二百四十余篇，另附录吴宗慈等撰写的诗评、传、论四十八篇。（参见江西省修水县政协文史委编资料集《义宁陈氏五杰》）

命运之神对这位才华横溢的诗人竟是如此不公，灾难和坎坷的阴影始终梦魇般伴随着陈三立。

1923年夏天，对陈三立来说，是一个不堪回首的黑色的夏天。

就在这年夏天，陈三立的家庭突遭厄运，在前后相隔仅一个多月的时间内，他的夫人俞明诗和长子陈衡恪相继去世。

接踵而至的丧妻和失子之痛，对于已是年逾古稀的陈三立来说，其打击是何等地沉重而残酷!

这年的夏天闷热异常，素有“火炉”之称的南京更是酷热难当。连日的高温和溽暑，夫人先是觉得有些不适。刚开始的几天，陈三立也没怎么在意，夫人的身子素来虚弱，平常日子，若是有个头痛脑热，服几剂药后也就没事。谁知这次服药后却不见丝毫好转。几天后，竟突然病情加剧，一卧不起。此后接连换了几个医生，服药后还是无济于事，眼见得病情在一天天加剧，有时竟至昏迷不醒。

陈三立共有五子三女，儿女们均学有所成，长大成人后，都不在身边。

长子衡恪时年四十八岁，留学日本回国后，在北京任美术学校及美术专门学校国画教授，已是驰名海内外的著名画家；次子隆恪时年三十六岁，曾留学日本东京帝国大学，归国后在北京四平路局任科员；三子寅恪时年三十四岁，其时尚在德国柏林大学研究院深造；四子方恪时年三十三岁，上海复旦大学毕业后，在江西任职；五子登恪时年二十七岁，正在法国巴黎留学。三个女儿也各自成家立业，长女康晦嫁合肥张宗义，次女新午嫁俞大维，三女安醴嫁四川薛琛锡。

夫人病重，自己又年逾七旬，儿女们又都不在身边，这可如何是好，陈三立心急如焚，只好先将夫人病重的消息发电报告诉了远在北京的长子衡恪。

接到电报后，衡恪二话没说，立刻赶到了南京。

有了长子在身边，陈三立这才放心了许多。衡恪告诉父亲，病重的母亲全由他一人照料，母亲病重的消息，不到万不得已，暂且不要让弟妹们知道，免得他们挂念担忧。

衡恪是个孝子，他片刻不停地守护在母亲的病榻旁，为母亲熬汤喂药，端茶送饭，洗澡净身，换洗被褥衣裤，有时药铺缺药，为了配齐药单上的药方，他非得跑遍南京城大街小巷的所有药铺，就连照顾大小便，他也不放心仆人帮忙，非得要自己动手不可，他尽职尽责地尽着一个儿子的孝道……

在陈三立的八个儿女中，只有衡恪不是俞氏夫人所生，衡恪的生身母亲是陈三立的原配夫人罗氏。罗氏出身名门，她的父亲罗亨奎乃江西武宁籍举人，后官至四川雅州知府。陈三立的家乡江西义宁州与武宁县相毗邻，三百里幕阜山和七百里修河将两地紧紧地连接在一起。

光绪二年（1876），陈三立的长子衡恪出生于其祖父陈宝箴为官的凤凰厅衙署（今湘西凤凰县城），其时，陈宝箴为官湖南辰沅永靖道。光绪六年（1880），罗氏夫人在生第二子同良时，不幸难产身亡，不久，尚在襁褓中的同良亦殇。

罗氏夫人去世后，年幼的衡恪由祖母黄氏夫人抚养。陈三立续娶俞氏夫人之后，衡恪方由俞氏夫人抚养。

俞氏夫人亦出身名门，她的娘家俞氏家族乃是浙江山阴（今绍兴）一大名门望族，其父俞文保时任湖南知府。

出身名门的俞氏夫人性情贤淑，知书达理，能诗，擅书法，尤擅长弹古琴，她玉洁冰清，且又多才多艺，自号“神雪馆主”。

俞氏夫人对衡恪视若已出，钟爱有加。衡恪亦把俞氏夫人当作自己的亲生母亲，极尽孝道。俞氏夫人生下隆恪、寅恪、方恪、登恪、康晦、新午、安醴等子女后，更是把衡恪视作弟妹们的榜样，她常常当着她的一大群亲生儿女的面，严词厉色地训导他们为人处世要以大哥衡恪为楷模。作为兄长，衡恪对弟妹们呵护有加，弟妹们亦对这位同父异母的长兄很是敬畏。

清末民初，纳妾之风盛行。一些清朝遗老和士大夫妻妾成群，他们乐此不疲以此为荣。中国最早留学欧洲鼎鼎大名的辜鸿铭甚至以“一把茶壶要配几个茶杯”为由，来给这种带有浓厚封建残余的“一夫多妻”现象寻找理论依据，以证明多妻的合理性。

陈三立对这种现象深恶痛切极为反感，原配夫人罗氏逝世后，他与续配俞氏夫人情深意笃，相敬如宾。陈三立一生自始至终恪守一妻制，不置侧室，这种操守在当时的士大夫中是极为难能可贵的。

这些日子，可真难为了衡恪，他既要照料病重的母亲，又要安慰年迈的父亲。望着儿子日见瘦削的身影，一丝难以名状的隐痛掠过陈三立的心头。

尽管衡恪多方求医极尽孝道，但俞氏夫人的病情却依然不见丝毫好转，医道药石已无力回天。在俞氏夫人最后的日子里，衡恪通宵达旦地守护着，直至她生命的最后一息。

俞氏夫人逝世后的那几天，南京大雨如注，为了给母亲买到一副上等棺材，衡恪冒着倾盆大雨上街，亲自为母亲选购。

安葬了母亲之后，连日的劳累，衡恪的身体已是极度虚弱，加上冒雨上街买棺材淋湿了身子，致被暑湿所侵，衡恪一病不起，患了重伤寒，多方医治无效，竟于当年8月与世长辞，时年仅四十八岁！

在前后仅一个多月的时间内，接踵而至的丧妻失子之痛，将陈三立击倒在病榻上。

为了让父亲从悲痛中解脱出来，儿女们经商量后，决定给父亲换个环境。

于是，在儿女们的精心安排下，陈三立离开南京来到了杭州，寄寓在西湖净慈寺养病。两年后，葬俞氏夫人及长子衡恪于杭州九溪十八涧之牌坊山。

净慈寺位于西湖之滨南屏山慧日峰下，面对夕照山，是一座千年古寺。该寺历史悠久，自五代后周显德元年（945）吴越国钱弘俶建寺起，历时近千年，屡废屡建。净慈寺古木参天，殿宇森严，香火缭绕，钟磬声声，不绝于耳……

置身于这方佛教净土，陈三立那因过度悲伤而破碎的心，得到了些许的慰藉；佛国的清净与虚无，让他暂时得以从丧妻失子的痛苦中解脱出来。

陈三立在这里度过了一段难得清静的时光。他静卧古寺，观流云，听松涛，念佛诵经，吟诗作赋，在佛国与艺术的天地里放逐着心灵。

1924年，印度著名诗人泰戈尔来华访问，由徐志摩等人陪同，泰戈尔专程到西湖净慈寺拜访了中国诗人陈三立。

泰戈尔是印度著名的作家、诗人和社会活动家，他曾留学英国，用孟加拉文写作，一生著作甚丰。他多才多艺，在小说、诗歌、戏剧、作曲、绘画等艺术领域均有造诣。他的诗歌格调清新，具有民族风格，但也带有神秘色彩和感伤情调。1913年泰戈尔获诺贝尔文学奖，他创作的诗歌《人民的意志》，被定为印度国歌（参见《辞海》）。他的创作对印度文学的发展影响很大。

两位异国诗人在美丽西子湖畔的千年古刹里，相互倾吐仰慕之情，交谈的气氛十分融洽。泰戈尔以印度诗坛代表的身份，给陈三立签名题赠了一本自己的诗集，并要求陈三立也以中国诗坛代表的名义赠给他一部诗集。陈三立谦逊地说："您是世界闻名的诗人，足以代表贵国诗坛；而我却不敢以中国诗坛代表自居。"

临别时，两人合影留念。

此次会面，传为中印文化交流史上的一段佳话。

第四章　息影庐山

1929年10月，陈三立携次子隆恪夫妇及孙女小从，由上海乘客轮抵九江，登上了耸峙在长江之滨的庐山，其时，陈三立已是七十七岁高龄。

深秋的庐山，伟岸而峭拔，瑟瑟秋风将葱茏翠绿的满山涂抹成鹅黄的底色，不远处那高峻嵯峨的峭壁，在秋风里裸露出挺拔劲硬的身板，那间杂在寒林深处的红枫，像团团簇簇闪烁跳跃的火苗，更给这深秋的庐山增添了几许鲜活与生机。

陈三立

义宁陈氏与庐山可谓是结下了不解之缘，庐山曾是义宁陈氏的祖先结庐栖息之地。据《义门陈氏宗谱》载：陈氏家族的远祖，那位风流倜傥才华横溢的伯宣公，就曾从他居住的福建泉州仙游（今莆田）浪迹庐山，见庐山幽奇清远风光秀美，遂生隐居之念。于是，在庐山圣治峰前龙潭窝结庐隐居。他弃却功名利禄，潜心评注司马迁《史记》，因此名闻朝野。后得仙人指点，至伯宣公的孙辈旺公方才离开庐山，迁居“常乐里”，这才有了名倾天下的江州“义门陈”，旺公遂成江州“义门陈”始祖。

陈三立对庐山可谓是心仪已久，光绪十九年（1893）春夏之交，陈三立与易实甫、范仲林、罗达衡等知己一同游历庐山。那时，陈三立年方四十一岁，正是年富力强踌躇满志的年龄。那次游庐山，他们兴致勃勃地游览了三峡桥、玉渊潭、陶渊明故居、濂溪墓等山南名胜。其间，他们登高而赋，作诗唱和，好不痛快。

有一天晚上，他们夜宿古寺，听到山中蛙声阵阵，陈三立有感而发，赋诗记下了这一奇特的自然现象：

山中鸣蛙恼人，诗以记之

十日荒山雨中坐，山脚蛤蟆啼向我。
灯昏眼乱不能言，海沸江喧乘一舸。
吾闻仙人爱清静，杂置鼓吹恐计左。
蚓窍日月磨天来，灭尽音声灭爝火。

自那次离开庐山后，庐山秀美的风光依然令陈三立魂牵梦萦，他在心中隐隐地萌发了一个朦胧的念头：自己年老之后，若能在庐山结庐定居，那将是十分惬意的事情。这念头一直伴随着他，戊戌政变失败后，他与父亲陈宝箴一道被革职永不叙用。在考虑革职后的隐退栖身之地时，他和父亲同时想到了庐山，遂托亲友在庐山南面山脚下的陶渊明故里栗里买地，拟筑屋定居，后因亲友失信而未能如愿，无奈之中，只得另觅南昌西山……

这些年来，陈三立在南京、杭州、上海间辗转迁徙，一晃不觉已过去了近三十年的时光，初迁南京时，他年方四十八岁，如今，他年近八旬，垂垂老矣。繁华富庶的吴越之地，文人雅士云集，文化积淀丰厚。在那里，陈三立度过了他人生中值得回味的美好时光。

不知是厌倦了都市的浮华与喧嚣，还是他疲惫的身心需要寻找一方宁静安详的港湾。陈三立离开了他久居的吴越繁华之地，如晚霞里归巢的鸟儿，扑棱着疲惫的翅膀飞向寒林深处的枝头，来到了他神往已久的庐山。

自古以来，中国的文人士大夫皆把功成名就之后的退隐山林，视若自己人生的最高境界。退隐山林之后，他们可以放浪形骸，可以仰偃长啸，可以寻芳探幽遁世寄情……使自己的人生个性和生命意识得以尽情地舒展张扬。

大自然的神工鬼斧，造就了庐山的秀丽多姿。那飞峙高耸的雄姿，那嵯峨诡谲的峰峦，那深邃幽峭的壑谷，那变幻莫测的云雾，那参天挺拔的古木，那随处可见的珍禽异兽……如磁石般吸引了古今中外无数的文人墨客、达官贵人以及旅游者奇异的目光。中华民族数千年的文明史，又在庐山留下了诸多的文化胜迹。

庐山以其独特的自然和人文景观，跻身世界级名山之列。正如1996年12月6日，联合国科教文组织世界遗产委员会第20届会议通过将庐山作为“世界文化景观”列入《世界遗产名录》时评价的那样：庐山的历史遗迹以其独特的方式，融汇在具有突出价值的自然美之中，形成了具有极高美学价值的、与中华民族精神和文化生活紧密相连的文化景观……

名山与名人似乎永远有着天然的不解之缘。古往今来，名山吸引着名人，名人留恋着名山，名山的毓秀钟灵给了名人以无限的才思，名人的不朽之作与他们的风采遗韵又为名山增添了无限风光。二者相映生辉，互为表里，共同铸造着人类文明的辉煌。

翻开庐山的史册，李白、苏轼、陶渊明、王羲之、白居易、朱熹、黄庭坚……一个个中国文化史上如雷贯耳的文学巨匠，都在庐山留下过他们不朽的足迹。

庐山风光

西方资本主义列强的洋枪洋炮打开了古老中国的大门之后，庐山又成了他们强占瓜分之地。在海拔千米的庐山上，一栋栋风格迥异的欧式别墅拔地而起，东西方文化在此交汇融合，逐渐形成了由东谷辐射的以欧式别墅为主体的建筑文化圈。（参见罗时叙《庐山别墅大观》）

陈三立上庐山后，先寓居牯岭。翌年，在牯岭松树林以四千银元购得挪威人建的一栋别墅。

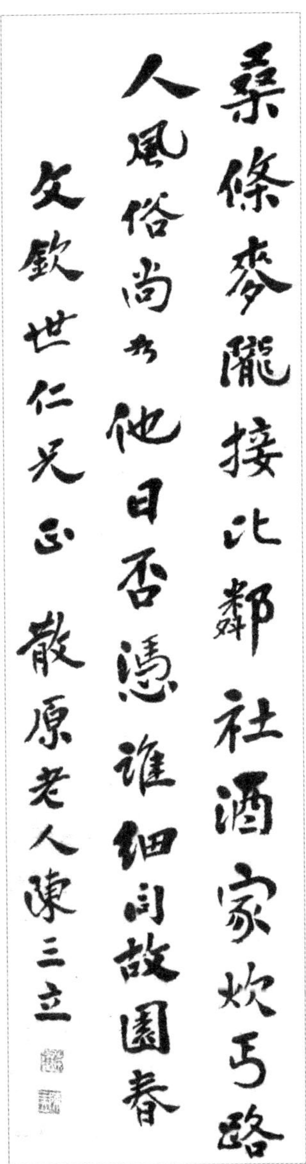

陈三立书法

别墅坐落在牯岭山脊南部风景秀丽的“月照松林”之中，门牌号码为河南路1129号（今河南路602号）。该别墅分上下两层，占地面积一百七十平方米，有大小房屋二十间，为德国式大坡顶屋面。

别墅建于山脊上一片繁茂的密林深处，那密林全是青一色参天挺拔的黄山松，黄山松株株苍劲挺拔，虬枝横出，婆娑多姿，每当劲硬的山风拂过松林，激起阵阵松涛，松涛带着长啸，一阵紧似一阵，呼啸着掠过山冈，引来山鸣谷应，气势甚为壮观。

办理完房产契约交割手续后，陈三立又按自己的意愿对别墅作了修缮扩建，并亲自取名为“松门别墅”。

松门别墅前不远处，有巨石突兀，形如虎踞，其势威猛。陈三立亲书“虎守松门”几个大字，命人镌刻其上。

松门别墅建于这样一个所在，很有几分幽远高古的气派。陈三立对自己在庐山的新居很满意。从此，他在远避尘嚣的庐山开始了自由自在的山间田园式生活。

庐山秀美的自然风光，松门别墅的宁静与安详，给晚年的陈三立以莫大的慰藉。自民国十八年（1929）秋上庐山，至民国二十三年（1934）秋离开庐山赴北平就养，陈三立前后在庐山度过了六个年头的山居生活。

六年的山居生活，是这般地美好而难忘。大山的温馨与柔情，抚慰着他憔悴而疲惫的身心，那随处可见的飞瀑流泉与奇峰峭壑、明月清风，又源源不断地激发着他不倦的游兴与才思。

在山居六年的日子里，陈三立遍游了山南山北，饱览了庐山的风光名胜，一幅幅色彩绚烂而奇妙的自然和人文景观栩栩如生地展现在他的眼前。

北宋王安石在其名篇《游褒禅山记》一文中有段名言，深刻地道出了寻芳探幽与人生的真谛：古人之观于天地、山川、草木、虫鱼、鸟兽，往往有得，以其求思之深而无不在也。夫夷以近，则游者众；险以远，则至者少。而世之奇伟、瑰怪、非常之观，常在于险远……

对王安石的这段富于哲理的名言，陈三立是深谙个中真谛的。

王家坡瀑布沉睡千万年，隐于庐山北麓深涧山谷及榛莽丛林之中。如藏在深山中的一块未经雕琢的璞玉，不为世外的人们所知。世人一直以为，庐山瀑布，东有三叠泉，西有石门涧，南有黄岩瀑、玉帘泉，唯独山北无名瀑。

一个偶然的机会，陈三立听一个打柴的樵夫说，有一天，那樵夫去王家坡打柴，烈日当空，骄阳似火，正当他唇焦口燥之际，隐隐地听到不远处的山洼里传来汩汩的流泉声，他便循声走到谷底，转过一个山嘴，便见一泓流泉直挂眼前，流泉下一汪豆绿色清澈的碧水，闪着蓝幽幽的波浪……

陈三立闻讯后，决计亲自前往王家坡品瀑。为了寻芳探幽，陈三立不顾家人的劝阻，以耄耋之年，在家人的陪伴下，扶杖步行，取道小天池，东行十余里，从人迹罕至的榛莽丛中踏出一条小径，终于来到了王家坡瀑布前。

初见瀑布，陈三立欣喜若狂，他见瀑布如碧玉，似银练，飘飘洒洒，飞珠碎玉，直泻深潭。潭旁有一巨大浑圆的石头，在波浪的冲击下，款款地颤动着。陈三立兴致勃勃地登上这块石头，果见此石在波浪下微微颤动。陈三立十分喜欢这块石头，他把这块石头称为“浪动石”。

王家坡瀑布果然好个去处。站立潭边，峭壁和树木的倩影倒映在潭水中，一群群庐山特有的石斑鱼在潭水中嬉戏出没，白云漫过山顶，有隐隐松涛从远处传来……陈三立由衷地赞叹着这“姗姗来迟的绝胜”，亲笔题名

"碧龙潭"。回家之后，他挥笔写下了游记散文《王家坡听瀑亭记》、诗《王家坡观瀑》等脍炙人口的名篇。他在诗文中盛赞"匡庐王家坡之瀑，奇胜冠山北""山南三叠泉、青玉峡诸胜，莫能轩轾也"。

碧龙潭的宁静幽邃，悬崖飞瀑的飘逸挥洒，让陈三立乐而忘返。在此后的日子里，他屡屡与家人旧地重游，他赞叹着大自然的神奇造化，他在感受着人与自然相融合的乐趣的同时，又在默默地追寻着一种达观和超越。

王家坡瀑布的发现，不仅填补了"山北无名瀑"这一空白，而且令庐山诸瀑"莫能轩轾"，怎不令陈三立欣喜若狂呢。

于是，陈三立倾其所有，出资新建"听瀑亭"，题写了《听瀑亭记》碑刻。除此之外，他还题写了"洗龙碧海""憩石挹飞龙"等石刻，给这一自然景观骤添了缕缕厚重深沉的文化气息。（参见熊炜等《庐山与名人》）

一日，陈三立信步走进庐山栖贤寺，他不由得为寺院内珍藏着的《五百罗汉图》惊呆了。

《五百罗汉图》乃庐山的镇山之宝，由二百幅以佛教的神话故事为题材的人物画像组合而成。

这二百幅《五百罗汉图》以举世无双的恢弘气魄，精妙绝伦的艺术构思，超尘绝俗的表现手法，惟妙惟肖地描绘了神化了的佛教徒——罗汉的不同生活侧面，把人们带进了一个神奇诡谲、色彩斑斓的艺术世界。

栖贤寺的长老告诉陈三立，这二百幅罗汉图的问世，还有一段故事：

清康熙年间，有一位叫金世扬的人，此人官拜江苏布政使。金世扬少小时曾到庐山读书和游览，庐山秀美的风光令他陶醉不已。金世扬面对庐山的峭峰幽壑，许下铮铮誓言："长大后，一定以最名贵的画来酬谢山灵。"

君子一诺千金，一晃三十年过去了，金世扬已升任江苏布政使，他果然没有忘记当年许下的诺言，费尽周折，他终于打听到了一位能以自己的作品与庐山千秋共存的画家。有人向他推荐了浙江著名画家许从龙，许从龙以擅长山水花鸟及佛道人物闻名于世。于是，金世扬不惜重金，将许从龙请至自己的官邸，待若上宾，并托之以重任。许从龙不负重托，以顽强的毅力和深厚的艺术功底，依据自己的生活体验和对题材的独立构思，苦心孤诣，匠心独运，经过了六个春秋的精心创作，终于完成了《五百罗汉图》这一空前绝后的巨大创作工程。

《五百罗汉图》形象地反映了佛教的中国化趋势，它集姿态万千的五百罗汉艺术群像于一堂，这一艺术瑰宝为世所绝无仅有，因而它一经问世，备受人们的钟爱。

伫立在皇皇壮观的《五百罗汉图》前，陈三立百感交集，他既顶礼膜拜于作品所表现的超尘绝俗、神奇诡谲的佛教神话，又为五百罗汉们那寄情山水飘飘欲仙的情韵所陶醉；既为画面淋漓酣畅地表现的佛教“明心见性”的佛理真谛所震慑，更为艺术作品打破时空的永恒魅力所感叹。（参见《画坛独秀，丹青一杰——许从龙与庐山》）

庐山秀美的自然风光让诗人陈三立如痴如醉，多情的庐山亦为诗人撩开了她神奇而神秘的一角面纱，以酬报这位钟爱她的浪漫而多情的诗人。

“天池佛灯”为庐山难得一见之景，其似幻非幻、似真非真的奇妙景观，让人痴迷神往。古往今来，在诸多的文学作品中，对“天池佛灯”有过生动的描述：

“登文殊台，凭高俯眺，忽见二灯冉冉从峰岭中闪出，宛若悬于足底。回首四望，俱有灯火所见，如晨星落岭布野，渐渐稠密，百千万亿，熠熠往来，不可纪极矣……”

“有一灯独行，有两灯并携；有百十灯排列，徐徐若官人出巡……”

“天池壑谷，确有异光，并非妄语。夜登‘天池’，忽现‘佛灯’，有数灯合为一灯，有一灯分为数灯。有的迎风疾行，灯焰反向燃炽；有的徐行则敛焰，驻留则渐微明；有的排列一线，宛若星桥灯市；有的独燃幽处，若寒窗烛灯荧荧；有的高在山半，若悬竿；有的出没如江湖丛苇中，似渔火忽远忽近……在数十步内，熟视灯下，若有两足影，喁喁若间语声，而实无语。见灯汇聚之处，使人疾行趋视，则无有其人……”

以上这些优美动人的文句，都是记载和描述有关“天池佛灯”的，细读其文，它给人的感觉是这般地虚幻而神奇。然而，古往今来，真正有幸能够见到这一奇妙胜景的却难得有几人。

明代的王守仁，世称阳明先生，他虽官至兵部尚书，却是以创立“阳明哲学”而扬名于世的。

王阳明是有幸目睹了“天池沸灯”的为数不多的几个人之一，他观赏了这一奇景后，兴致勃勃地写下了《文殊台夜观佛灯》：

老夫高卧文殊台，拄杖夜撞青天开。撒落星辰满平野，山僧尽道佛灯来。

庐山风光

传说佛灯给王阳明带来了好运，有意思的是，王阳明夜观佛灯的第二年，就被升任为兵部尚书，不久又因在江西新建俘获谋反的朱宸濠被加封为新建伯。（参见熊炜等《庐山与名人》）

陈三立亦有幸看到了庐山久负盛名的“天池佛灯”，然而，年过耄耋的陈三立却并未因此而招致好运。此时的他，对人生对世事更多了一份冷静与达观，在陶醉于自然美景的同时，更多占据他心灵空间的是充满智慧灵光的理性思考。

在山居六年的日子里，陈三立整个儿徜徉陶醉在庐山的奇峰幽壑间。他时而约同三五好友，时而与家人一道，策杖而行，攀险峰，探幽壑。他青春勃发，浑身上下像是有着使不完的劲。他上天池、登五老、下龙潭、游黄龙，大有“须臾雾合身如豹，埋梦来添一秃翁”（《登五老峰绝顶》）的气概。这段时间，大量脍炙人口的诗作如大山深处的清泉，汩汩滔滔，从这位才华横溢诗人的笔端喷涌而出。

庐山的风花雪月无不成为诗人描写吟咏的对象。如《中秋夕山居看月》一首，就让人回味悠长：

笼湖摇海中秋月，移向匡君卧处看。
洗露峰峦迎皎洁，带星楼观出高寒。
一生阅世丹心破，万里传辉白骨残。

犹有酒杯邀对饮，石根虫语落栏干。

诗人对雪似乎情有独钟，他咏雪的诗作《山居始雪晨眺作》亦耐人寻味：

暖候啸高风，岩峦卷余霁。
隔晨雾四塞，黯黯天地闭。
裂缝暂褰开，飘雪乱凝睇。
遍挺琼树枝，亦拥琉璃砌。
松叶张婆娑，烂缀鹤氅毳。
寒啼动猿境，远影灭鸿逝。
声闻寂诸天，孤噫自为帝。
煮茗格吸泉，访梅贪改岁。
通寀谢亲如，老我鸿荒世。

他的《山中又雪感赋》，把庐山的雪写得细腻传神而饶有情趣：

雨尽依稀雪满山，琼楼玉宇挂其间。
老人坐啸迎龙战，白骨如麻自闭关。

陈三立吟雪的诗远不止此，一日雪后初晴，他偕次子隆恪夫妇及孙女小从在庐山摄影，曾题诗为纪念：

日气腾腾万景扶，衔晴鸟雀镜中呼。
窜居亦拥团栾影，雪壑冰枝带一雏。

他的《枕上醒暴雨》一诗，将山中暴雨写得气势磅礴：

海水从天怒倒流，夜号神鬼梦痕浮。
依稀飞挟峡泉吼，雨满当年琴志楼。

他的《遣闷》一诗，写景融情，直抒胸臆：

吾生无乐处山中，披诵骚辞托迹同。
群盗更传掠薇蕨，独摩老眼立秋风。

限于篇幅，笔者无法囊括陈三立在庐山山居六年所创作的全部诗作。陈三立曾将自己山居期间所作诗章，编成《匡庐山居诗》，印制成书，赠送亲友。

这些堪称经典的诗作，逼真地再现了诗人山居期间的生活图景。既具闲情野趣，又有诗人真实情感的自然流露；既为我们描绘了一幅幅奇妙绝伦的景色，亦为我们了解和研究诗人博大而丰富的内心世界提供了参照。

此外，在山居期间，陈三立还亲自搜集历代名人所写的庐山游记，汇编成《庐山历代游记丛抄》上下卷，并亲笔题笺作序，此书为我们今天研究古代庐山游记提供了极大的方便。

文人墨客酷爱庐山，政治家们亦青睐庐山。

在文人墨客看来，庐山的峭壑幽谷，云海雾涛，可以怡情养性，激发创作灵感。

在政治家们看来，庐山的奇峰险壑，云遮雾罩，让人难以捉摸，这景致颇似他们角逐搏击的官场。因此，庐山鬼斧神工的自然造化，对政治家们有着天然的亲和力。

蒋介石自1926年冬上庐山参加国民党中央政治会议后，似乎就对庐山产生了某种难以割舍的情结。他自1926年执掌国民党中央政治会议主席、国民革命军总司令起，至1948年任国民党中央政治委员会主任、中华民国总统止，其间有十三个年头上庐山长住（其中1938～1945年日军侵占庐山，蒋介石住重庆）。

自此之后，庐山就以“政治山”的面目出现在中国近代史上。

诚然，政治家们如此青睐庐山，除上述所叙原因之外，盛夏酷暑时节庐山的凉爽宜人，山顶牯岭街都市的便利和鸦片战争后外国人留下的数以千计异国情调的别墅，还有那通往庐山的水、陆、空四通八达的交通，亦是不可或缺的因素。

自1932年起，蒋介石就把庐山变成了南京之外的第二个政治中心，庐山从此又有了“夏都”之称。

牯岭不远处的东谷，是一条狭长的山沟，山沟内有一条小溪叫长冲河，在长冲河东岸一个形似“太师椅”的山洼里，有一栋英国券廊式别墅。这栋掩映在绿树丛中的具有欧洲古典文化情韵的山间别墅，隐隐地透着一种高贵与神秘……

这就是名闻遐迩的“美庐”——蒋介石与宋美龄在庐山的居所。

别墅的业主原为英国西伊勋爵，后将别墅转给了英国医生赫利太太，后来赫利太太又将别墅赠给宋美龄。别墅设计巧妙、环境优美恬静，居住其中，能充分领略夫妻生活的融洽和家庭生活的温馨。

有一天，蒋介石听说清末“维新四公子”之一、鼎鼎大名的“同光体”诗派领袖陈三立就住在庐山，蒋介石对陈三立可谓是仰慕已久，但一直无缘相见。如今相隔咫尺，蒋介石不想错过这个机会，于是，他产生了想拜见陈三立的念头。

应该说，蒋介石算是有自知之明的，他没有贸然前往，他对像陈三立这样的文化名流从来都是以礼相待，而不像对待他的部属那样颐指气使。他特地派人前往“松门别墅”联系。

来人郑重其事地向陈三立转达了蒋介石想登门拜访的意愿，满以为可以

美庐别墅

顺顺畅畅地回去交差，谁知陈三立听来人说明了来意后，却以极为平淡的口气对来人说：

“我是一个久不与闻世事的出世之人了，即便会晤，也没什么话可说，蒋先生公务繁忙，我看就不必劳驾枉顾了吧！”

蒋介石吃了一个“闭门羹”，也就只能徒唤奈何。

陈三立又一次对政坛显要频频送来的秋波，表示了自己高贵的冷漠和隔阂，他默默地履行着自己在戊戌政变失败后立下的“不问政”的诺言。

陈三立在庐山并没有完全“息影松林径，洗梦涧瀑流”，他在寄情山水的同时，内心深处却在作着冷静而理智的思考。

在庐山的奇峰峭壑间，有千余栋风格迥异的西式别墅，这凝聚了欧洲建筑美学思想和奇妙韵律的“建筑文化圈”，在诗化了庐山的自然和人文景观的同时，又是一部耻辱的中国近代史的缩影，它是近百年来中华民族被凌辱、被宰割的历史见证。那一栋栋精妙绝伦、美丽华贵的别墅背后，隐藏着一部民族痛苦而辛酸的历史。

1895年12月31日，庐山英租界条约签订。英国在庐山占地67万平方米以上，“租”期为999年。13年后，英租界占地已达135万平方米以上。

1898年5月，庐山美租界条约签订，美国在庐山占地5万平方米，“租”期无限。

同年7月，庐山俄租界条约签订，俄国在庐山占地28万平方米，“租”期无限。

陈三立敏锐地意识到：《庐山志》自康熙时毛德琦编纂后，已失修二百多年，而西方资本主义列强强租庐山为避暑之地的经过，却没有谁能说得清楚。庐山古老而神秘的土地开禁之后，外国人趋之若鹜。如今，庐山有别墅千余栋，牯岭俨然已成一都市。若是有朝一日要从外国人手中收回主权，我们自己岂不是连个典籍依据也没有！到时候无据可查，那将是何等地尴尬和难堪！

一种强烈的爱国激情驱使着陈三立骤然产生了重修《庐山志》的紧迫感和使命感。于是，陈三立决定在学者名流间倡修《庐山志》。

也许是上苍的安排，也许纯属是偶然的巧合。偏偏就在这个时候，历史学家、方志专家吴宗慈上了庐山。这样，重修《庐山志》的使命，便历史地落在了吴宗慈的肩上。

吴宗慈（1879—1951），字蔼林，别号哀灵子，江西南丰人。他早年一心向往民主政治，曾向蔡元培、章太炎主办的《警钟日报》投稿。1909年与友人在广东汕头创办《晓钟日报》，鼓吹民主思想。1911年9月，吴宗慈听到武昌起义的消息，立即往返于九江、南昌之间，与革命党人商讨时局，部署响应。1912年年初，他作为江西代表之一，前往南京谒见孙中山，汇报江西辛亥革命情况。从此，吴宗慈便追随孙中山，积极投身民主革命。在民国前期，他参政、议政，并参与宪法的修改。他所撰《中华民国宪法史》，得到孙中山的好评，并亲为撰序。

辛亥革命失败后，孙中山不久便与世长辞。吴宗慈感到革命前途无望，遂决心“不预闻政治事”，转而操持实业。此次上庐山，吴宗慈是以采矿公司驻赣董事的身份，在牯岭设立转运公司的。

吴宗慈上山伊始，便前往“松门别墅”拜访陈三立，他对陈三立甚为仰慕，早在南京时，他就多次前往清溪畔的“散原精舍”拜访陈三立。陈三立不仅在诗坛上享有盛名，而且年尊辈长，他虽然比吴宗慈年长二十六岁，他们间却结下了很深的忘年交。吴宗慈与陈三立诸子衡恪、隆恪等亦甚为要好。

从“松门别墅”回到住所后，吴宗慈辗转难眠。陈三立对他所说的一番语重心长的话语，久久回旋在他的脑际：

《庐山志》失修已二百余年，而这二百余年间，沧海桑田，变化巨大，竟无史载。特别是近代以来，西方帝国主义列强染指庐山，这在每一个炎黄子孙的心中都留下了一段耻辱的记忆。而牯岭“租”给外国人这一耻辱事件，史书竟无任何记载，同时也没有一个人能讲得清它的来龙去脉……作为历史学家和方志学家，吴宗慈深知这样下去后果的严重性。

庐山历史悠久，在国内诸多名山中久负盛名。庐山修志意义重大，势在必行。爱国而爱山，爱山而爱国。一种崇高的责任感和使命感，驱使着吴宗慈断然做出决定，他决计听从陈三立的劝告，从此弃商从文，重修山志。

一旦做出了人生的这一重大抉择之后，就连吴宗慈自己也觉得有些吃惊，他此行上庐山的本意是办实业，结果却阴差阳错，萌发了为庐山修志的强烈愿望。他不由得想起辛亥革命失败后近二十年来，自己远避政治，投身实业。谁知商界陷阱密布，他的实业屡屡受挫。眼见得自己已年过半百，却依然一事无成，空怀报国之志，不由得黯然神伤，潸然泪下。他决计在有生之年，赶紧做一件“惠及今人，福被后代”的事情。

吴宗慈义不容辞地担任了重修《庐山志》的主编，他事无巨细，独任其难，勤勤恳恳，毫无怨言。他就是这么个人，他一旦认定要做的事情，就是九头牛也拉不回头。为了筹集资金，他赴九江与贤达商贾请求赞助，那些人对山志能否修成尚存疑虑，吴宗慈见此情景，立下铮铮誓言：“此志不修成，决不下山！”其情其景，委实感人至深，他募得千元以作开办费用。不久之后，林子超以个人名义代为募捐，就连蒋介石、朱培德听说吴宗慈在修《庐山志》，也欣然慷慨解囊相助。

查找资料的工作繁杂而艰巨，吴宗慈坐拥书城，以苦为乐，查阅档案，典籍、图书，获得大量文献资料。为了寻访庐山的人文资料，他又广泛调查，不耻下问。正如吴宗慈自己所叙：“上至耆年硕学，僧侣道流，下至贩夫樵竖，随时随地，本三人我师之往训，持三年一日之恒心，周咨博访，未敢或疏。”获得了众多的口碑资料。他还约请时居庐山的著名科学家李四光、胡先骕等撰写有关条目，使该志既吸收了当代科技的最新成果，又充满了现代气息。吴宗慈还注重实地考察，获取和验证许多实测资料。他每日登山越涧数十里，庐山山南山北的各个角落，都留下了他不倦的身影。

在修《庐山志》的过程中，陈三立不顾自己年近八旬高龄，亲自审阅、修改，在与吴宗慈商讨《庐山志》体例时，陈三立主张要注重科学。在商讨《庐山志》的文体时，陈三立认为古今不同，文体亦应有所不同，因旧从其旧，新从其新。陈三立的意见，给吴宗慈以很大的启迪。

经过三年不懈的努力，《庐山志》终于脱稿付梓。名山无传世名志的缺憾从此成为历史。

吴宗慈在《庐山志》中，以史家的眼光，审视纷纭繁复的历史资料，集历代庐山志之大成，其内容之富，体例之新，不仅超出旧有山志，而且在全国山志中独具特色。

《庐山志》修成之后，陈三立异常高兴，他欣然为之作序，他在序中对《庐山志》给予高度评价。陈三立说：其体例特点，“大抵与旧志略沿袭，修特创，既佐以图表，复参以后起专门之技术，务在纠缺误，辟矫诬，归于详实，而资利用，此古今山志所未有也。”陈三立盛赞吴宗慈“凭一己之发愤，就瑰异之盛业，其精勤诚过人远矣”。

《庐山志》修成之后，吴宗慈在学术界声名鹊起，并得到了蒋介石等人的赞许。不久之后，吴宗慈就以国民政府行政院参议的名义专任检校《清史稿》。1936年9月，他正式应聘为广州中山大学研究院教授，后任西南联大教授。1940年冬，应江西省主席熊式辉和省参议长彭程万的邀请，出任江西省志筹备委员会主任，次年4月，筹委会改为江西省通志馆，吴宗慈任馆长兼总纂。

1947年，吴宗慈又主持续修了《庐山续志》。《庐山志》和《庐山续志》两部皇皇巨志，使吴宗慈在民国时期方志领域独树一帜。（参见《数点风物，评说古今——吴宗慈与庐山》）

陈三立息影庐山之后，他在庐山的日子并不寂寞，人们没有忘记这位声名显赫的诗人。山居期间，不少来自全国各地的诗人及学者名流，不远千里，前来探访拜谒。“松门别墅”里，谈笑有鸿儒，往来无白丁，洋溢着真挚爽朗的笑声。

著名画家徐悲鸿算得上是“松门别墅”的常客。民国十九年（1930）夏，徐悲鸿来庐山，陈三立与他一道游览了庐山三宝树、黄龙寺，并合影留念。此行同游的还有欧阳竞无、俞三、李一平、谢寿康等。徐悲鸿还特地为陈三立画了油画肖像画一幅。徐悲鸿画艺高超，肖像画得惟妙惟肖，陈三立甚为满意。徐悲鸿是陈三立第五子登恪在法国留学时的同窗好友，对这个浑身上下的每个毛孔都充溢着艺术灵气与才思的晚辈画家，陈三立很是喜欢。这幅油画像陈三立一直带在身边，后来由他的孙女小从（隆恪之女）保存，直至1953年徐悲鸿逝世，有关部门收集他的遗作建立徐悲鸿纪念馆，陈小从方将这幅油画像送存。

1931年，徐悲鸿又一次上庐山，已年近八旬的陈三立又兴致勃勃地与他同游剪刀峡、登鹞鹰嘴，陈三立还给徐悲鸿赠诗一首纪游，诗题为《徐悲鸿画师来游牯岭，相与登鹞鹰嘴，下瞰洲渚莲花形，叹为奇景，戏赠一诗》。

徐悲鸿这次上庐山，是专程为陈三立塑铜像而来的。

为陈三立塑铜像，是徐悲鸿多年的愿望。早在上海时，徐悲鸿便有此愿望，但那时，他还没有这个能力。这些年，随着他在国内美术界声望日增，他的这一愿望又愈加强烈起来。他与北平的文艺界人士一道筹集了一笔资金，由他专门负责此事。他特意带来了雕塑家滑田友和江小鹣，两位雕塑家在国内美术界享有盛誉。江小鹣为江标之子，想当年，江标为湖南学政时，与陈三立的父亲陈宝箴一道，在湖南推行新政，共同开创了湖南新政的崭新局面。江标与陈三立的交谊甚厚，戊戌政变失败后，江标亦被革职回籍，次年即魂归故里。光阴似箭，一晃三十多个年头过去，斯人早已作古，令人欣慰的是他的儿子学有所成，已成为国内知名的雕塑家。

两位雕塑家为陈三立塑的两尊铜像精妙绝伦，江小鹣塑的那尊一直陈列在“松门别墅”的厅堂里，后由陈三立的孙子封怀（衡恪次子）保存。滑田友塑的那尊由陈三立的次女新午及女婿俞大维保存，后俞大维携去台湾。

经常到“松门别墅”拜访陈三立的还有彭伯夔、李国松、陈病树三人，三人均为陈三立的弟子，时人称之为“义门三杰”。世人皆知陈三立的诗歌艺术成就登峰造极，向他学诗的人很多，陈三立亦乐于授业，但其独不肯以文授人。只在晚年，两广总督彭树勋之子彭伯夔、李鸿章从孙李国松、清文宗八大臣之一陈孚恩之孙陈病树，三人相约拜陈三立为师，陈三立才肯破例收为弟子。三人皆才华横溢，为文以畅利雅秀见长。陈三立为文为诗，皆经千锤百炼，字字珠玑，晚年为诗，更是珍重，不肯轻易下笔，铭碑传志之类的世俗之作，虽有数倍于常的润笔酬金，也得不到他的半个字。如实在推却不过，就由彭代笔。三弟子对陈三立极为尊敬，陈三立息影庐山后，三弟子每年必相约上山拜望。

1932年，陈三立在庐山度过了他的八十大寿。

他的子女和亲友们从四面八方赶来庐山，为老人祝寿，“松门别墅”里洋溢着盈盈的喜庆气氛。陈三立的座师陈宝琛特地从北平寄诗祝贺，其中“平生相许后凋松，投老匡山第几峰”一句，勾起了陈三立对往事的回忆。

陈三立待人接物，从来重才不重物，他在庐山庆自己八十大寿期间，爱国将领马占山派秘书把自己所作的诗，专程上山送陈三立请教，陈三立很赞赏。后来，马诗刊刻在“月照松林”石上时，陈三立荐孙女小从的启蒙先生罗镜仁书写。罗先生颜体书法很好，当时是庐山不可多得的手笔。而马占山的下属却认为罗镜仁地位低下，竟不采纳……

陈三立在当时的诗坛上有着举足轻重的感召力，1933年夏，由陈三立发起，在庐山万松林英国传教士李德立别墅前，举行了庐山近代史上著名的“万松林聚社”诗会。

李德立别墅位于牯岭东坡，面对大月山，左有日照峰，右有吼狮岭，环境十分地幽雅而宁静。别墅的建筑精美绝伦，既有古典建筑“隐遁之风”的神韵，又糅合了近代欧洲建筑的豪华与舒适，为庐山千余栋别墅中的精品之一。

李德立为英国“美以美会”传教士利特尔·爱德华·塞比尔的中文名字。取中国名字，是清代来华的传教士的一种时髦，李德立是个中国通，他能说一口相当流利的汉语。

说起庐山被宰割被凌辱的历史，不能不提到这个李德立；说起英国殖民者染指庐山，也不能不提到这个李德立。

就是这个李德立，凭着他特有的狡诈、狠毒和过人的胆量，于光绪二十一年（1895），选择了中日甲午战争之后中国更加软弱惧外的时机，成功地强占了庐山的租界，这个名不见经传的普通传教士，一跃成为在华的各国政治人士、宗教界、商界的“新星”。就是这个李德立，凭着他出售庐山大批地皮所获得的雄厚经济实力，被聘任为英国跨国财团——“卜内门公司”中国分公司的首任总经理。就是这个李德立，宣统三年（1911），成功地促成了清政府的代表与孙中山的代表在上海和谈。他因此而获得了清政府授予的三等嘉禾勋章，同时也获得了孙中山授予的“和平使者”勋章。

1927年5月，武汉国民政府外交部的代表登上庐山，降下了英国国旗，升起了中国国旗，庐山的英租界从此衰落。

1933年，国民党中央执行委员孔祥熙购得了这栋久负盛名的李德立别墅。孔祥熙富甲天下，买栋别墅所花费不过是九牛一毛。不知是为了让大家分享他的荣耀，还是为了给自己增添几许儒雅斯文，孔祥熙乔迁伊始，就郑重其事地邀请陈三立为其发起主持，在他的别墅前举行了这次盛况空前的“万松林聚社”诗会。

“万松林聚社”诗会的唱酬之盛，规模之大，档次之高，堪称庐山近代文化史上绝无仅有。参加者皆为中国近代政坛显要和诗坛名流：他们是国民政府行政院院长汪精卫、江西省主席熊式辉、国民党中央党部宣传主任兼立法院代理副院长邵元冲、国民党中央委员李烈钧、国民党候补中央委员兼铁路部次长曾仲鸣、立法院秘书吴汝澄、行政院赈务委员长许世英、安徽省政府秘书长曹经源以及文化界名流陈三立、吴宗慈等。

孔祥熙

“万松林聚社”的形式别具一格，聚会前约法三章：一、不谈国事；二、以诗会友；三、尽量喝酒。赋诗的形式和顺序也颇有讲究：首先以“拈阄儿”的形式确定赋诗的先后次序，然后在一个茶盘内准备若干纸团，每个纸团上均有一个字，纸团上的字是以佛教净土宗始祖慧远的《游庐山诗》的七十字分拆开来的。到会者拈到哪个纸团，就以那个纸团上的字为韵赋诗。

汪精卫拈到的纸团上是个“然”字，他略一沉吟，即赋诗：

> 石廊泉栏意冷然，筚路于今四十年。
> 三面峰峦先得地，一林松栝渐参天。
> ……

汪精卫这首诗的上半阙是围绕着这栋别墅而作的，此处在牯岭东坡，面对大月山，左有日照峰，右有吼虎岭，所以诗中有“三面峰峦”之说，因事先孔祥熙曾告诉他，这栋别墅建于1898年，所以他在诗中感叹“筚路于今四十年”……

曾仲鸣拈得的纸团上是“同”字，他旋即吟道：

万松深处堪吟笑，风撼涛声韵不同。
空谷浮云凝屐底，远峰飞影入杯中。
人行绝壁常疑鸟，日映悬泉忽幻虹。
夜半倚栏残月黑，仰看河汉独横空。

这次诗坛盛会所有作品结集出版时，作为久负盛名的诗坛泰斗，众望所归，作序的任务理所当然地由陈三立捉笔，陈三立亦不推辞，欣然序之：

万松林集社诗序

庐山牯岭为海内外人士避暑之所，今岁争趋者逾众，中杂骚人墨客以能诗鸣者亦不下数十人。一日，此数十人者期集万松林别馆，咸责赋诗纪遇，因援远公游庐山诗，分摘诗中字为韵。余以荒老久废篇什，顾不弃其如喑蝉，要遮（注：邀约挽留）接踵，遂强一至而赘其列焉。于是振响穹壑，飞笺络绎，蔚为巨观。复有未及与会，闻风投咏者。庐山游客唱酬之盛，盖旷千岁始获擅兹一时也。《记》曰："君子以文会友"。又曰："登高能赋。"今诸子把臂入林，群鸟在枝，殆有感于求其友声，效嘤鸣之相乐欤？抑国势岌岌，迫危亡之会，无所控诉，姑假以写忧而忘世变欤？凡得诗若干首，辑而授印，佥督（大家一齐督促）为述发兴所由云。癸酉（1933）初秋散原老人陈三立，时年八十有一。

这次诗坛盛会，陈三立所起的作用举足轻重，为璀璨辉煌的庐山文化史又增添了崭新的一页。（参见吴宗慈《庐山志》、罗时叙《庐山别墅大观》）

第五章 耿耿此心

1934年8月20日，我国第一座亚高山植物园——庐山森林植物园宣告成立。该园的诞生，开我国自然科学史上植物园创设之先河，宣告了偌大的中国无植物园历史的终结。

庐山森林植物园成立庆典的盛况热烈而空前，各界名流欢聚一堂，共同庆贺我国科学史上的这一盛事。陈三立兴致勃勃地应邀参加了庆典大会，并与参加庆典的各界名流合影留念。他为我国在这一自然科学领域的起步而感奋不已，尽管这步履是如此地举步维艰，但毕竟是可喜可贺的事情。

庐山森林植物园是由北平静生生物调查所与江西省政府农业院合作所共同创办的，园址位于庐山牯岭附近的含鄱口三逸乡，创始人为胡先骕、秦仁昌等。

其时，陈三立的孙子陈封怀，正以优异的成绩毕业于大洋彼岸的英国爱丁堡大学，进入英国爱丁堡皇家植物园，在世界著名植物学家史密斯教授的指导下，学习研究报春花科、菊科以及植物园的建设和管理。

陈封怀早年就读于金陵大学、东南大学，受到著名植物学家陈焕镛先生在植物学上的引导，毕业后又曾在以研究动植物分类为主的北平静生生物调查所工作，他遂对植物学产生了浓厚的兴趣，并成为我国植物学重要奠基人胡先骕门下的高足。陈封怀后来成为中国著名植物园专家、植物分类学家，并被植物学界尊为中国植物园之父。

随着陈封怀的脱颖而出，义宁陈氏这个名倾天下的文化型大家族，开始了由中国固有的传统文化领域向现代自然科学领域的渗透与搏击，这个家族

庐山植物园

与生俱来的那个经世爱国的梦幻，从此圆得更加淋漓酣畅起来。（参见吴宗慈《庐山续志稿》、汪国权《陈封怀 中国植物园之父》）

参加完庐山森林植物园成立庆典之后，已是八十二岁高龄的陈三立结束了六年的山居生活，依依不舍地告别了庐山，在南京小住之后，不久又转往北平就养。

陈三立在父亲冤死之后，曾立下铮铮誓言：今生今世永不入京！这“京”自然是指当时清廷的所在地北京。这简短的几个字，表明了他誓不与统治者同流合污的决心。陈三立立下誓言后的几十年间，他始终未入京城一步。辛亥革命后，清政府迅速解体。1912年1月1日，中华民国政府建都南京，北京改为北平。从某种意义上说，陈三立此时前往北平，丝毫也没有违背当初的誓言。

陈三立入北平后，其三子寅恪正任教清华大学，为该校中文、历史系合聘教授。

在这个名倾天下的文化型大家族中，作为承前启后的关键性人物，陈三立委实是让人敬佩的。在当时人们的思想意识相对封闭的社会历史条件下，他将他的儿子们送往外国留学，让他们接受新思想和新文化的洗礼和熏陶，这除了必须具备超前的思想意识和文化眼光外，这个家族所特有的那种经世爱国的忧患意识，也是不可或缺的因素。

陈三立共有五子三女，在他的五个儿子中，除四子方恪外，衡恪、隆恪、寅恪、登恪皆出国留学。长子衡恪在上海法国教会学校学习，毕业后留学日本，入高等学校博物科。次子隆恪亦留学日本，先入应庆大学理财科，后转入东京帝国大学。五子登恪北京大学毕业后，赴法国巴黎留学。而他的三子寅恪，却曾有过六次留学并长达二十余年的记录：寅恪十三岁便与长兄衡恪、次兄隆恪一道东渡扶桑，在日本新文学院读中学，归国后考入复旦公学，二十一岁在德国柏林大学，二十二岁在瑞士苏黎世大学，二十三岁至二十五岁在法国巴黎大学，二十九岁至三十二岁在美国哈佛大学，三十二岁至三十六岁又在柏林大学研究院学习。

陈三立就养北平时，寅恪特地在西城区姚家胡同三号赁屋一所，以迎养老人。当时，陈三立的大儿媳黄国巽（衡恪遗孀）亦随侍老人。寅恪对父亲极尽孝道，无论多忙，他每个星期天必带着妻子女儿，与父亲一道共享天伦。

居北平就养期间，陈三立还特地拜访了他年轻时的座师陈宝琛，其时，清朝遗老陈宝琛已是八十七岁高龄，陈三立也已八十二岁，两位耄耋老人见面时，抱头痛哭，激动万分。陈宝琛的知遇之恩，陈三立终生难忘。见面时，陈三立尽管年事已高，但他不顾旁人的劝阻，依然行三跪九拜之大礼。当时在场的郑孝胥、罗振玉见陈三立有清朝遗老之风，便相约陈三立去伪“满洲国”排班称臣，被陈三立当场断然拒绝。

陈三立一向对自己的座师陈宝琛言听计从，但当陈宝琛邀请他共同做逊帝溥仪的老师时，陈三立却破天荒地以自己不善京语而婉言谢绝。

陈三立一家人，对生养他们的家乡，始终一往情深。

在陈三立的故乡江西省修水县博物馆，珍藏着一幅陈三立亲笔书写的书法立轴。立轴为行书草本，上书其自作的七绝诗一首：

桑条麦垄接比邻，社酒家炊丐路人。
风俗尚如他日否？凭谁细问故园春。

这首诗描绘了想象中故乡春天里迷人的景色，作者将自己对故乡无边的思念，寄寓在一幅幅色彩绚丽真实可感的画面的描绘上。这思念如醇酒，作者离开故乡的时间愈是久远，就愈加浓香醉人。

虽然几十年流寓异乡，但陈三立一家时刻牵挂着地处赣西北幕阜山深处的家乡。每当亲友们相逢在一起时，他们都用客家话一起交谈，陈三立常说："客家人应不忘本，自家人说话应用客家话。"

除此之外，陈三立一家在生活上还保留着故乡修水的一些风俗习惯。每逢过年过节，陈三立总要家人做几样故乡风味的菜肴或点心，据其孙女小从回忆说："每年的团年饭桌上，必有一大碗蒜头煮咸腊肉，一碗腊猪肠或腊猪肝炒胡萝卜。尽管山珍海味齐全，但这样的例菜，特别受全家人青睐。"

陈小从还说："陈家餐桌上最具代表性的两样节令风味点心都是故乡所特有的：春天的'艾粑'和秋天与冬天的'包馅子'。艾粑，采初萌的嫩艾叶，煮熟捣烂后和以糯米粉，做成圆粑，用蒸笼蒸熟。吃时蘸上糖，是色、香、味俱佳的美食小吃。陈三立的长子衡恪的生日是二月，陈家往往做艾粑表示怀念。'包馅子'的主要原料是芋头和薯粉。将芋头去毛蒸熟，和以薯粉、猪油，揉成团，做成'包子'形状，内包馅料丰富，通常以肉或糖为主，三立祖父最欣赏这种食品，常要厨师做来招待客人，很受赞赏。"

在庐山"松门别墅"居住的六年间，陈三立的次子隆恪夫妇及孙女小从跟随服侍，其时小从尚年幼，聪明伶俐的小从深得祖父的爱怜，陈三立每次出门探幽寻胜，小从辄绕膝侍杖追随左右，陈三立曾作《冬至后一日于晴雪光中挈隆儿夫妇及七龄女孙摄影纪以一诗》，记叙此事：

日气腾腾万景扶，衔晴鸟雀镜中呼。
窜居亦拥团栾影，雪壑冰枝带一雏。

诗中的"七龄女孙"即是小从。除此之外，陈三立的山居诗中，尚还有"雏鬟呼看火烧云""洞口挑云赠女婴"等诗句，记叙了他对小从的怜爱与自己未泯的童心。

陈三立每有闲暇，还用客家话教孙辈唱念故乡的童谣，他以这种独特的方式，来告诫他的儿孙后代不要忘了家乡，不要忘了自己的根。

陈三立的故土情结还表现为疾恶如仇，遇有不平之事，他力主正义代民申冤。

光绪三十二年（1906），铜鼓双坑地界发生粮荒，其时，铜鼓尚属陈三立的家乡义宁州管辖。双坑饥民得不到衙门赈济，富户大商也坐视无睹，因此饥民们不得不纷纷前往邻县宜丰天宝采购粮食。天宝有个奸商何大毛想乘机哄抬粮价，饥民不服，与他抗争。何大毛竟诬称“匪徒劫粮”，还说“义宁州遍地是土匪”。在他的挑拨下，天宝农民向双坑饥民发起围攻斗殴，双坑人死五十七个。双坑群众愤怒，向县衙、抚台告状，又久久没有回应，乃向三立求助。三立听了亦很气愤，于是上书朝廷，呼吁刑部详察，刑部终于查明了案由，严惩肇事主犯何大毛等人及当地知县，使冤案大白。（参见《修水县志》，江西省政协文史委、修水县政协文史委合编资料集《一门四杰》）

热爱故土家园与热爱自己的祖国，二者在陈三立的身上得到了有机而和谐的统一。陈三立的爱国情怀不仅表现在他诗文的字里行间，而且表现在他一生做人处事的崇高气节和光明磊落的行动上。从某种意义上说，作为诗人，陈三立的全部价值不是体现在他才华横溢的诗歌创作上，而是体现在他博大的胸怀和对国家民族危亡强烈的忧患意识上。

孱弱而备受凌辱的祖国，是这般地让陈三立魂牵梦萦，他对自己的祖国，始终倾注着一腔炽热而真挚的情怀。

光绪二十一年（1895），甲午战争失败，李鸿章与日本签订了丧权辱国的《马关条约》，中国陷入了空前的民族危机。陈三立闻讯后无比激愤，他致电与自己有忘年之交的好友张之洞，旗帜鲜明地表示自己对此事的满腔义愤和无法遏止的忧虑，电文是：

> 读铣电愈出愈奇，国无可为矣！犹欲明公（指张之洞）联合各督抚，力请先诛合肥（指李鸿章），再图补救，以伸中国之愤，尽一日之心。

甲午战争惨败后，中国割让台湾给日本，台岛官兵不服，台湾人民鸣锣罢市，群众纷纷拥入巡抚衙门，表示愿人人战死而失台，决不拱手而让台。其时，唐景崧任台湾巡抚，他在台湾民众抗日激情的感召下，作了积极的“反割台”努力。起初，唐景崧亦激烈反对清政府割让台湾，他言辞恳切地电请清政府“悔约再战，拼孤注以冀转机”。这时，台北爱国士绅丘逢甲等讨论筹备设防，决定成立“台湾民主国”，实行自主抗日。

“台湾民主国”成立后，唐景崧接受了“大总统”称号，他取国号为

"永清"，以示永远属于清朝之意。

"永清国"成立的庆典，很有几分悲壮的色彩：在庆典大会上，唐景崧接过旗印之后，遥对北方行三跪九叩大礼，失声痛哭。同时致电清政府说："台湾士民，义不臣倭，虽为岛国，永戴圣清。"

唐景崧还发表文告说："此次马关议款，于赔偿兵费之外，复索台湾一岛。台民忠义，自立为民主国。台湾疆土，荷大清经营五百余年，今虽自立为国，感念旧恩，仍应恭奉正朔，遥作屏藩，无异中土。"这份文告，一方面表明唐景崧忠于清政府的态度，一方面也反映了台湾人民不愿做亡国奴，维护祖国统一的意向。

消息传来，陈三立异常兴奋，他积极声援唐景崧及台湾人民的爱国行动。其时，张之洞也在暗中大力支持，唐景崧与奉命驻防台湾的黑旗军首领刘永福有矛盾，张之洞积极从中斡旋调停。为了使唐景崧能一心抗日，张之洞还派人将唐的母亲接到南京，赡养备至。并电告唐说："君为国尽忠，吾为若尽孝，勿以老母为虑。"同时，张之洞还拨给白银三十万两，以接济台湾。

对张之洞的爱国之举，陈三立致电表示了极大的钦佩。

然而，因张之洞把全部的希望寄托在出让台湾利权，换取列强对台湾的保护来挽救危局，而列强对日本占领台湾并无干涉之意。加之清政府一味地忍让妥协，台湾当时的命运自然可想而知。（参见《清史稿·唐景崧传》、隗瀛涛《张之洞传》）

《马关条约》将中国推向了半殖民地化和民族危机的深渊。和无数有识之士一样，陈三立深感中国如不变法图强，将面临覆巢之危。

在此特定的历史条件下，康有为、梁启超等联络帝党官僚在京师成立了强学会。强学会的宗旨是"专为中国自强而立"，自此之后，民间的维新派和朝廷中的同情变法者开始携起手来，风雨同舟，共度时艰。

京师强学会成立后，陈三立与张謇等江南名士积极响应，不久之后，上海强学会正式成立。强学会开天下集会结社风气之先。清代知识分子不再是一团散沙。

戊戌政变后，陈三立与父亲同被"革职永不叙用"。他虽一度寄情山水信佛念经，但他却并未安坐禅舍而不闻世事。

光绪二十六年（1900），八国联军入侵北京，慈禧太后挟光绪皇帝逃往西安。因光绪皇帝对维新运动曾给予支持，这时，旧日维新人士，纷纷策划武装“勤王”运动，即乘机用武力来救护光绪皇帝，以继续他在戊戌变法时期所未完成的维新计划，具体负责这次“勤王”行动的是湖南的维新志士唐才常。

其时，正在金陵的陈三立也积极参与“勤王”运动，他在给他的好友梁鼎芬的密札中说：

> ……读报见电词，乃知忠愤识力，犹曩日也，今危迫极矣！以一弱敌八强，纵而千古，横而万国，无此理势。若不投间乘隙，题外作文，度外举事，洞其症结，转其枢纽，但为按部就班，敷衍塞责之计，形见势绌，必归沦胥，悔无及矣。窃意方今国脉民命，实悬于刘、张（刘坤一、张之洞）二督之举措。刘已矣，犹冀张唱而

八国联军编队开进紫禁城

刘和也。顾虑徘徊，稍纵即逝，独居深念，讵不谓然！顷者，陶观察之说辞，龙大令之书牍，伏希商诸雪澄，斟酌扩充，竭令赞助。且由张以劫刘，以冀起死于万一。精卫之填，杜鹃之血，尽于此纸，不复有云。

节厂老弟密鉴，立顿首。

六月十三日金陵发

由于张之洞态度暧昧，并与列强订立“互保章程”，从而使地处长江流域的东南地区与帝国主义列强达成“互不侵犯，互不干涉”的默契，实行“东南互保”。后来张之洞又在汉口将唐才常等人秘密逮捕杀害，“勤王”之事终成泡影。

陈三立此函发出十余日后，他的父亲陈宝箴即被慈禧赐密旨杀害于“崝庐”。

显而易见，陈三立参与“勤王”的目的是为了救国。然而，他只是寄希望于光绪皇帝，同时又把全部的赌注押在圆滑而狡诈的张之洞身上，这就注定了他这一幻想的必然破灭。这既是他思想的局限，同时也是时代的局限，然而，他忧国忧民的情怀却是真挚而炽热的。我们不能因这些局限而抹杀其无法遏止的爱国激情。

尽管陈三立所处的时代内忧外患，列强宰割，山河破碎，民不聊生，中华民族正处在苦难的深渊，但是，这丝毫也不影响他对祖国和民族的一往情深。相反地，他的这种情愫却因此而更加焦灼而炽热。

1932年1月28日，日寇发动对上海闸北的进攻，沪战爆发。十九路军在总指挥蒋光鼐、副总指挥兼军长蔡廷锴的领导下进行了英勇的抵抗，给日本侵略军以沉重的打击。

当时，陈三立正息影庐山，上海闸北的枪声惊醒了沉寂的庐山，打破了牯岭密林深处“松门别墅”的宁静与安详。陈三立从那遥远的枪声中敏锐地觉察到了日寇的狼子野心，他异常痛苦地预感到自己的民族将又一次面临灾难的深渊。

那些日子，已是八十高龄的陈三立异常焦灼，寝食不安。他在庐山邮局订阅了一份《航空沪报》，每天手里拿着老花镜，坐在门口望眼欲穿地盼邮差把报送来。每当报纸一到，他便急切地戴上老花镜，双眼紧盯着报纸一字不落地看下去，有时读到伤心处则脸色煞白，双唇微微颤抖，两眼直直地遥望着远方，一句话也说不出来。有一天深夜，陈三立在梦中突然连声狂呼“杀日本人！”其声凄厉，揪人肺腑，全家人为之惊醒。

在这里，一个坦荡而爱憎分明的爱国志士形象，活脱脱地挺立在我们的面前。

陈三立坦荡而爱憎分明的爱国情怀，还表现在他对诗坛好友郑孝胥前后迥异爱憎分明的态度上。

在同光体诗派强大的阵营中，另有一个居于执牛耳地位的代表人物郑孝胥。

郑孝胥在诗歌创作上的成就很高，在后世诸多版本的文学史上，每当提到“同光体”诗派时，往往把他和陈三立相提并论，把他们两人的诗歌成就视若“同光体”诗派的样板，因而“同光体”诗歌又有“陈郑体”之称。

陈三立诗歌的艺术风格是苍莽排戛，追求一种雄浑的气势。他的这种气势与郑孝胥相比，又各有千秋。胡先骕曾有一个形象的比喻。他说：“郑（孝胥）诗如长江上游，虽奔湍怪石，力可移山，然时有水清见底之病；至陈（三立）诗则如长江下游，烟波浩渺，一望无际，非管窥蠡酌所能测其涯涘者。”（参见郭延礼《散原诗论》）

陈三立对郑孝胥在诗歌创作上的成就和造诣十分推崇，他的《散原精舍诗》出版问世时，还特地请郑孝胥作序。

然而，在日寇发动侵华战争后，郑孝胥却充当了一个极不光彩的角色。

诸多史实言之凿凿，日军占领东三省后，郑孝胥却与罗振玉等人一道，以满清遗老的身份扶逊帝溥仪登上伪“满洲国”皇帝的“宝座”，使其充当了助纣为虐的“儿皇帝”。郑孝胥也因此而当上了伪“满洲国”的内阁总理大臣。

有关郑孝胥丑行的史料多如牛毛，最权威的当属溥仪本人所著《我的前半生》一书。溥仪在此书中，对自己充当“儿皇帝”的傀儡行径进行了痛苦的忏悔，对自己的丑恶灵魂进行了鞭挞和曝光，同时也透露了诸多鲜为人知的历史真实，为我们了解这一特定历史事件的真相提供了权威而可靠的证据。

伪满洲国时的溥仪

溥仪在《我的前半生》一书中提到，郑孝胥复辟的梦想异常迫切。郑孝胥在1933年的重阳节写过一首诗：

雪后重阳夕照明，高台纵目俯神京。
平原已觉山川伏，投老翻教岁月轻。
燕市再游非浪语，异乡久客独关情。
西南豪杰休相厄，会遣遗民见后清。

这首诗可说是郑孝胥内心世界的独白。他不仅要在满洲行帝制，而且还想着回燕京，实现“后清”的幻想。溥仪还说：“郑孝胥的为人，若从外表来看，却像个道貌岸然的学者，其实却是一个野心勃勃、十分险诈的投机分子。”

其实郑孝胥能得以和溥仪接近，可以说是陈宝琛一手造成的。郑孝胥在穷愁潦倒时，投靠了他的同乡陈宝琛。陈宝琛其时正为逊帝溥仪的老师，备受溥仪的尊敬。出于同乡之谊，陈宝琛就把郑孝胥荐给了逊帝溥仪讲书。由于郑孝胥能言善辩，逐渐得到溥仪的宠信，加之又有陈宝琛的支持，不久之后，郑孝胥跃升为总管内务府大臣。

陈三立对郑孝胥的阴谋可谓是看得入木三分，他深知，以郑的为人和野心，复辟帝制，充当日寇的帮凶是势在必然。

就在郑孝胥利令智昏，朝着罪恶的深渊坠去的时候，郑孝胥的汉奸行径，受到许多爱国人士的抨击。欧阳竞吾认为，陈三立与郑孝胥素有深交，因而托他力劝郑孝胥不要做冒天下之大不韪的事。陈三立说："欧阳太不了解郑之为人。郑是一心一意要搞复辟，借日本人的武力推出溥仪，这是他求之不得的事，还能劝得转吗？郑孝胥这样做，只能是害了溥仪，使溥仪在中国无容身之地。"

陈三立痛骂郑孝胥"背叛中华，自图功利"。自此之后，他断然宣布与郑孝胥绝交，并在《散原精舍诗》重印时，愤然将郑孝胥所作的序文删掉，显示了陈三立爱憎分明、大义凛然的浩然正气。

陈三立与郑孝胥同为"同光体"诗派的代表人物，他们诗歌的艺术造诣堪称比肩。然而，他们在人们心目中的地位以及各自的人生价值和历史地位，却是截然不同的，因而我们完全可以这样认为：评价一个艺术家的历史地位，其艺术成就的辉煌与否，固然是不可或缺的因素，然而，更重要的是其灵魂高尚与否。任何艺术家或艺术作品，如果没有高尚灵魂的烛照，都将是苍白无力的。

陈三立就养北平时，北平已失却了往日的繁华与喧闹，特别是遭受了帝国主义列强的蹂躏洗劫之后，这座千年古城已是满目疮痍，就像是一个饱经沧桑的老人，瑟瑟地蜷缩在遮天蔽日的沙尘中。

这天，陈三立难得好兴致，他执意要去西郊看看，儿媳和孙女们见他如此好兴致，也都非常高兴，她们陪伴着一同前往。

久违了的西郊过去是陈三立常去的地方。陈三立早年中进士授吏部主事后，因不满吏部专权，无意卷入官场怪圈而无端耗费精力和时光，因而在京师逗留时，他常常偕三五友人，到西郊踏青访胜。西郊宁静优美的自然风光和诸多的风景名胜，常常令他流连忘返。

那时，陈三立去得最多的当数圆明园遗址了。

圆明园遗址

过去每次游圆明园，陈三立的心里都一阵阵撕心裂肺地难受，他的眼前仿佛闪现出当年圆明园的熊熊大火，闪现出侵略者得意的狞笑……

也许是人一到了老年就更容易伤感，此次游圆明园，目睹那处处断垣残壁，同时看到军阀混战后造成的北平的荒凉景象，一种从未有过的莫名的伤感使陈三立悲痛难忍，他认为这是中国的奇耻大辱！此后，他的心境更加悲凉破碎，终日郁闷不安。

此次出游，是陈三立一生中的最后一次出游，从此之后，他以年老体衰为辞，谢绝了一切社会活动，足不出户。

1936年，国际笔会在伦敦举行年会，邀请中国派代表参加。国际笔会起源于二十世纪三十年代，是由当时国际上一些有影响的诗人、剧作家、评论家、小说家、文学编辑倡议和发起的，在当时有着广泛的影响和权威性。当中国接到派代表参加国际笔会的通知后，还有些茫然，因为当时中国还没有这样的笔会。茫然之中，国民政府权衡再三，最终指定两人为代表：一是胡适，代表中国新文学；一是陈三立，代表中国旧文学。当时，陈三立已是八十四岁高龄，当他接到国民政府的通知时，他的孙子陈封雄（衡恪三子）问他怎么办？陈三立回答说："南京寄来的通知，我不懂，丢掉了！"其实，国民政府并未征得他本人同意，也估计他年老体衰，难以远出国门，只不过是做做样子，以便发布新闻，登在报上。对这种"应景"的做法，陈三立不以为然。

尽管国民政府派陈三立参加国际笔会只是"应景"而已，然而，陈三立作为诗坛泰斗，在当时中国诗坛上举足轻重的地位却是不容置疑的。（参见陈封雄《昨天笔会的一件往事》）

心境悲凉破碎的陈三立，对当时的政坛仍然采取敬而远之的态度。

南京政府邀请他出任国难会议主席团委员，由于他对国民党的治政策略不满，对这一邀请，他亦没有应允。

谭延闿曾任国民政府主席、行政院长，在当时也算得上是权倾一时了。谭延闿有个女儿叫谭祥，容貌端庄，举止温柔娴淑，而且才华出众，能诗善文。谭小姐到了婚嫁的年龄，许多人攀附唯恐不及，上门求婚的人差点踏破谭家的门槛，谭家一个也没有看中。谭延闿的择婿标准是：品端诚悫的世家子弟。谭延闿偏偏看中了陈三立的第五个儿子登恪。于是，谭延闿便委托胡某三次上陈家说媒。胡某本是谭、陈两家的好友，自然不是一般的说媒者。然而，对这门婚事，陈三立却是一再拒绝。他不想以儿女婚事来依附权贵，他委婉地对胡某说："谭是大官，我乃一介腐儒，无权无势。这门婚事，陈家不敢高攀！"谭延闿见陈家执意推托，也就只好作罢。谭祥后来嫁给了陈诚。（参见《陈隆恪回忆录》及笔者与陈登恪儿子陈星照访谈录）

陈三立始终保持着宁洁不污的操行，他不卷入任何派别斗争，但他仍然有着鲜明的正义感，他对于蔡锷反袁的正义行动，却是深为赞许的。

1922年，梁启超任教于南京东南高等师范，就在即将结束这段短暂的教学生涯返回北方时，梁启超特地前往"散原精舍"拜访了他的好友陈三立。二十四年前，他们同为湖南维新的同事，轰轰烈烈的湖南新政，凝聚了他们的智慧和汗水。回首二十四年前那段难忘的峥嵘岁月，他们百感交集。当年那些风华正茂的同事，如今天各一方：有的命丧黄泉，有的漂泊他乡，有的隐退山林……每每想到这里，他们不由得嗟叹世事多艰人生苦短。

当他们谈及当年时务学堂的学生蔡锷时，许久过去，他们沉默不语。梁启超任时务学堂中文总教习时，蔡锷为他的受业弟子。这时，陈三立对梁启超说："松坡昔年考时务学堂，年十四，文不通，已斥，余因其稚，特录之。后从子学，乃大成。"

言谈之中，陈三立对蔡锷于国家面临危难之际，组织护国军讨袁所表现出来的大智大勇的壮举，表示了由衷的赞叹和钦佩。同时，对蔡锷英年早逝，深表惋惜。

1937年，"卢沟桥事变"发生，偌大的北平就像是捅开了的马蜂窝，惶惶不可终日的人们扶老携幼，四处逃散。

面对这种万分危急的局势，已是八十五岁高龄的陈三立更加心急如焚。这位饱经忧患的老人，此时，他想到的不是个人的安危，而是这个灾难深重的国家和民族的存亡，他谢绝了亲友们让他逃离北平的劝告，愤然地说："我决不逃难！"

从此，陈三立忧心如焚，本来就很虚弱的身体很快垮了下去。不久之后，他竟一病不起。

北平沦陷后，一些失意多年的旧官僚、军阀、政客，如江朝宗、王克敏、潘毓桂等到处活动，卖国求荣。

日寇得知陈三立的真实身份后万分惊喜，欲以高官厚禄相招。日寇深知陈三立的影响和价值，他们知道像陈三立这等身份的人是强迫不得的。因此，日寇费尽心机，三番五次派人上门游说，皆被陈三立义正词严地拒绝。日寇无计可施，每天派出暗探在陈三立家的大门口窥探张望，妄图以此来逼他就范，陈三立怒不可遏，命佣人挥舞着扫帚驱赶。

陈三立的病情日趋恶化，在卧病期间，他依然牵挂着国家的危亡，他每天都要询问前方的战况。有一天，他听到有人议论国事，那人说："我们中国人不是日本人的对手，最终难免要被日本人征服……"陈三立听到这里，愤然坐了起来，正颜厉色地斥责道："呸！中国人难道连狗彘都不如？岂肯俯首贴耳，任人宰割！"说完之后，就鄙弃不屑地转过身去，再也不搭理那人了。

从此之后，陈三立悲愤交加，终因尿闭症并发，病情加剧，带着对民族存亡的忧虑，带着内心难以排解的忧愤，带着那个强国富民的梦幻，于民国二十六年（1937）农历八月初十日与世长辞，享年八十五岁。

陈三立的一生，几乎与中国近代史相始终。在我们的民族内忧外患的严峻时刻，这位才华横溢的诗坛泰斗，没有躲在宁静的书斋里吟哦着苍白无力的诗句，而是以自己的羸弱之躯，挺身而出。他的生命，在求索中升华；他的诗句，更加辉煌而璀璨。

因连绵战火，陈三立的遗体放厝于北平长椿寺，民国三十七年（1948），落葬于杭州西湖九溪十八涧之牌坊山，先期安葬在这里的还有他的夫人俞明诗和长子陈衡恪。

第四编

陈寅恪的长兄陈衡恪

现代画坛巨擘

陈衡恪为中国现代画坛才华横溢的天才画家，他的画熔诗词、书法、篆刻于一炉，四美相得益彰，为一时画坛之冠，然而天妒其才，年仅四十八岁便英年早逝，为人们留下了永久的遗憾。

第一章 画坛绝响

1876年2月17日。

湘西凤凰小城，辰沅永靖道衙署。

这是一个难得晴好的春日，薄明的晨曦里，几声雄鸡底气十足的嘶啼，尽情地吟哦着这座湘西小城的安详与静谧。

与小城的宁静形成鲜明对照的是，衙署内却是灯火通明，人影忙碌。远远望去，就连衙署大门口那对龇牙咧嘴的威猛的石狮子，也隐隐地透着几分焦躁和欣喜。

衙署后院的东厢房内，陈三立的妻子罗氏夫人正在分娩。罗氏夫人生的是头胎，分娩自然有些艰难，那一声声撕心裂肺的哀号，攥扯着衙署内一根根敏感而脆弱的神经……

此时此刻，年届四十六岁的陈宝箴与年方二十四岁的儿子陈三立，正在厢房外庭院的花坛边踱来踱去，即将添丁进喜和将为人祖为人父的喜悦，使得他们兴奋地围着花坛"驴拉磨"似的转了一圈又一圈，他们每人的手里各拿着一封浏阳产的鞭炮和一根燃着的香火，正异常兴奋而焦灼地等着那声令人耳热心颤的啼哭。

蓦地，东厢房的哀号声戛然而止，顷刻间，父子俩的心都提到了嗓子眼儿。片刻可怕的沉寂之后，紧接着，一阵婴儿响亮的啼哭声从东厢房内传出。

父子俩急急忙忙地点燃鞭炮，旋即，雷鸣般的鞭炮声淋漓酣畅地渲染着这合府的喜悦。

少顷，陈宝箴的妻子黄氏夫人抱着一个襁褓，喜滋滋地从东厢房内走

湘西凤凰古城

出，用客家话朝呆呆地站在门口的父子俩嚷道："伲两爷崽快过来看，生的是只癞子！好壮实的一只癞子！"（"癞子"：客家方言，即"男孩"之意）

父子俩赶紧上前，笨手笨脚地接过襁褓，细细地端详起来：只见襁褓中的"癞子"，稚嫩的脸蛋，丰颐广额，一副典型的义宁陈氏家族的脸型。

娘爱幼子，祖父疼长孙。陈宝箴平生第一次添了长孙，那股高兴劲儿就别提了。他轻轻地举起襁褓，执意要看看长孙胯下的小雀雀，偏偏就在这时，小雀雀急急地射出一线清亮的尿水，尿水淋漓酣畅地射了陈宝箴满头满脸，直射得陈宝箴喜笑颜开心花怒放。黄氏夫人赶紧接过，用客家话嗔怒道："老爷，看伲乐得没个尺寸！"

襁褓内的孩子就是近代著名画家陈衡恪。

不幸的是，五年后（光绪六年十月初五），陈衡恪的母亲罗氏夫人在生她的第二个儿子同良时，因难产身亡，不久同良亦殇，母子同葬于湖南平江县东乡蟠龙山瓦子湾。

母亲罗氏夫人去世时，衡恪年仅五岁。

五岁丧母，陈衡恪由祖父陈宝箴和祖母黄氏夫人带在身边抚养。陈宝箴夫妇对长孙宠爱有加。他们无微不至的呵护，使衡恪幼小的心灵没因丧母而受到丝毫的伤害。

陈衡恪乳名师曾，后遂以师曾为字。

陈衡恪自幼天资聪颖，有着很强的理解力和记忆力。当他牙牙学语时，陈宝箴尝试着教了几首古诗，过了一段时间之后，陈宝箴试探着让他背，谁知衡恪竟能倒背如流。当那古奥艰涩的诗句从长孙那稚嫩的喉嗓间一字不差地背出时，陈宝箴兴奋得连声称赞：“衡恪聪慧如此，陈门有望！陈门有望！”

衡恪年稍长时，陈宝箴又亲自授以训诂，手把手地教其习字，然后教其诵读《论语》《孟子》《大学》《中庸》，那些在常人看来诘屈难懂的古文，衡恪读起来竟是轻松自如，朗朗上口，虽说是囫囵吞枣，不解其意，倒也别具一番情趣。

家学的耳濡目染传承熏陶，祖父的循循善诱口传身授，大大激发了衡恪的艺术潜能和创造性思维能力。

衡恪六岁时在杭州随祖母乘轿游西湖，见西湖内碧绿的荷叶亭亭玉立，似一把把张开的绿绸小伞，那朵朵素白的荷花，或含苞欲放，或绽蕾盛开，像是夏夜的蓝天上的点点繁星。阵阵湖风，送来缕缕醉人的清香。面对西湖这迷人的景致，小衡恪高兴得在轿上呀呀直叫，一种无法遏止的创作冲动油然而生，他一边用眼睛不停地看那荷花荷叶，一边不停地用小手指蘸着唾沫在前面的轿板上画着荷花。归家之后，他又寻来纸笔，将刚才见到的景致画将下来。

让人意想不到的是，小衡恪的这幅不失稚嫩朴拙的处女作，却得到了祖父祖母异口同声的赞赏。每有客人来访，祖父甚至“举贤不避亲”，当着小衡恪和客人的面夸耀这幅画如何如何，客人见画亦暗暗吃惊，夸赞小衡恪天赋如此之高，若得名师指点，前程不可限量。

千里马需要伯乐，人才的成长需要一定的外部环境和条件。谁也无法预料的是，小衡恪的这幅信笔涂鸦之作，竟鼓起了他自信的风帆，成为他日后在绘画领域挥洒人生，攀向艺术巅峰的起点。这里也给我们每个人以深深的启迪：对于小孩，对于小孩的稚嫩之举，不要吝啬我们的溢美之词。说不定，大人的一声鼓励和赞扬，会成为他进取人生的原动力。

自此之后，小衡恪绘画的热情空前高涨，他不停地画，家里的地上、墙壁上、门板上、衣橱上，到处都留下了他的“杰作”。对孩子的爱好与创作欲望，家里人从不指责，相反地，给他买来纸笔墨砚，让他由着自己的性子画去。

应该说，义宁陈氏家族在对后代的启迪教育方面是颇具远见的。这时光，他们对小衡恪学画，并没有过早地请来名师，让其师承某家，而是全由写生，崇尚自然，让其充分地展开想象，舒展张扬个性，使他的艺术潜能与创造性思维能力得以淋漓酣畅地发挥。

在如此宽松的家庭环境和艺术熏陶中，这棵稚嫩的艺术之苗得以健康茁壮地成长。

陈衡恪十岁能写大字，他作出的诗文，竟也章法有度，文理通顺，已初步显示出其掌握和运用语言文字的能力。这时他信笔涂鸦所作的画幅，那云水烟峦花鸟虫鱼，竟亦可见灵气流动。

陈衡恪十九岁时，其祖父陈宝箴任湖北布政使，陈衡恪随同祖父一同居住在湖北衙署。这时，他的祖父陈宝箴和父亲陈三立聘请名师，开始对衡恪进行严格的专业基础训练。他们让衡恪从周大烈学文学，从范镇霖学汉隶、魏碑，从范当世学行书。周大烈、范镇霖、范当世皆当世名流，他们在各自的艺术领域皆颇有建树，为世所重。

范当世，名铸，字肯堂，江苏南通人，岁贡生（清代科举每年从府、州、县学中选送廪生升入国子监读书，故称岁贡生）。范当世诗书堪称一绝，与其弟范钟、范铠齐名，称为“南通三范”。

义宁陈氏与南通范氏在中国当代文化史上交相辉映。南通范氏家族一缕墨香绵远流长，若干年后，范当世的曾孙范曾亦成为中国当代画坛的著名画家。

范当世曾为李鸿章幕僚，后与陈衡恪的父亲陈三立结交，成为同光体诗派重要人物。义宁陈氏家族的高风亮节道德文章，深为江苏名士范当世所倾倒，陈衡恪的聪明颖悟好学上进，更为范当世所喜爱。范当世见陈衡恪到了婚配年龄，便主动提亲，将自己待字闺中的女儿范孝娥许配给了陈衡恪。

义宁陈氏这个为世所重的文化型大家族，除其固有的传统文化的深厚底蕴，薪尽火传的家学渊源之外，更为难能可贵的是：随着近代西方文艺复兴运动的兴起和西学东渐，在这种人类文化发展的大趋势下，他们并不像某些人那样故步自封抱残守缺，视西方文化若洪水猛兽，而是采取了雍容大度为我所用的开放态度。

在当时的历史条件下，义宁陈氏在对待后代的教育上，尤其为后世所称道。

光绪二十七年（1901），陈衡恪在上海入法国教会学校，后来俞明震任江南陆师学堂附设铁路矿务学堂总办，俞明震乃陈衡恪的伯舅（即继母俞明诗的长兄），因了这层亲戚关系，陈衡恪转入该校就读。其时，鲁迅亦在该校学习，陈衡恪遂与鲁迅结识。两年后，他们一道东渡日本留学，留学归国后又一同在教育部任职，两人遂成为亲密的朋友。

光绪二十九年（1903）的早春时分，陈衡恪与六弟寅恪（按陈氏家族的大排行）一道登上停泊在吴淞口码头的一艘客轮，他们此行是前往日本自费留学。其时，衡恪年方二十七岁，寅恪年仅十三岁。

客轮徐徐地驶出吴淞口码头，朝着海天一色碧波万顷的大海上驶去，几只洁白的海鸥在不远处的海面上展翅翱翔。

陈衡恪伫立在甲板的舷栏旁，久久地凝视着在早春料峭的寒风中渐渐远去的父亲的身影。尽管此行是与江南陆师学堂附设铁路矿务学堂的官费生一道同行，并有伯舅俞明震护送，但他的心情却仍如烟波浩渺的大海中那翻滚的浪花，久久难以平静。毕竟是第一次出门远行，而且是远离祖国，远离家人，去一个陌生的国度。

负笈东瀛三兄弟（左起隆恪、寅恪、衡恪）

此时此刻，陈衡恪想得很多很多，他想起了源远流长名倾天下的义宁陈氏家族，想起了对自己恩重如山的祖父祖母，想起了祖父与那场轰轰烈烈的湖南新政，想起了祖父“不治产，不问政”的遗嘱，想起了学识渊博能诗善文的父亲，想起了临行前父亲的殷殷嘱托，想起了自己从小立下的理想和志向……

日本自明治维新之后，国力迅速强大。中日甲午战争，区区弹丸岛国竟打败了妄自尊大的清王朝，举国朝野为之震动，人们不得不重新审视日本，许多有志青年纷纷前往日本留学，学习并探求富国强兵之道。

陈衡恪一行到日本时，先行到达的中国留学生已达七八千人。因清廷与日本政府事先有约，到日本留学的中国学生必得先学习日文，过了语言关方可进入各类学校读书。这样，已是二十七岁的陈衡恪与比自己小十四岁的六弟寅恪一道，同时进入日本东京弘文学院学习。

弘文学院是日本政府专门“为清国留学生教授日语及普通教育，以期成材”而开办的一所补习学校。（参见吴定宇《学人魂 陈寅恪传》）

在弘文学院学习了一段时间，经考试取得毕业文凭后，陈衡恪考入日本高等师范，攻读博物学。

第二年暑假，六弟寅恪回国省亲，并与五弟隆恪一道考取官费留日。这年秋天，陈三立又亲自送两个儿子到吴淞口上船，抵达日本后，隆恪先入庆应义塾，后升入庆应大学理财科，三年级时，又转入东京帝国大学。六弟寅恪则继续留在弘文学院攻读日文，寅恪留学几年，将主要精力放在学习日文上，日文成为他日后精通的十几门外语中首先精通的第一门。

宣统二年（1910），三十五岁的陈衡恪从日本学成归国，归国后，应张謇之招，任江苏南通师范学校教员。

南通师范学校创建于光绪二十八年（1902），是我国第一所中等师范学校，该校的创始人是张謇。

张謇（1853—1926），字季直，号啬庵。清光绪二十年（1894）考中了状元，充当翰林院修撰。同年，甲午战争爆发，清廷战败求和，张謇看到国事日非，遂弃官归里，开风气之先，兴办实业教育。

张謇办师范的目的在于救亡图存，雪耻图强，在于普及国民教育，开发国民智力，这种思想认识在当时是极为难能可贵的。

南通师范学校兴建之后，张謇到处网罗选聘海内外名师和学有专长的学者来该校任教，早在陈衡恪来校之前，就有王国维、徐一笙、何萬庵、朱东润等海内名流及日本教习木村忠治郎、西谷虎二、木造高俊、照井喜三等先行来到该校任教。

张謇

陈衡恪任教的课程是博物科。博物科是动物、植物、矿物、生理等学科的总称。博物学知识的探求和掌握，对陈衡恪日后登上绘画领域的艺术巅峰，起着举足轻重无法替代的作用。

1913年，陈衡恪离开任教了三年的南通师范学校，来到了他熟悉的长沙，任湖南第一师范学校教员。不久之后，他又辞职赴北京，任北京政府教育部编审，主图书编辑达十年之久，同时兼任女子高等师范及北京女子师范博物教员。1916年兼任北京高等师范手工图画专修科国画教员，1919年任北京美术学校及美术专门学校教授。1922年应日本画家荒木十亩、渡边晨亩之约，他与金拱北同赴日本举行画展。

在北京的十年间，北京的金石书画盛极一时，这十年，是陈衡恪在画坛上最活跃的时候，也是他的艺术趋于成熟的时候。

陈衡恪天才的绘画才能，使他在山水、花鸟、人物等多个领域取得了巨大的成功。他广博的博物学知识，扎实的中国画功底，开放的文化眼光，使他的画比旁人更胜一筹。他系统而全面的绘画理论，他融绘画、篆刻、书法、诗词于一炉的作品风貌，他挥洒自如苍劲高古的艺术风范，他精妙绝伦超尘脱俗的创作实绩，使他在画坛上享有盛誉。

陈衡恪在绘画上的主要成就与贡献是山水画。

陈衡恪所处的清末民初，山水画很不景气，几乎濒临末路。他创作的山水画，振衰去弊，独具风貌，使已近末路的山水画，呈现出勃勃生机。

陈衡恪的弟子俞剑华在其所著《陈师曾》（陈衡恪字师曾）一书中，对陈衡恪山水画创作的师承关系和艺术成就作了全面的分析和评价。

俞剑华（1895—1979），原名琨，字剑华，后以字行，幼年时酷爱绘画。1915年考入北京高等师范手工图画科，受教于陈衡恪。毕业后从事美术教育，中华人民共和国成立后曾任南京艺术学院教授。他1927年定居上海时，立志要“读万卷书，行万里路，画万帧画，写万帙言”。其主要著作有《中国绘画史》《中国壁画》《中国山水画的南北宗论》《顾恺之研究资料》（与人合作）、《中国画论类编》《中国美术家人名辞典》等一系列著作，成为中国近现代著述最富的美术史家之一。（参见郎绍君《评俞剑华〈夏木垂荫图〉》）

俞剑华认为：清代已达末路的山水画，仍然未跳出“四王”（“四王”即王时敏、王鉴、王翚、王原祁四人合称。其画技尚古，趋程式化，极少创新）的藩篱。陈衡恪反对四王，是直接从四王的反对派入手的，陈衡恪首先是学龚半千。龚半千的山水画用笔挺拔，用墨深厚，在历代画家中独树一帜，在明末清初就与四王对抗。两百多年来，龚半千为四王势力所压迫，继起无人，陈衡恪是学龚半千的先锋。龚半千的山水画有两种风格：一种是清淡隽逸，注重用笔；一种是厚重浓黑，注重用墨。陈衡恪学龚半千是学其注重用笔一种，并不是全盘照搬，而是如郑板桥所说的“学一半，撇一半”，学古人是取古人为己用，并不屈从古人。

除龚半千外，陈衡恪的山水画致力最多，功力最深的是沈石田。陈衡恪用笔的刚硬，与沈石田相比较有过之而无不及，沈石田的风格也有疏散和茂密两种，陈衡恪取其茂密，也偶学其疏散。

陈衡恪山水画力作《湖柳远山》，画面上稀稀荒柳，淡淡远山，漠漠湖水，扁舟横渡，鸥鸟飞翔，极空旷淡远之致。

从《湖柳远山》的构图和着色看，陈衡恪明显是在学沈石田的疏散。（参见俞剑华《陈师曾》）

陈衡恪在他生命的后期又将视野转向石涛，他尝说平生所见石涛画最多。由于他早年学沈石田，用笔刚硬，初学石涛的软笔，颇难适合，迨至晚期，笔力柔和，水墨淋漓的趣味，逐渐增加，因而他学石涛，大有登堂入室之妙。在柔和之中，仍有刚硬之气……

俞剑华总结道：陈师曾的山水画，初学龚半千，中年致力于沈石田，晚年致力于石涛，由挺拔刚硬渐趋柔和……陈衡恪的山水画虽博习诸家，但有一种基本的风格：树木的穿插似黄子久，山势的重叠似王叔明，苔点的圆混似吴仲圭，笔力的坚强似沈石田，集合诸家之长而独具面目，并不专似某一家……陈衡恪以自身不懈的努力和追求，唤起了山水画的新生力量，为山水画的发展从四王的桎梏中解放出来，披荆斩棘，开辟了一条崭新的道路。

现藏中国美术馆的名画《王维诗意图》，是陈衡恪山水画创作的代表作之一。

此图上题的"泉声咽危石，日色冷青松"诗句出自王维五言诗《过香积寺》。画家在创作时，取全诗景色最幽胜处为画题。画面底边的大块空白，是水域。一条悬泉从山间曲折地倾泻下来，时隐时现。画面中上部高山耸峙，直插云霄；山岩上青松盘踞，古木参天，杂树丛生。一条幽径崎岖而上，山崖上坐一游人，静观着深泉危石。山顶浮云游荡，密林深处隐约藏有古寺，景色层层推进，引人入胜。古人云："山无石不奇，山无树不秀，山无水不活。"陈衡恪的这幅诗意图，对云、石、树、水的处理，都颇具匠心。（参见龚产兴《评陈衡恪〈王维诗意图〉》）

陈衡恪在绘画上的第二大成就是花鸟画。

中国的花鸟画，起于中唐，盛于五代两宋，历代名家辈出。到了清代，吴昌硕以金石书法入画，平地拔起一座险峰，将花鸟画的创作艺术推向了无与伦比的极致。

在晚清的画坛上，还没有哪一位画家能像吴昌硕那样，对古代传统文化有如此广泛的兴趣和修养，他对文字训诂、金石考据之学功底颇深，无论甲骨文、钟鼎、秦权、汉瓦、石刻、碑碣以及历代书法碑帖印章篆刻等都有精深的研究。吴昌硕作画强调气势，他作画时，酝酿构思时间较长，一旦动笔，则不可遏止，强劲的用笔，气势雄健一气呵成，笔墨酣畅，气质俱佳。他以惊人的艺术实践，经过数十年书法、篆刻的磨炼功夫，将篆隶之笔法，熔铸在他的绘画艺术之中，创造了豪放洒脱的大写意画风。

吴昌硕的大写意画风，一改当时画坛上柔丽平薄的形式主义画风和胭脂粉气的俗套，敢用大红大绿对比鲜明的色彩，气象清新，开创了生气蓬勃色彩灿烂的大写意花卉的新局面，成为画坛继往开来的一代宗匠。（参见龚产兴《吴昌硕、齐白石艺术之异同》）

陈衡恪是吴昌硕的得意门生，这从他作画的笔名就可以看出。陈衡恪的笔名“染仓室”“唐石簃”“安阳石室”就是直接从吴昌硕的字“仓石”得来。这笔名，即表明了师承关系，又寓有尊师爱师的意义。同时，因陈衡恪作画时曾用过“朽者”“朽道人”等笔名，民国十二年（1923）陈衡恪不幸逝世，吴昌硕悲痛万分，亲笔题写“朽者不朽”四个大字，以示哀悼。

陈衡恪曾在日本学过博物学，谙熟各种花卉的形状色彩，所以他画花卉，自然是得心应手。加之他直接学吴昌硕的花卉，已是出类拔萃，且到了形神逼似的程度，但他并不满足，而是努力另寻途径，跳出吴派圈子以外，独创风格。

吴昌硕亦主张绘画应涉猎古今，博采众长，转益多师。他曾劝告朋友说：“学我，不能全像我”“化我者生，破我者进，似我者死”“画之所贵贵存我”。陈衡恪的创新求索意识，很得他的恩师吴昌硕的赞赏。其时，陈衡恪不过是一位三十多岁的青年画家，而画坛大师吴昌硕却已是六十多岁且名冠天下，由此可见陈衡恪早年花卉画的水平，已是非同寻常了。

陈衡恪的花卉画，青出于蓝而胜于蓝，同辈画家胡佩衡在《陈师曾和他的画》一文中是这样评价的：

> 他专画大笔写意花卉，曾得吴昌硕的亲传，后来又追踪徐青藤、陈白阳、“扬州八怪”的画法。但他不是一味地追踪，而是经过写生功夫，融合成为另一种大写意的面貌，有它独特的风格。他画花卉痛快淋漓，气势磅礴……

现藏上海朵云轩的名画《八哥》，是陈衡恪花鸟画的力作。

这幅画上画着两只八哥，栖息在树枝上，姿态各异，然而视线一致，好像周围有别的声音惊动了它们，引起了它们的注意。这正是“寒色萧寥”“凉风乍起”的时令，树枝已红叶片片，与争妍的几朵鲜花相呼应。一块斜欹的石头与花鸟相映衬，构成了一幅苍秀雄丽的画面。

陈衡恪是位擅长山水、花卉的画家，禽鸟在他的作品中并不多见。此幅《八哥》是陈衡恪生命晚期之作，他的老师吴昌硕看了这幅画后，曾大加赞赏，并向社会推荐道：“师曾老弟，以极雄丽之笔，郁为古拙块垒之趣，诗与画下笔纯如。”意思是说陈衡恪的学问很渊博，胸襟开阔，所见所闻很广，

所以诗和画都能以雄伟的气魄和秀丽的笔墨，表达无穷无尽的拙朴奇秀的趣味。（参见《陈师曾画选》）

陈衡恪

陈衡恪除山水画和花鸟画取得了举世公认的突出成就之外，梅兰竹菊这些中国画中最普遍的题材，陈衡恪尤为擅长。

梅兰竹菊本是花卉画中的一部分，由于这几种花卉具有特殊的性格，如梅是耐寒的，兰是幽芳的，竹是虚心高节的，菊是傲霜的，因此历代的文人骚客皆对梅兰竹菊情有独钟。陈衡恪画的梅兰竹菊，超越近世许多画家，甚至高出其师吴昌硕，在近代画家中鲜有能够与之媲美者。

陈衡恪不但善画白梅、红梅，更善画腊梅，为历代画腊梅者所不及。陈衡恪的梅花颇似金冬心，细枝繁蕊，清秀异常。兰花则脱胎于石涛及汪之元，迎风挹露，翩跹飞舞，繁而不乱，挺而不硬，表现了兰花迎风摇曳的姿态，极得石涛神韵。至于竹子，风竹、雨竹、晴竹、老竹、嫩竹以及竹笋，陈衡恪则无所不画，画无不工，干亭亭而叶萧萧，如见其动，如闻其声。陈衡恪画的墨竹，吸收历代专家的画法，加以对竹子的生长状态观察入微，运用篆籀草隶的笔法，所画既具形肖又精笔墨。他画竹别具格调的是竹石扇面，或淡石浓叶，或杆淡叶疏，很有清逸的情趣，正如他自己在一幅画上所题："长夏偷闲为此君写照，觉清风生我肘腋间也。"观画的人，也同样会有此种感觉。有一幅陈衡恪亲笔竹画，名曰《悬崖带雨垂垂绿》，只画横竿二根，用饱含水分的笔画垂叶，可见浓浓雨意。姚茫父曾题诗评价道："垂垂雨叶仍荒索，屈铁为干墨尚寒，画史几人同写竹，槐堂过后不堪看。"石涛的兰竹为清代画坛一绝，陈衡恪的兰竹则可称之为近代画坛一绝。（参见俞剑华《陈师曾先生的生平及其艺术》）

陈衡恪画作

明清以来，人物画创作呈现出前所未有的衰势，绝大多数的画家都不画人物画。陈衡恪虽不是人物画的专门画家，但他的人物画也很有特色，他的人物画，范围宽广，技法纯熟。他用写生手法画雕塑像，又参用西洋画法使明暗毕现，富有立体感。

《箜篌仕女图》作于1916年，堪称陈衡恪古装仕女画方面的杰作。六尺长大幅，画一侧面垂髻少女，两手正在弹与她等高的箜篌，这位弹箜篌的青春少女体形丰满端庄，姿态优美文雅，亭亭玉立，大有唐宋人的风度，绝无清代美女画纤弱的习气。画面的右方小字题唐佚名《箜篌赋》正楷杂篆隶，更增添了画面的古拙之气。

《读画图》是陈衡恪时装人物画的代表作。这幅作品描绘的是1917年北京中央公园举行赈济京畿水灾的画展，展出的都是当时京城收藏家所珍藏的名贵画作。陈衡恪就展览会实况，绘了一幅大幅立轴，名曰《读画图》。画面人物有十余人围着长桌看画册手卷，有七八人看悬挂的画幅。读画人中有长袍马褂的老者，有西装革履的中青年或外国来宾，其神态有仰面远视的，有正面或侧面、背面凝神看的，老幼、男女、瘦胖、高矮，形神各异，栩栩如生。这幅画参合中西画法，虽是写生，却似水彩画，勾线涂色，层次分明，深浅浓淡，富于立体感。

黄浚看了《读画图》之后评价甚高，他说：“师曾《读画图》，尽绘展览游客往来玩赏之状，审者一望，可脱口呼其姓名，莫不拊掌叫绝。”

《北京风俗图》是陈衡恪为中国近代人物画廊留下的一笔弥足珍贵的艺术遗产。《北京风俗图》的创作，可以看出陈衡恪的人物画创作从表现佛道、仕女、高士转为表现现实人物特别是直接表现底层人物命运。

这组现珍藏于中国美术馆的画作，共有三十四幅。这些作品的创作，开辟了近、现代现实主义人物画创作的先河，是陈衡恪用速写和漫画的形式，描写北京街头所见的风俗人物，同时也可说这些作品是一位在浑浊的社会中正直不阿的文人眼中的现实。

《北京风俗图》题材广泛，有压轿的老太婆、拉人力车的、卖水果的、说大鼓书的、唱话匣子（即唱留声机）的、玩鸟的、拾破字纸的、蜜供担、掏粪的、三弦师、丧门鼓、赶驴的、泼水的、卖切糕的、卖烤白薯的、测字的、算命的、讨饭的、磨剪刀的、卖糖葫芦的、喇嘛、旗装妇女等等。这些人物，作者着墨不多，人物刻画却是神形逼真，其画法的传神，即使是专门的人物画家，亦莫能与之比肩。翻遍中国绘画史，如陈衡恪《北京风俗图》般规模宏阔的艺术佳构，委实是凤毛麟角。

整个画卷如一幅色彩斑斓的社会世相图，既有底层民众生活窘态的描述，也有老北京街头红白喜事和民间娱乐活动的再现，又有封建末代遗老遗少穷愁无聊生活情状的展示，同时还有少量对时事的讽刺画。

在《北京风俗图》的三十四幅作品中，第一类作品占半数以上，有情绪凄怆的收破烂者，捡拾破纸碎布的老人，走街串巷磨剪刀的师傅，边拉边唱的卖琴人，摇鼓叫卖的货郎，拖儿带女的卖烤白薯的妇女，“不忧衣寒忧饼冷”的切糕小商，“如蝼蚁之驮粟”的薪炭贩，为人送煤的满面乌黑的赶车翁，荒郊野外瑟缩的牵驼人，迎风疾行的人力车夫，街头忙碌的泼水夫，携瓢荷桶的掏粪工，头顶八仙桌“抗街”的孩子，为人算命的长辫子盲人……

最凄苦的是那位沿街乞食蓬头垢面的老太婆，这幅名为《乞婆》的画作，画面上的老太婆满身补缀，风乱霜发，面色乌苍，与画幅右边坐在洋车上的粉面公子讪笑的面孔，形成鲜明的对照，或许同幅对比还不足以表现作者的义愤，紧接着他又画了一位着锦袍簪红花牵着小狗的旗人贵妇。从这种反复对照的构思中，我们仿佛体察到了作者的心境。（参见刘曦林《陈师曾的〈北京风俗〉》）

《人力车》亦是陈衡恪表现底层劳苦民众苦难生活的力作。北京冬日天冷风大，车上备有毯子，盖在乘客的腿脚上。因为风大灰多，逆风而行，乘客多把手巾蒙在脸上，车夫有时也戴眼镜以免灰尘迷眼。画面上的车夫在狂风里正躬腰低头，努力向前飞跑。乘客头上白巾飘飘，既表示风大，又表示车快。人与车均有向前转动的感觉，真可以说是传神之笔。（参见俞剑华《陈师曾》）

第二类作品，有吹鼓手、执旗人、击鼓者的形象，作者对这些曾为旧皇室或大户人家办红白喜事的助兴角色，显然不持戏谑态度，他着意在他们花花绿绿的外衣下露出平日的粗服，并个个显出暗淡的神采，既真实地记录了当时北京的风俗，也道出了这些人物的命运。

第三类作品，如品茶客、玩鸟者以及玩狗的旗装少妇，他们是靠祖荫苟活的王公贵族的后裔，其无聊之状象征着封建王朝的没落，对今天的人们来说仍有一定的认识价值。

第四类作品，如讽刺画，虽然数量不多，但思想内涵较第一类作品更深入一层。

如《陆地慈航》，画一辆行进中的牛拉篷车，车内装若干类似小棺材的方盒，篷眉书有“陆地慈航”四字，一般人不解其意，幸好叶恭绰在题跋中作了解释：“此乃某寺和尚，制以专收殓街市中之弃婴尸骸者，行之已百余年，今不知能继否？恐知之者少，故为拈出。”陈衡恪的高明之处，在于他没有直接表现老北京街头那随处可见的弃婴尸骨，而是通过这一和尚的善举，入木三分地揭露了封建社会的吃人本质。看完这幅画后，看着一具具装殓着过早结束了生命的小生灵的灵柩，一阵阵揪心的隐痛掠过人们的心头。人们抬起婆娑的泪眼，仰望苍穹，从内心深处发出深沉的呼喊：“茫茫宇宙，寥寥乾坤，真正拯救人类的‘陆地慈航’在何处呢？”

陈衡恪讽刺画的另一幅力作是《墙有耳》，这不是表现老北京茶楼酒肆的普通风俗画，而是一幅深刻反映社会现实的力作。当时的中国大地，一方面是民主思潮的勃兴，一方面是压制革命的屠刀和无处不在的暗探。《墙有耳》这幅画直接反映了这一现实。陈衡恪作《北京风俗图》之时，正值辛亥革命之后，袁世凯篡权得逞，张勋等人策划复辟清王朝的时候，他们正在进一步镇压民主派的革命活动。《墙有耳》虽然仅仅描绘了茶馆外面两位窃听的密探的鬼鬼祟祟之状，却像老舍先生的《茶馆》一样，映现着政治风云的变化。陈衡恪在这幅画中，用讽喻的手法表达了他对反动政治的嘲讽和憎恶，以及对民主政治和自由生活的向往。

从艺术的角度看，《北京风俗图》也有独特的价值。

首先是真实，《北京风俗图》对于老北京风情、人物及下层人民命运有真实描写，在当时中国人物画普遍脱离现实的情况下，陈衡恪的创作可谓是开风气之先。

其次是《北京风俗画》有文人画的艺术特点。文人画追求情思和寓意，文人画家注重意象而不专注于形似的艺术观，在《北京风俗图》中有着较为明显的体现。这些画作中的许多人物都是些默写心记的速写式意笔画，甚至人物的五官也仅略为点画，但情态却得到了比较生动的表现。如那位蓬头垢面的乞婆如疯如痴的情状，《墙有耳》中那两个“包打听”隔墙偷听的诡秘神情，《说书》中三弦手跷着大腿低首弄琴的姿态，仅寥寥数笔，皆神形毕现。

以书法入画，使中国画的笔法具有书法行书的形式美感，是《北京风俗图》的另一艺术特点。陈衡恪的书法，喜用狼毫秃颖，锋芒尽敛，坚定沉着。此外，善于运用色彩以及对西法的参用，亦是《北京风俗图》高出一般人物画不可或缺的因素。

《北京风俗图》问世后，受到国内外的普遍关注，并产生了广泛的社会影响。陈衡恪逝世后，《北京风俗图》更加为世所重，陈衡恪的好友姚茫父于1925年、1926年两年中，抱病为《北京风俗图》填词三十四阕，编为

北京风俗图·墙有耳

《箓猗室京俗词》，与原画同时印行。《北洋画报》1926年开始连载，并在按语中称它是陈衡恪“尤其生前最得意之作品”，这就进一步扩大了《北京风俗图》的社会影响。（参见刘曦林《陈师曾的〈北京风俗〉》）

在人们普遍的印象中，中国漫画的创始人当是丰子恺。

然而，丰子恺自己却否定了这一说法，他在《我的漫画》一文中说：

> 人都说我是中国漫画的创始者，这话半是半非。我小时候看到《太平洋画报》上发表陈师曾的小幅简笔画《落日放船好》《独树老夫家》《乞食》等，寥寥数笔，余趣无穷，给我很深的印象。我认为这是中国漫画的始源。不过那时候不用漫画的名称。所以世人不知“师曾漫画”。

丰子恺自己亦多次对人说过，人们都说我是中国漫画的创始人，其实中国漫画的创始人当是陈师曾……

那么，“寥寥数笔”“余趣无穷”，能给幼年的丰子恺留下“很深印象”，并被他称为中国最早漫画的《落日放船好》《独树老夫家》《乞食》，到底是怎样的作品呢?

《落日放船好》刊于民国元年（1912）农历五月初三日《太平洋画报》，署名“朽道人”，签图章式款“师曾”二字。以近景截取一棵柳树树干的一段，远江中有一小舟，上坐一人。疏疏几笔，树枝韧而柔软。

《乞食》刊于1912年5月17日《太平洋画报》，署名“朽道人”。画面上一个乞丐，牵了一条狗，狗衔盘，正向人乞食，盘伸出画框之外。

陈衡恪早期的这些画作属于他人物画的另一类，它们既不像他一般着笔较多的花鸟山水，也不似《北京风俗图》的具体描绘，而是以简笔取胜。更为可贵的是，陈衡恪已突破了传统中国画的“规矩”。《落日放船好》的章法在传统的中国画中似乎不容易见到，显然已受西洋画构图法的影响了。《乞食》中那乞食之犬嘴里的盘已伸出画框之外，更是传统绘画中所不见，大有漫画的味道了。

从这里我们不难看出，为什么这些画作给丰子恺先生留下了那么深刻的印象，同时也给了他的漫画创作以那么举足轻重的影响了。（参见毕克

官《李叔同·陈师曾·丰子恺》一文）

陈衡恪画作与印

陈衡恪是多面手的画家。

他作画，往往诗词、书法、篆刻熔于一炉，四美相得益彰。他的诗词、书法、篆刻，都很有造诣，与画名同时饮誉于世。

陈衡恪的书法，年轻时便得名师指点，他曾向范镇霖学魏碑、汉隶及楷书。对六朝魏碑，陈衡恪格外地喜爱，在相当长的一段时间里，他整个儿地沉浸其中，反复地临摹练习，因而深得其中三昧。后来，他又向他的岳父范当世学行书，岳父对这个出身世家聪颖好学的女婿很是欣赏，常夸他“青出于蓝而胜于蓝”。经过了转益多师刻苦磨砺之后，陈衡恪的书法渐入佳境。他真行草隶、钟鼎甲骨、石鼓秦权，无不擅长。他写字特别喜爱用狼毫秃颖，挥洒自如随心所欲，臻于艺术化境。在当时书家如林的情况下，陈衡恪的书法一枝独秀，为世所重。

陈衡恪的篆刻艺术亦造诣颇深，他的好友、画家姚茫父在《染仓室印存·序》中说：“师曾刻印，导源于吴缶翁（吴昌硕别号缶庐），泛滥于汉铜，旁求于鼎彝，纵横于砖瓦陶文，盖近代印人之最博者。”姚茫父的这段文字，对陈衡恪的篆刻艺术成就做出了中肯的评价。

明清时代由于书法艺术的勃兴以及金石文字学的隆盛，带来了篆刻艺术的发展。到了清代中叶以后，篆刻艺术急起直追，名家迭起，流派纷呈，形成繁荣局面。至吴昌硕、齐白石而达于极盛。

陈衡恪虽学吴昌硕的刻印，但他们之间，并不完全相同。由于他们书法不同，因而刻印也有区别，吴昌硕印上的字是用羊毫写的，古拙艰涩，苍劲有力；陈衡恪则是用狼毫写的，刚健婀娜，古朴之中饶有秀气，正因为如此，陈衡恪的刻印依然能在吴派势力的弥漫之下，一枝独秀，卓然傲立。（参见俞剑华《陈师曾》）

在这里，应该诅咒冥冥中那不公平的命运。正当陈衡恪的绘画艺术深深地扎根于民族文化的沃土；正当他以天才的感悟力和无与伦比学贯中西的渊博学识，全力投注于他所酷爱的绘画艺术；正当他以巍峨丰碑式的一系列作品赢得了世人惊异的目光；正当他的绘画艺术臻于登峰造极炉火纯青；正当他的人生如日中天的时候，可惜天不假年。就在陈衡恪四十八岁的时候，因继母丧，尽孝道，加之过分悲痛，治丧奔忙，寝苫枕块，致被暑湿所侵，患重伤寒，却被庸医误诊为疟疾，服用了过量的金鸡纳霜，结果腹泻不止，经多方医治无效，不幸英年早逝。

中国乃至世界画坛当永远记住这个黑色的日子。

1923年9月17日，这是一个令人扼腕悲痛的日子！

这天，中国画坛才华横溢的天才画家陈衡恪在南京与世长辞了！

他像一颗光芒四射的行星，在宝蓝色的苍穹上，划过一道璀璨夺目的流光之后，悄然陨落！

巨星陨落，艺坛震惊！举国震惊！

他太年轻了，他才四十八岁！

四十八岁，对一个艺术家来说，正是人生和艺术的成熟期。

吴昌硕、齐白石、黄宾虹、潘天寿是二十世纪中国画坛上四位声名显赫的传统派大师，纵观他们的人生和艺术经历，皆是大器晚成。

吴昌硕，三十四岁开始学画，五十岁后才逐渐成熟，他以泼墨花卉、蔬果为毕生的画题。他的突出成就，在于以其深厚的书法、篆刻、诗文修养入画，将金石碑版之功渗入写意作品，以“重、拙、大”和力量感与意趣特色，一扫清末画坛的柔媚轻俏和清艳风，令人耳目一新，从而成为“金石派”艺术的一代宗师。

齐白石更是大器晚成，他的艺术成熟期是在六十五岁之后。他最精彩动人的作品，大多是他生命的最后三十年。三十九岁以前的齐白石，足迹尚未离开过他的老家湖南湘潭。一直到五十五岁定居北平，五十六岁时幸会陈衡恪，在陈衡恪的启发和无私提携下，“一语惊醒梦中人”（齐白石语）。陈衡恪对他的帮助和鼓励，成为他一生的重要转折。齐白石遂开始“衰年变法”，而后大幅度调整心态与意念，在艺术上渐入佳境，创出“红花墨叶”派的崭新画法，从而在艺术上急起直追，产生质的飞跃。齐白石是继吴昌硕之后，将传统绘画推进一步，给它输入新的血液的大师。齐白石是全才：诗、书、画、印，花卉、山水、人物无不精通；他赋予作品以质朴清新的农民情感，赋予文人画形式以新的生命力和现代性。齐白石超脱了世俗的纷争，他的作品，始终洋溢着对劳动生活深挚的爱，他以农民之心歌咏农民，从而从一个独特的层面登上艺术的巅峰。

黄宾虹是专攻山水的传统绘画大师，他在五十岁前广学古人，临摹名家名作。五十岁至七十岁，在继续钻研传统的同时，他毅然走出画斋，九上黄山，五上九华，四上泰山，又登五岭、雁荡、畅游巴蜀，足迹半天下。他七十岁后融会贯通，独立门户，卓然成一代名匠。黄宾虹和齐白石年龄相近，但经历、气质、学养却大不相同，黄宾虹出身于业商的诗书世家，自幼攻经、诗、书画及篆刻，青少年时辗转求师，至中年，激于时事，对戊戌变法及辛亥革命都有参与，又入南社“交织一时俊彦”，因而成为一个民主主义的先驱者。早年的艺术积淀，晚年的浑厚华滋与行万里路，是黄宾虹山水画获得成功的根本原因。特别让人称奇的是：正如贝多芬晚年失去听力反倒创作出惊世杰作一样，黄宾虹晚年因患白内障渐失视力，直至九十岁他做白内障手术，眼睛复明。大约在这十年间，他在视力很弱的情况下作画，画面更趋向黑与不似。视弱使得画家更多地凭感受作画，用笔倒反而更加自由奔放，有时题款也歪歪斜斜，反倒更加耐人寻味。最令人不解的是他八十九岁那年眼睛最不好，作品却最富特色。复明后的作品依然沿着这一年的面貌变化，达到了他艺术生命的巅峰。

潘天寿是继吴昌硕、齐白石、黄宾虹之后，可称得上传统派大师的画家。潘天寿不幸于创作的高峰期被折磨致死，他没有像吴昌硕、齐白石、黄宾虹那样在黄金晚年臻于艺术化境，登上自己艺术的巅峰，但他却是诗、书、画、印的全才，业已完成了个性风格的创造，并成为中国画坛上把传统规范推到边界与险峰的大画家。出色的艺术家都是将自己独有的气质个性发挥到极致，才成就了自己的。诸多的研究者认为，潘天寿独特的气质和履险入绝的艺术探索，形成了他“强其骨”“一味霸悍”（潘天寿语）以及大气磅礴至奇至险的作品风格。（参见郎绍君《二十世纪的传统四大家——论吴昌硕、齐白石、黄宾虹、潘天寿》）

二十世纪中国画坛大器晚成的四位传统派大师的人生和艺术经历告诉我们，如果天假以寿，以陈衡恪的才华和成就、天才和勤奋、博学和人品，他完全可以成为大师，他应该成为大师，他肯定能成为大师。

然而，天妒其才，陈门不幸，义宁陈氏这个为世所重的文化型大家族，失去了一位优秀的传人；中国画坛不幸，中国画坛失去了一位才华横溢的天才画家。

随着这颗光芒璀璨的巨星的陨落，这位天才的画家连同他天才的作品成为震撼世纪的画坛绝响！

第二章　命途蹇涩

陈衡恪逝世的噩耗传至北京，不啻晴天一声霹雳，北京文艺界沉浸在一片悲痛之中。人们怎么也不敢相信眼前的事实：这位誉满京华的天才画家，这位才华横溢的世家子弟，这位质朴憨厚的兄长，怎么说走就走了呢！

他太年轻了！

他的艺术，他的人生，正如日中天！

他走得太突然了！以至超出了人们的心理承受能力，阵阵难以言传的揪心的隐痛，无声地掠过人们的心头。人们为他的过早离去而悲痛欲绝，扼腕唏嘘。人们诅咒上苍有眼无珠，天地之大，怎的就容不下一个陈衡恪！

此时此刻，人们想起了他的音容笑貌，想起了他待人接物的宽仁大度，想起了他率真耿直的个性。

北京的画家们更是想起了他们雅集时的情景：

当时，北京绘画界有一种风气，不少喜欢附庸风雅的人，常邀请画家若干人在家里饮酒谈画。有时谈得兴起，就请在座者合作画一手卷或一条幅，他们达成默契，先动笔者为领袖。在这种场合，陈衡恪总是胸怀坦荡，不虚作谦让，在一片真诚钦慕的目光中，总是落落大方地走到画桌前，慢慢地举起画笔，略作沉吟之后，率先庄重地画上第一笔。而后，诸多画家合作的这幅画在报刊上发表时，陈衡恪的名字也理所当然地排在前面。因陈衡恪的画艺出类拔萃，为人正派，从不卷入山头派系之争，亦不为人所利用。同时，他从不文人相轻，亦不同行相妒，他的艺术修养和独特的人格魅力，北京的艺术界有口皆碑。因此，谁也不存嫉妒之心，总是心悦诚服，乐随其后。

齐白石

齐白石是陈衡恪的知心好友。齐白石一生，以陈衡恪为最亲密最知己的朋友。用他自己的话说："得交陈师曾做朋友，是我一生最可纪念的。"陈衡恪虽然比齐白石小十三岁，但两人在切磋画艺方面，陈衡恪对齐白石却是帮助最深，影响也最大的。

惊闻好友逝世，齐白石痛不欲生，他面朝南方，号啕大哭。然后，又在家中设下香案，焚上高香，三叩九拜，遥寄哀思。又挥笔写下挽诗，尽情地抒发骤失好友的痛苦与思念：

君我两个人，结交重相畏。
胸中俱能事，不以皮毛贵。
牛鬼与蛇神，常从腕底会。
君无我不进，我无君则退。
我言君自知，九泉毋相昧。

这首诗道出了两位画家相知相亲的真挚情感。陈衡恪与齐白石的情感介乎师友之间，陈衡恪对齐白石关怀备至，齐白石对陈衡恪亦尊敬有加，他们在艺术和人生的道路上取长补短，携手共进。两位画家以诚相待的交往，成为中国画坛的一段佳话。

齐白石后来曾在自传中写道："我失掉了一个知己，心里头感觉得异常空虚，眼泪也就止不住流了下来。我作了几首悼他的诗，有句说：'哭君归去太匆忙，朋友寥寥心益伤''君我有才招世忌，谁知天亦厄君年''此后苦心谁识得，黄泥岭上数株松'。"（参见俞剑华《陈师曾》）

陈衡恪的骤然逝世，是中国画坛不可弥补的损失，同时也给人们的心灵和情感造成了强烈的震撼，梁启超形象地将这种损失和震撼谓之为“中国文化界的大地震”。

为了沉痛悼念这位英年早逝的天才画家，北京文艺界的知名人士及陈衡恪的亲朋好友数百人，一同来到江西会馆，隆重举行陈衡恪逝世追悼大会。

梁启超在追悼大会上首先致词，梁启超在悼词中对陈衡恪的人品画品作了高度的评价：

> ……无论何种艺术，不是尽从模仿得来。真有不朽之价值，全在个人发挥创造之天才。此种天才，不尽属于艺术方面，乃个人人格所表现，有高尚优美的人格，斯有永久的价值。试看过去的美术家，凡可以成为名家，传之永远，没有不是个人富于优美的情感，再以艺术发表其个性与感想。过去之人且不论，如今有此种天才者，或者甚多，以所知者论，陈师曾在现代美术界，可称第一人。无论山水、花草、人物，皆能写出他的人格。以及诗词雕刻，种种方面，许多难以荟萃的美术，师曾一人皆能融会贯通之。而其作品的表现，都有他的精神。有真挚之情感，有强固之意志，有雄浑之魄力。而他的人生观，亦看得很通达。处于如今浑浊的社会中，表面虽无反抗之表示，而不肯随波逐流，取悦于人，这在他的作品上，处处都可观察得出。又非有矫然独异剑拔弩张之神气，此正是他的高尚优美人格可以为吾人的模范。所以极希望大家于极悲痛之中，将陈师曾此种精神，由其遗迹影响于将来社会，受很大之感化，不仅在艺术上加进，乃至使社会风气因其艺术影响而提高向上……

梁启超与义宁陈氏家族可谓是世交，也可谓是结下了不解之缘。

义宁陈氏（陈寅恪家族）与新会梁氏（梁启超家族）堪称中国家族文化史上的双璧。

这两个文化型大家族在价值取向上有着惊人的相似。经历了戊戌风云的洗礼，经历了人生道路上一连串沉重的打击和失败，经历了无数次心灵深处的自我较量，这两个家族终于冷静而理智地调整了未来的进取目标，他们从此远离了政治斗争的旋涡，他们将家族未来的坐标由官场角逐定位为文化的进取。他们对某些问题的见解有着惊人的相似。他们一致认为：政治如过眼烟云，龌龊短暂而险恶；而文化却如日月经天，江河行地，美丽而永恒。

义宁陈氏的陈宝箴、陈三立、陈衡恪、陈寅恪祖孙三代四人，读者已是耳熟能详。

新会梁氏亦是满门俊秀，成就非凡。继梁启超之后，他的九个孩子亦个个成才，各有造就。梁启超有三个儿子是中国院士。其中梁思成、梁思永兄弟俩同时于1948年3月当选为第一届中国院士（人文组）。

梁启超的长子梁思成（1901—1972），著名建筑学家，1949年前曾任职中国营造学社，从事中国古建筑的科学研究工作，调查、测绘过较多具有重要历史价值的古建筑，整理过一些重要典籍，他是第一个运用现代科学方法，对我国古建筑进行分析研究的学者，开拓了中国建筑史研究的道路。梁思成曾任东北大学、清华大学建筑系主任、教授，并任联合国大厦设计委员会成员。1937年完成了我国第一部《中国建筑史》，从而完成了他的中国建筑史要由中国人自己来填写的夙愿，填补了中国建筑史研究的空白，竖起了中国建筑史研究的里程碑。与此同时，他还用英文为外国读者写了通俗易懂的《中国建筑史图录》，为弘扬璀璨辉煌的中国建筑艺术做出了贡献。梁思成是中国古建筑研究的先驱者之一，也是我国建筑教育的奠基人之一。1949年后，曾当选为第一届中国院士、中国科学院技术科学部委员，同时担任建筑科学院建筑历史理论研究室主任、中国建筑学会副理事长等职，并亲自领导和参加了中华人民共和国国徽图案及人民英雄纪念碑的设计工作。

梁思成

梁启超的次子梁思永（1904—1954），著名考古学家。参加过印第安人古代遗址的发掘，并研究东亚考古。曾主持山东章丘龙山镇和河南安阳后冈、西北冈等重要发掘，并首先确定仰韶、龙山和商文化之间的相对年代，对我国考古事业的发展，特别是新石器时代和商代考古有重要的贡献。1939年他在“第六次太平洋学术会议”上提出的论文中，全面总结了龙山文化。考古学界目前对龙山文化类型的划分，仍导源于他半个世纪以前的创见。他卓有成效的工作提高了中国考古发掘的科学水平，使之纳入近代考古学的范畴。梁思永1948年当选为第一届中国科学院院士，1950年8月被任命为中国科学院考古研究所副所长，是中国近代考古学和近代考古教育的开拓者之一。

梁启超的五子梁思礼，是梁启超九个孩子中最小的一个。梁思礼生于1924年，是我国著名火箭控制系统专家。曾获美国辛辛那提大学硕士和博士学位，中华人民共和国成立后负责起草运载火箭的长远规划。1956年调入国防部第五研究院任导弹系统研究室主任。他为祖国从无到有的导弹控制系统事业，贡献了自己的才智，是我国航天事业的开拓者之一。他亲自领导和参加了多种导弹、运载火箭的控制系统研究工作，他还是我国向南太平洋发射的远程液体火箭和长征二号运载火箭的副总设计师，具体负责控制系统工作。在他的主持下，我国首次把集成电路用于弹上计算机，并首次以此进行全弹自动化测试。他还参加了1980年向太平洋发射远程火箭的飞行试验，获得了1985年国家科技进步特等奖。梁思礼是中国航天事业的第一代人，也是当代中国导弹控制系统的带头人，为我国的航天事业做出了重要贡献。他在1987年当选为国际宇航科学院院士，1993年当选为中国科学院院士，1994年当选为国际宇航联合会副主席，1996年10月获“何梁何利基金”奖。1997年9月，他作为全国十名有突出贡献的老教授之一，获“中国老教授科技兴国贡献奖”。（参见吴荔明《梁启超和他的儿女们》）

凌文渊在追悼会上，又从另一方面评价了陈衡恪的文学艺术：

> 师曾在艺术上的根本立足点，固然在性情上、品格上，令人望尘莫及。讲到他的文学，更为特出。不独少承家学，在旧的方面已卓然成家，更因游学海外，精通中西语言文字，能贯通新的方面，故其思想所及，岂但非一般所谓文人者所能领会，就是一般所谓学

人者，亦恐稍逊……先生的画是创造的，而非属于因袭的，完全产生于先生的文学之中，思想之中。

画家姚茫父是陈衡恪的知己。姚茫父在中国现代画坛上亦算得上是一位怪才，他不仅功底深厚，画艺精湛，而且颇具名士风度。姚茫父眼界极高，性情刚烈，且好骂人，对同辈画家很少有过称赞，唯独对陈衡恪却是情有独钟推崇备至。在追悼会上，他又一次高度赞扬了陈衡恪在绘画艺术上的可贵创新与探索，同时也就陈衡恪对中国画所作的贡献作了高度的评价：

陈师曾文艺修养的湛深丰富，而且贯通古今，兼综中外，能将科学艺术冶于一炉，并世恐少其匹。陈师曾的画所以能高出时人之上，就在传统技法既熟，生活体验亦深，所以能推陈出新，富有创造性，既不同于古人，又不同于今人，卓然一家。师曾于画，所蓄之意见，于朋辈谈论时，有表见及唯一之主张，乃脱离“四王”的藩篱而另觅途径，以挽救晚近画道陈腐败软之弊。师曾所取为师资者，于古人中如石田、石涛、石天、石溪及元明画家有可取者，都能融会贯通。不但从画里求画，还能以书法作画法，如以篆刻参入山水、以草书参入花鸟、以隶书参入竹石，就其作品中，皆可以集中个中消息，此外取材于金石诗文者，犹不一而足。

姚茫父真个对陈衡恪佩服得五体投地，他不仅对陈衡恪推崇备至，而且在陈衡恪逝世后的1925年、1926年两年间，抱病为陈衡恪的《北京风俗图》填词三十四阕，使之锦上添花，进一步扩大了《北京风俗图》的社会影响。

姚茫父还挥泪写下《哭师曾》一诗，哀悼自己的挚友：

年来行迹太匆匆，聚散存亡事岂同。
一死成君三绝绝，几人剩我五穷穷。
清秋湖海添新泪，隔代文章见故风。
未可驴鸣嫌客笑，只堪往事吊残丛。

白发人送黑发人，令人肝肠寸断，陈衡恪的父亲陈三立的座师陈宝琛亦写下了《哀陈师曾诗》：

笔耕代禄养衰亲，清白儿孙故耐贫。
三绝能为殊言重，一瞑谁谓彼苍仁。
戴星力疾轻千里，亦画来过欠五旬。
我为寿耄犹泪下，可堪老蘖对肖辰。

当时正在布鲁塞尔的蔡元培，从北京《晨报》得知陈衡恪逝世的消息，非常哀痛，写道："陈君师曾在南京病故，此人品性高洁，诗、书、画，皆能表现特性，而画尤胜。曾在日本美术学校习欧洲画时，参入旧式画中，有志修《中国图画史》。在现代画家中，可谓难得之才，竟不永年，惜哉！"。（参见王子舟《陈寅恪的读书生涯》）

追悼会上，还展出了陈衡恪的遗作，睹画思人，人们百感交集，既为他超尘绝俗的作品而感叹，更为他的英年早逝而惋惜。

陈衡恪逝世后，他的父亲陈三立曾写下《长男陈衡恪状》：

余长男衡恪，乳名师曾，遂为字。元妻罗淑人所出也……寻入都，充教育部不列为官者，主图书编辑累十年……衡恪迂拙俭素，不解慕声利。往往徒步张盖，穿风雪趋吏舍治事。刻苦自励，谨身而矫俗，其诸弟莫及也，癸亥盛暑，继母俞淑人寝疾，驰还金陵，调药竟不起。素孱，哀劬触宿痞，又冲雨市棺，寝苫侵地气，病甚亦卒。距俞淑人之丧逾一月，为八月初七日，得年四十有八……（参见《散原精舍文集》）

陈三立还在《继妻俞淑人墓志铭》谈道：

……子五人，衡恪罗淑人出，淑人屡举其行谊为诸弟率，所最笃爱者也……（参见《散原精舍文集》）

以上两段文字，从一个父亲的独特视角记下了陈衡恪的德行人品。从这两段文字透露出来的信息中我们不难知道：陈衡恪虽不是俞氏夫人所生，俞氏夫人却胜似己出，俞氏夫人在其诸子中，独对衡恪最为疼爱，这是因为衡恪的德行堪为诸弟的表率，人世间最难处置的与后母的关系，衡恪却处置得水乳交融。

1925年10月18日，陈衡恪葬于杭州西湖九溪十八涧之牌坊山，他父亲陈三立的弟子袁思亮撰了一篇《陈师曾墓志铭》：

陈君衡恪，字师曾，江西义宁州人。曾祖累赠光禄大夫，讳伟琳。祖光禄大夫，兵部侍郎、湖南巡抚，讳宝箴。父进士，吏部考功司主事三立，世所称散原先生者也。生五岁，母罗淑人卒，鞠于祖母。侍郎公亲授以训诂，天禀慧绝，十岁能作擘窠书，涂抹赭墨，作云水烟峦状，间或弄笔为诗文，短章断句，多可诵者。侍郎公辄出以诧其宾客，宾客皆大惊，以为世乃有此童子也。既冠，学师范日本，卒业于高等校，归为南通州、长沙校师。教育部欲官之，不可，礼罗焉，乃往主图书编辑。自祖父两世，政事文学，并有重名，君踵起，刻苦自树立……尤擅山水花鸟人物，工篆刻章印，出奇造意，矫柔为刚，视若怪丑，神理自媚，并世治艺事者，敛手推服。远近辇缣素金石求索，踵趾交错，虽海东西诸国，亦争相贸致，声价隆起，重一时矣。至性悾悾，笃于内行，研索道术，淹贯中外，其所挟持，固不可一世也。呜呼！孰使君而仅仅以其艺鸣耶……觥觥侍郎挺名世，考功雄文孰趾美，笃生哲英作门子，包孕流略穴经史。旁缀艺事摩圣垒，万灵呼吸吐在纸，雕镌六书泣神鬼，光气岳岳韬不晦，重译梯航走珠琲……

许多文艺界知名人士亦纷纷撰文，高度评价陈衡恪的绘画成就。

俞剑华是陈衡恪的弟子，在他主编的《陈师曾》一书的《弁言》中说：

师曾先生诗文、书画、刻印以及道德品质，无不具有大家的才能，惜年仅中寿，未能大成，实属近代美术界的大损失。但就已有的成就，已能跻身于历代著名画家的行列而无愧……

俞剑华在《陈师曾》一书的另一章里，又说：

师曾在现代艺术界中，占有重要地位。无论文学家、书画家、金石家，前辈同辈后辈，无不一致推崇。日本美术界及西欧收藏家也都十分赞仰，认为是近代中国画坛的杰出人才……

黄浚在《花随人圣庵摭记》一书中也有这样一段回忆：

师曾追悼会在江西会馆举行，我挽一联云"道旁踯躅一诗癯，京国十年，赠画忽怜难再得；天上凄凉此秋夕，钟山一老，寄书不忍问何如"。

又说："忆一日与王梦白集会曾仙舟家，王指壁上师曾画对我说：'师曾画当无懈可击。'"

史载，黄浚后来曾任职南京国民政府，淞沪之战爆发后，一支日本舰队得意忘形地闯入长江纵深地带，南京国民政府拟订了一个周密的计划，准备在长江下游较窄的江面处沉船数艘，以断其退路，关门打狗，将其一举歼灭。然而，黄浚却泄露机密，将这一绝密计划告诉了日本人，致使计划败露，日本舰队溜之大吉。后来，南京国民政府将其以汉奸罪论处。但是，我们不能因人废言，尽管如此，黄浚所著《花随人圣庵摭记》却依然不失为一部很有史料和学术价值的著作。

收藏家吴静庵的《寥匏簃画萃》中，收集的都是当代花鸟画家的名作。其中有陈衡恪的作品多幅，吴静庵亲笔为之写了小传，吴静庵给陈衡恪作的小传中有这样一段话："师曾精研书画，独辟蹊径，饶有明人风格，诗近宋人，而不貌袭其祖若父。刻印初效吴缶翁（吴昌硕），而能变其体。"

从以上诸多行家名流的评论中，我们不难看出：陈衡恪的绘画艺术，确实达到了炉火纯青的程度。陈衡恪以其天才的艺术才华和超尘绝俗的作品，在强手如林的现代画坛上，树起了一座璀璨巍峨的丰碑。尽管天不假年，正当人生和创作的盛年，陈衡恪英年早逝，未能进入大师的行列，但是，他在现代中国画坛上留下的绝响，却依然是那般地豪壮，那般地振聋发聩，以至近一个世纪过去，那绝响依然是余音袅袅，不绝如缕……

也许只能作这样的解释，天妒其才！

万能而冷酷的上苍在赐予陈衡恪以天才和智慧的同时，也将不幸和苦难无情地塞给了他。

坎坷蹇涩的命途总是梦魇般伴随着这位天才画家。

陈衡恪五岁丧母，虽然祖父祖母疼爱有加，但母爱的甘露对一个幼小心灵的滋养，是人世间其他任何形式的爱都无法替代的。

幼年丧母，已是不幸之至。然而，陈衡恪长大成人后的三次婚娶，两度丧妻，则更给他的人生涂抹了几分悲剧的色彩。

范孝娥是陈衡恪的结发妻子，她嫁给陈衡恪时，陈衡恪年方十九岁，正是青春勃发的豆蔻年华。

范孝娥是陈衡恪的书法老师范当世的女儿，她生于1876年9月16日，与陈衡恪同年出生。

范孝娥的父亲范当世乃江苏名士，岁贡生，诗书堪称一绝。当时，年方十九岁的陈衡恪，正在祖父和父亲的安排下，在祖父的湖北布政使衙署里开始了全方位的专业基础学习，祖父和父亲请来给陈衡恪授课的先生皆一时名流，教文学的是周大烈，教汉隶、魏碑的是范镇霖，教行书的是范当世。义宁陈氏家族的高风亮节道德文章，陈衡恪的聪明诚实颖悟好学，范当世看在眼里，喜在心头。他顾不了作为女方父亲应有的矜持，主动提亲，将待字闺中的女儿许配给了自己的得意弟子。

出身书香门第的范孝娥知书识礼，温柔娴淑，落落大方。当她怀着忐忑不安的心情走下花轿，当那鲜红的盖头掀开一角时令人心颤的一刹那，兀然出现在眼前的夫君竟是一表人才，丰颐广额，气宇轩昂。姑娘的芳心被打动了！谁说父母之命媒妁之言就注定了婚姻的悲剧，谁说世间的夫妻都是冤家对头，谁说夫妻的情感需要岁月的磨砺与积淀……所有这一切，在沉醉于幸福之中的范孝娥看来，简直是无稽之谈！

几乎是在掀开盖头的那一瞬，范孝娥就深深地喜爱上了陈衡恪。她甚至顾不了一个姑娘家在这种场合应有的羞涩和矜持，她热辣辣的目光一刻不停地盯着她的夫君。此时此刻，她觉得自己是天底下最幸福的人，她感激上苍，感激父亲，有此如意的郎君以身相许，托付终生，她范孝娥还有什么不满足的呢？

婚后的日子，幸福而甜蜜。丈夫读书十分地用功，往往一豆孤灯相伴，用功至鸡鸣三更东方既白。每每这时，范孝娥的心里是既喜欢又心疼。范孝娥喜欢的是丈夫那股不达目的不罢休的倔强劲儿，男儿处世当自强，一个男人如果没有人生进取的目标，如果没有事业的支撑，一天到晚浑浑噩噩儿女情长卿卿我我，那多无聊，岂不让人乏味透顶？而让范孝娥心疼的是，丈夫本来就瘦削单薄，她担心长此下去，丈夫的身体会吃不消。丈夫的家乡在赣西北幕阜山深处的义宁州，丈夫十分爱喝家乡的"十锦茶"，爱吃家乡的"艾粑"和"包馅子"，大家闺秀的范孝娥一改在娘家时的娇气，向祖母讨教丈夫家乡这些茶点的做法，然后亲自下厨操持，变着法儿弄好端到丈夫的书桌前……

两年后，也就是1896年，他们的第一个孩子封可出世了，初为人父初为人母的小夫妻乐不可支，望着儿子稚嫩而秀气的脸蛋，小夫妻俩的心头喜滋滋的，眼里漾着幸福的泪花，你一言，我一语，七嘴八舌地设计着孩子美好的未来。

然而，谁也无法预料的是，灾难的阴影在悄悄地来临。

两年之后，戊戌变法失败，凝聚了祖父和父亲一生中最得意的杰作的湖南新政，顷刻间灰飞烟灭，随之而来的灾难恶魔般骤然降临了这个为世所重的家族。

1898年8月21日，一纸来自紫禁城的黄色"圣旨"，将陈宝箴、陈三立父子"革职永不叙用"。从而宣告了陈宝箴宦海生涯的终结，彻底粉碎了这个家族世代绵延的那个玫瑰般的梦幻。

义宁陈氏家族从此告别了巡抚衙署的高墙深院，告别了他们尽情地挥洒事业与人生的三湘大地，一家人扶着祖母黄氏夫人的灵柩，乘一叶扁舟漂到了南昌西山的荒郊僻野，他们在西山择地，筑室"崝庐"，伴松涛，听流泉，在寂寞与无奈中打发光阴。

福无双至，祸不单行。仅仅几年工夫，一个个灾难便猝不及防接踵而至。

1900年6月26日，祖父陈宝箴不明不白地冤死于南昌西山"崝庐"。

痛失亲人的伤心泪水还未拭去，不幸的灾难便又无情地降临：

1901年5月18日，陈衡恪年仅二十五岁的妻子范孝娥在生下她的第二个儿子封怀一年零一个月后，又猝然逝世！

接踵而至的灾难给陈衡恪的心灵和情感以巨大的打击。

常言道：国有忠臣，家有长子。面对这一个个无法抗拒的灾难，作为家中的长子，陈衡恪想得更多的是自己肩头的责任和义务，他既要劝慰高堂父母，又要挑起家庭的重担，照料年幼的弟妹，同时自己还要忍受丧妻之痛。

每至夜深人静时分，抚摸着熟睡中的两个稚嫩无知失去生母的幼子，想着他的已在另一个世界的爱妻的音容笑貌，想着他们夫妻恩爱朝朝暮暮耳鬓厮磨的日子，陈衡恪的心头掠过一阵难言的隐痛……

掩埋了结发妻子后不久，陈衡恪强忍着丧妻之痛，告别家人到上海入法国教会学校读书，继续他的求学生涯。这时，他的妻兄范罕亦在该校念书，范罕进校的时间比他早一年。

若干年后，范罕在其《蜗牛舍诗文集》卷一中有《哭师曾》一诗，在这首诗的自注中，范罕用这样一段文字记叙了当时的情景：

> 庚子后余妹已故，师曾就学上海，时余在法国教会读书，约师曾同学一年。校在南浔路。

随后不久，又因伯舅俞明震的关系，陈衡恪告别上海法国教会学校，转入南京江南陆师学堂附设铁路矿务学堂。

1903年，已是二十七岁的陈衡恪又告别了江南陆师学堂附设铁路矿务学堂，与年仅十三岁的弟弟寅恪一道，东渡扶桑，开始了他为期八年的留学生涯……

范孝娥逝世后的几年间，陈衡恪的个人情感世界一片空白。

于1905~1907年间，陈衡恪续娶汪春绮为继室。

汪春绮乃江苏吴县名媛，她亦出身于书香门第，她的父亲汪凤瀛曾入张之洞幕府，后任湖南长沙知府。陈衡恪在日本留学时，汪春绮的弟弟汪旭初亦在日本，与此同时，陈衡恪的亡妻范孝娥的兄弟范彦殊、范彦矧也同时在日本，为了排解乡愁，每有闲暇，他们常在一起吟诗唱和。

1910年，陈衡恪从日本留学归国，应张謇之邀，任南通师范学校教员，他的妻子汪春绮亦随同前往。

汪春绮有大家闺秀的风范，她心灵手巧，工于刺绣。在她的手下，那明媚的春意，娇憨的生灵，无不灵气流动，活脱脱惹人喜爱。她绣的花儿朵儿，含苞欲放，绽香凝露，能引来蜂儿、蝶儿。

出身于书香门第的汪春绮，自幼耳濡目染，对诗词歌赋颇有兴趣，有时兴之所至，亦提起笔来，填词吟诗，自得其乐。然而，毕竟只是浅尝辄止，诗词功底不是很深。自从嫁给陈衡恪后，每有闲暇，夫妻俩就在一起吟诗唱和，切磋诗艺，汪春绮情感细腻，天赋极高，且又勤学好问，不久之后，她的诗词很有长进，深得行家赞许。正如她的弟弟汪旭初在《寄庵随笔》中所叙述的那样：

> 师曾初娶南通范肯堂（范当世字肯堂）先生女，继室则余女兄春绮。春绮工绣。既归师曾甚相得。姊初不其工词翰，迨与师曾倡和，猛进不已。

汪春绮对丈夫的才华很是钦慕，陈衡恪作画时，她研墨铺纸，细细观察，久而久之，她竟亦能挥笔涂抹几笔，笔下的画作，竟也章法有度不同凡响。偶尔间，还夫妻合璧，共同合作。若干年后，陈衡恪的好友姚茫父见过他们夫妻留下的一幅《梅花图》遗作之后，感慨万千，为之作《师曾继室汪夫人墨梅花遗墨何秋江为妇乞诗》诗一首，以志其事：

> 莱妇鸿妻已志铭，麝煤鼠尾厌丹青。
> 陇头千树开成墓，纸上一枝唤欲灵。
> 铁笛声倚歌白石，金泥合印拓黄庭。
> 君家犹有扬州笔，传与闺房作典型。

姚茫父还在诗的开头作自注：“师曾旧题一词，下楸春绮衡恪二印，是夫妇合璧也。秋江丹徒人，妇为汪夫人侄，均能画。”（参见姚茫父《弗堂类稿》）

汪春绮的温柔娴淑与多才多艺，给陈衡恪以极大的安慰。他近似枯萎的情感世界，重又得到爱的滋润。

在南通师范学校的校园里，这对伉俪情深的夫妻，吸引了无数羡慕的目光。人们在暗自庆幸，上苍总算有眼，让陈衡恪遇上了汪春绮，这位才华横溢的画家，重又有了一个称心如意的伴侣，他不幸的人生之旅，重又进入一处温馨的港湾。

然而，命运之神竟是如此地悭吝，那温馨甜蜜的爱情、琴瑟相和的婚姻，对陈衡恪竟是如此地短暂而吝啬！

1913年，那个淫雨绵绵奇冷无比的冬天，坎坷蹇涩的命途竟又一次梦魇般缠绕着这位天才的画家。

这年年初，陈衡恪离开任教三年的南通师范学校，在湖南第一师范作短暂的逗留之后，又于这年秋末辞职前往北京教育部任职。他的妻子汪春绮随同前往。然而，不久之后，当北京的节令进入严寒的冬季，汪春绮突然患病猝死。

据汪春绮的弟弟汪旭初所著《寄庵随笔》透露出来的信息，汪春绮实属死于庸医误诊。

《寄庵随笔》是这样记载的：

> ……民国二年癸丑秋末，余迎姊同赴北京，侍先君杨宜宾胡同，即伯兄衮甫（汪荣宝字）寓处也。师曾方任职教育部，亦来就甥馆。是年冬，姊发斑疹，西医注以麻醉剂，遽卒。

接二连三的丧妻之痛，陈衡恪痛不欲生，他挥泪写下《悼亡诗》《哭奠春绮殡宫》《春绮卒期年矣，哭之以诗》及《题春绮遗像》等大量悼亡诗，以寄托对亡妻无边的思念，抒发内心深处难以排解的悲痛。

这首题名为《悼亡诗》的诗作，情感缠绵，细腻真挚，读来动人心魄，催人泪下。

> 问尔魂归何有乡，残年孑影感临觞。
> 事同饮鸩销膏尽，梦付驰旬积恨长。

箧有残煤缠粉泪，壁留遗挂掩虚堂。
素衣化缁诚何意，独对京尘苦月黄。

次年4月，陈衡恪又作《春绮卒百日后，往哭殡所，感成三首》。其中一首，忆夫妻当年同看圆月，可如今却残月依旧，人成隔世。这首诗写得低沉哀婉，缠绵悱恻：

焚香启素幄，四壁惨不温。
念我棺中人，欲问声已吞。
形影永乖隔，目眇平生魂。
……
苦挽已残月，留照心上痕。
故人九原土，新人三寸棺。

《春绮卒百日后，往哭殡所，感成三首》的另一首这样写道：

来此尽一哭，泪洗两眼昏。
……
藕断丝不绝，况此绸缪恩。
当时携手处，一一苦追省。
伸纸见遗墨，捡箧得零粉。
有生有忧患，此味今再领。

《题春绮遗像》一诗，更是发自肺腑，读来令人肚肠寸断：

人亡有此忽惊喜，兀兀对之呼不起。
嗟余只影系人间，如何同生不同死。
同死焉能两相见，一双白骨荒山里。
及我生时悬我睛，朝朝伴我摩书史。
漆棺幽闷是何物？心藏形貌差相似。

去年欢笑今成尘，今日梦魂生泪笃。

陈衡恪对他的结发之妻范孝娥更是爱得刻骨铭心，范孝娥逝世后，他亦写下了大量催人泪下的诗作。

当陈衡恪准备在汉阳与汪春绮结婚，就在新婚的前夜，在那个即将到来的大喜日子里，他突然想起他的结发妻子范孝娥来，范孝娥那娴淑端庄的模样久久地浮现在他的面前。遥想当年他们在一起的那一个个难忘的日日夜夜，想起那绚丽动人的青春岁月，想起那情窦初开终生难忘的生命激情，他心念故妻，四顾茫然，无处寻觅那再婚的喜悦与冲动，含泪写下《感怀》诗一首，以表达对亡妻无边的思念：

闲居心不怡，徘徊眄遥冈。
层霭荡空冥，修林日摧黄。
萋草蔓广陌，寒潦澹方塘。
寻迹非故尘，即景玩余芳。
昔欢如未徂，沉思安能详。

在《羽林郎》一诗中，陈衡恪更是准确地表达了他再婚前夜的复杂心态：

丈夫爱后妇，斯义未足安。
蹑新忘旧屦，新者心亦寒。

女思前夫，男爱后妇，似乎是人之常情，世之常理。如果没有对范孝娥刻骨铭心的爱，如果没有发自肺腑的情感与生命体验，陈衡恪是很难写出这样感人的诗作的。

陈衡恪自日本留学归国时，曾专程前往南昌西山拜谒了祖父的坟墓，与此同时，他亦祭扫了安葬在西山的亡妻范孝娥墓。此次归来，他的爱妻离开他已是十年，十年光阴，弹指一挥间，面对长眠在一抔黄土内的爱妻，面对爱妻坟头的萋萋芳草，陈衡恪感慨万千，挥笔写下《至前妻范氏墓所》一诗：

守酒对荒山，泉枯花亦干。
对兹一抔土，迟我十年看。
人事只如此，悲怀耿未殚。
驰晖背云去，怆立又空还。

从以上所引的诸多催人泪下的诗文中，我们不难窥出这位天才画家蹇涩苦难的命途以及他那真挚的情怀。面对接踵而至的人生遭际，陈衡恪没有被击垮，而是将悲痛埋在心底，全身心地投注于他所挚爱的绘画艺术。他的百折不挠、他的直面人生、他的傲视厄运、他的纯情善良，堪为后世楷模。

汪春绮逝世后，为了使陈衡恪尽快从痛苦的泥淖中解脱出来，亲友们多方奔走，为其张罗婚事。

经杨怀中（杨开慧的父亲）先生介绍，陈衡恪终与黄国巽结为伉俪。

早在日本留学时，陈衡恪就与黄国巽相识。

当时，陈衡恪正在日本高等师范攻读博物学，适逢杨怀中先生为在湖南开办女子学校到日本考察教育，陈衡恪年轻时随祖父和父亲在湖南多年，对湖南有一种特殊的亲近感，他把湖南视若自己的第二故乡。因此在异地他乡见到湖南人，感到格外地亲切，陈衡恪和杨怀中很快成为挚友。

杨怀中启程时，黄国巽因逃避父母包办的婚姻，亦随同远涉日本。经杨怀中引荐，由陈衡恪辅导其学习日语，因此黄国巽得以与陈衡恪相识。

陈衡恪学成回国后，黄国巽在日本留学长达九年。

黄国巽非常仰慕陈衡恪的人品与才华，听杨怀中介绍了陈衡恪回国后不幸的家庭生活后，几乎未加思索，她就欣然同意了这门婚事。

黄国巽亦出身于湖南一官宦人家，她家数代书香，她的父亲曾任湖南湘潭候补知府。

黄国巽嫁给陈衡恪后，生子封雄、封举、封邦、封猷。封举、封邦后来因病早殇。

据陈衡恪最小的儿子陈封猷回忆：他的母亲黄国巽是个很不幸的女人，父亲陈衡恪四十八岁不幸逝世时，陈封猷尚在襁褓中，只有六个月。当时陈衡恪去服侍病危中的继母并料理丧事时，由于孩子尚幼，黄国巽未同与陈衡恪往南京奔丧，当黄国巽接到电报从北京带着四个孩子赶到南京，在接她的家人中独独未见到陈衡恪时，心中已有不祥之兆，当走进灵堂见到两副灵柩时，黄国巽当场就晕过去了，其情其景，见者无不动容……

其时，黄国巽尚年轻，几十年来，她含辛茹苦地把几个孩子拉扯成人。

孩子们长大后，各自事业有成，分散在全国各地，黄国巽与儿子封雄在北京。封雄被打成右派后，流放到北大荒劳动，后又在山西长治中学教英语。陈封猷要接母亲去他所工作的大连，但母亲不同意，她说："在大连只能看到你这一家，在北京大家都可以来看我。"大家尊重母亲的意愿，请了保姆照料她的饮食起居。

"文革"时，黄国巽患了脑血栓，1969年8月陈封猷把母亲接来大连，当时陈封猷本人也受到冲击，1970年2月8日下放到普兰店唐家房时，母亲是躺在担架上被抬到乡下的。

在普兰店唐家房，子孙三代睡在一个炕上，母亲一直没有下炕，直到当年5月7日去世。

每当说到这里，已近八旬的陈封猷老人眼里噙满泪水，他说他很崇敬他的母亲，母亲是个了不起的女性。(参见卢曙光《我的籍贯是江西——访陈封猷先生》)

陈衡恪是不幸的，蹇涩的命途总是如影随形地伴随着这位天才的画家。他五岁丧母，长大成人后三次婚娶，两度丧妻。然而，在他的人生旅途中，先后有三位如此娴淑而又知书达理的女性相伴，乃不幸中之万幸矣。

第三章 丹青人生

清末民初的中国画坛，“北陈南李”的说法很是流行。

“北陈”指的是陈衡恪，“南李”指的是李叔同。他们二人皆留学日本，都学的是绘画专业。回国后，一个在北方，一个在南方，都教授美术和从事美术创作，两人都以重大的理论建树和丰厚的创作成就为世所重。

“北陈南李”的友谊也是值得称道的。

李叔同积极倡导中国传统画改良，画家吕凤子曾说：“中国传统绘画改良运动的首倡者，应推李叔同为第一人。”李叔同曾在上海主持《太平洋画报》的美术业务，他专门开辟了一个专栏，约请陈衡恪为专栏作者。据不完全统计，《太平洋画报》文艺副刊，仅在1912年4、5两个月的时间里，就连续发表了陈衡恪十几幅作品，每幅所占的篇幅都较大，多数作品放在该报中央位置，十分醒目。陈衡恪于1912年5月由北京抵上海，李叔同主持的《太平洋画报》进行了专题报道，同时报道了美文会欢迎的消息，并于5月8日刊出陈衡恪的大幅半身照片。与此同时，李叔同还请陈衡恪为苏曼殊创作的小说《断鸿零雁记》作插图。

从这里我们不难看出李叔同对陈衡恪艺术成就的仰慕以及他们间的深厚友谊。（参见毕克官《李叔同·陈师曾·丰子恺》）

1914年，陈衡恪为夏丏尊的居舍“小梅花屋”作画，李叔同在画上端题了《玉连环影》词。在此之前，陈衡恪曾赠李叔同一幅荷花图，李叔同在画上补题小诗一首：“一花，一叶，孤芳致洁。昏波不染，成就慧业。”

李叔同入山坐禅前，曾将自己所画的油画、衣物、书籍及所藏文物分赠北平国立美专和好友，陈衡恪也得到他馈赠的十余件中国民间玩具和一尊从日本带回的维纳斯半身石膏像，这尊维纳斯像在陈衡恪的三子封雄家珍藏达半个世纪，后在运动中被当作“四旧”毁掉了。

陈衡恪对李叔同的艺术修养和高标逸致的人格非常钦佩，并在友朋间广为称颂。李叔同出家后，画家徐悲鸿曾为他画油画像一帧，徐悲鸿在《补记》中就曾说道：“早岁识陈君师曾，闻知弘一大师（李叔同出家后号弘一法师）为人，心窃慕之。”

陈衡恪逝世举丧期间，弘一法师闻讯后，特从衢州赶来南京吊唁亡友，走进灵堂时，他身着灰色僧袍，不通报姓名，始终一言不发，径至陈衡恪灵柩前伏地叩首，然后飘然而去。（参见陈封雄《热爱祖国的弘一法师》）

在清末民初的中国画坛，李叔同以奇才闻名于世，他是一位值得大书特书的画家。他从富家子弟到削发为僧的传奇式经历，他超尘绝俗的画品与大张大合的人生，他挥洒自如的个性与对艺术孜孜不倦的追求，皆为后人所称道。

后世的诸多学者，试图从多种视角探索这位旷世奇人的人生轨迹与心路历程，试图撩开笼罩在他身上的那云遮雾罩的重重疑团，试图破译那一个个难解的生命密码……所有这一切，更为这位传奇式画家增添了几缕扑朔迷离的色彩。

李叔同祖籍浙江平湖，祖上为富甲一方的盐商。其父李筱楼，为清进士，曾在吏部为官。李叔同生于天津，五岁时，即遭父丧。年稍长时，曾随北方名士严范孙、赵幼楼、唐敬严、王仁安等游，因而诗、文、书、画、篆刻等方面均有较深造诣。

南洋公学毕业后，李叔同东渡日本留学，入上野美术学校专攻西洋油画，从所攻读专业角度看，李叔同确可算得上是中国第一个出国研究美术的人。

李叔同是一位潇洒豪放的翩翩公子，他兴趣广泛，多才多艺。在日本留学时，除绘画与音乐外，他还爱好研究戏剧，创办了中国最早的话剧团“春柳剧社”。同时他还粉墨登场，饰演旦角，主演过外国名剧《黑奴吁天录》中的爱美柳夫人、《茶花女》中的女主角椿姬等。他主演的戏剧获得了空前的成功，轰动东京，名噪一时。

日本戏剧杂志《芝居》中，有一位署名为松居翁写的一篇《对于中国戏剧的怀念》的文章，文章对李叔同高超的演艺作了高度的评价："中国的俳优，使我最佩服的，便是李叔同君。当他在日本时，在乐座上演《椿姬》（即《茶花女》）一剧，实在非常之好。不，与其说这个剧好，不如说这个剧团好，宁可说就是这位饰演椿姬（茶花女）的李君演得非常好……尤其是李君的优美婉丽，绝非日本的俳优所能比拟……虽然后来这剧团消灭了，但也有许多受他默化的留学生们，立即抛弃了学业，回国去从事新剧运动。可知李叔同君，确是在中国放了新剧的烽火。但他现在却已皈依佛门，栖隐于杭州湖畔，谢绝尘俗。倘使自椿姬以来，李君仍在努力这种艺术，那么岂容梅兰芳、尚小云辈驰名于中国的剧界……"

李叔同

李叔同的学生李鸿梁曾有幸得到两张先生当年化装茶花女的照片。李鸿梁第一眼看见照片，当时几乎笑了起来，他怎么也不敢相信自己的眼睛，一向庄重不苟言笑的先生，竟会装扮成那袅娜的西洋女子，其腰之细，真叫人吃惊，就是西洋女子，恐怕也要减食饿肚以后才能束成这样的细腰呢。

1910年，李叔同学成归国，初执教于天津工业学校，并参加"南社"，与柳亚子等人相酬唱。后主持《太平洋画报》，该报停刊后，又应杭州两级师范学校校长经亨颐聘请，到杭州任图画、音乐教师，与夏丏尊、姜丹书二位先生成为莫逆之交。李叔同的博学多才，深得该校师生钦佩。其时在该校向李叔同学习绘画的学生有丰子恺、潘天寿，学习音乐的有刘资平、吴梦非，四人日后均成大器，各自在绘画和音乐领域取得了卓越成就，成为为世所重的大家。

李叔同任教期间，教学谨严，不苟言笑，学生们莫不尊而敬之，畏而爱之。

李叔同有一个幸福的家庭，生有一个儿子。他的妻子是日本人，漂亮娴淑，他们夫妻恩爱，相敬如宾。李叔同在杭州任教时，妻儿尚住上海虹口区多伦路。他每星期六必回上海与妻子团聚，星期日下午返校，从不请假。

然而，谁也没有想到的是，这位潇洒豪放的翩翩公子，这位多才多艺才华横溢的艺术家，这位治学严谨为人师表的教师，竟然会于1918年7月13日在杭州虎跑大慈寺削发为僧，取法名演音，号弘一法师。从此六根清净，谢绝尘俗，皈依佛门。

事情的起因据说是受了好友夏丏尊的怂恿。

在此之前，李叔同因犯胃病，东西不能多吃，还患有神经衰弱症，后来他从一本美国杂志上看到一篇文章，说是断食可以强胃，还能治各种疾病，这使他想起在日本留学时也听过相同的理论，在国内也听说过佛教中有“空谷疗法”一说，于是，他便产生了断食的念头。当他去征求好友夏丏尊的意见时，没承想夏丏尊亦赞同他去断食。

这样，李叔同于1916年的暑假去虎跑寺断食，断食的经过竟是异常地顺利，断食的全过程分三周，第一周是半断食，就是渐减食量；第二周是全断食，只饮泉水；第三周一反第一周的顺序而行之，效果良好。据他自己后来对友人说，全断食开始的一两天，虽然有时想吃东西，但到后来也就不想了，所难受的倒是须饮大量的泉水。当时心地非常清凉，感觉特别灵敏，能听人所不能听到的，悟人所不能悟到的……

经历了这次断食以后，他在思想上发生了很大的变化，逐步领会到人只要清静寡欲，确能增进智慧。在此之前，他似乎并不接近佛教思想，在断食期间，他抄录了日本天理教经典，他的佛教思想渐渐地浓厚起来。不久之后，他房间里已经供养着佛像，凳上已设着大蒲团了。

据弘一法师《我在西湖出家的经过》一文所叙：他之所以选择7月13日这一天披剃为僧，因为这一天相传是大势至菩萨的圣诞。

出家之日，李叔同时年三十九岁。

李叔同出家之举，震动了当时的教育、文学、艺术界人士，中、日、南洋各地的新闻报刊，纷纷著论，不惜大量篇幅，述其生平事迹。时论几乎操着同一口气：

盖其未离尘之日，为一翩翩美少年，浊世佳公子，章台走马，一掷百金，出入歌场，依红偎翠，极尽风流倜傥之韵事。何以一经削发，视万贯如敝屣，置妻儿若陌路？群相揣其出家的真实动机何在？

后世的诸多学者，对他的出家作过种种猜疑和推测，有说他祖业破产的，有说他厌世的，还有的说他繁华生活过腻了，想去尝试尝试恬淡的生活……

叶圣陶先生在其《文章》中对李叔同有过这样的评价：“他是深深尝了世间味，探了艺术之宫的，却回过头来过那种通常以为枯寂的持律念佛的生活，他的态度应是怎样？他的言论应是怎样？实在难以悬揣。因此，在带着渴望似乎从来不曾有过洁净的性情里，更掺着一些惝恍的分子。”

李叔同的学生丰子恺说：“先生是由于对当时祖国前途感到悲哀而失去信心，便以皈依宗教作为精神上的出路和解脱尘世烦恼的一种手段……”

诸如此类的猜测和推理尚有很多，限于篇幅，恕不一一列举。

若要解开他的出家之谜，我们不能片面静止地凭主观妄加揣测，而应从其思想发展的轨迹以及他所处的社会环境去分析。

李叔同早年对革命非常热情，他不但写过：“度群生哪惜心肝剖！是祖国，忍辜负？”而且还写过：“看囊底宝刀如雪，恩仇多少？双手裂开鼷鼠胆，寸金铸出民权脑，算此生，不负是男儿，头颅好。”从他慷慨悲壮的诗词中我们不难看出，他对祖国，对民众的爱是何等地炽热。

然而，接踵而至的黑暗现实却使李叔同心灰意冷起来。清政府被推翻，民国建立，革命终算成功。但随之而来的军阀争权，战火连绵，生灵涂炭，又使他的美好愿望破灭。处在这样恶浊的社会，他的苦闷和彷徨自然也就在所难免。

于是，李叔同的人生观和性格发生了根本性的变化，他由激进而转向苦闷，由慷慨激昂而变为沉默寡言，我们完全可以这样认为，他的这种苦闷和沉默寡言，正是他在努力寻求和探索改变这种现状的途径和方法，而又无处寻找的情绪外化的表现。

诚然，因时代的局限和个人视野所限，李叔同自然无法也不可能找到正确的途径和方法，他固执地认为造成这种现状的根本原因，完全是人们无穷的物欲和狭隘的自我执着。他认为欲根除此害，就非唤起人们的觉醒，把狭隘的小我扩大起来，博爱群生。这样，佛教中的经典教义，就如同迷航中闪烁的灯塔，使他顿时心明眼亮起来。

他寻找来寻找去，最后寻找到的途径与方法，自然也就是自己甘愿吃大苦，以苦行僧的意志和行动作现身说法，以达到移风易俗的目的，以救度民众摆脱这个恶浊的世界。这梦想自然如海市蜃楼，美丽而虚幻。

我们说，由于有了这样的思想基础，他极端的人生选择也就势在必然。在虎跑寺断食时的身临其境耳濡目染，以及他的好友夏丏尊先生善意的怂恿，只是促成此事的一个偶然的契机而已。

偏偏李叔同是一个凡事认真的人，他从艺认真，从教认真，就是出家后，也是一个极为认真而虔诚的苦行僧。正如他的好友姜丹书所说：法师早年是才子；中年是艺术家，是名教师；晚年又是一代高僧。正如他早年将赴日本留学离别祖国时所作的《金缕曲》中所说的那样："二十文章惊海内……"他才华横溢，多才多艺，他的艺术涉及诗词、书画、篆刻、音乐、戏剧等，几乎可以这样说，除雕塑以外，在所有艺术领域中，他差不多均有涉猎，而且无一不精。

李叔同出家后，他的各种艺术爱好均忍痛荒置，唯独对书法艺术的追求却是情有独钟。在俗时，他每日鸡鸣即起，执笔临池。从出家的那一天起，直至1942年10月13日六十三岁时，圆寂于福建泉州不二祠温陵养老院晚晴室，他每天练字不辍。他的书法作品，气势雄浑雅健。构体风格早年劲挺峭拔，中年绵密厚重，达到"化百炼钢为绕指柔"的境界，晚年清疏高逸。有人评他的书法，乃学问、道德、环境、艺术多方面之结晶。

在佛教中，"律宗"比"禅宗"要严得多、难得多，清规戒律也多得多，李叔同却偏偏选择了"律宗"出家。不仅如此，他还以更大的毅力，从研究"律宗"入手，使之重振起来，他编著了《南山律在家便览》《四分律比丘戒相表记》等重要书籍，同时还在厦门创设律学院，讲演律学。到青岛等处去宣宏律学，使七百余年已失真脉的南山律宗，发扬光大。

李叔同放弃了安逸舒适的生活，抛妻别子，穿破衲，咬菜根，过苦行僧的生活，完全是想用"律宗"的佛教信仰，去唤醒那沉沦于悲惨恶浊的醉梦中的人群。尽管这注定要失败，但他的这种舍身殉道的精神与坦荡博大的胸怀，仍是难能可贵的。

李叔同

朱大炎先生曾有一诗对李叔同的一生作了高度概括：“绝代才华绝代姿，一生身世一篇诗；朱门年少空门老，艺术宗师禅法师。”（以上内容分别参见高文显记录／弘一法师口述《我在西湖出家的经过》、李鸿梁《我的老师弘一法师李叔同》、姜书凯《李叔同披剃前夕的手笔》、钦文《艺术大师李叔同》、沈本千《一代高僧弘一法师》）

在陈衡恪的人生旅途中，除李叔同外，还有一位高僧与他有着深厚的友谊，这位高僧就是八指头陀。

在中国近代佛教史上，八指头陀是一位性情独特的高僧。

八指头陀本名黄读山，咸丰元年（1851）生于湖南湘潭石潭雁坪一个普通农家，他不仅出身贫寒，而且命途多舛。他十岁丧母，十二岁丧父，家贫无所依，初入村塾为僮仆，后为人放牛。

他的出家经历及诗文才华更是奇特而让常人难以置信。

同治七年（1868），时年十七岁的黄读山尚在家为人牧牛，一日雨过天晴，他从牛栏内牵着牛准备出去放牧，忽见篱笆间灿烂盛开的桃花为昨夜的暴风骤雨所摧，不由得触景生情，放声痛哭，由桃花而想到人生，从此看破红尘，遂生出家之念。在南岳衡山祝圣寺受戒后，上衡州岐山仁瑞寺，皈依佛门，充苦行僧，僧名释敬安。

释敬安自称先世为黄庭坚裔孙，宋时由江西迁湖南茶陵，明末再迁至湘潭。

二十岁后，释敬安开始致力于诗，他虽早岁失学，不通文字，但常以画代书，初学时苦不堪言。一次登岳阳楼，突然灵感骤发，脱口咏出“洞庭波送一僧来”一句。诗人郭菊荪闻知后，大加赞赏。释敬安受了鼓励，因而苦读唐诗，锐意吟咏，日有长进。后来得到了“湖湘才子”王闿运的指教，诗艺猛进。与之同时入王闿运门下，被时人称之为“湘绮楼四大诗弟子”的还有张仲飏、杨淑姬、齐白石。这四人一为和尚，一为铁匠，一为女诗人，一为木匠，因他们出身各异，又被人称为“湘潭四异人”。

光绪元年（1875），释敬安离开湖南至镇江金山寺，从大定和尚参禅。与此同时，他云游江南，先后至杭州、宁波等地，遍参江浙名宿。

最让人震惊和难忘的是，有一次，释敬安来到宁波阿育王寺佛舍利塔前礼拜，面朝佛像长跪在地，伸出右手，在佛像前的神灯上点燃两指供佛。手指在神灯上点燃之后，“必必剥剥”地油花四溅，随着那“吱吱”的声响，一串笋黄色的火焰在佛像前腾腾地扑闪着，远远望去，他点燃的手指犹如虔诚地擎举着的一盏神灯，神灯闪烁游离的光斑，辉映着神殿内那相貌威严而法力无边的佛祖。时间在一分一秒地过去，那点燃的两指在一节一节地缩短，那串笋黄色的火焰依然灿烂如初，他却自始至终稳若泰山，面不改色。与此同时，他还抽出一把锋利的尖刀，从自己的手臂上剜下一块肉来，当着众位僧人的面，把那块肉就着神灯点燃。望着这亘古未有的壮举，在场者无不为之动容。

自此之后，他自号八指头陀。

后世称八指头陀为诗僧。他以白梅诗著名，有“白梅和尚”之称，与擅写红梅诗而有“红梅布政”的樊增祥齐名。他学诗亦如他献身佛门般地执着而虔诚，他曾从王闿运、邓辅纶等游。杨度评其作诗深受“高谈格调，卑视宋明。汉魏三唐，自成风气”的湖湘派影响。

八指头陀对我国诗歌创作的巅峰之作唐诗及以后的宋诗，曾进行过认真的对比研究，并作了精辟的论述。他认为“唐人诗纯，宋人诗薄；唐人诗活，宋人诗滞；唐诗自然，宋诗费力；唐诗缜密，宋诗疏漏；唐诗铿锵，宋诗散漫；唐诗温润，宋诗枯燥；唐人诗如贵介公子，举止风流；宋人诗如三家村乍富人，辞容鄙俗”。因此，他自己作诗，绝不作宋人语。

八指头陀作品甚丰，他为后人留下了一千九百多首诗歌。

与他同时代的诸多学者诗人对八指头陀的诗推崇备至，他们从不同角度对其诗歌的艺术成就作了高度评价。叶德辉说他“宗法六朝，卑者亦似中晚唐之作”。郑文焯称其“绝不堕宋人诗禅恶趣”。他的诗，灵气流动，挥洒自如。俞明震赞他“得之禅悟，脱去寻常蹊径”。秦篢说他“绝去尘俗，天然为真门妙谛”。徐镜亦称他“景者景，情者情，不执一体，不泥一格，而洋洋洒洒，非若世之拘于吐唐茹宋、反失‘诗言志’之本旨者然也”。（参见《诗僧八指头陀遗事》《八指头陀诗集序》《白梅诗跋》《嚼梅诗跋》）

八指头陀

光绪二十八年（1902），八指头陀被宁波天童寺迎为首座。六年后，被推为宁波僧教育会会长。辛亥革命后，中华佛教总会成立于上海，八指头陀被选为首任会长。

八指头陀是清末有影响的一位高僧，又是一位成就突出的诗人，更是中国文学史上为数不多的著名诗僧之一。他虽托迹空门，却时时以“我虽学佛未忘世”“不因禅悦便无情”自励，对于国家兴亡，人民疾苦，深抱重忧。

他在天童寺任住持时，曾疾呼前来采集标本的师生要“富国强兵，兴利除弊”“力革旧习，激发新机”，以“磨砖作镜”“磨杵成针”的毅力，以“卧薪尝胆”的精神挽救中华。

八指头陀与陈衡恪的父亲陈三立诗交甚厚，他对陈三立的为人为诗十分敬佩，这种情感在他的诗作中多有流露，如《寄题陈伯严吏部》：

吾家诗祖仰涪翁，独辟西江百代宗。
更有白头陈吏部，又添波浪化鱼龙。
一卷人天殒泣辞，风云态演五洲奇。
欲攀太白掏沧海，洗我双眸读子诗。

八指头陀比陈衡恪年长二十六岁，从年龄上说，当是陈衡恪的父辈，但他在与陈三立的诗词交往中，发现其长子陈衡恪颇具诗才，在看了陈衡恪的一些虽说稚嫩但灵气流动的诗作之后，这位当代诗坛颇负盛名的诗僧，亦被深深地折服了。从此之后，他把陈衡恪引为知己，两人遂成忘年之交。

《八指头陀诗文集》收入他与陈衡恪的诗，就有《赠陈童子师曾》《与陈师曾兄弟齐集徐筱谷枣香书屋》《病中忆徐筱谷、陈师曾》《寄陈公孙师曾五叠前韵》《陈师曾自日本归，遇于金陵，感而有作》《余既晤陈师曾，感赠以诗，师曾亦为余写〈茅庵入定图〉以为纪念，题二绝句于上》等八首。

从上述所列诗中我们可以看出，陈衡恪尚在青少年时，就与八指头陀有诗交往，并为老一辈诗人所敬重，他们间交谊尚且不浅，从他们的交往中我们可以看出，陈衡恪在青少年时期就有很高的艺术才华。

《赠陈童子师曾》作于光绪十三年（1887），当时，陈衡恪年仅十一岁，而八指头陀却已是三十七岁，时年三十七岁的八指头陀居然给只有十一岁的陈衡恪郑重其事地赠诗一首，这在诗坛上委实并不多见。八指头陀的《赠陈童子师曾》是这样的：

童龄具耆德，头角方峥嵘。
频伽发妙响，玉树敷新荣。
道由聚沙值，义以分梨成。
好古兴不浅，鉴物志自明。
善葆青云器，相期黄阁明。

年仅十一岁的陈衡恪接到八指头陀的赠诗后，欣然和诗一首：

天下多奇士，山冈出兰芝。
高禅志修己，不为世俗移。
甘心守寂寞，袈裟良足披。
苟非鸿与鸢，焉能振翅飞？
闲居非吾愿，岳游为子宜。
灵境绝妄念，妙语发新诗。

感情亦何报？援笔赓此辞。

《病中忆徐筱谷、陈师曾》更是这一对忘年交之间真挚情感的流露：

风火为灾聚苦因，支离消瘦病中身；
五更钟梵残灯里，一息微微念故人。

一个人在生命垂危的时候，首先想到的当是自己最贴心的亲人和最知心的朋友。

陈衡恪赠八指头陀《茅庵入定图》，八指头陀既作《余既晤陈师曾，感赠以诗，师曾亦为吾写〈茅庵入定图〉以为纪念，题二绝句于上》：

一瞬沧桑挨劫尘，茅庵犹剩苦吟身；
当时饿虎衔将去，那得为君画里人。

《陈师曾自日本归，遇于金陵，感而有作》更是直抒胸臆：

念子东瀛学力增，归来道骨郁峻嶒；
风涛看尽龙鱼舞，犹忆蒲团一个僧。

民国元年（1912），八指头陀圆寂于北京法源寺。

两位忘年之交的真挚友谊，传为诗坛佳话（参见《八指头陀诗文集》）。

陈衡恪作画，往往以诗词、书法、篆刻融于一体，显示了其作品丰厚的文化底蕴和特有的艺术风貌。他诗词、书法、篆刻精湛高超的艺术造诣，与他天才的绘画艺术，同时载入中国绘画史册。

陈衡恪所作的每幅画必有题词，这些题词无论是诗句、短语，皆言简意赅，寓意深刻。或画龙点睛，或弦外有音，给读者以美的享受和生命哲学的启迪。

“文以载道”是中国历代文人所尊奉的圭臬。而这种思想在传统中国画的创作中似乎表现得不能尽如人意。不少传统中国画注重情趣而缺乏思想内涵。

陈衡恪的画有着很强的思想性和丰厚的艺术底蕴，他注重挖掘升华画面的思想内涵，以表现自己的喜怒哀乐和对时代、人民命运的关注。

陈衡恪所处的时代，正是中华民族内忧外患的时代。其时，社会混乱衰败，国运凋敝，民不聊生。他满腔愤懑不平之气，他忧国忧民的情怀，常常在他的题画诗词中表露出来。

如他的画作《钟馗》，画面上有四句话：峨冠博带，面目丑怪，髭怒戟张，诸邪退避。这简短的几句话，点出了钟馗那愤世嫉俗的形象，也表现了作者疾恶如仇的思想。

《鹰》亦是一幅寓意深刻的作品，画面上的题词是：饥鹰下瞰惊狐兔，哪有台臣是郅都。表达了他希望有汉代的郅都那样的朝廷栋梁之臣，能尽诛社会上的奸邪小人。

《孔雀》更是具有深刻的讽刺意味。画面上那只哗众取宠地舒展开华丽羽毛的孔雀旁，有一行画龙点睛的文字：文采章其身，能下百鸟拜，及厕鸡豚群，饮啄无异态。足宠讵足惊，物情殊可怪。这幅名为《孔雀》的画作，对那些虚有其表毫无实力的人，作了十分恰切的讽刺。

陈衡恪的另一幅《荷花》写意立轴，画面极是简约，只是几片苇叶、一枝破荷叶和一枝挺立的莲蓬。但作者用笔狂纵，与平日心平气和、笔墨恬淡的风格大不相同。作者作此画时，似有满腹郁积怨愤，欲对画面倾吐。画完之后，他挥笔题上：晚荷枯苇战秋风。虽然只有短短的七个字，画面意境顿时激活，一扫画面上那种悲观消沉、无可奈何的情绪，一种昂扬向上、刚强有力的气概油然而生，给败荷枯苇赋予了崭新的生命内涵。

《犬》的题诗更是耐人寻味：不信而今无孟尝，吠声吠影技偏长。颈铃俨若印悬肘，恃宠骄人两眼方。这些诗句语含机锋，讽刺了那些鸡鸣狗盗、仗势欺人的贪官污吏。

《竹篱》的题诗更是饶有情趣：长身玉立伟丈夫，屈作短篱防野狐。霜窗地阴色惨怆，旁舍无人提酒壶。这首诗道破了人间世态炎凉，勤勤恳恳干实事的人，还受不到应有的尊重。诗句借物写意，弦外之音袅袅，令人回味无穷。

陈衡恪题自己的画，也题别人的画。如他的好友王梦白的画，他就常给题写诗词。王梦白画了一幅《龟、鱼、虾》，陈衡恪应约在画上题了：乘兴龟鱼活水中，老虾奋鬣喜从风。回波荡漾小天地，彻底焉知河伯宫！这里借题讽刺了那些眼光短浅、夜郎自大的人。

最耐人寻味的当是陈衡恪给王梦白的一幅名为《鼠》的画作的题诗，这首诗洋洋洒洒，淋漓酣畅，嬉笑怒骂，寓意明显而激烈。现全文摘录如下：

富贵之家宝珠玉，寒儒补被寄人宿。残编冷砚共摩娑，一盏瓦灯照苦读。何来鼠辈肆猖狂，昼夜跳踉思裹腹。既无菽与粟，又无粱与肉。扰乱治安惊美睡，争窃余膏饱口福，吁嗟乎！所得亦微末，费尽心机忙手足。小窗供玩皆翻覆，但恐啮我《猛龙碑》，冬温夏清认不熟。乘人不备惯技耳，天月光明皆窜伏。遍身带有微生物，奈何滋生此荼毒？惩讨此辈罪莫赎！

题诗叱骂鼠窃之辈，道出了陈衡恪对一切以偷窃为技、损人利己之徒的万分鄙弃的心情，从而使画作的主题及意境得到了升华。（参见俞剑华《陈师曾》）

在论述了诗词对陈衡恪绘画的影响和作用之后，我们来简要地论述陈衡恪的书法与其绘画的关系。

陈衡恪的书法堪称一绝，他的书法艺术功底极深，这是与他少小时光练就的功底分不开的。

作为一位深深地植根于民族文化土壤的画家，陈衡恪历来十分重视书法，他在教导弟子江南蘋时曾说："书画是相辅相成的，两者不可偏废。画要在上面落款题词，必须练字。题款以行书为宜，也要学些篆隶笔法，可以从这些书法韵味中得到启示，同时也是为学好行书打根基。"

中国传统文化中历来就有"书画同源"之说。自古以来的中国文化界就流行着"书画异名而同体""诗画异体而同貌""诗是无形画，画是有形诗"的说法。（参见唐代张彦远《历代名画记》、北宋郭熙《林泉高致》）

中国历代知识阶层皆以"诗、书、画"的"三绝"标准，来衡量一个诗人画家才能的高低。陈衡恪身怀这"三绝"，所以他的挚友画家姚茫父在《哭师曾》一诗中有"一死成君三绝绝"之句。

陈衡恪的书法，转益多师，功力劲追古人。他的字，早年秀逸多姿；中年以后，渐趋苍劲刚健，矩法森严，锋芒尽敛，如屈铁盘丝，自然而出，没有一点剑拔弩张的痕迹。尽管当时书家强手如林，陈衡恪的书法，却依然卓然大家，与他的绘画一样为世所重。（参见俞剑华《陈师曾》）

书法与篆刻是紧密相连的姊妹艺术，在论述陈衡恪的书法时，我们不得不将关注的视线转向他的篆刻艺术。

在中国近代篆刻家中，陈衡恪可称得上是一位才华横溢的高手。

1933年，鲁迅编《北平笺谱》，选入陈衡恪作品多件，并作序言说：“义宁陈君师曾入京，初为镌铜者作墨盒、镇纸画稿，俾其雕镶，既成拓墨，雅趣盎然。不久复廓其技于笺纸，才华蓬勃，笔简意饶，且又为刻工省其奏刀之困，而诗笺乃开一新境，盖至是而画师梓人，神志暗会，同力合作，遂越前修矣。”

鲁迅对陈衡恪的篆刻极为赞赏，他用的刻名印、收藏印等，多出自陈衡恪之手。如“会稽周氏”“俟堂”等印章，鲁迅极为珍视。鲁迅博物馆现藏有多件陈衡恪赠给鲁迅的画作及印章。

陈衡恪的篆刻，得吴昌硕真传。但因两人书法用笔不同，刻印也就不完全相同。两人的篆刻，异曲同工，在中国篆刻艺坛上大放异彩。

陈衡恪的篆刻，独具一格。乔大壮称其刻印是：“方寸之间，气象万千。”陈衡恪的挚友、画家姚茫父在《染仓室印存・序》中说：“师曾刻印，导源于吴缶翁，泛滥于汉铜，旁求于鼎彝，纵横于砖瓦陶文，盖近代印人之最博者。”

陈衡恪的篆刻，以冲刀为之，章法井然，不多修饰，刀痕光洁挺拔，追求生辣雄劲的印风。

陈衡恪留日回国时，应张謇邀请在南通师范学校任教三年。在此期间，他与“翰墨林”店主李桢及王贤等有诗印画艺等方面的交往。他钦佩吴昌硕的作品，经李桢引荐，一起向吴昌硕学艺，过从甚密。

得益于“吴派”的影响，陈衡恪的作品气息浑厚起来。由于他深谙博物学，还曾以竹节刻印，他此时的作品，兼有吴昌硕的圆浑与黄牧甫的方劲之趣。

在北京的十年，是陈衡恪一生取得成就、名扬天下的最后时期。

他的篆刻创作，首先是思想上重视，他在《题金拱北拓印图》诗二首中曾鲜明地表明了自己对篆刻的态度“未容小技薄雕虫，寸铁能通造化功”。不仅如此，更主要的是陈衡恪有自己的篆刻见解和美学追求。

陈衡恪篆刻的审美观，核心是“宁支离毋安排”，他的这种审美观一经形成，便始终恪守。并且还特制印章加以说明，全印气势恢弘，“宁支离毋安排”一句取自明代傅山《〈作字示儿孙〉自注》：“宁拙毋巧，宁丑毋媚，宁支离毋轻滑，宁直率毋安排，足以回临池既倒之狂澜矣。”“宁支离”意为布阵随意散漫，“毋安排”意指不要刻意求工，这六个字提倡自然真率，天然无饰又合乎艺术本身的规律。甚至可以这样说，陈衡恪在这一方面大大突破了其师吴昌硕，从而推陈出新。他的这些审美观，为后世的篆刻界视若圭臬。

与此同时，陈衡恪以自己的艺术创作，实现了自己的见解和追求。他的篆刻作品“杨昭俊之章”“宁支离毋安排”“程康之印”白文印，“老复丁”“身知身在情长在”“石工”“恭贺新年”朱文印等，均为这方面的代表作。试举一白一朱作一赏析：

“杨昭俊之章”，篆刻、章法、刀法极得汉凿印错落出奇之趣，每个字的直画、横笔、长短参差不一，章法不做作，收放自然，虚实呼应。在处理字的笔画粗细方圆方面，刀法完美得体，布局似散不散，极尽天真自然之妙。

“老复丁”，以大篆书体入印，章法上紧密下疏朗，“丁”字一点采用金文写法，粗笔重墨，垫底托上，变化迭出，全印轻重得以平衡。

陈衡恪喜用狼毫挥笔作画写篆隶，浑朴潇洒，古拙自在，所以篆刻多刚健婀娜，古朴秀逸。他能在吴派势力的弥漫之下，独具面目。他学习赵之谦、黄牧甫和吴昌硕印外求印，诸如砖瓦陶镜、古钱范字、汉铜魏碑、三代金文，均涉猎取材。如他送给鲁迅的“会稽周氏藏本”“俟堂石墨”两枚篆刻印章，就是仿汉砖楷体，鲁迅得到印章后爱不释手，连称其“颇佳”。（参见茅子良《陈师曾的篆刻》）

陈衡恪高超的篆刻艺术以及他留下的大量不朽之作，为色彩斑斓的中国篆刻艺坛增添了浓墨重彩的一笔。

第四章 画坛纵横

陈衡恪虽是才华横溢名满天下，却为人厚道谦逊，他不像艺坛的某些人那样才高气傲，盛气凌人。在收集此书的写作素材时，我接触了诸多有关他的传闻掌故，透过这些传闻掌故，我们不难从一个独特的层面窥知这位画家的画品人品。

住北京时，有一位叫潘馨航的先生，对陈衡恪的画很钦慕，一次，那人请陈衡恪作画十六方，当时陈衡恪定的润笔费尚很低廉，每方仅一元，但潘先生认为定价太低，执意要给二十元。陈衡恪坚持自己的一字之规，一分钱也不肯多收，他说："为人处世当有个尺寸，我的画论价或不止卖这些钱，但润例既定，就只能按规定取，一文也不能多收。"一个要多付，一个要少收，各执己见，双方相持不下，最后还是陈衡恪的学生出了个主意，请老师再画四方画给潘先生，此事才算了结。

陈衡恪最小的儿子陈封猷回忆说："父亲还有点'怪'脾气，父亲当年在北京作画很多，但他认为好的作品并不是太多的。他对这些作品总是很珍惜。一次，有人来求画，他正是灵感骤发的时候，画成后便高兴地给了来人。过后，他觉得这张画是自己的得意之作，而来人却是一个并无艺术修养的人，不配得此画。于是他特意到那位先生家去拜访，并将携带的另一幅画换回那一张画。"

写到这里，我突然想起一位评论家说过这样一句话来，那话的大意是，一位艺术家一生所创作的作品是很多的，而这些作品中堪称上品的并不是很多，上品中堪称神品的却很少，神品中堪称上上神品的却更少，上上神品中堪称绝品的却是少之又少。

我不敢妄加推测，陈衡恪费尽心机换回的那幅画，一定是上上神品或绝品，但我敢肯定：那一定是他一生中的得意之作。艺术创作是一项高级复杂的劳动，灵感骤至时超常绝尘的创造性和不可重复性，决定了艺术家对自己的得意之作视若生命。从这个意义上来理解，陈衡恪的换画之举也就不足为怪了。

陈衡恪四十五岁时，画了一幅玉兰立轴，这幅现藏于江西省博物馆的玉兰立轴长138.5厘米，宽33厘米，陈衡恪一直很是珍爱。这幅玉兰立轴，构图简练，画玉兰一枝，花叶并茂，玉兰盛开五大朵，有四五个含苞欲放的花蕾，枝叶着墨沉厚，花用淡墨勾，叶用深墨涂，墨色深淡有别，用笔用墨生动逼真，颇见功力。1922年春，陈衡恪应日本画家荒木十亩、渡边晨亩之邀，与金拱北同往日本，参加在日本东京举办的中日联合绘画展时，把这幅画带去展出，后来又选送法国巴黎艺术展览会展出。两次展出均得到了很高的评价。这样看来，这幅玉兰图当称得上是其作品中的上上神品或绝品了。（参见刘品三《陈衡恪和〈玉兰立轴〉》）

陈衡恪非常理解无名画家创作的苦衷，他对无名画家的爱护与关怀有时甚至是煞费苦心。

陈封猷还讲过这么一件事：有一年夏天，陈衡恪拿着一把折扇在朋友间传观。这折扇上有一位无名青年画家画的画。他把那位青年画家的简历贴在扇骨上，并滔滔不绝地称赞这扇面画的好处，他这样做，目的是为了提高那位青年画家的知名度，经他这样一番推荐，那位青年画家很快脱颖而出。

陈封猷是陈衡恪最小的儿子，陈衡恪逝世时，陈封猷尚还在襁褓之中。有关父亲的种种传说，都是母亲黄国巽女士说给他听的。

陈衡恪曾自述道："平生所能，画为上，兰竹为尤，刻印次之，诗词又次之。"作为中国现代画坛巨擘，陈衡恪以博大精深的艺术造诣，绘画、篆刻、书法、诗词全方位兼擅并长的艺术成就，为后世留下了大量不朽的传世之作，极大地丰富了璀璨辉煌的中华文化艺术宝库。

然而，陈衡恪对中国画坛的巨大贡献还远不止于此。除此之外，他还以对中国画的重大理论建树，奠定了他在中国现代画坛的重要历史地位。

中国画的理论，与其他艺术门类相对完整的理论体系相比较，还显得单

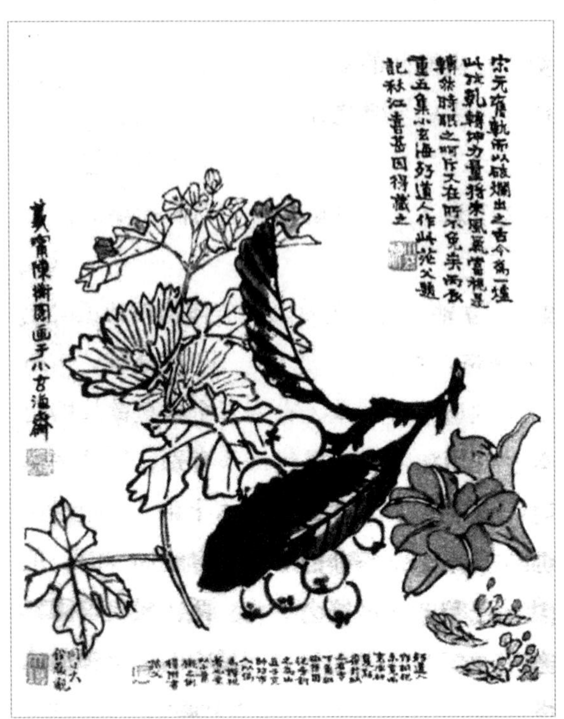
陈衡恪画作

薄而脆弱。

陈衡恪对中国画的理论建树，主要可分为两个方面。

第一个方面是画语，这些画语，集画理、画技于一炉，是他几十年创作经验的总结。

陈衡恪驰骋画坛几十年，有着深切的创作体验和艺术感受，他将这些体验和感受进行了爬梳整理，形成了一整套属于他自己的创作经验。这些创作经验，简明扼要，鞭辟入里，对后世学画者来说，具有很强的实用价值和可操作性。堪称他留给后世画坛的艺术经典。

笔者有幸在这里向世人首次披露陈衡恪的《作画感成诗》。

这件珍贵文物是江西省修水县有关部门在陈寅恪故里桃里竹塅村发现并征集的。《作画感成诗》由陈衡恪亲笔书写，原件为横披，纸本行书，长1.12米，宽0.54米。全诗28行，每行字数不等，共280个字。后面落款为“赋秋大伯命书，即写近所为作画感成诗一首。衡恪”。

这是一篇宝贵的作画经验总结，也是一篇言简意赅的绘画理论。征集前，原件由陈氏后裔桃里竹塅陈三泗老人珍藏。

此诗系首次公开披露，在此之前，未见任何经传。现将全诗抄录如下：

作画感成诗

弹琴贵赏音，作画岂不然。
画理颇微妙，太上忘蹄筌。
作者固匪易，识者亦诚难。

谈言有微中，诟骂心亦便。
马为伯乐鸣，琴向钟子弹。
愿觊得肯綮，豁然开心颜。
是以千载人，俯仰犹三叹。
嗟哉尺幅中，粉墨纷其间。
精神与质性，一一皆能宣。
结构因人肖，遂以门户繁。
各穷毕生力，攻求极辛艰。
何为自斤斤，欲待来者观。
来者不可期，卷藏且娱欢。
昔余八岁时，学画西湖莲。
既长未缀事，心眼犹追妍。
亦有索画人，殷勤致素纨。
但望墨其上，随口为媸妍。
媸妍在吾心，诋誉由人言。
慨想古作者，万一何有焉。
譬彼学飞雏，毛羽差能全。
仰视鸾凤翔，哀鸣强翩翩。
秉姿岂不美，筋力非充坚。
抚躬恒自歉，徒为夔蚿怜。
安得凌虚翼，光彩照云天。
作者境愈多，识者知无边。
茫茫览六合，吾意终难完。

在这首诗里，陈衡恪以简洁明快的笔触，生动贴切的譬喻，概述了自己学画的经历、作画的艰辛以及创作的体验，不失为他留给后人的一件极具珍贵的创作经典。

陈衡恪擅长画梅，在长期的创作实践中，他博采众长，师承百家，形成了自己画梅的风格。《画梅歌》是他画梅的经验总结。在这首别具一格的画梅诗里，陈衡恪如数家珍，畅谈了古今画梅高手的创作风格及自己画梅的经历与融融乐趣：

画梅歌

千年不见华光面，但闻华光画梅好。
碎撒琼瑶乱作花，神游雪地冰天皎。
入室弟子杨补之，枝枝瘦铁细如丝。
元明诸家有实作，涂脂点墨师其师。
我今画梅无所本，意味经营手先冷。
攒空野棘两三条，又似枯藤挂寒岭。
乃园繁枝不可摹，晨光阁上春模糊。
溪桥驿路偶然见，漂泊东西风景殊。
邓尉孤山未经眼，冲烟欲棹沧波远。
层玉峨峨写不工，转怜艳色埋苔藓。
画梅一幅墨如金，种梅十亩望成林。
何当醉卧梅花下，梦醒空山飞翠禽。

陈衡恪不仅是一位出色的画家，而且是一位优秀的艺术教育家，国内许多有声望的画家如李苦禅、王雪涛、刘开渠、高希舜、王友石、俞剑华等都是他的学生。他是国立艺术专门学校“最受欢迎的教员”，刘开渠先生在其《雕塑艺术生活漫忆》一文中说：“他的创新精神和作品对我的影响最大，他是当时北平最有名望的画家。”特别是陈衡恪在北京的十年，是他生命中的最后十年，也是他艺术上开始走向成熟的时期，萧逊说：“近代画家才气最高者，莫过陈师曾。”傅抱石认为：“陈师曾是这一代中最伟大的画家。”（参见龚产兴《陈师曾的文人画思想》）

陈衡恪从事美术教育数十年，口传身授，给学生们留下了许多典范性的教导。

蔡元培主持北京大学时，成立画法研究会，曾聘陈衡恪为中国画部导师，由此足见其在当时中国美术界的声誉和影响。

陈衡恪才华横溢，心地坦荡，学而不厌，诲人不倦。他在课堂上、画室里脱口而出汩汩滔滔的叙说，他指点画坛畅所欲言的评述，他天才的创作与无与伦比的绘画成就，使他的同辈及后世画家们将他的经验之谈视为圭臬，奉若经典。尽管他的这些经验是如此地零星而不成体系，但这丝毫也不影响其价值。

笔者于绘画纯属门外汉，于画理、画论更是浅薄而孤陋寡闻，加之坐井观天，视野有限，本文所叙未免挂一漏万。下面仅就笔者收集到的有关陈衡恪论画的语录照录于兹，以飨读者：

——画有先从工笔入手而后画写意的，有先画写意而后画工笔的。先画写意的，用笔用墨，胆大力强，再画工笔时，不致有柔弱无骨之诮，但易流于犷悍霸气，神韵不佳；先画工笔的，形态色彩均有研究，再画写意时不致有胡涂乱抹之弊，便易流于纤弱，没有气魄。对于实物，初学者，宜先画写意以壮其胆量，养其魄力；还要兼画工笔，以研究物体实在组织结构及形态色彩。总之，作画不可离开实物，又不可拘于实物。这就叫“不即不离”“不似之似”“入乎其中，出乎法外。”

——画山水要先从硬笔入手，俟笔力强健，结构严谨后，再画软笔，以助其神韵。这样，自然刚中有柔，柔中有刚，不落甜熟恶道。若一味画硬的，如铁丝、干柴，一定没有趣味；如一味画软的，如粉条、乱丝，也一定缺乏神韵。

——画不可只模仿古人，要立定脚跟，自作主张。不可离开古人又不可全靠古人，如不这样，则学甲或乙，学到顶高处，也不过成了第二个甲或乙。必须既学甲也学乙，取甲乙之长，自己造出一个“丙”来，才能卓然成家。专学一家，眼光狭窄，经验少，自己的毛病觉不出来，人家的好处也觉不出来，必须各样都试试，以辨优劣。

——现在“四王”派的画遍天下，我们必须另寻门径，别树一帜，方能出人头地。若随波逐流，阿世所好，不但不能越过王派中的首领，恐怕也未必能赶得上王派中的徒弟。

——“四王”的画并不是不好，但好处不容易学，却很容易学出毛病来。王画何尝只有软的，不过是把硬藏在软中，所谓“百炼钢化为绕指柔”。后人只看见它的秀媚柔软，便一点笔力都没有，堕入甜熟恶道，就不可救药了。

——人家是画的时候多，想的时候少。我是想的时候多，画的时候少。有时一幅画要想七八天，但画时也许一挥而就。

——布局须独出心裁，不落俗套，不蹈前人蹊径。作画要画中有画，方觉出无限意味。

——图画题材要宽，要人弃我取，才能取胜。

——学书学画，先临摹古人，然后参加自己的意思而加以变化。学而不变，就是奴书奴画，不能成家。

——一张画必须有极淡的地方，也必须有极浓的地方，浓淡之间，又必须有半浓半淡的地方，所谓“墨分五色”，也就是说浓淡的变化。

——画花卉用笔快，画山水用笔慢，用画花卉的法子画山水，是一定画不好的。

——有的画家画成一种面貌，靠了几张老稿子画来画去，没有变化，对于卖画倒是很方便的。机械式的画家，只图画得多，卖得快，只画不想，千篇一律，没有什么研究，也没有什么进步的。

——画梅贵有风格，宜瘦不宜肥，华光圈花画梅，王冕点花画梅，或圈或点，变态甚多，人出一格，不胜数矣。然文人弄笔，不拘成法，任意为之，自饶清逸。努掠太甚，或流粗犷；软媚取姿，则病纤弱；梅之风格，失之远矣。总宜奇不伤正，怪不伤雅，乃称佳作。

——画中要有粗有细，粗中不可过细，细中不可过粗，粗细太悬殊，容易破坏画面的统一。

——初学山水宜用干笔，可以运用如意。笔湿则一着纸便漶漫不可收拾，毫无笔意。

——绘画须气韵生动，这就需要多画，多观察各种花卉的特点，还要经常揣摩章法，日积月累，加以实践，功夫深了，气韵便生动了。

——画木本的东西，要扣住刚直之气；草本，则要写出它婉约的姿态。以夏日荷花为例，它生长在水里，其茎梗便亭亭直立，不蔓一枝，出笔时须出中锋如写篆字那样用笔，各种事物禀性不同，用笔也各异。所以绘画一定要讲究用笔。

——绘画前要先设想，就是古人所说的胸有成竹，心中有数，就是这个意思。画什么花，比方说画牡丹吧，朝白纸上一看，仿佛上面隐隐约约有牡丹，须知它是草本还是木本，牡丹是半草半木的花。画红花，绿叶偏老绿色……用笔先点牡丹花，然后在花旁生叶，再用枝茎连起来。另画一朵花伸出去，添叶连枝。几朵花，几片叶，几枝茎画好了，辅上木本，然后在上面生些嫩芽，若是觉得不够，再添些苞蕾……

——艺术家律己要严，不能敝帚自珍，自己不满意的东西，不要流传。不能让人家学你的缺点，千万不可以贻误后学。

——书画是相辅相成的，两者不可偏废。

——学刻印须先学篆书，书能佳，刻印自易。

——要使自己山水画的章法好，必须多阅历真实的景色，培养自己的观察能力，须"扬弃"，以后传移摹写，才能真实而传神。

——画山可分为三种情况：即平远、高远及深远。平远者，不愁见高山；高远者，乃是高山后仍有高山可见；而深远者，则是将山画得深远矣。

——以设色而论，所画的是什么季节，什么气候（风、雨、晴、晦、雪、雾等）；什么时间（早、午、晚）。均须分别设色，要把握好，要协调。

——画花鸟画必须长期观察花鸟的羽毛、色泽、生活习性。只有熟悉了这些东西，才能画好花鸟。（参见俞剑华《陈师曾》）

写到这里，我不由得对这位人品画品俱佳的画家肃然起敬。

陈衡恪是伟大的，他的胸怀何其广博，他的灵魂何等高洁。这些看以平常的论画语录，是他在长期创作实践中摸索总结出来的，是他艺术与智慧的结晶，具有很强的实用价值和可操作性。陈衡恪不像艺坛的某些人那样，将这些东西视为己有秘而不宣，而是无私地奉献给后学者及画坛同仁。他的坦荡，他的无私，与艺坛上那些以邻为壑有着阴暗心理的文人，形成了何等鲜明的对照！

陈衡恪对中国画理论建树的另一个方面是他的著述。

他的著述又可分为画史和画理两部分。

令人遗憾的是，陈衡恪的著述大多没有遗稿，留传下来的著述都是他逝世后，他的学生根据他在杂志、报章所发表的文章，以及他平日授课、演讲的材料，集编而成。

在这里有个小插曲当叙述，陈衡恪没有忙于著书立说，很有可能是缘于那个神奇的梦。

陈衡恪自称是明代徐文长转世，并梦见徐与他论画，徐还告诉他："我得年七十有三，汝寿如之。"于是，陈衡恪便认为自己将会健康长寿，谁知年仅四十八岁便英年早逝。因而他还没有来得及将自己对中国画的思考和研究，写成鸿篇巨著。

然而，尽管如此，陈衡恪对中国画的理论建树依然是卓越而富有成效的。

在画史方面，陈衡恪首先认为中国绘画早有专史，中国绘画的专史研究原是居世界前列的，早在唐大中元年（847），张彦运就写出了《历代名画记》。

令人遗憾的是，中国绘画的专史研究却从此停滞不前，一千多年过去，中国绘画走过了灿烂辉煌的历程，群星璀璨，佳作迭出，取得了举世公认的成就。然而，竟还没有一部与之相呼应的中国绘画史。在此期间，虽说历代皆有画史，但遗憾的都是断代史，并没有一部贯穿古今的中国画通史。绘画艺术的辉煌与超前相对于中国绘画史研究的残缺与滞后，形成了令人遗憾的反差与空白。

面对这一现状，陈衡恪立下誓愿：在自己的有生之年，写出一部《中国绘画史》，以填补这一空白。

陈衡恪深知，《中国绘画史》的写作是一项规模宏大的写作工程，此书的写作有大量工作要做，需要收集整理大量绘画史料，需要在浩如烟海的史料中爬梳钩稽出中国绘画演进的历史脉络，需要了解和掌握历代画家的生平事迹、气质禀赋、兴趣爱好、社交网络、创作成就，需要向世人展示中国绘画的璀璨辉煌与整体风貌……

于是，陈衡恪在紧张的创作和教学之余，着手进行这方面的思考和准备。1920年前后，他以日本人中村不折、小室翠云合著的《支那绘画史》为蓝本，改编写作了《中国绘画史》一书。此书可说是近代《中国绘画史》的先河之作。

《中国绘画史》共分三编：第一编为上古史，共分六章，叙述三代至隋的绘画；第二编为中古史，共分四章，叙述自唐至元的绘画；第三编为近世史，共分两章，叙述明清两代的绘画。每章又分若干节。全书约四万字。凡历代文化概况、绘画变迁、画派演变以及各时代的杰出画家，都有记载，而且提纲挈领，脉络清晰，简明扼要，具有很高的学术价值。

除此之外，陈衡恪在绘画史方面还有专题论文，较有代表性的专题论文有《中国人物画之变迁》《清代山水画之派别》以及《清代花卉画之派别》三篇。

《中国人物画之变迁》一文，作者高屋建瓴地鸟瞰了中国几千年的人物画演变历程。在这篇文章里，作者以如椽之笔，在几千年内容繁杂、画法众多、画家如林的人物画廊中，综合分析，爬梳钩稽出中国人物画的发展规律。作者把中国人物画的性质分为三大类：即伦理人物画、宗教人物画、玩赏人物画。然后又把画法分为曹仲达派、吴道子派。把衣纹分成为铁线描与兰叶描两派。把设色分为吴装与晕染两种。全文主要的精神是在说明中国人物画是进步的，近代虽有停滞不前的现象，仅是长途跋涉后的短暂休息，是前进中的调整，并不是退步。在这篇文章的结尾，作者预示不久的将来，中国人物画还要重新前进并将有新的突破。

在《清代山水画之派别》一文中，作者将清代山水画主要的派别分为“四王”、吴、恽六大家，而六大家中以“四王”为重要。“四王”的势力几乎与清代皇朝的命运相始终，可以说是弥漫天下，笼罩一切。然而，在此文的写作中，陈衡恪并没有被这种表象所迷惑，他在文中对“四王”画持冷静客观而公正的态度，对其渊源流派及其优缺点作了详尽的分析评价。此外，还重点叙述了清初的石涛、石谿、八大山人、蓝瑛、龚贤诸家的山水画创作。陈衡恪认为，清代山水画的创作，至乾隆以后，尽属“四王”画派末流，并无大家，因此他认为论清代山水画派，只能划至乾隆为止。

第三篇为《清代花卉画之派别》，作者在此文中从宋代的徐、黄两派谈起，谈至明代的写意派与勾花点叶派。到了清代着重谈了恽南田、蒋南沙以及李复堂三大派。此外又谈到石涛、八大山人以及王武、金冬心、罗两峰、郑板桥以及吴让之等。陈衡恪认为后代画必受前代画的影响，例如清受明的影响，明受宋的影响。虽受影响而又有变化，所以虽师古人而并不绝对相同，而且各派互有短长。陈衡恪在此文中又将花卉画划为三派：一为工笔设色，是为写生；一为写意水墨，是为写意；其间又有半工半写的勾花点叶。陈衡恪认为尺有所短，寸有所长，各派均各有利弊：写生的重形态逼真，色彩艳丽；写意的贵笔墨情趣，色彩单纯。写生之失，顾形色而失神采；写意之失，顾笔墨而背形态。（参见俞剑华《陈师曾》）

陈衡恪不愧为现代画坛巨擘，他对中国画各流派的演变历程、各个朝代星汉灿烂的画家阵容以及中国画所取得的辉煌成就了如指掌。他的文章，纵横古今，侃侃而谈，让读者对中国画的概貌和各流派的风格特点有一个整体的了解，从而增强对自己民族优秀文化的认识，提高民族自信心与自豪感。

同样令人遗憾的是，在画理方面，因英年早逝，陈衡恪亦没有来得及写成专门的著作，未能丰富充实在画理方面相对薄弱的中国画坛，这不能不说是中国画坛的一大损失。

然而，作为现代画坛巨擘，陈衡恪有着强烈的责任感和历史使命感，对自己酷爱的绘画艺术，他投注了毕生的精力。在他有限的生命岁月里，他在紧张的教学和创作之余，一刻也没有停止对中国画理的研究，一篇篇有着重要学术价值的论文从他的笔端倾泻而出……

陈衡恪逝世后，他的得意门生俞剑华怀着对老师无比崇敬的心情，在收集整理大量素材的基础上，结合陈衡恪的生平以及所取得的辉煌艺术成就，并以得意门生兼著名画家的独特视角，写成《陈师曾》一书，该书曾列为《中国画家丛书》之一。

《陈师曾》一书，资料翔实可信，评叙准确中肯，诸多耳闻亲历的事件与画坛百态的描述，给读者以全新的感受。该书的艺术触角渗入了陈衡恪艺术生命的方方面面，这本书在对陈衡恪精神内蕴的观照、对其艺术成就的推崇与立体把握、对其在现代画坛地位的确立以及对中国画坛影响的分析等方面，都有着毋庸置疑的权威性，是后世读者认识和了解陈衡恪生平及其艺术的一部不可多得的著作。

在《陈师曾》一书里，俞剑华搜集整理了陈衡恪的诸多画理论文，重点介绍分析了陈衡恪的《中国画是进步的》《绘画源于实用说》《对于普通教授图画科的意见》《文人画之价值》等四篇画理论文。

笔者浅陋，仅将俞剑华的文章结合自己的点滴思考叙述如下。

《中国画是进步的》是一篇在杂志上没有登载完毕的文章，现存大约只有一半。

陈衡恪写作此文是有感而发的。在二十世纪初，由于一部分文化人主张全盘西化，因此研究美术的人崇拜西画，蔑视国画，认为中国画是退步的。面对这种民族虚无主义的思潮，陈衡恪挺身而出，挥笔写下了此文。在这篇文章中，陈衡恪竭力主张中国画是进步的，提出了自己的观点后，他条分缕析，首先提出进步的原则，就是由简单进于复杂，由混合进于区分，而且不拘滞旧法，善于创造新法。深谙博物学原理的陈衡恪又引用动植物演化的规律来说明。他说动植物的繁殖，人类的进化，以及各种学术的进展，都是经由这个途径，缓缓前进的。中国画的进展也不例外。紧接着陈衡恪便叙述历代绘画沿着进步原则前进的历史事实来加以说明：

三代以前为文字与绘画不分的原始时代。到了三代末期，不但文字与绘画区分，就是绘画也有了图与画与图案的区别。到了两汉，绘画更为发达，尤其人物画更为进步，且有了专门的画家。六朝时代接受外来的影响，在设色上有了晕染，在表现上有了立体感，这是一大进步。在绘画理论上也有了专门的著作，谢赫更提出了六法，奠定了中国画理论的基础与品评的标准。历隋唐而大有进步，山水画、人物花鸟画，都有高度的发展。山水已有青绿与水墨之分，人物有“曹衣出水，吴带当风”之分，花鸟已能对物写生，形态逼肖。道释人物画既衰，在南北宋之际与明代中叶又有风俗故事画兴起，这就是穷则变、变则通的道理，也就是思想转换求新而绘画也不断向新的方向发展……

陈衡恪博古通今，侃侃而谈，在画坛主张全盘西化的思潮占了上风的特定时刻，他独能力排众议，依据事物发展的规律，引证大量历史事实，证明中国画是进步的，给那些主张全盘西化的人以迎头痛击。陈衡恪于二十世纪上半叶提出的这一观点，即使在人类社会步入二十一世纪的今天，也有着深远的现实意义。

《绘画源于实用说》是陈衡恪的另一篇画理论文。

在这篇文章里，陈衡恪论证了图与画二者之间的辩证关系。图是实用的，画是玩赏的，先有实用的图而后有玩赏的画，就是玩赏的画也多发源于实用，多少含有实用的作用。陈衡恪又把图分成三种：记叙事物、考证制度、说明意义。至于图案则为器物房屋的装饰，目的尤在实用。紧接着又列举历史事实，说明时代愈古则图愈多而画愈少，时代渐后，则画始渐多。如衣裳图、旗帜图、地图、书籍插图、天文图、历史图、建筑图都是实用的；就是庙堂、寺院的壁画，以及幛子、屏风、装堂花、铺殿花上的画也多含有实用的目的。至于中堂、立轴、册页、手卷之上所画人物、山水、花鸟，是仅供玩赏之用……这些东西都是比较后起的，是从实用的图中演化出来的。也有些名为图而实为画的，如斗鸡图、行乐图、弹琴图、观瀑图等，乃是名词的沿用，并不是图。因为先有实用的图而后有玩赏的画，所以说绘画源于实用。

《对于普通教授图画科的意见》是一篇谈论教学经验的文章。

陈衡恪长期从事美术教学，桃李满天下。他循循善诱，教导有方，深得学生和同行的拥戴。

在这篇文章中，陈衡恪首先说明图画科对于普通教育的重要性：一可以由美感教育养成高尚的人格；一可以提高表现技巧锻炼观察事物的能力。因民族不同，国家不同，所作的图画也不同。国画与西画不同，但各具优点，我们应当以国画为主，适当地吸收西画的优点，以补救我们的缺点。

陈衡恪在此文中提出了学画的三种方法：一是临画仿范本；二是写生；三是凭记忆默写。临画是初级，写生是中级，记忆是高级。三者虽有阶段之不同，但也可以相互并进。三种方法缺一不可。只临摹不写生，不能跳出古人藩篱，只写生不临摹，就不能继承传统的技法。只临只写而不记忆，就不能融会贯通，进行创作。

在这篇文章的结尾，陈衡恪又详尽地介绍了临画的方法：首先将纸覆在范本上用铅笔勾轮廓，然后照画。然后分段临摹，将各部分分别临画多次，然后再作整幅临摹，及至临摹既熟再作背临。这样，由简单而复杂，由部分而整体，由形体而精神，循序渐进，日积月累，自然能有所成。

《文人画之价值》是陈衡恪画理论文中最有价值的一篇，也是影响最大的一篇。此文的写作是在翻译了日本学者大村西崖所著的《文人画之复兴》以后，又切合中国文人画的特点，申明它的价值所在而写的。

在《文人画之价值》一文里，陈衡恪首先用简洁的语言界定了文人画的内涵："即画中带有文人之性质，含有文人的趣味，不在画中考究艺术上之功夫，必须于画外看出许多文人之感想，此之所谓文人画。"界定了文人画的内涵之后，紧接着又说明文人画所以必须如此的原因："或谓以文人作画，必于艺术上功力欠缺，节外生枝，而以画外之物为弥补掩饰之计，殊不知画之为物，是性灵者也，思想者也，活动者也；非器械者也，非单纯者也。否则直如照相器，千篇一律，人云亦云，何贵乎人邪？何重乎艺术邪？所贵乎艺术者，即在陶写性灵，发表个性与其感想，而文人又其个性优美，感想高尚者也。"

陈衡恪又针对一般人对于文人画不甚了解，多加非议，解释说："但文人画首重精神，不贵形式，故形式有所欠缺而精神优美者，仍不失为文人画。文人画中固亦有丑怪荒率者，所以宁朴毋华，宁拙毋巧，宁丑怪毋妖好，宁荒率毋工整；纯任天真，不假修饰，正足以发挥个性，振起独立之精神，力矫软美取姿，涂脂抹粉之态，以保其可远观不可近玩之品格。"

陈衡恪在这里说明了不但一般人对文人画与画家画不易识别它们的优劣，就是文人也不一定就能读懂文人画。因为"喜工整而恶荒率，喜华丽而恶质朴，喜软美而恶瘦硬，喜细致而恶简浑，喜浓溽而恶雅淡，此常人之情也"。在说明了这些一般人固常有的审美情趣之后，陈衡恪又说明中国文人画由来已久，从东汉末年的蔡邕、张衡已经开始，历两晋南北朝隋唐而益盛，到了宋代达到极点。对于书法与画法的相互关系，也引证历代书画家的史迹与理论，以证明文人画不只作画而必须参合书法，使画的内容不简单。

在《文人画之价值》一文里，陈衡恪对于倪云林的写胸中逸气，也加以精确的论断："即云林不求形似，其画树何尝不是树？画石何尝不是石？所谓不求形似者，其精神不专注于形似，如画工之钩心斗角，惟形之是求耳。其用笔时另有一种意思，另有一种寄托，不斤斤然刻舟求剑，自然天机流畅耳。"紧接着陈衡恪又论断文人画不求形似正是画的进步。他说："今有人初学画时，欲求形似而不能，久之则渐似矣，久之则愈似矣，后以所见物体记熟于胸中，则任意画之，无不形似，不必处处描写，自能得心应手，与之契合。盖其神情超于物体之外而寓其精神于物象之中，无他盖得其主要之点故也。”在这里，陈衡恪所说的不求形似，实则是不以形似为满足而力求神似，神似即有而形似自在其中。绘画经过唐宋的写生时代，工丽已极，逼真已极，形似已极，无法再进，不得不另寻途径。正如陈衡恪在《文人画之价值》一文所说：“进于实质无可回旋，无宁求于空虚，以提揭乎实质之为愈。”

在《文人画之价值》一文的结尾，陈衡恪科学地总结了文人画的要素：“第一人品，第二学问，第三才情，第四思想。具此四者乃能完善。”总结了文人画的要素之后，陈衡恪又强调说：“盖艺术之为物，以人感人，以精神相应者也。有此感想，有此精神，然后能感人而能自感也。”

在这里，陈衡恪又一次把艺术家人格与艺术的问题提到了原则的高度。这个问题，艺坛历来十分重视，所谓“人品不高，用墨无法”。即使在艺术上有所成就，若是人格有亏，也总是为人所鄙视。

陈衡恪在《文人画之价值》这篇重要文献里，运用自己博大精深的知识结构，结合自己在长期的艺术实践中所积累的创作经验，针对当时画坛对中国文人画普遍存在的模糊认识，对中国文人画予以全盘的分析考察，加以正确的评价，指出它的真正价值所在，解除了一般人对于文人画的不正确的看法。最后归结于人品、学问，提出了文人画最根本的问题。时至二十一世纪的今天，我们仍然在艺术家中提倡“德艺双馨”，他的这一观点，即使对今日的中国文坛，对今日的文艺工作者，仍有着毋庸置疑的指导意义。

第五章 鲁迅至交

秋天的北京，金风送爽，天高云淡。

湛蓝湛蓝的苍穹上，一群大雁往南飞，一会儿排成个“一”字，一会儿排成个“人”字，细听去，有大雁的叫声从高空处隐隐传来，声音凄远而高古，就如同缥缈的天籁。

在荡漾的秋风里，偌大的古城那盘盘囷囷蜂房水涡的街市，恰似一幅淡淡的水墨山水，显出一种苍古迷离的神韵。

北京绒线胡同西口，有一家清真饭馆，虽说饭馆貌不惊人，那里的牛肉面却是久负盛名。

这天是一个假日，清真饭馆的生意比往日更加兴隆，慕名而来的顾客坐满店堂，牛肉面诱人的浓香灼灼地勾人胃口，额头上闪着晶亮油光的老板，站立在柜台前笑容可掬地答对顾客，伶牙俐齿的跑堂肩膀上搭着白毛巾，嘴里一边大声地吆喝着，一边端着牛肉面鱼似的在店堂内穿梭。

清真饭馆的二楼是雅座，在临窗的一张八仙桌旁，几位着长袍的先生正围着八仙桌在吃着牛肉面。他们吃相斯文，举止文雅，与一楼店堂的食客们那狼吞虎咽的吃相形成了鲜明的对照。一看就知道这些人是知书识礼的读书人。这些人一边吃着牛肉面，一边随心所欲地谈论着什么。从雅座内亲切的氛围看，他们是无话不谈的好朋友。

这时，一个背窗而坐留着浓黑短髭，面容瘦削清癯的人抬起头，一边用手帕擦着额头上的汗珠，一边用浓重的浙江绍兴口音朝坐在对面的一个丰颐广颡举止儒雅的人问道：

“师曾兄，我请你刻的那方印，不知刻得怎样了？”

陈衡恪抬头朝问话的人看了看，只见他炯炯的双目虽是有些忧郁，但依然隐露着桀骜不驯的神色，那满头乌黑的短发板刷般根根竖挺，更给他增添了几分威严。少顷，陈衡恪回答说：“豫才（鲁迅原名周树人，字豫才）兄所托，我岂敢怠慢。只是这次大印上不知刻什么为好，故尔未敢造次。”

“这个……”

鲁迅沉吟半晌，一时也不知如何回答是好。

鲁迅和陈衡恪是多年的好友，他们曾是江南陆师学堂附设矿务铁路学堂的同学，又一同留学日本。回国后，两位好友又同时在北京政府教育部任职。其时，鲁迅任教育部社会教育司第二科科长，陈衡恪任教育部编纂处编审员，两人情趣相投，交谊甚厚。鲁迅很喜欢陈衡恪的篆刻艺术，他的许多印章，如“周”“会稽周氏收藏”“周氏所藏”“会稽周氏”等皆出自陈衡恪之手。对陈衡恪亲手刻的那些印章，鲁迅爱不释手。不久前的一天，鲁迅又要陈衡恪再给他刻一枚，陈衡恪也就不假思索地答应了，因一时高兴，竟把印章上要刻的内容给忘了。

鲁迅

“这样吧，你叫‘槐堂’，我就叫‘俟堂’，也不枉你我兄弟一场……”略加思索之后，鲁迅回答道。

陈衡恪作画时的笔名很多，有“朽道人”“朽者”“唐石簃”“染仓室”“安阳石室”“槐堂”等，每个笔名皆有来历。前面已经说过，“染仓室”笔名的来历就是因为他曾师从吴昌硕，吴昌硕字仓石。《墨子》有“染于苍则苍……”一语，“染仓室”的笔名即从此衍化而来。

“槐堂”这个笔名的来历是这样的：

陈衡恪离开湖南第一师范学校到北京教育部任职时，最初住在新华街张棣生家的一座四合院里，因院中有一棵大槐树，陈衡恪因此自署笔名为“槐堂”。他的妻子汪春绮就是住在这里时逝世的。后来陈衡恪续娶黄国巽为妻，然后才在西城库子胡同买房定居。陈衡恪曾有“门前几树绿成荫，比似槐堂孰浅深”“老槐伴我泣鳏鱼，今见携雌复引雏”等诗句记叙了当时家居槐堂的情景。北平的十年，是陈衡恪人生最辉煌的十年，在这十年中，他誉满京华。“槐堂”因此成为陈衡恪诸多笔名中最响亮的一个。

鲁迅说完之后，见陈衡恪眼里现出疑惑不解的神色，接着慢条斯理地补充道：

“我在部里的处境，你也知道，有人想挤掉我，我不怕！我拭目以待，等着看他们能把我怎么样！古人云：‘君子居易以俟命’（语出《礼记·中庸》），我叫‘俟堂’，不是正好嘛。”

听完鲁迅的解释后，陈衡恪的眼里闪过一丝忧虑的神色。

辛亥革命失败后，鲁迅对民族的前途和命运深感忧虑，他的思想和行动必然被一些人所不容，有人千方百计地在背地里施阴谋算计着鲁迅，因而鲁迅在教育部的日子很不好过，他随时都有被排挤的可能。

鲁迅忧国忧民的情怀，深为陈衡恪所敬慕。回家之后，他倾尽全力，完成了这枚印章的篆刻。后世的许多行家指出，陈衡恪篆刻的这枚名曰“俟堂”的印章，刀法的线条稳健硬朗，恰如其分地表现了鲁迅没有丝毫奴颜媚骨的品格。

有关这件事的记载，可从鲁迅的弟弟周作人的回忆录中找到答案。

周作人在《鲁迅的故家》一书中回忆说：“师曾的书法篆刻已大成就，很为鲁迅所重，二人的交谊也就更深一层了……师曾给鲁迅刻过好几枚印章，其中刻‘俟堂’二字的白文石章最佳。”

鲁迅对这枚印章亦很珍爱，他的笔名“唐俟”就是由“俟堂”衍化而来。鲁迅早期写的许多杂文，几乎都用“唐俟”这个笔名，后来鲁迅还出版了《俟堂传文杂集》。这枚印章与陈衡恪给鲁迅刻的其他印章一样，现珍藏在鲁迅纪念馆中。

陈衡恪的篆刻，有自己独特的风格，布局新奇，刻笔刚劲，气魄雄浑，充满金石韵味，一向为鲁迅所喜爱。

现存于鲁迅纪念馆的五十七枚印章中，有六七枚出自陈衡恪之手。这些印章，有的是陈衡恪主动赠送的，有的是鲁迅求刻的，《鲁迅日记》里有关陈衡恪为他治印的记载俯拾皆是：

1915年6月14日："师曾遗小铜印一枚，文'周'。"

1915年9月3日："托师曾刻印，报以十银。"

1915年9月8日："陈师曾刻收藏印成，文六，曰'会稽周氏收藏'。"

1915年9月29日："陈师曾为刻名印成。"

1916年4月26日："陈师曾赠印一枚，'周树所藏'四字。"

1916年11月30日："陈师曾贻印章一方，文曰'俟堂'。"

1919年1月4日："陈师曾为刻一印，文曰'会稽周氏'。"

这里值得一提的是，陈衡恪与鲁迅两人的交情既然密切，为什么还要付钱呢？其实这里正是够朋友的地方，陈衡恪在北京是知名度很高的画家、书家、刻印家，在琉璃厂各大南纸店、各个印章店，都挂有"笔单"（"笔单"即所定润笔价目单），定价很高，而且生意极忙，书画刻印的债务常常是还不清的；鲁迅找他刻印，给以适当润资，他也照收。在鲁迅看来，是能体谅知心朋友，自然不能过多地揩他的油，同时也是对知心朋友辛勤劳动的尊重；而陈衡恪也因是知心朋友，知道鲁迅的经济状况，既不必过分客气，也不必有心为知心朋友省钱，所以照收不误。这一收一付之间，正显示了老一辈读书人做人的洒脱与磊落，他们认为润笔是神圣的，卖画、卖文的钱，即使在知心朋友之间，也应互相尊重。（参见邓云乡《记陈师曾艺事——兼谈与鲁迅的友谊》）

陈衡恪是鲁迅所有交往的画家中认识最早、交谊最深的一位画家。

1901年，陈衡恪在江南陆师学堂附设铁路矿务学堂求学时，就与鲁迅同学。说起来，他们的相识相知还有一个过程。

当时，鲁迅以《无规矩不能成方圆》的试题考入江南陆师学堂附设铁路矿务学堂，因该学堂的总办是陈衡恪的伯舅俞明震（继母俞明诗的长兄），因了这层关系，陈衡恪才由上海法国教会学校转入该校读书。

说实在的，心高气傲的鲁迅最初对陈衡恪是很有些不以为然的，他认为陈衡恪是“官亲”，只不过是一个纨绔子弟而已，是凭关系走后门进校的，不会有什么真才实学。

有关陈衡恪与鲁迅的这段交往，周作人在《鲁迅的故家》一书中亦有记载：

……虽然都是读书人，与矿路学生一样地只穿便服，不知怎的为他们所歧视，送他一个徽号叫作“官亲”。

清代的学校，形同衙门，“官亲”二字，并非好话，除去有意奉承，拍官亲马屁、拉关系之外，一般比较正直的人，对官亲是敬而远之的。那时光，陈衡恪既然被鲁迅等视作“官亲”，自然也就很难成为好朋友了。

岂但是对陈衡恪，鲁迅就是对自己的绍兴前辈同乡、学堂的总办俞明震，最初也没有多少好感。

当时社会上有许多传闻，俞明震在任南京候补道时，曾参与查封《苏报》、密缉章太炎、邹容。鲁迅听信了传闻，对俞明震抱有很深的成见。

其实真实的情况并非如此，当时的两江总督魏光焘以“四川邹容所作《革命军》一书，章炳麟为之序，尤肆无忌惮”为辞，要上海道袁树勋赶快同工部局联系，查封爱国学社和《苏报》，密拿章太炎、邹容等有关革命人士，并派当时的南京候补道俞明震赶到上海，协助袁树勋办理。俞明震因对此事想不通，思想上有抵触情绪，行动时很不得力，被黄昌年、魏光焘奏了两折，险些掉了脑袋。有关文献对此事的记载言之凿凿，《光绪朝东华录》里有这样一行文字：“前据御史黄昌年奏文武各员劣迹，当经谕令魏光焘确查，兹据查明复奏：除贺弼等员查无实在劣迹，毋庸置疑外，道员俞明震，总办厘局，纷更差委，虽无贿弊实据，究属办理不善，著交部议处。”（参见1906年12月《东方杂志》第13期）

据此我们可知，俞明震其实是一位同情和倾向革命并颇有正义感的进步人士。

后来不知是了解了事实的真相，还是俞明震在任学堂总办时的开明之举感动了鲁迅，鲁迅方对俞明震开始尊敬起来。

鲁迅在南京求学期间，很早就接受了唯物主义思想，阅读了大量的进步书刊，形成了头脑中很长一段时间的“物竞”“天择”进化论思想，这不能不说是受了主张维新、倾向进步的俞明震在学校提倡新学的影响。

俞明震不仅在学校提倡新学，还亲自选派和护送鲁迅等学生出国留学。

鲁迅在江南陆师学堂附设铁路矿务学堂毕业时，以一等第三名优等生资格，被选派往日本官费留学，这次同行的官费生还有鲁迅的同班同学伍仲文、芮石臣和张协和。他们启程时，作为学堂总办的俞明震亲自护送他们东渡日本。

有关这段史实，鲁迅后来在《朝花夕拾·琐忆》中有过这样一段回忆：

> ……第二年的总办是一个新党，他坐在马车上的时候大抵看着《时务报》，考汉文也自己出题目，和教员出的很不同。有一次是《华盛顿论》，汉文教员反而惴惴地来问我们道：“华盛顿是什么东西呀?”
>
> 看新书的风气便流行起来，我也知道中国有一部书叫《天演论》……哦！原来世界上还有一个赫胥黎坐在书房里那么想，而且想得那么新鲜？一口气读去，“物竞”“天择”也出来了，苏格拉底、柏拉图也出来了，斯多噶也出来了。学堂里又设立了一个阅报处，《时务报》不待言，还有《译学汇编》……

从这段记载中我们不难看出，鲁迅为什么会对俞明震开始尊重起来，并从此一直怀着敬意。其实，俞明震除了主张维新开明进取之外，还是一位富有才气的诗人，现存有《觚庵诗存》四卷，前有陈衡恪的父亲陈三立的序，末有杜人琴的跋。陈三立在序中称俞明震的诗：“感物造端，摄兴象空灵杳蔼之域，近益托体简斋，句法间追钱仲文，当世颇称之。”从这里我们可以看出，俞明震的诗在当时还是有一定社会影响的。

从此之后，鲁迅对俞明震的尊重与敬意，终其一生。

1915年，俞明震去过一次北京，这时鲁迅在教育部任职，听说老师来京，鲁迅曾三次拜访。这都见于《鲁迅日记》。

《鲁迅日记》1915年2月17日记："下午同陈师曾往访俞师，未遇。"接着4月10日记："午后访俞恪士师，未遇。"连访两次不遇，才于次日访见。4月11日记："午后访俞恪士师，略座出。"

当鲁迅惊悉俞明震逝世的噩耗以后，还送去一幅挽幛，表示对老师的哀悼，这也见于1919年1月20日所记的《日记》："俞恪士先生讣，下午送幛子一。"鲁迅当时虽然已经身为"京官"，但仍对青年时代的师长十分尊敬，三次谒访，三称俞师，送幛敬挽，以志哀悼，足见他对俞明震的尊敬之情。（参见《鲁迅和他的同时代人·鲁迅和俞明震》）

鲁迅开始对陈衡恪有好感，是他们同船东渡日本留学的那一刻起。

人与人之间的关系往往就是这样，有时候像隔着一堵墙，有时因一念之差的冰释，误解全消，成为至交。

陈衡恪出生于光绪二年（1876），比鲁迅年长五岁。他们一起出国留学时，陈衡恪年已二十七岁，鲁迅年方二十二岁。鲁迅得知这位"官亲"东渡扶桑是自费留学，得知这位才华横溢的陈衡恪，竟是一位世家子弟，他的祖父是戊戌变法中声名显赫的湖南巡抚陈宝箴，他的父亲是名扬天下的同光体诗派领袖陈三立。尽管陈衡恪出身于一个如此显赫的世家，而他的身上却看不见半点世家子弟的傲慢与骄矜，相反地，在他的身上却是更多的厚道和宽容。

事实上，陈衡恪远不像一般的纨绔子弟那样不学无术，他自幼受家学的熏陶，有着很深的旧学功底；他才华横溢，文采飞扬，无论是吟诗作赋，还是挥毫泼墨，皆颇见功力；他举止儒雅，谈吐大方，待人诚恳，有长者之风。这样的人，是值得信任的，是能够引为知己交往终生的。能与这样的人交友是幸运，是福气。

每当想到这里时，鲁迅不由得有些羞愧难言，回想起他们一同在江南陆师学堂附设矿务铁路学堂读书的日子里，虽说是同住在一弄8号的宿舍里，却因陈衡恪是"官亲"，自己对他敬而远之，视若路人，有时甚至旁敲侧击，挖苦讽刺。面对这些，陈衡恪却若无其事，毫不计较，人家的胸怀何其宽广！

陈衡恪自费赴日本留学，鲁迅又一次对他刮目相看，这位世家子弟确实是与众不同，赴日本留学时，他年已二十七岁，但他对新思想新知识新观念的渴求，依然是这般地迫切。特别是养育了他的那个文化型大家族全新的开放意识，更令鲁迅肃然起敬。

抵达日本之后，在弘文学院学习的日子里，陈衡恪与鲁迅依然是同住一间寝室，在异国他乡，他们开始建立真正的友谊。朝夕相处，两人的关系日趋密切，对国家前途和民族命运的共同忧虑，又使两颗心靠得更近了。

其时他们正同学少年，风华正茂。正如沈瓞民在《回忆鲁迅早年在弘文学院的片断》中所叙的那样："他们有时推敲文字，渴求新知；有时共抒雄图，志在光复；有时浊醪痛饮，高歌'狂论'。"

值得一提的是，留日学生中革命风气很浓厚，但在许多问题上各自的观点却不尽相同。陈衡恪与鲁迅在大是大非问题上，观点往往一致，能力排众议，站在一定的思想高度上。

当时国内的形势十分严峻，日俄两国为争夺我国的东北地区和朝鲜，爆发了战争。身在异国他乡的莘莘学子，对于帝国主义在祖国领土上进行的争夺战极为愤慨。

一次，鲁迅和陈衡恪邀请将要归国的同学沈瓞民到东京的日比谷公园去，他们一边喝茶吃点心，一边议论时事。在交谈中，鲁迅托沈瓞民向国内正在编《俄事警闻》的蔡元培、何阆仙递信，要求他们在《俄事警闻》上，及时揭露日本军阀和沙俄帝国的野心，持论不可袒日，不要被"同文同种"的论调所迷惑，要鼓励国人对国际时事的关心，随时注意事态的发展。陈衡恪十分赞成鲁迅的见解，在鲁迅的影响下，他一口气写了六封信托沈瓞民带回国内分投，向亲友宣传鲁迅的这种远见卓识，由于陈衡恪以其特殊的条件，投书其父陈三立等社会闻达，痛陈日本的危害，效果良好。（参见沈瓞民《回忆鲁迅早年在弘文学院的片断》《鲁迅早年的活动点滴》《鲁迅和他同时代的人·鲁迅和陈师曾》）

后来，日本军国主义穷凶极恶地侵略中国的事实，证明了陈衡恪、鲁迅等人的远见卓识。

在弘文学院毕业后，鲁迅入仙台医专学医，陈衡恪则进东京高等师范学校攻读博物学。尽管天各一方，但他们的友谊却与日俱增。

鲁迅十分欣赏陈衡恪的书法，1919年鲁迅和弟弟周作人合作出版译著《域外小说集》，鲁迅就专程去请陈衡恪题写书名，陈衡恪题写了刚劲古朴的五个篆字，此后很长一段时间，人们都以为《域外小说集》封面篆字出自章太炎先生之手。后来鲁迅自印《会稽郡故书杂集》时，又郑重其事地请陈衡恪题写书衣扉页，陈衡恪亦认真地用中锋篆体书写。鲁迅对陈衡恪的敬重和书法艺术的欣赏由此可见。

从同船东渡日本留学，直至1923年陈衡恪不幸逝世，陈衡恪与鲁迅的交往长达二十余年之久。

鲁迅回国后，先在杭州、绍兴教书，1912年到教育部任职。陈衡恪归国后，先在南通师范学校、湖南第一师范学校任教，1913年到教育部编纂处任编审员，两位老友又相逢在古都北京。

在教育部，鲁迅任社会教育司第二科科长，主管博物馆、图书馆、美术展览、文物搜集等工作；陈衡恪是美术大家，鲁迅在这方面常常得到他的帮助与合作。

在北京，陈衡恪与鲁迅相聚整整十年，工作生活上的往来更加频繁。从《鲁迅日记》的记载中，我们能很形象地看出陈衡恪与鲁迅的交谊。

翻开1912年至1921年的《鲁迅日记》，我们可从中找出许多有关陈衡恪的记载，虽说有时仅是片言只语，但从这片言只语中，却往往能传递出两人真挚的友谊。

陈衡恪与鲁迅在教育部第一次愉快的合作，是1914年6月他们在全国儿童艺术展览会的展品中，一起选出一百二十五件作品赴巴拿马万国博览会展出。《鲁迅日记》1914年6月2日对此事有过记载："与陈师曾就展览会诸品物选出可赴巴拿马者饰之一日。"

后来两人交往日趋频繁，当时鲁迅热衷于搜集汉魏碑拓，陈衡恪为搜集绘画资料，对魏拓也十分爱好。共同的艺术情趣，使他们沉醉徜徉在古代艺术的天地里。在一段不短的时间内，鲁迅几乎天天午后都与陈衡恪结伴逛古旧文物市场，搜集零星拓片和小文物。星期天则同往青云阁或琉璃厂等知名文物市场。他们还将彼此收藏的艺术珍品赠给对方。

据《鲁迅日记》记载，鲁迅赠陈衡恪的碑拓共有七次，以人物造像和动物造像为主。陈衡恪回赠鲁迅的碑拓共有六次，以碑刻和专拓为主。

陈衡恪在友人的圈子里，年稍长，而且性情温良敦厚而又有个性，大家都乐于与他交往，而且还喜欢"揩他的油"（周作人语）。鲁迅也不例外，常常向陈衡恪索取字画，只要是鲁迅求画，陈衡恪几乎是有求必应。刚开始的时候，陈衡恪为鲁迅作了四幅山水画，后来知道鲁迅还喜欢他的花卉画，又画了四幅“冬华”送去，以后鲁迅又向陈衡恪索画两幅，陈衡恪皆让鲁迅如愿以偿。

所有这些在《鲁迅日记》里都有记载。

如1914年12月10日《鲁迅日记》这样写道：“陈师曾为作山水四小帧，又允作花卉也。”

1921年11月10日又写道：“午后从陈师曾索得画一帧。”

鲁迅除了请陈衡恪作画刻印外，还代人托陈衡恪治印，又托陈衡恪到刻印铺刻木章，还请他代购印章的石料，就连印章需用的印泥，也由陈衡恪赠送或购置。对好友鲁迅所托，陈衡恪都尽心尽力地去办，从未有过半点推辞。

最有趣的是有一次鲁迅的好友许寿裳的长兄铭伯托鲁迅找人写寿联，鲁迅就到教育部“捕”陈衡恪写好送去，这里鲁迅特意用一个“捕”字，显得风趣幽默和亲密无间，从这里我们可以看出他们之间的友谊确实非同一般。以陈衡恪当时的身份、名望，鲁迅找他办事，要怎样就怎样，全然不分彼此，甚至临时性的、带有勉强性质的事情用“捕”的办法做到，就是情同手足的兄弟也不一定能够如此。

陈衡恪的职业是教育部编纂处编审，他从1913年离开湖南第一师范学校到北京任职，至1923年不幸逝世为止，在教育部主管图书编辑达十年之久，其间先后兼任北京女子高等师范及北京女子师范博物教员、北京高等师范手工图画专修科国画教员、北京美术学校及美术专门学校教授。他的职业是一名“教书先生”，从事艺术创作是其业余爱好，按当今的说法，他只是一位“业余画家”。然而他绘画艺术全方位的涉猎以及登峰造极的辉煌，却远非一般的专业画家所能同日而语，因而他本身的职业往往被人们所忽略。

陈衡恪是海内外闻名的大家。他的画不仅笔力高古，画境不同，画格亦不同于当时的潮流。鲁迅的弟弟周作人在《鲁迅的故家》中曾评价说：“陈师曾的画，世上已有定论，我们外行没有什么意见可说，在时间上他的画上承吴昌硕，下接齐白石，却比二人似乎要高一等，因为有书卷气。”（参见王析主编《影响中国的十家豪门旺族·三世翰墨，满门忠良·江西义宁陈家》）

这里特别值得一提的是，鲁迅对陈衡恪木刻作品的推崇。这里所说的木刻当属篆刻艺术中的一种，也是通常所说的木版画。是用刀在木板上刻画，再用纸拓印出来的一种图画，是中外版画的最早形式。

当时北平的笺铺流行着一种风气，喜欢请有名气的画家为笺铺作画笺，其中陈衡恪画的蔬果笺、齐白石画的人物笺最为畅销。由于陈衡恪、齐白石、姚茫父、王梦白等人大量地给琉璃厂各大南纸店绘制画稿，使琉璃厂的水墨彩印笺纸，出现了划时代的崭新气象。

鲁迅特别喜欢陈衡恪木刻的信笺，1928年鲁迅的《朝花夕拾》出版，曾对友人李霁野说："琉璃厂淳菁阁似乎有陈师曾画的笺，望便中给我买几张（要不同花样的）寄来，我想选一张，自己写部书名，就作为封面。"鲁迅认为陈衡恪是中国传统木刻的最后传人，他在致友人郑振铎的信中说："陈师曾、齐白石所作诸笺，其刻法已在日本木刻专家之上。"

然而，令鲁迅深感失望的是，当时，我国的木刻艺术已入末流，特别是陈衡恪逝世后，传统的木刻艺术出现了后继无人的境况。鲁迅对此深感忧虑，他对郑振铎说："木刻画如今是末路了，但还保存在笺纸上，不过，也难说保全得不会久。"当时的事实确实如此，据郑振铎在《鲁迅与中国古版画》一文的回忆中说："当时有许多家南纸店已经放弃了他们刻笺的事业，而代之以粗劣不堪的所谓新式的锌版印的洋笺纸了。"

为了挽救中国的木刻遗产，促进新兴木刻的发展，同时也为了表示对亡友的深切缅怀，1933年鲁迅和郑振铎历尽千辛万苦，搜集了陈衡恪等人的木刻作品，出版了《北平笺谱》，为后世保存了这一濒临绝迹的珍贵的艺术遗产。《北平笺谱》的艺术价值极高，后人评价其有着世界性的艺术价值。鲁迅在《北平笺谱》的序言中高度评价了陈衡恪的木刻艺术，对陈衡恪的英年早逝，再一次深表惋惜。（参见《鲁迅和他的同时代人·鲁迅和陈师曾》、淦小炎《鲁迅与陈师曾及其艺术交往》）

陈衡恪真是一位全方位的画家，他的艺术创造力极其旺盛，作品涵盖了国画、书法、篆刻、诗词、金石篆刻等。他广泛涉猎了绘画艺术的各个门类，就连一般画家很少涉猎的刻铜艺术，他也有着精湛的涉猎与研究。这是后世的许多学者及读者所不了解的。

当年琉璃厂的刻铜艺术，刻制白铜墨盒镇纸，最著名的当是西琉璃厂路南同古堂的张樾臣。张樾臣的成就，也和陈衡恪有着密切关系。铜墨盒在中

鲁迅

国有着悠久历史，清代光绪年间，北京最出名的制作者是陈寅生，他刻铜的绝技是刻阴文小字，在一个小墨盒上刻一篇朱柏庐的《治家格言》或一篇王羲之的《兰亭集序》。

张樾臣把陈衡恪等人的画稿刻在墨盒和镇纸上，不但刻阴文，而且刻阳文，还将刻扇骨用的“沙地留青”法，用在刻铜上，把写意花卉、翎毛、草虫刻在铜上，别具雅趣，成为一代足以传世的艺术品。陈衡恪和张樾臣是很好的朋友，张樾臣所取得的成就与陈衡恪的启迪帮助是分不开的。鲁迅的不少图章、铜墨盒都是从同古堂张樾臣那里买的，有不少是托陈衡恪代买的、代刻的。(参见邓云乡《记陈师曾艺事——兼谈与鲁迅的友谊》)

陈衡恪与鲁迅不仅是艺术上的知音，也是生活中的挚友。

在生活中他们互相关心，相濡以沫。陈衡恪的继室汪春绮和继母俞氏夫人逝世，鲁迅都有赙仪并送挽志哀，老朋友的关心给了陈衡恪莫大的安慰。鲁迅当时在教育部的日子很不好过，他平日很少说话，只是默默地进行着他的艰苦的研究工作，进化论的思想虽然给他以发展和斗争的信念，但也给他带来很大的局限，使他不能彻底看清社会上残酷斗争的阶级实质和向前发展的根本方向。因而一种矛盾和困惑的心情，不断地增加着鲁迅的苦恼。只有当老朋友许寿裳和时常“飘然而至”的陈衡恪到来时，才能听到鲁迅的笑声。

鲁迅当时住在宣武门外南半截胡同的绍兴会馆，因教育部的“饭堂”搞得不好，会馆里又没有备饭的条件，据了解情况的人说，鲁迅当时习惯于早上不吃早饭，中饭和晚饭就在街上打游击，今天这里一餐，明天那里一餐。

有时星期天或是节假日，鲁迅就邀了陈衡恪、许寿裳等三五好友一道去小店会餐，他们去得最多的是到绒线胡同西口的清真饭馆吃牛肉面，此外就是到靠近绍兴会馆的广和居吃豆面炸丸子。

广和居是一家颇具南方风味的饭馆，开业于道光十一年（1831），堪称百年老店。它虽偏居城南胡同中，其貌不扬，但从清代至民国初年却是颇负盛名。由于这一带会馆星罗棋布，文人学士、会考学子云集于此，广和居自然成为他们极为方便的宴饮之地。

有一次，陈衡恪与鲁迅等从绒线胡同西口的清真饭馆吃完牛肉面，一行人顺着胡同朝不远处的大街走去。

这天正好是星期天，往日清冷的大街上，骤然热闹了许多。大街上人头攒动，游人如织，一派繁忙热闹的景象。摆地摊的、杂耍的、胸前吊着托盘叫卖的，正拖着脆脆的京腔，大声地吆喝着，家家店铺门口的招幌迎风猎猎地飘舞着，更有那从关外远道而来的行商的驼队，那一峰峰驮着货物的高大的骆驼，驼铃清越，不紧不慢地从大街上走过……

“嗬！好一幅《清明上河图》！”

陈衡恪有些痴迷地看着大街上这热闹的景致，不由得发出由衷的感叹。

蓦地，一阵激昂流畅的唢呐声从不远处的一条斜巷内传来，紧接着，一大群人簇拥着一顶镂花的紫檀木花轿，从斜巷内吹吹打打地朝大街上走来，那抬轿的精壮汉子，步履狂纵，把那镂花的紫檀木花轿颠得云翻雾卷，狂颠的花轿又不时将那大红的轿帘掀起，露出了新娘秀美羞涩的面容，引得大街两侧驻足的行人鹅似的伸着脖颈，争睹轿内新娘的芳容……那吹鼓手更是起劲儿，他们齐刷刷运足丹田之气，鼓起的两腮就像是一个胀鼓着的猪尿泡，把那喜庆的唢呐吹得惊天动地地炸响着……

迎亲仪仗的队伍滚雪球般地越来越大，一大群爱看热闹的男女乐颠颠地跟在后面。鲁迅回头一看，突然不见了陈衡恪，他四处寻找，也还是不见陈衡恪的踪影。

就在鲁迅正着急的当儿，他的眼前突然一亮，只见一个熟悉的身影寸步不离地跟随在那紫檀木花轿的一侧，转眼间，迎亲仪仗队伍已走去很远，那熟悉的身影却依然磁磁地跟着，丝毫也没有离开的意思。

鲁迅不知陈衡恪是着了什么魔，也有些好奇地跟了上去。陈衡恪因两眼直直地看着那狂颠的花轿和吹鼓手，没注意脚下，脚下绊着了什么，突然一个趔趄，几乎与那吹鼓手撞个正着。鲁迅赶紧跑过去把他扶住，陈衡恪才险些没有栽倒。见是鲁迅扶住了自己，陈衡恪如梦方醒，脸一红，显得有些不好意思。

鲁迅笑着对陈衡恪说："师曾兄莫不是看新娘子看得入了迷?"

陈衡恪也不回答，由他说去。

不久之后，当鲁迅看到陈衡恪画的《北京风俗图·吹鼓手·执事夫》之后，方才明白他追花轿的用意，原来这位老兄是为了创作他的《北京风俗图》系列作品在街头采风。

陈衡恪作画重创新，重生动，求意趣，在当时死气沉沉的北平画坛上，确实是独树一帜，让人耳目一新。

他的《北京风俗图》全是从现实生活中得来的。在当时的社会历史条件下，国内能这样注重写生的画家，委实还不多见。(参见龚产兴《陈师曾的文人画思想》)

鲁迅敬佩陈衡恪对艺术的执着追求以及对日常生活的细心观察与体验，同时对他作品中所表现的别人无法企及的思想性和创造性，投注了更多赞许的目光。(参见《人物》1982年第一期第77页)

在本书的以上章节，我们已经谈及陈衡恪诗歌的艺术成就，这里穿插一个小细节。

1914年冬天，当时一些著名的诗人陈衍、黄晦闻、林宰平、陈衡恪等在北京法源寺举行祭祀宋代诗人陈后山的活动，会后作诗，陈衡恪的诗被评为第一。陈衍是陈衡恪的父亲陈三立的好友，为著名的同光体诗派代表人物之一。他很欣赏陈衡恪的诗，认为陈衡恪的诗，在情感的真挚动人方面，要超过他的父亲陈三立。陈衍曾写诗赠陈衡恪，其中有这样的句子："诗是吾家事，因君父子传。"因为三人都姓陈，说得十分地巧妙，一时传为艺坛佳话。

陈三立听了这话之后，有些不服气，笑着质询陈衍："你何故誉儿抑父?"

陈衍回答说："此乃吾辈求之不得者。恐君词若有憾，实乃深喜之……"(参见邓云乡《记陈师曾艺事——兼谈与鲁迅的友谊》)

1919年新文化运动兴起之后，鲁迅以文学为武器投身于反帝反封建的斗争中。每天忙于写作外，还要去五六所学校讲课，工作日益繁忙。与此同时，陈衡恪受蔡元培之邀，参加了北京大学创设的画法研究会，担任国画导师，他经常与徐悲鸿、胡佩衡等画家一起研究中国绘画的技法，也很少有空余时间。

两位好友因忙于彼此的事业，聚会谈论友情的机会才相对减少，然而他们在长期共同的学习和生活中建立起来的友谊却并不因此而淡漠。

1923年陈衡恪骤然逝世，鲁迅惊闻噩耗，甚为悲痛，立即赠了奠仪费，以致哀悼，并对陈衡恪在绘画上的成就，一直没有忘怀。北京故宫博物院在陈衡恪逝世后，很快开始编印《陈师曾先生遗墨》，自1924年起陆续出版，每出一册，鲁迅即去购买，这套画集到1926年共出十集，鲁迅一册不落地全部购齐珍藏。1933年鲁迅与郑振铎合编的《北平笺谱》，更是凝聚了对亡友的无边思念与深切缅怀。（参见《鲁迅和他的同时代人·鲁迅与陈师曾》）

陈衡恪逝世后，北京淳菁阁收罗各家藏品与家中藏品，梁启超亦将其以七百金购得的《北京风俗图》交出，用珂罗版的特殊制版工艺与印制方法精印成册，分期出版，约出二十册。后世因珂罗版的特殊制版工艺与印制方法失传，尽管此版至今尚存，但因无人会印，竟成绝版。

第六章 白石知己

1957年9月17日，中华人民共和国首都北京的各大报纸，纷纷在头版显要位置刊登了这样一条讣告：

> 中华人民共和国全国人民代表大会代表、中国美术家协会主席、北京中国画院名誉院长、中央美术学院名誉教授、一九五五年国际和平奖金获得者、人民艺术家齐白石，于一九五七年九月十六日下午六时四十分在北京医院逝世，享年九十七岁。

齐白石，这位久负盛名的当代画坛大师、这位受人敬仰的人民艺术家，走过了他九十七年坎坷而又辉煌的人生历程，为画坛留下了大量弥足珍贵的艺术瑰宝之后，从此长眠了！

作为国之瑰宝，作为无可争议的画坛大师，尽管齐白石年享高寿，人们仍为他的骤然离去而悲痛万分，对他离去之后将给画坛带来的不可估量的损失而痛惜不已……

齐白石是继吴昌硕之后，将传统绘画输入新的血液的大师，他是一位诗、书、画、印无不精通的全才，他赋予作品以质朴清新的农民情感，赋予文人画形式以新的生命力和现代性，作为一位对艺术孜孜不倦的追求者，齐白石在长达近一个世纪的奋斗中所表现出来的创造精神，具有楷模性。他的作品题材广泛，人物、山水、蔬果、花卉、草虫、禽兽无所不画，无所不能。创造了诙谐幽默的画风，扩大了中国画的表现范围，增强了抒情意味和

艺术感染力。（参见郎绍君《二十世纪的传统四大家——论吴昌硕、齐白石、黄宾虹、潘天寿》）

然而，谁也无法相信：这位享誉中外的画坛大师，这位杰出的人民艺术家，这位1963年被选为世界十大文化名人之一的画家，在他接受中央美术学院名誉教授时，他亲笔填写的履历表学历栏内，填的竟是“私塾一年”！

1956年4月27日，世界和平理事会书记处宣布把1955年国际和平奖金授予中国画家齐白石。

1956年9月1日，中国首都北京隆重地举行了授予齐白石世界和平理事会国际和平奖授奖仪式，郭沫若以世界和平理事会副主席的名义主持了这个仪式并致贺词，茅盾代表世界和平理事会国际和平奖金评议委员会授奖。周恩来总理到会祝贺，并与齐白石亲切交谈。

当九十六岁高龄的齐白石双手接过荣誉奖状、一枚金质奖章和五百万法郎的奖金时，他眼含泪花，双手微微地颤抖着。此时此刻，他浮想联翩，百感交集。

他想起了自己苦涩而艰辛的童年，想起了自己在艺术道路上长达近一个世纪艰苦卓绝的求索，想起了在他人生和艺术道路上具有里程碑意义的“衰年变法”，通过“衰年变法”，他终于找到了人生和艺术的坐标……

在齐白石坎坷而辉煌的人生和艺术道路上，曾有过许许多多给予他无私扶持和帮助的师长和朋友，然而，最让他刻骨铭心、最让他终生难忘的却是陈衡恪！

此时此刻，陈衡恪丰颐广颡亲切厚道的音容笑貌，陈衡恪与他交往的情景，一幕幕闪现在他的眼前……

齐白石忘不了自己穷愁困顿蛰居在萧瑟的法源寺的日子里，是陈衡恪只身来到法源寺，与他促膝长谈，与他谈诗论画，陈衡恪诚恳地指出他作品的长处和不足。陈衡恪推心置腹的话语，使得正徘徊在艺术的十字路口的齐白石，开始站在较高的角度来反思自己以前的创作。他听从了陈衡恪劝其改变画风的忠告，他终于在痛苦的内省中找到了自己艺术探索的焦点，从而开始了他艺术创作上痛苦的蜕变——“衰年变法”，他的艺术创作开始产生质的飞跃，从此，他的画艺猛进不已。

齐白石更忘不了陈衡恪对他无私的提携。当他在京城的画坛上尚名不见经传时，陈衡恪却已是享誉中外。尽管如此，陈衡恪却毫无门户之见，当陈衡恪应日本画家之邀，东渡扶桑参加画展时，带去齐白石的作品多幅，并在画展时销售一空。齐白石做梦也想不到，“墙内开花墙外香”的奇特效应，使得他时来运转，骤然间红遍京城。他挂在琉璃厂南纸店的那些蒙尘多日的画作，顿时变得畅销起来，接踵而至的外国人将其抢购一空。往日里琉璃厂南纸店那些势利的老板，也提了礼品赔着笑脸，隔三岔五地往齐白石居住的法源寺跑，他们意欲包销齐白石全部的画作，一此附庸风雅的商人也以拥有一幅齐白石的画为荣，往日里门可罗雀的法源寺顿时变得门庭若市起来。

齐白石怎么也不敢想象，若是没有陈衡恪，若是没有陈衡恪的无私指点和提携，他的艺术，他的创作，他的人生，会不会有今天？

在中国画坛上，齐白石是一位独具人生情韵的画家，他走着一条与众不同的求索之路。他是地道的农民、他是出色的木匠、他是优秀的民间艺人、他是才华横溢的诗人、他是立意新奇的画家、他是名满天下的画坛大师……

农民—木匠—民间艺人—诗人—画家—画坛大师，奇特的人生轨迹，造就了齐白石可贵的具备底层劳动人民的情愫，同时这亦是他作品最显著的艺术特色。他将这种情愫抱守终生，他的艺术，始终植根于民间，乡土气息十分浓郁，他十分出色而娴熟地将民间艺术的情趣和传统文人画的笔墨功底熔于一炉。我们完全可以这样说，如果没有深厚的民间艺术的熏陶和滋养，就不会有人民艺术家齐白石。相反地，如果没有诗词、书法、笔墨功力和多方面的修养，也不可能产生艺术大师齐白石。齐白石之伟大，是集民间艺术与文人画二者之长于一体，而且结合得非常完美。（参见龚产兴《吴昌硕、齐白石艺术之异同》）

齐白石的成功，堪称中外艺术史上的奇迹。他对人生和艺术毕生不懈的进取和所取得的无与伦比的辉煌，除了给画坛留下了大量精妙绝伦的不朽杰作，同时也为后世留下了一个浓墨重彩挥洒人生的成功范例。齐白石留给后人的这笔精神财富，其价值是无法估量的。

1864年1月1日，齐白石出生在湖南湘潭白石铺杏子坞星斗塘一个贫苦农民家庭。

普通农家望子成龙的渴盼，驱使着这个家庭对幼小的齐白石倾注了更多的关爱。

齐白石的祖父齐万秉粗通文墨，能识字三百来个。齐白石三岁时，祖父就以柴钳画草木灰教他识字，不久之后，祖父肚子里的那点货色，就竹筒倒豆子般地抖了个一干二净。

齐白石七岁时，他的外祖父周雨若在离星斗塘三里地远的枫林亭近侧的王爷殿设蒙馆，齐家便将齐白石送到外祖父的蒙馆读书。因无钱买纸笔，齐白石的母亲只得卖了平日煮饭时从当柴火烧的稻草上捶下来的四斗稻谷，那是她存下的可怜的一点“私房钱”，她将那稻谷存放在隔岭的一个银匠家里，原准备多积累些，换副银钗的。在蒙馆就学期间，齐白石就学着画起画来，他最早见到的作品，是乡间画匠用朱笔在黄表纸上画的贴在新产妇房门上避邪的雷公神像，最初是出于童稚的天真，百般好奇地模仿着画了起来，慢慢地竟画出兴趣来。读了一年后，因家贫辍学，就在家砍柴、放牛。放牛时，把书包挂在牛角上，捡足了粪，砍足了一担柴，再从牛角上取下书来读，就这样对付着读完了《论语》。

齐白石十五岁时，家人让他随叔祖父学木匠，叔祖父的木匠活是做屋架设栋梁的大木，因齐白石力气小，叔祖父嫌他不中用，不愿意收留。

一年后，齐白石见雕木匠受人尊敬，就去拜周之美为师，学做雕花木匠。周之美有一手精湛的雕花绝技，闻名乡里。齐白石遂拜到周之美门下，学艺三年，逐步学会了师傅的看家本领“平刀法”。不久之后，他又在“平刀法”的基础上，琢磨着改进了“圆刀法”，雕刻了很多新颖的人物和图案。

十九岁脱师后，齐白石随师傅周之美在白石铺附近方圆几十里地界做木匠。在此期间，他与师傅合作，雕刻了许多嫁床、花轿、香案等。雕花时，齐白石不满足于“麒麟送子”“麻姑献寿”“状元及第”“八仙过海”等老套路，他尝试着自己构图，造出新的花样。齐白石名纯芝，因而被人称为“芝师傅”，“芝师傅”的声名开始享誉乡里。

二十岁时，齐白石肩上背着木箱，箱里装着雕花用的全套工具，开始走村串户养家糊口。有一次，齐白石无意间在一个主顾家中，发现一部乾隆年间翻刻的《芥子园画谱》残本。他欣喜若狂，如获至宝，借回家去，用幼年学画时勾勒雷公像的方法，晚上在家就着桌案，以松油柴火为灯，一笔一笔地描，一幅一幅地画，足足花了半年时间，终于把一部《芥子园画谱》画了下来。

齐白石遂以这部《芥子园画谱》为师，潜心琢磨，改进原来的雕花手艺，为人画神像。

从此，他对绘画艺术进入了异常痴迷执着的状态，他虚心好学，转益多师，不断地丰富充实着自己。

二十五岁时，由齐铁珊介绍，齐白石拜民间艺人萧芗陔为师，学画肖像。他开始了自我调整，改以专画肖像为生。后来，他又兼画山水、花鸟和仕女，尤其是仕女画颇得乡人喜爱，从而被乡人称之为“齐美人”。由于齐白石具有一般匠人所无法匹比的绘画技能，他的雕刻及绘画作品细腻生动，赢得了乡人的普遍赞誉，生意也就一日比一日红火。此时，齐白石算得上是一位出色的木匠和民间艺人了，他家的小日子也开始有些滋润起来。

二十七岁这一年，算得上是他生命的转折点，一个极偶然的机会，齐白石被湘潭名绅胡沁园赏识。胡沁园屈尊降贵地与他结交，毫不保留地教他画工笔花鸟草虫，并留他住在家里，跟随胡家的私塾先生陈少蕃研习诗文。借着胡沁园的阶梯，齐白石逐渐扩大了交游圈子，认识了许多文人雅士，和他们咏诗作文，往返酬唱，结社切磋，弄月吟风，俨然就是一介风流潇洒才华横溢的名士了。

从这年起，齐白石开始脱离木匠手艺，潜心读书，不断地丰富充实着自己。他改名齐璜，字濒生，别号白石山人。

齐白石如饥似渴地徜徉在古典文学的天地里，在他的身边，有一批志同道合的朋友，他与王仲言、罗真吾、罗醒吾、陈茯根、谭子铨、胡立三等共七人借五龙山大杰寺结“龙山诗社”，号称七子，齐白石被推选为社长。“龙山诗社”的成立，给偏僻的白石铺吹进了几缕书卷的清香。齐白石似乎是乐此不疲，继“龙山诗社”之后，他又与黎松庵等结“罗山诗社”。

强烈的求知欲与远大的志向，驱使着齐白石开始了在多个艺术领域的探索与尝试，他作画、写诗、练字、篆刻、临摹名人字画。甚至连裱画、吹笛，他也学得津津有味。

齐白石曾有诗句描述这一段难忘的读书生活：

灯盏无油何碍事，自烧松火读唐诗。

齐白石对艺术异乎寻常的执着与旁人无法企及的刻苦，使他的艺术有了全方位长足的进步。

在他的故乡湖南湘潭白石铺一带，至今流传着齐白石学篆刻刻了两担石头的故事。

有一次，一位湘潭城里擅长篆刻的先生来到了白石铺地界，齐白石恭恭敬敬地把那位先生请到家来，好酒好肉地款待着，好话说了几大箩，恳求那位先生收他为徒，并为他刻枚印章。酒酣耳热之际，那位先生一口应承下来。谁知几个月过去，收徒和刻章的事却是泥牛入海无消息。齐白石不甘心，又托人去问了几回，那人认为齐白石只是一个乡间的小木匠，拜师和刻印章只不过是附庸风雅而已，事过之后根本就没放在心上。后来齐白石又碰到了那人，问起拜师与刻印的事，那人有些敷衍地说："你是雕花木匠出身，刻印也能触类旁通的。"齐白石以为那人愿意指教他，便问如何入门，那人见这个土头土脑的乡下木匠如此较真儿，就有意揶揄地说："说起来也没什么难，你只要刻完了两担石头，功夫也就到家了。"

说者无心，听者有意，齐白石便端的找来了两担石头练起刻印来。与此同时，齐白石又潜心学书法，习钟鼎篆隶，后来又得到了丁龙泓、黄小松两大刻印名家的印谱，齐白石不但掌握了刻印入门的方法，而且揣摩出两大名家精湛的刀法，他的篆刻技艺端的猛进不已。待刻完两担石头之后，齐白石歪打正着地练就了非凡的腕底功夫，直到九十多岁高龄，他篆刻时刀下依然飒飒生风，委实让人惊异不已。

三十七岁那年，齐白石携带他的诗、文、字、画及印章前去拜访"湘中才子"王闿运。

王闿运，字壬秋，室名湘绮楼，人称湘绮先生，湖南湘潭人。王闿运为人处世，恬淡洒脱，年轻时曾周旋于湘军将领间，并入曾国藩幕府，受到曾的厚待。后又周旋于上层社会，曾在"顾命八大臣"之一的肃顺家任教读，甚受礼遇。不久又应四川总督丁宝桢礼聘，主讲成都尊经书院。后返湘，主讲绮香楼中，前后得弟子数千人，有门生满天下之誉。

王闿运学识宏博，他的诗文学汉魏六朝，名振海内。

王闿运对齐白石大加赞赏，齐白石遂正式拜在他的门下。与此同时，拜在王闿运门下的还有铁匠张仲飏、铜匠曾招吉，再加上木匠齐白石，

这就是名闻遐迩的“王门三匠”。

齐白石开始在湘潭的画坛崭露头角，这年，他应湘潭盐商之约画南岳全图，得酬金三百二十两银。这是他平生得到的第一笔丰厚的报酬。不久又为内阁中书李翰屏家画像，又得到一笔不菲的润笔。

手中宽裕了，齐白石遂将家从星斗塘搬出，佃居在莲花峰下的梅公祠，后又在祠内盖起一间小房，自名“借山吟馆”，自此潜心读书作画。

齐白石与娄师白（右）

在“借山吟馆”的日子里，齐白石每日如饥似渴地读书作画。诸多师长无私的指点与提携、知识甘露的滋养以及旁人无法企及的执着勤奋，齐白石的艺术之树茁壮而茂盛。

在齐白石早期的艺术生涯中，特别值得一提的是被他称之为“五出五归”的五次出游。

读万卷书，行万里路，自古以来就是中国文人所遵奉的圭臬。

随着自身艺术水准的提高，齐白石已不满足于湘潭狭小的天地，他渴望着山外的世界，渴望着到山外的世界去游历、去闯荡，去寻师访友……

三十九岁时，齐白石应夏午诒的聘请，赴西安教画，这是他“五出五归”的第一次出游。这次出游，他获益匪浅。在西安，齐白石携其刻印作品去见当时的陕西布政使樊樊山（即樊增祥），两人一见如故。尔后交往密切，在樊樊山家，齐白石尽情地观赏了樊樊山珍藏的历代名画以及八大山人等诸家的画册，这对他以后的创作很有影响。樊樊山不但送了他一笔治印报酬，还为他亲笔写了一纸刻印润格，甚至还愿意尽其所能地为齐白石谋个一官半职。在西安过年后，第二年春天，齐白石又从西安赴北京，认识了书法家曾农髯、李筠庵。这时，夏午诒要为齐白石向慈禧太后推荐作内廷供奉，齐白石坚辞之。这次出游，齐白石路过洞庭湖时画了《君山图》《洞庭看日图》，在由西安赴北京途中，又画了《华山图》《嵩山图》以及《借山吟馆图》等。从这一年起，他的花鸟画开始改变画风，走上了写意画的道路。

四十一岁时，齐白石随王闿运赴江西，游庐山、南昌等地，王闿运亲笔为齐白石撰《白石草衣金石刻画序》，极力推重齐白石见官就躲的高尚品德，这是他"五出五归"的第二次出游。

齐白石"五出五归"的第三次出游是他四十二岁时赴广西，这次他游览了山水甲天下的桂林，探访了阳朔之胜，而后又经梧州回湘潭。这次他认识了蔡锷、黄兴等革命志士，创作了《独秀峰图》《漓江泛月图》《梅花图卷》等作品。回湘潭后，他以教画所得薪金买下了茶恩寺附近茹家冲的一所旧屋，几十亩水田，全家移居茹家冲。

齐白石"五出五归"的第四次出游是他四十四岁时再赴广西钦州，又经广东肇庆至广西边城东兴，然后又越过国境至越南芒街。

齐白石"五出五归"的最后一次出游是他四十六岁时经广州至钦州，然后又经钦州乘海轮去上海，在上海以卖画为生。而后又游苏州至南京，在南京逗留时，他还慕名去拜访了大书法家李梅庵，并应约为李刻石印三方。

四十七岁时，齐白石结束了"五出五归"的远游生活，回到了茹家冲，开始了他的山居生活。

山居生活，轻松而惬意。为了报答恩师胡沁园当年的知遇之恩，齐白石还特地迎请胡沁园来茹家冲小住，师生二人一豆孤灯，彻夜长谈，倒也其乐融融。

自四十七岁至五十四岁，齐白石在茹家冲度过了八个年头的山居生活。"五出五归"的远游，大大地开阔了齐白石的视野，山外广阔的世界和如诗如画的美景以及那奇异的风土人情，使他顿觉天地开阔。山村的宁静与生活的安定富足，又使他心无旁骛，潜心艺术。

齐白石曾有诗记叙这段山居生活和当时的心情：

富贵无身轻快人，亦非能遣十分贫；

五旬以后三年饱，不算完全饿莩身。

在此期间，齐白石整理远游时创作的画稿，并将这些画稿编成《借山图卷》共五十二幅。继续致力于绘画、书法、治印、吟诗，他转益多师，取法各家之长，从而形成自己独特的风格。他的画笔更加精练，书法治印猛进不已，诗词歌赋亦得古人精髓。《公鸡鸡冠花》《芦蟹》《秋虫》堪称这一时期的代表作。

然而，这段宁静而迷人的山居生活，紧接着被随之而来的动荡所打破。

天下已不太平，各派各系的军阀为争夺势力范围，正打得难解难分，炮火的硝烟自然波及了湖南湘潭宁静的乡间。地方上的土匪亦乘乱而起，占山为王，打家劫舍。齐白石有房屋，还有几十亩水田，坐收地租，衣食不愁。这些年南来北往刻印卖画，手头也积了些银两，自然也就成了土匪们关注的目标。

这时，有一伙土匪放出口风："芝木匠发财啦，够得上绑票的资格啦，我们去绑他的票吧！这块肥肉我们得赶紧吃掉，千万别让别人占了先!"

齐白石听到这些，一种不祥的预感折磨得他整天心惊肉跳不寒而栗。三十六计，走为上计，他骤然产生了逃离家园外出谋生的念头，这对于异常留恋故土的齐白石来说，无疑是一次痛苦而无可奈何的选择。齐白石热爱家乡故土，然而，当他依恋的这方故土已难以安身立命的时候，除了逃离家园，他还有什么好法子呢?

恰巧就在这时，樊樊山来信劝齐白石抛却田园生活，移居北京。樊樊山在信中语重心长地开导齐白石："以你的才华和功力，在北京刻印卖画，足以自给，而且还有机会与当世名流切磋琢磨，使艺事更加精进。若在乡间蹉跎岁月，秀才老死在田塍里，天才埋没于荒村野岭之间，实在是艺坛莫大的损失……"

樊樊山的来信，对于无路可走的齐白石来说，无疑是喜从天降。于是他匆匆打点行装，过了端阳节后，便立即成行。这是他平生第二次来到北京，距他"五出五归"的第一次出游自西安至北京时，足足隔了十五个年头。（参见齐白石口述 / 张次溪笔录《白石老人自述》《齐白石外传》）

然而，北京也不太平，齐白石刚到北京，恰逢辫子大帅张勋的复辟闹剧，北京人心惶惶，一片混乱。齐白石立脚未稳，只得随郭葆生一家人逃到天津的租界去避难。待北京安定之后，齐白石又回到了北京。为了找一块安静的地方作画，齐白石住在宣武门外的法源寺内，这个时候，齐白石已是五十五岁，他身体健硕，性格沉毅，艺事已精。他胸有成竹地在北京琉璃厂南纸店，挂出了卖画刻印的润格。

虽说是住在萧瑟的古寺，但齐白石的心情却是非常地愉快。这时他囊底尚还丰盈，北京的人文环境果然是名不虚传，这里画家如云，文风鼎盛，这样的人文环境，不正是自己施展才华与抱负的好去处嘛。齐白石非常感激恩师樊樊山劝他来京的良苦用心，他甚至有些感激那些打家劫舍的土匪，若不是那些草寇逼得自己无路可走，自己真的还下不了这个决心呢。

齐白石这回离家和以前历次离家的心态是截然不同的，尽管他出来时行迹匆匆，但这回他是抱着定居北京的心态进京的，以前他的“五出五归”，毕竟只是暂时性的，这次他是准备出来施展才华与抱负，准备干一番事业的。

刚进北京的这段日子，齐白石并不显寂寞，他频频地拜访了京城一些有名的画家。在不长的一段时间内，齐白石陆续认识了凌文渊、汪蔼士、王梦白、陈半丁、姚茫父等京城的名画家。此外，他的交友圈子不仅仅局限于画坛，这时与齐白石相识和交往的还有诗人兼书法家罗瘿公、罗敷庵兄弟，名医兼诗人萧龙友。甚至还认识了两个和尚：一个是法源寺的道阶，一个是衍法寺的瑞光。一时间，法源寺内旧雨新知，胜友如云，齐白石迎来送往，真可谓是“谈笑有鸿儒，往来无白丁”。

热闹毕竟是短暂的，短暂的热闹过去，摆在齐白石眼前的现实不能不说是异常地严峻。

艺术从来就是讲究知名度的。齐白石刚从湘潭的乡间来到京城，他在画坛的声名尚未大显，北京人对这位脚上还沾着泥巴星子的画家还不甚了解，他挂在琉璃厂南纸店的几幅山水、草虫画，已经二十多天了，还是无人问津，这与他在湖南的情景，形成鲜明对照。加之他的画，学的是八大山人冷逸的风格，自然不为北京人所喜爱，真正能够懂得他的画的价值的人，可以说是凤毛麟角。因此，齐白石在京城自然也就受到了前所未有的冷遇。他的润格，一个扇面，定价是银币两元，比平时一般画家的价码便宜一半。尽管如此，还是无人问津。然而，这时还有一个更加严峻的问题摆在他的面前，那就是他的囊底越来越羞涩，这些日子坐吃山空，他身上的银两已是所剩无几了！

齐白石在心情极度灰暗悲凉之时，写下《杂感》三首：

> 大叶粗枝亦写生，老年一笔费经营。
> 人谁替我担竿卖，高卧京师听雨声。
> 禅榻谈经佛火香，客中无物不消魂。
> 法源寺里钟声断，落叶如山画掩门。
> 八月京华霜雪天，稻田千顷不归田。
> 人言中将人中鹤，苦立鸡群我教拴。

法源寺又恢复了往日的寂静与萧瑟，齐白石处境异常地艰难，此时，他已是举家啜粥度日了……

然而，齐白石又不甘心屈从于命运，他虽慨叹命运的不公，但他却并不自卑，他在企盼着冥冥中的什么。我们可以从他这一时期作的《画佛手柑》一诗中，窥出他此时的心迹：

> 买地常思筑佛堂，同龛弥勒已商量。
> 劝余长作拈花笑，待到他年手自香。

他认为自己总有遇到知音的那一天。

齐白石是幸运的，正当他艰难地处于人生和艺术的十字路口时，他有幸遇到了陈衡恪。就在他最困难最需要帮助的时候，陈衡恪无私地向他伸出了援助之手！

与陈衡恪初次见面的情景，齐白石终生难忘：

那是一个风和日丽的下午，齐白石像往常一样愁容满面地坐在画桌前唉声叹气。这些日子，他思路梗塞凝滞无心作画，他焦灼地为自己的前途而忧虑，有时他甚至心灰意冷，对自己的能力产生了怀疑……

“请问，齐白石先生在家吗？”

随着声音，一个举止儒雅斯文的中年人走到了法源寺的大门口。

齐白石闻声迎上前去，他见来人面容清秀丰颐广颡甚是陌生，便一面打量来人，一面回答说："在家，请问先生尊姓大名?"

"本人陈师曾，名衡恪，号'槐堂'，今天特来拜访先生。"

"哎呀呀！您就是大名鼎鼎的陈师曾？早已如雷贯耳，只是无缘相识，想不到先生大驾光临，齐璜有失远迎，万望先生恕罪!"

陈衡恪的骤然到来，齐白石喜出望外，他只觉得多日的灰暗忧愁顿时烟消云散，寂静萧瑟的法源寺也变得蓬荜生辉起来。

一阵简短的寒暄之后，两位画家一见如故，在齐白石简陋的画室里，他们亲切地攀谈起来。

原来，陈衡恪那天在琉璃厂南纸店见到了齐白石寄售的几幅花卉和篆刻拓样，他见印章刀法老辣，所刻文字极富骨力神采，沉雄中透出稳健，他惊异此人篆刻的功力不凡，可是画风却略嫌趋俗，便很想结识这位刚刚在京城画坛上露面的画家。于是一路打听，寻到法源寺来。

论年龄，陈衡恪虽然比齐白石小十三岁，可齐白石对他却是十分尊重。他知道陈衡恪以绘画、篆刻、书法、诗词称雄画坛，特别是他的大写意花卉，笔致矫健，气魄雄伟，堪称一绝，在京城久负盛名。想不到陈衡恪亲自来访，齐白石顿觉有些受宠若惊。

齐白石从行箧中，取出自己自编的画作《借山图卷》，请陈衡恪品评。陈衡恪认真看了《借山图卷》的五十二幅画作，直言不讳地对齐白石说："你的画格是高的，但还有不够圆熟精湛的地方。"

说完之后，陈衡恪指着一处山峦的皴法和设色说："这地方改为干湿相济，而远近群山，大胆删减，画面就显得更为简练明快。"

陈衡恪真不愧是画坛高手，他对齐白石作品的批评入木三分，三言两语便讲到了要害之处。

陈衡恪见齐白石的画有八大山人的笔意，知道他的画学的是八大山人冷逸的风格，却比八大山人更为简练。陈衡恪在充分肯定之后，又指出齐白石的画风太冷逸了，需要改变画风。齐白石的梅花，十分工整而细腻，他学的是宋人杨补之。此外，他的湖南同乡尹和伯，在湖南画梅是最有名的，他亦学的是杨补之，因此，齐白石也参酌了尹和伯的画法。但这种画法，颇费时间与精力，徒见匠气而已。陈衡恪看了以后一针见血地说："工笔画梅，吃力而不讨好，何如横涂竖抹，反倒痛快淋漓，更能鲜活灵动，姿致横生。”

临别时，陈衡恪信步走到画桌前，挥笔题诗一首赠给齐白石：

曩于刻印知齐君，今复见画如篆文。
束纸丛蚕写行脚，脚底山川生乱云。
齐君印工而画拙，皆有妙处难区分。
但恐世人不识画，能似不能非所闻。
正如论书喜姿媚，无怪退之讥右军。
画吾自画自合古，何必低首求同群。

陈衡恪在这首诗里，建议齐白石跳出前人窠臼，万万不可跟着前人现成的路子往下走。循规蹈矩学前人，即使学得十分逼真，只不过是一个重复了的前人而已。此外，不必逢迎世俗，创作时要我行我素，自创新意，独辟蹊径，另创新风格。

陈衡恪的一席长谈，“一语惊醒梦中人”（齐白石语），对正徘徊在艺术的十字路口茫然不知所措的齐白石来说，不啻空谷足音。

其时，齐白石年已五十五岁，他听从了陈衡恪的劝告，大幅度地调整心态与意念，开始了自己艺术生涯中具有里程碑意义的“衰年变法”。

“衰年变法”使齐白石的艺术创作出现了峰回路转的可喜局面，他创出了“红花墨叶”的崭新画法，从而形成了浓墨重彩挥洒自如的齐派画风。

“红花墨叶”是一种十分大胆的艺术创新，它是把原本不相类属的纯红，配上鲜活的墨色，造成强烈的对比，两相衬托之下，便产生了一种醇浓、厚实、质朴、爽朗的感觉，表达出画面的层次与灵性，令人顿生一种心畅神往的蓬勃感受。

在陈衡恪的指点和提携之下，齐白石开始了艺术上大胆的叛逆，他打破了前人固有的条条框框，闯出了一条艺术上创新变革的求索之路。

用“破釜沉舟”来形容齐白石“衰年变法”的决心，委实是恰如其分的。自从听从了陈衡恪的劝告之后，齐白石表示了“决心大变，不欲人知，即使饿死京华，公等勿怜”的决心。

艺术贵在创新，齐白石在经历了痛苦的艺术蜕变之后，他的艺术猛进不已，达到了炉火纯青的境地。潘天寿曾说过："不同才是艺术。"齐白石的"变法"，不仅是由冷逸一格向红花墨叶一派的形式的转换，也是由一般文人情思向农人情思的转换。如果说吴昌硕的艺术是文人的情思加市民的好尚，齐白石的艺术则是文人的笺墨和乡间泥土的化合。齐白石较之吴昌硕更进了一步，在他的艺术世界里有着更多的民间味和现代感。

纵观近、现代许多有出息的画家，他们的成功之路莫不如此。他们在艺术求索的道路上，或许大多是从《芥子园画谱》式的流行技法起步，但最终他们又都是程式化艺术的叛逆者。吴昌硕表示："画当出己意，摹仿堕尘垢""画之所贵贵存我，若风遇箫鱼脱筌""不知何者为正变，自我作古空群雄"；黄宾虹精研传统，又自觉地意识到"变者生，不变者淘汰"的艺术规律，决意"超出古人""自成一家"；潘天寿一身傲骨，"好野战""走极端""一味霸悍""以运指为变，独辟奇境……"。他们在艺术上的求索和创新，造成了一种以创新变革和独立为旗帜的艺术新风。

从此之后，齐白石引陈衡恪为挚友，两人成为莫逆之交。两位画家往来频繁，友谊日深，隔三岔五，不是陈衡恪来法源寺，就是齐白石去新华街的"槐堂"，他们或是谈诗论画，或是海阔天空地畅谈人生。陈衡恪不仅自己对齐白石鼎力提携，而且还在他的朋友圈子里大力推介齐白石，陈衡恪的画室里常挂有齐白石的作品，他逢人便说："齐白石的《借山图卷》，思想新奇，笔墨志趣高雅，不是一般画家所能比，可惜一般人不了解他，我们应该特别帮助这位乡下老乡，为他的画宣传宣传。"

齐白石对此感激不已，后来他返乡探亲时，行前给陈衡恪赠诗一首：

槐堂六月爽如秋，四壁嘉陵可卧游。
尘世几能逢此地，出京焉得不回头。

陈衡恪的话，齐白石可谓是言听计从，齐白石曾在《日记》中写道："余为杨潜庵画册子，中有小仙花，陈师曾称之，使余每画册子，不离此花。"

齐白石的一些诗句形象地道出了他"衰年变法"时的心路历程：

山外楼台云外峰，匠家千古此雷同。

……

一笑前朝诸巨手，平铺细抹死功夫。

……

胸中山水奇天下，删去临摹手一双。

……

写生我懒求神似，不厌声名到老低。

……

齐白石可谓是得了陈衡恪文人画思想的精髓。“求神似”是陈衡恪一向提倡的文人画家审美观点不同于其他画家的明显特点。古今中外，所有伟大的画家都不是以追求形似为目的的。法国雕塑家罗丹说得好：“只满足于形似到乱真，拘泥于无足道的细节表现的画家，将永远不能成为大师。”齐白石在悟得了这一艺术真谛之后也深有感触地说：“作画妙在似与不似之间，太似为媚俗，不似为欺世。”

自从“衰年变法”之后，齐白石画艺大进，他在京城画坛声名鹊起。后来他在回顾自己“衰年变法”时，深有感触地赋诗道：

扫除凡格总难能，十载登门始变更；
老把精神苦抛掷，功夫深浅自己明。

陈衡恪读了这首诗后，高兴地对齐白石说：“现在不是自己明，京城谁个不知道！”（参见林浩基《艺术大师齐白石传》、刘曦林《文人画的历史转换》、龚产兴《陈师曾的文人画思想》）

1922年春天的一个晴好的上午，陈衡恪来到齐白石家，十分高兴地告诉他：日本有两位画家，一位叫荒木十亩，一位叫渡边晨亩，他们两人联名来函，诚恳地邀请陈衡恪参加在日本东京工艺馆举办的中日联合绘画展览会。陈衡恪曾在日本留学八年，结交了许多日本艺术界的朋友，荒木十亩和渡边晨亩就是陈衡恪留学日本时认识的。两位画家告诉陈衡恪，他们参加了这次画展的筹备工作，这次画展规模盛大，除了历代画家的名作外，他们郑重希望陈衡恪本人携带作品参加画展，同时也希望以他的名望，代为征集一些优秀中国画家的作品参加画展。陈衡恪除征集了吴昌硕、凌文渊、陈半丁、王梦白等人的作品外，还郑重其事地邀请齐白石拿出七八幅作品去和日本画界见见面。

陈衡恪的一番良苦用心，齐白石自然心领神会。但那个时光，齐白石除了感激之外，是并不敢存任何奢望的，因那时即使在国内，真正能理解他的画的人尚不很多，买的人就更少，外国人就更不可能掏腰包买他的画了。

齐白石当面不便推却陈衡恪的一番好意，他只是虚应故事地交给陈衡恪几幅绘画作品，心想凑凑热闹也就罢了。

岂知陈衡恪却是不依不饶，他自然知道齐白石心里想的什么，硬是逼着齐白石认认真真地画了几幅花卉和山水，又逼着他送至裱画店加了富丽堂皇的裱褙和装饰。

碍于朋友的面子，齐白石只得遵命而行，他将画交给陈衡恪之后，就携家人登上了南下的火车回湖南湘潭老家探亲去了。参加中日联合画展的事，早已忘得一干二净。

然而，出乎意料的是，在中日联合绘画展览会上，齐白石带去的几幅画，竟然歪打正着，大受欢迎，竟被抢购一空，花卉每幅卖到五百块银元，山水画更是不得了，二尺长的画幅，竟卖到二百五十块银元的高价。而当时他的画作在国内的售价最多也不过是十元、八元而已，两相比较，上下差距竟然高达三十多倍，这是齐白石连做梦也不敢想的。

在这次展览会上，法国人对齐白石的画也投注了极大的兴趣和热情，他们选了齐白石的两幅画携往巴黎，参加巴黎艺术展览会，而且而后果然又获得了意想不到的成功。据陈衡恪说：日本人很想把他们两人的作品及生活状况，拍摄成电影，在东京艺术院放映。

齐白石从湖南回到北平，得知这一切后，喜出望外，当他从陈衡恪手中接过沉甸甸的一大笔卖画酬金后，更是喜不自禁，他当即赋诗一首，以纪其事：

曾点胭脂作杏花，百金尺纸众争夸。
平生羞煞传名姓，海国都知老画家。

有一天，齐白石看到有人在临摹他的山水画，戏作一诗，表露出他成功后难以自禁的喜悦。

堪笑同侪老苦勤，鼠须成冢世无闻。
传人自古由天定，本事三分命七分。

“本事三分命七分”，齐白石喜悦的心情溢于言表。俗话说，运气来了，连门板都挡不住。中日联合画展之后，齐白石声名大噪，“墙内开花墙外香”的奇特效应，令齐白石从此蜚声画坛，他的画顿时变得“洛阳纸贵”起来。（参见《齐白石外传》）

我们完全可以这样说：没有陈衡恪，就没有艺术大师齐白石。

“衰年变法”是齐白石艺术上的蜕变，也是中国美术史上值得大书特书的精彩一笔。正是因为有了陈衡恪的无私提携，才有了齐白石“衰年变法”这一艺术奇迹的勃发。“衰年变法”造就了艺术大师齐白石。

陈衡恪的知遇之恩，齐白石终生难忘。

齐白石一生，以陈衡恪为最亲密、最知己的朋友。陈衡恪英年早逝，齐白石异常悲痛。每次他在朋友处瞥见陈衡恪的画作，都泣不成声，他写下许多感人至深的诗句，深切悼念他的恩师兼益友，其中一首诗这样写道：

哭君归去太匆忙，朋友寥寥心益伤！
安得故人今日在，尊前拔剑杀齐璜。

这首诗是齐白石至情至性的真情流露，意思是说：倘若陈衡恪依然健在，即使自己死在眼前，也是心甘情愿的事情。

齐白石多次说过：“如果没有陈师曾的提携，我的画名，不会有今天。得交陈师曾做朋友，是我一生最可纪念的。”齐白石还告诫他的儿子齐良迟不要忘了陈衡恪的恩德：“在穷苦的日子里，对我帮助最大，朋辈对我友情最深挚的莫过于陈师曾，他是第一个，我把这些事情讲给你听，现在这么多人晓得你爸爸，这都是搭帮了陈师曾喽！”（参见齐良迟《回忆父亲白石老人》）

陈衡恪的父亲陈三立于1937年9月间逝世，齐白石打破了自1937年1月起不出家门一步的惯例，亲往陈三立灵前吊唁，并在灵前三叩九拜行大礼，还亲笔写了一副挽联，挽联上写道：

为大臣嗣，画家爷，一辈作诗人，消受清闲原有命；
由南浦来，西山去，九天入仙境，乍经离乱岂无愁。

陈三立在世时，齐白石亲自前往陈三立居住的姚家胡同看望，并请他为自己的诗集《白石诗草》作序，陈三立亦慨然应允。民国三十一年（1942）正月十三，年已八十二岁高龄的齐白石不顾自己年事已高，又亲自前往陈三立停柩的北京长椿寺拜奠。拜奠回家后，还作了一幅《萧寺拜陈图》的画，表达了对陈三立的深切怀念。

尽管齐白石后来名满天下，但他仍然对陈衡恪一家感恩戴德，只要是陈家的事，他总是有求必应，从不推辞。陈衡恪的三子陈封雄于1991年在《团结报》上发表题为《齐白石与陈师曾》的文章，陈封雄在该文中回忆说：

……后来齐白石成为中国画坛一代宗师，名传遐迩，求画者络绎不绝，他的润例也就逐渐严格而昂贵。譬如他七十余岁时的润例就写着："山水、人物、工笔草虫、写意虫鸟皆不画。指名图绘，久已拒绝。花卉条幅二尺十元，三尺十五元，四尺二十元……无论何人，润金先收。"

我的祖父陈三立从南京移居北京时，齐白石破例为我祖父画了一幅四尺长的工笔肖像画。他说："我已四十年不画工笔人像了……"

我还记得在齐白石七十多岁时，我的一个叔父从南方写信托我母亲购一幅齐白石老人的画。我陪母亲带了钱到跨车胡同15号齐老先生寓所。老先生听我母亲说明来意后，便满口应允次日取画，至于润金，则坚辞不受，说："师曾夫人所求，我怎么能要钱，关系不同啊！"第二天果然就画好了，画的还是拒绝为别人画的虫鸟。由此可见齐老先生对我父亲的情谊之深。

齐白石在艺术上的成熟，是在经过“衰年变法”产生了艺术蜕变之后而逐渐趋于成熟的。他一生中最精彩动人的作品，是在他生命的最后三十年创作的。

“衰年变法”之后，齐白石用内视、回忆的视角咀嚼童年和家乡的生活，用智慧和爱的光辉去烛照那些焕发着生命意义的东西。他反复刻画的就是记忆中的家乡和童年的一切。牧牛、砍柴、钓鱼、鸟鸣、蛙声、白菜、芋头、小鸡、扫帚、犁锄……都摄入他的意象与笔底，他的创作洋溢着对生活深挚的爱。他的画始终把一个质朴天真的农民的情感和文人画的形式融合在一起，热烈、诙谐、有趣、雅俗共赏。（参见郎绍君《二十世纪传统四大家——论吴昌硕、齐白石、黄宾虹、潘天寿》）

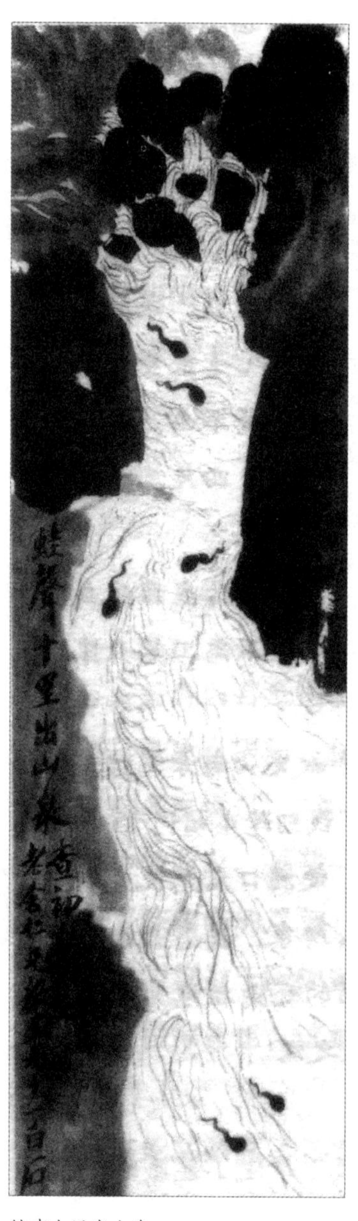

蛙声十里出山泉

齐白石借诗画以表达生活和人生的智慧和哲理，他把劳动者和过去生活作为崇高而亲切的描写对象，而视封建官僚为丑物。

他的名作《搔背图》寓意深刻，让人忍俊不禁：画面上一个绿脸小鬼正在为钟馗搔背，尽管小鬼拼命地为钟馗搔背，大概是没搔着痒处，钟馗依然未感到舒服，气得目若铜铃，髯怒戟张，小鬼吓得心惊胆战神飞魄散。为别人搔痒总是难以搔到痒处，伺候老爷的小鬼不好当。那画面上的题诗更是饶有情趣：“这里也不是，那里也不是，纵有麻姑爪，焉知着何处？各自有皮肤，哪能入我肠肚！”《搔背图》入木三分地刻画和讽刺了官场上拍马溜须之徒可怜、可憎、可恶的嘴脸。在这令人发笑的生动描绘中，我们可以看出齐白石的个性、情感和他对人生的深刻体验。

《蛙声十里出山泉》是齐白石九十一岁时为我国著名作家老舍先生画的一幅水墨画，诗句是由老舍先生指定的。这幅画的画面上没有青蛙，而观众有如闻蛙之感，这是绝妙之至的构思。蛙声如何画？老人没有画蛙，而是画两山峡谷间的泉水汩汩地从远处流来，几只活泼可爱的小蝌蚪在湍急的水流中欢快地游动着，人们见到了有鳃有尾的小蝌蚪离开了水的源头，告别了它们的妈妈，自然会想到蛙和蛙的叫声，似乎那蛙声随着水声由远而近……

螃蟹是齐白石常画的题材。作者对螃蟹的观察，非一朝一夕，而是经过长期的工夫，故能深知螃蟹的习性。

1917年，齐白石曾在一册《螃蟹》上题曰："借山馆后有石井，井外常有蟹爬行于绿苔上，余细观九年，始得知蟹足行有规矩，左右有步伐，古今画此者不能知。"

齐白石画虾闻名中外，他画螃蟹更是超常绝尘。1944年，正是抗日战争胜利的前一年。在这一年里，齐白石接连画出数幅《螃蟹》，惟妙惟肖地画出了螃蟹爬行时横行霸道的神态特征。画上的题词更是画龙点睛，他在一幅蟹画上题道："看你横行到几时？"另一幅蟹画上的题诗是："处处草泥乡，行到何时好！去岁见君多，今岁见君少。"画家用螃蟹暗喻日本帝国主义已经穷途末路，像泥潭里的螃蟹一样。在这里螃蟹成了齐白石表达他深厚爱国主义感情的武器。

《灯蛾图》亦是齐白石表现农村题材的力作。画面上用简练的笔法画了一盏老式的农村手把灯，灯芯是一种草，放在油中即能燃着取亮。农民干了一天活，晚上点着油灯说话聊天，昏暗的灯火会给人们带来一种乐趣。夏秋间，常有飞蛾扑向灯火，有时栽到油里，甚至被灯火烧着，这种情景深深地印在齐白石的脑海里。微红的灯光，处于暗处的灯身，受了伤再也飞不动的蛾子，都惟妙惟肖。画面上用空白表示黑夜，焦墨画出的灯身已经给人以黑暗的感觉，观画者可以想象出那微光闪动的、沉静的乡村之夜的境界，这是中国画虚实相生的妙处，也是齐白石所刻意追求的艺术佳境。（参见龚产兴、郎绍君文）

齐白石的许多人物画耐人寻味，灼灼逼人地透着智慧的灵光。他多次画过不倒翁，并不都是如通常评论所说的出于对官僚的憎恶。

1919年7月15日，他为廉南湖画的《不倒翁》扇面，记叙说："余喜此翁，虽有眼、耳、鼻、身，却胸内皆空。既无争权争利之心，又无意造技能以愚人，故清空之气，上养其身。泥渣下重，其体上轻下重，虽摇动，是不可倒也。"这里说的不倒翁，全是赞美，借不倒翁之形态以喻人格。

1925年他画的另一幅《不倒翁》，则又是另一番寓意，画面上的不倒翁，正面把扇，泼墨画身躯，淡着色。画上的题诗是："秋扇摇摇两面白，官袍楚楚通身黑。笑君不肯打倒来，自信胸中无点墨。"诗后又题跋："往余在南岳庙前，以三钱买得不倒翁与儿嬉，大儿以为巧物，语余远游时携至长安作模样，供诸小儿之需。不知此物，天下无处不有也。"风趣的诗题跋语，透出白石老人对官僚社会和不学无术之官吏的嘲憎。这里表现了作者对生活的了解，以及由深厚阅历所浇灌的智慧。（参见郎绍君《二十世纪的传统四大家——论吴昌硕、齐白石、黄宾虹、潘天寿》）

齐白石以他特有的睿智和勤奋，尽情地挥洒着璀璨的人生，农夫、木匠、文人、画坛大师、世界文化名人的辉煌轨迹，为星汉灿烂的中国文化增添了动人的篇章，然而，齐白石永远也不会忘记，陈衡恪的那双睿智的眼和那颗火热的心……

第五编

陈寅恪家族的其他成员

满门贤杰话义宁

陈寅恪家族世代书香，贤杰满门。时至今日，祖传的一缕墨香，依然亘古而强劲地传承着，这个文化型大家族所创造的辉煌，委实让世人惊叹不已，留给世人无尽的思索。

第一章 伯仲芬芳

陈寅恪共有兄妹八人，他们分别是长兄衡恪、次兄隆恪、大弟方恪、二弟登恪、大妹康晦、二妹新午、三妹安醴。三个妹妹长大成人后，大妹康晦嫁合肥张宗义；二妹新午嫁俞大维；三妹安醴嫁四川薛琛锡。

按陈寅恪家族的大排行，衡恪排行第一，隆恪排行第五，寅恪排行第六，方恪排行第七，登恪排行第八。

陈寅恪家族强劲而绵延不息的一缕墨香，随着时间的推移和历史的演进，随着这个家族在中国历史上政治、经济、文化地位的骤变，愈加散发出浓郁迷人的芬芳。这缕墨香的陶冶浸染，孕育了这个家族贤杰满门的辉煌，铸就了这个家族在中国文化史上巍峨瞩目的丰碑，同时也因了这缕墨香的陶冶浸染，义宁陈氏家族迅捷地跃升为中国历史上为世所重的文化型大家族。

当我们在考证叙述了义宁陈氏的家族溯源、家世家风、家学渊源、家族流变之后，我们不得不为这个家族在人类生命的历史进程中，所表现出来的那种生生不息的顽强进取精神而感叹；当我们以万分惊异的目光，目睹了陈宝箴、陈三立、陈衡恪、陈寅恪祖孙三代四人所取得的辉煌成就和那光彩照人的人生情韵时，不由得顿生一种“高山仰止，景行行止”的激荡情怀。

陈寅恪家族崇尚文墨之风，浓郁而鼎盛。自陈宝箴之后，一家三代，无论男女老幼，诗词翰墨，几乎人人能为。

以陈三立诸子为例，衡恪、寅恪自不用说，隆恪一生作诗千余首，自选并笔录诗集《同照阁诗钞》，由香港里仁书局出版发行。方恪诗文功底更是不凡，他的诗曾得到父亲陈三立的高度评价：“惟七娃子能诗”。方恪诗作遗著有《适履集》，此外还有专论《中国音韵学的变迁》。登恪二十世纪三十年代后一直在武汉大学任教，曾一度代理文学院院长，他兼长诗词、小说，曾用“陈春随”作笔名，出版小说《留西外史》，此外还有其他诗作面世。

在这个文风鼎盛的家族里，即使妇女，如陈寅恪的母亲俞明诗、衡恪的续娶夫人汪春绮、隆恪的夫人喻婉芬皆能诗。俞明诗还知音律，能抚古琴，时号“神雪馆主”。俞明诗兴趣高古雅致，每当夜深人静之际，她常常焚上一炷檀香，坐在灯前轻抚着古琴，美妙的琴声行云流水般地在她纤细的素手间流淌着，她的几个孩子在琴声的抚摸下静静地进入梦乡……

这是一幅何等美妙绝伦的图画。只可惜俞明诗的八个子女，只有寅恪及康晦得其亲授指法，然而只是涉猎而未深造，神雪馆之精湛琴艺，竟成绝响。

在这样一个文化气息如此浓厚的家庭里，在这样一个文化型大家族中涌现出大诗人（三立）、大艺术家（衡恪）、大学问家（寅恪），毫无疑问有着它的必然性。（参见黄君《一个文化型的爱国家族》）

陈寅恪的父亲陈三立不仅在他的诗句中表达了强烈的爱国情怀，在对子女的教育上同样显示了他博大的爱国之心，他将他的五个儿子（除方恪之外）全部送往外国留学，让他们接受新思想、新文化的洗礼和熏陶，掌握强国富邦的本领，学成归来后报效国家。三立诸子果然不负厚望，恪尽家声，各自学有所成。

应该说，陈三立这一爱国举止是顺应了时代潮流并具备了一定的前瞻性的。世界文化发展的大趋势，已从对文艺、学术的崇尚转变为对现代科技的进取，传统的国学和科举制度在世界文化发展的大趋势面前，已越来越显示出其无力和苍白的一面，如果无视或拒绝这一现实，无疑是作茧自缚。陈三立作为一位正处在这一世界文化转型期的旧式文人，能具备这一文化眼光，确实是难能可贵的。

陈寅恪家族因陈宝箴的仕达而崛起，因陈三立的诗名而为世瞩目，因陈衡恪、陈寅恪的盖世成就而登峰造极。

其实，陈寅恪家族的辉煌远不止于此，这个家族世代书香，满门俊彦，他们各自在政治、经济、文学、艺术、学术等领域取得了举世公认的成就。只不过因陈宝箴、陈三立、陈衡恪、陈寅恪璀璨夺目的辉煌所掩，人们对他们尚没有投注过多关注的目光。

陈寅恪的五兄隆恪，字彦和，生于光绪十四年（1888），为陈三立的续配夫人俞明诗所生的第一个儿子。

隆恪六岁时启蒙求学，年少时即聪颖好学，深得祖父陈宝箴所喜爱，陈宝箴罢官居南昌西山“崝庐”时，曾亲笔为次孙隆恪在扇面上书写警句相赠，勉励他：

> 读书当先立志，要求学行统一，胸中有一定趋向，亲亲仁民爱物，皆吾学中所应有的事，隐居求志则积德，行义达道则泽物，小人自私自利，虽父母有所不顾，何况民物……

祖父的谆谆教诲，隆恪谨记在心，并从此确定了他一生安身立命的根本。

1904年冬，年方十六岁的隆恪以官费赴日本留学，到日本后，先入庆应大学理财科，三年级时，又转入东京帝国大学财商系。1912年夏，二十四岁的陈隆恪从日本学成归国。

在日本留学时，陈隆恪与李叔同、鲁迅、欧阳予倩等文化界俊杰来往频繁，关系密切。

归国后，正值国内军阀混战，政局零乱，生性正直的陈隆恪不愿攀缘附会，混迹浊流，曾在家闲赋六年。他曾写下诗句，表露自己此时的心迹：“甘旨惭无措，浮沉谢不能”。

1920年秋，陈隆恪到奉天（今辽宁省）四平路局任科员；1922年，直奉战争爆发后不久，奉天的局势极不稳定，陈隆恪回到北京。

在北京的这段日子，是陈隆恪一生中最值得回味的。其时，他的长兄衡恪是誉满京城的大画家，隆恪虽学经济，但幼承家学，颇具艺术气质，能诗擅文，他常与长兄一起品画、论诗、探胜、访旧。隆恪曾向长兄要画，衡恪总是拿出自己的精品随他挑选。同时还特意为他刻了石章、铜印，又引用姜白石词句，用隶书字体写长联送给他。有时偶尔兴之所至，隆恪也展纸挥毫，作上一幅写意小画送给长兄，常能得到长兄的指点和称赞。兄弟俩陶醉徜徉在艺术的天地里，倒也其乐融融，真有“伯氏吹埙，仲氏吹篪”的乐趣。

1924年，陈隆恪回到家乡江西，在省财政厅任职。因去年夏秋间，家中连遭母丧和兄丧两大不幸，父亲陈三立因悲伤过度病倒在床。为了让父亲安心养病，尽快从悲痛中摆脱出来，陈隆恪与弟妹们商量，决定给父亲换个环境，让父亲离开南京到杭州西湖畔的净慈寺养病。俗话说，国有忠臣，家有长子。长兄衡恪逝世后，在兄弟四个中，隆恪为长。其时，六弟寅恪、八弟登恪均在国外留学，七弟方恪生性不善家政，这样，隆恪便义不容辞地挑起了家庭的重担。

在江西省财政厅任职不久，因父亲病重，陈隆恪便毅然辞职，离开南昌陪伴父亲前往杭州西湖畔的净慈寺养病。

1926年夏，陈隆恪与父亲一道迁上海，次年就任南昌铁路局事，1927年改任汉口电报局事。此后几年，他一直陪伴在父亲左右，很少长期任职。

1929年夏，陈隆恪与父亲陈三立息影庐山，居住在庐山牯岭松树林自购的“松门别墅”内。为了让父亲颐养天年，陈隆恪携妻喻婉芬女士及幼女小从居庐山陪伴父亲。在父亲息影庐山的日子里，陈隆恪一家始终陪伴着父亲，寸步也未离开过。直至1934年，已是八十二岁高龄的父亲结束了六年的山居生活，离开庐山前往北平六弟寅恪处就养，陈隆恪方才应聘就任粤、桂、黔省统税局顾问。

1936年秋，陈隆恪辞去粤、桂、黔省统税局顾问一职。1937年秋，“卢沟桥事变”爆发，日寇全面发动侵华战争，父丧北平，陈隆恪北上奔丧。丧事处理完毕后，陈隆恪南返途经上海时，他当年在日本留学时的同学陈群正卖身投靠日军，充当走狗。陈群在上海见到陈隆恪后异常高兴，极力游说诱劝，想拉他进日伪政权当汉奸，被陈隆恪义正词严地加以拒绝。为了摆脱陈群等人的纠缠，陈隆恪星夜乔装离开上海，回到庐山。

1939年4月，庐山沦陷，陈隆恪只得携妻女离开庐山，先后在江西萍乡、泰和、兴国、宁都等地辗转流徙。在这段时间里，陈隆恪一家的生活陷入了极度贫困之中，常有断炊之虞。然而，尽管如此，陈隆恪宁可忍受清贫，也不改变其坚贞的民族气节和个人操守，决不求不义之财。在这极度困难的日子里，他常对女儿小从说：“我们现在虽过着粗衣粝食的贫困生活，但我们没有做对不起国家民族的任何事，还是于心颇安的。凭我们家的关系网，要昧着良心去钻营，早做了大官，但我不能做这样的人！”

陈隆恪坚贞的民族气节和个人操守，得到了他的妻子喻婉芬女士的理解和支持，在他最贫困的时刻，喻夫人与他同甘共苦，面对厄运和贫困，夫妻

陈隆恪、喻婉芬及女儿陈小从（1928年）

二人安之若素相濡以沫，喻夫人还作《颂贫文》，表达夫妻间安贫乐道的高尚情操。

抗战胜利后，陈隆恪就任南昌邮政储金汇业局副理，其间，曾与诗友们结社唱酬，诗社取名为“宛社”。1947年秋，陈隆恪调南京邮政储金汇业总局任秘书，后该局迁上海。1949年上海解放前夕，邮政储金汇业总局迁往台湾，陈隆恪不与同行，与部分留沪同事参与“保卫金库”工作，直至上海解放，解放军接管为止。

由于陈隆恪在上海解放时“保卫金库”的特殊贡献，得到了新政权的好评，1951年，经上海市统战部推荐，陈隆恪任上海市文物管理委员会顾问，从此长住上海，直至1956年1月因病逝世，陈隆恪逝世时，享年六十八岁。

陈隆恪与喻婉芬女士于1915年结为伉俪，夫妻恩爱，相敬如宾。

喻婉芬是江西萍乡清溪喻兆藩之女。

喻兆藩，字庶三，号艮麓，乃江西萍乡才子，与陈隆恪的父亲陈三立为同科进士。喻兆藩中进士后，曾任翰林院庶吉士，又署浙江布政使。喻兆藩酷喜读书，其书斋名“松荫书屋”，书屋内藏书甚丰。喻兆藩与义宁陈氏家族交往甚密，光绪十八年（1892），喻兆藩丁父忧，服阕后，适逢陈宝箴被清廷擢任为湖南巡抚，陈宝箴赏识喻兆藩的才能，向光绪帝保荐，光绪帝朱批，交军机处存记，喻兆藩于是留湖南创办矿务局，他因成效卓著，旋以知府衔，分发宁波知府，宁、绍、台兵备道，终官至浙江布政使，后丁母忧回籍。辛亥革命后复出，喻兆藩在学术上，平生服膺王夫之，对王夫之遗书钻研极深，至老犹孜孜不倦。

喻婉芬女士温柔贤慧，知书达理，即使在最困难的日子里，她无怨无悔地与丈夫一起度过那段艰难的岁月。受父亲及丈夫的影响，喻婉芬女士温文尔雅，能诗善文，写下许多诗篇。丈夫逝世三个月后，喻婉芬女士因悲伤过度，不幸因乳癌突发而离开人世。享年六十四岁。（参见江西省政协文史委、修水县政协文史委合编资料集《一门四杰》、喻启崇致修水县政协文史委亲笔信）

后世诸多学者的研究成果表明，陈三立诸子俱能诗，但他们写的诗皆与父亲的趋向有所不同，就连与三立最接近的门人弟子，写出来的诗句也与三立不尽相同，而唯有三立的次子隆恪能传父亲衣钵。但并非三立以诗道直接授予他，而是由于环境的熏陶所致。

其时，陈三立作为近代诗坛巨擘，对儿女们学不学诗，能否继承他的衣钵，能否个个都成为诗人，倒是采取了极端超然的态度，他相信艺术这东西，更需要的是才气、灵性和天赋，最是勉强不得的，只能一切顺其自然。

陈隆恪受家学的影响，自幼酷爱诗歌艺术，在日本留学时，陈隆恪虽学经济，但对诗歌艺术的喜爱又使他在紧张的学习之余，尝试着拿起笔来学习写诗。但开始时，他只是偶尔涉猎，未尝致力于诗。

自日本学成归国后，陈隆恪就婚于江西萍乡清溪岳丈家中。岳丈喻兆藩善诗，试导之吟咏，触发了他潜蕴的诗才，于是他灵感勃发，如决堤之水，奔腾澎湃，一泻千里。自此之后，他诗歌创作的热情历四十年而不衰。即使后来因战乱而颠沛流离，缺衣少食，或是僵卧病榻，他依然笔耕不辍。

据传，陈隆恪初婚于岳丈家中时，日与岳丈酬诗唱和，翁婿俩朝夕切磋琢磨，诗艺大进。

陈隆恪刚学写诗的时候，不敢将自己的诗作拿给父亲看，有一天，陈三立从一本刊物上看到了儿子发表的诗作，异常惊诧地说："是隆伢的名字，他也会作诗？写得还不错！"隆恪偶尔不在家时，陈三立有些好奇地走进儿子的书房，待看过他所有的诗稿后，喜不自禁，连称："五娃子的诗，要得！

要得!”受了父亲的夸奖，隆恪作诗的兴致更浓。

陈三立息影庐山时，年事已高，遇着朋辈求诗时，常命侍奉在身边的隆恪代笔，所以三立诗有不见于《散原精舍诗》里的，就是这个原因。

受父亲陈三立的影响，陈隆恪的诗亦强调避俗、避熟。陈隆恪的女儿小从尚在十五岁时，隆恪就开始教之以诗，他着重对女儿讲授诗的意境，至于平仄格律，他说:“多吟诵自然了然。”他认为作诗应有真情实感，诗句应是真情至性的自然流露，切戒虚砌浮夸。

据陈隆恪的女儿小从回忆，她刚开始学诗时，写了“细雨檐声清客梦，虚窗灯影静鹤眠”一联，自以为得意，便兴致勃勃地拿给父亲看，父亲看了之后指出:“鹤”字系虚假语，盖现代人已无养鹤者，应改为“蚕”字，并反复告诫:“做诗要说内心话，写真情实景，不要图表面好看，弄虚作假。”

陈隆恪是这样教育女儿，同时也是这样严格自律的。他的诗，言之有物，真情至性，大处可以观世事，觇风俗，细微之处亦可以纪亲朋之聚散，发一己之哀乐。

陈隆恪生前曾将自己的诗稿手订，但未尝自题集名，他对女儿小从说:“我的诗，不过是写个人一时的感慨及经历，只以自娱，非求世知也。”

陈隆恪逝世后，他女儿小从将父亲遗作一千余首一再选录，约将其中三分之二汇编成册付梓，取名为《同照阁诗钞》。

陈小从在《同照阁诗钞》编后记一文中，将她为何把父亲诗集取名为《同照阁诗钞》的原因说得很清楚:

> 同照阁者，匡山故庐“松门别墅”中一亭阁，此阁三面轩窗，日辉月映，晶莹敞亮，故名之曰“同照”。为先君与家人侍杖起居之所。先君常燕坐吟啸于其间，听松涛，观云海，送夕阳，迎素月，顾盼俯仰，怡然自乐。尘襟涤而遐想生，情景触而歌咏成，此殆同照阁所以答主人之眷爱者欤？先君九泉有知，得悉以“同照阁”名其诗集，谅亦为之欣然也。

《同照阁诗钞》，1980年经复旦大学教授蒋天枢先生向出版界推荐，香港里仁书局出版发行。(参见陈小从《同照阁诗钞》编后记)

陈隆恪的诗，虽渊源于岳丈，但自幼在家庭里所受的熏陶，乃是得之于父亲，所以他的诗崇尚的还是以宋诗为主。隆恪生平，坎坷的时候为多，他旷达高远的情思，忧国忧民的情怀，都寄托在他的诗中，所以晚清以来世道的诡谲变幻，在他的诗中多有反映。

陈隆恪的诗在艺术上与父亲相似，但仍有自己的独特风格。《近代江西诗话》之一的作者胡迎建说："隆恪诗甚秀美俏丽，如'扁舟破睡群峰起，孤月依人才籁虚''天烛楼台悬绝壁，夹堤榆柳让奔车''占秋丛栗大，宿雾乱峰驯'等，造句迥异常人。"

陈寅恪的七弟陈方恪（1891—1966），字彦通，出生于武昌其祖父陈宝箴时任的湖北按察使衙署，为陈三立第四子。寅恪比他仅年长一岁。

陈方恪幼时就读于父亲等人创办的新型学校——南京思益小学。

1907年，陈方恪离开南京思益小学，入上海复旦学院，并随父亲好友马相伯学习法文、拉丁文，1910年毕业。

1914年，二十三岁的陈方恪由梁启超介绍进入上海中华书局，担任杂志部主任。那时因家中经济逐渐拮据，中华书局待遇菲薄，陈方恪遂于1915年改任北京盐务署编辑兼秘书。

生性倜傥的陈方恪不安于固定不变地待在一个地方，他走马灯似的更换着任职的处所与职务，至1918年调任财政部秘书止，陈方恪先后在北洋军阀政府当部员约五年。1920年由徐世昌介绍到江西赣督程光远处谋差，先后任江西省督军秘书、秘书长，后兼任江西省立图书馆主任和景德镇税务局局长。不久蔡承勋继任江西督军，仍留任秘书，后又升任秘书长兼二套口等处统税局局长等职。至1924年蔡氏去职，遂离开江西。直至1931年，由无锡国学专科学校校长唐文治介绍，进入上海正风文学院任教授兼教务长后，已届不惑之年的陈方恪方才结束了那种游移不定的生活，稍事安顿下来，教务长一职直任至1937年抗日战争全面爆发后，该校解散为止。

1937年后，陈方恪来到南京，在龙蟠里国学图书馆任职，后来又一度担任南京金陵刻经处董事会代表。1945年，因怀疑他与重庆电台有联系，被敌伪宪兵司令部逮捕，入狱时正值炎暑，陈方恪备受刑狱之苦，拘禁二十余日后，经友人多方援救始得释放，据说罪名是因为掩护地下党的电台，但详情已成历史悬案，无从得知。这时，他的生活陷入极度困难之中，常常衣食无着，仅靠典卖衣物、字画、古玩等维持生计。

1949年后，陈方恪的生活方才有了转机。1950年起他在南京图书馆任编目主任。他少承家学，博闻强识，掌故娴熟，馆长及同事们都很尊敬他，常向他请教；此外还有不少作家、研究人员、大学中学语文教师、文艺工作者也求教于他。馆内所编古典文学讲座书目，有一半是倾注了他的心血，且极受听众欢迎。他主管古典小说专题资料室工作，求教者甚多。其间，他曾赴皖北太和县参加土改运动。

1957年后，陈方恪任《江海学刊》编辑，并以无党派人士身份，当选为南京市第一届政协委员，南京市文联又推选他为文联理事。

1960年后，陈方恪体弱多病，经常住院治疗，于1966年元月底病逝，终年七十六岁。他的晚年生活较为幸福，曾受到党和政府的多方关照。据说他辞别人世时的病房，设备颇佳。敌伪时期，曾是敌酋冈村宁次的司令部，那里屋宇雅致，满窗雪松，几缕冬阳从树丛中射入病房，温馨而又恬静。他的夫人孔紫萸，先于1948年去世，膝下无子女。（参见柳定生《缅怀陈方恪先生》、章品镇《陈方恪先生的前半生和后半生》）

在陈三立的五个儿子中，衡恪、隆恪、寅恪、登恪均出国留学，其中寅恪自十三岁出国求学，至三十六岁学成归国，先后六次出国留学，时间长达二十余年。

也不知是什么原因，在陈三立诸子中，唯独方恪未出过国门一步，对于这个有着强烈开放意识和超前文化眼光的家族来说，这似乎是不可思议的事情。后世的诸多学者曾就此做过种种考证和推测，但都未能尽如人意，此事也就成了一个难解之谜。

据陈氏兄弟回忆说，方恪读书从来就是屁股坐不热板凳，虽是如此，他却有着超常的记忆力。尚在幼小时光，方恪就在南京思益小学里被逼着和兄长们一道，跟随柳诒徵、王伯沆等读经史。方恪颖悟过人，深得两位老先生的赞赏和喜爱。让两位老先生惊叹和不解的是，陈三立的这位七公子，尽管读书时心猿意马没有常性，然而却是颖悟过人，他记忆的神经，简直就像是西洋人发明的照相机一样，只要是他看过的书，就能印在脑海里，竟是过目不忘。

陈方恪自幼生活的圈子是清末民初的上流社会，生活环境的耳濡目染，加之记忆力异常地惊人，见多识广的陈方恪，自然成了研究清末民初的一部活字典。他稔熟清末民初的历史，有关朝廷的典章制度、沿革掌故、正史野史，许多不见于典籍所载的遗闻轶事，他都能了如指掌如数家珍。

陈方恪生性风流倜傥，是陈三立诸子中唯一洒脱而放荡不羁者。

早年时光，陈方恪的生活荒唐而不事检点，颇有些类似于纨绔子弟走马章台，征歌买笑，一掷千金的遗韵。在北京任职时，因花销太大，生活窘迫，他只得离开京城，南下江西谋职。在这一点上，陈方恪倒是异常地精明，他曾说过："钱，这个东西是无须去要的；要的是座位，坐在某种位置上，钱就会送上门来。"

到了江西后，陈方恪终于如愿以偿谋得肥缺，在肥缺的位置上，他端的是财源滚滚。在江西的那些日子，是陈方恪一生中最值得回味的，他在任上敛财聚富，日子过得异常地滋润而潇洒。

傅抱石是江西籍画家，1949年后曾任中国美术家协会副主席、江苏省国画院院长，并和关山月合作，为人民大会堂绘制大型画幅《江山如此多娇》。傅抱石老人回忆他在南昌一师苦读时，曾见过陈方恪威风八面的生活场景：陈方恪出入有四抬大轿，前后盒子炮又四人……一年后，陈方恪即卸任，携巨款十余万元，身轻如燕，回到上海十里洋场，过上张灯开筵，倚红听曲的生活。方恪饮食起居很考究，曾于寓所养猫一只，每日猫食开支大洋两元，其奢靡非同一般。可惜好景不长，终因坐吃山空，日出无进，光阴荏苒，不觉囊中羞涩起来，日子也过得日见羞愧，于是不得已，陈方恪只得携一风尘女子还居南京散原精舍。（参见王子舟《陈寅恪的读书生涯》）

在南京，陈方恪任职于江苏省立国学图书馆。

江苏省立国学图书馆，是我国第一所公共图书馆，是由清末两江总督端方奏请清政府创办的，最早定名为江南图书馆，设于南京龙蟠里。

端方，号陶斋，光绪年间出任两江总督，他曾经赴欧美一些国家考察，看到国外的一些名都巨埠都设立官办的公共图书馆，深感图书馆能"开益神智、增进文明"，作用是很大的。于是，他考察回国后，就向光绪皇帝奏议，请求在他所治的南京创建一座图书馆。

我国清末有四大藏书家，即陆心源的"皕宋楼"、瞿镛的"铁琴铜剑楼"、杨绍和的"海源阁"、丁丙的"八千卷楼"。

当时帝国主义对我国文化遗产不择手段地加以掠夺，陆心源的“皕宋楼”藏书，就被日本人以十万元强购而去，今存日本静嘉堂文库。

丁丙的“八千卷楼”驰名中外，为清末四大藏书家之首。日本人将“皕宋楼”藏书全部运往日本后，又千方百计要把“八千卷楼”藏书购往日本……

“八千卷楼”原在杭州梅东里，前后共有楼二幢，书橱一百六十架，以甲、乙、丙、丁标其目，共有珍贵图书八千余种，“八千卷楼”因此而得名。

后来，“八千卷楼”的主人丁丙因经商失败，负债甚多，他身故后其后人无钱还债，便准备将“八千卷楼”藏书全部出卖。这时，端方闻讯，立即奏请清政府筹款七万三千余元买下，于1907年11月，将“八千卷楼”藏书全部运往南京，在南京风景区清凉山之侧的龙蟠里惜阴书院旧址兴建了江苏省立国学图书馆。陈方恪少小时在南京“思益小学”读书时的老师、知名学者柳诒徵先生曾担任该馆馆长。

因不堪忍受日寇统治下汉奸卖国贼掠夺珍贵馆藏图书的惨痛现实，陈方恪在该馆任职一年，即愤然辞职。（参见纪维周《从“江南图书馆”到“国学图书馆”》）

后来，因南京久负盛名的金陵刻经处遭敌伪破坏，无人负责，当时金陵刻经处董事蒯若木乃请陈方恪出任董事会代表。

金陵刻经处是当时全国佛教学术交流的中心，陈方恪的父亲陈三立居南京时，曾与沈曾植等在金陵刻经处内创办佛教学堂“祇洹精舍”，陈三立还将他督办“南浔铁路”所得的薪金全部捐给金陵刻经处。基于此，陈方恪爽快地答应出任董事会代表一职。

1945年冬蒯若木逝世，这时董事会董事星散各地，无法集会改选继任人，仍由陈方恪继续维持。陈方恪以蒯若木去世后，刻经处的经费资助没有来源为由，于1946年将刻经处全部房产及地基向银行押借资金一千五百万元还债，然而押款到期时仍然不能归还，利息累达一千余万元。银行照借约追索接收全部房产，在此万分困难的情况下，陈方恪只得到上海筹款，可是又未筹得所需款项，后来只得登报声明辞职。董事会代表只得另觅他人。

事实上，陈方恪在这里犯了一个以情感代替理智的错误，他一辈子不善理财，于银钱进出一向就是随心所欲，由他主持此事，因管理不善而最终在经济责任上招致非议，似乎是必然的了。

在这里，笔者穿插一个历史的插曲，金陵刻经处在中华人民共和国成立后的“文化大革命”中又遭破坏，这处佛教圣迹再一次濒临毁灭边缘。但是金陵刻经处这一佛教文化事业，仍为国内外人士所关注。1973年春，美籍华人、金陵刻经处的创办人杨仁山的孙女杨步伟和丈夫——国际著名学者赵元任先生回国观光，在周恩来总理接见他们时，提出恢复金陵刻经处的请求，周总理甚为重视，当即指示把恢复金陵刻经处的任务交给中国佛教协会赵朴初……（参见李安《金陵刻经处补记》）

陈方恪一生历尽沉浮，饱经忧患，但可贵的是他始终保持着清高孤傲的骨气，他虽然生性倜傥放荡不羁，但仍有其耿介正直的一面，他的为人处世极有个性。

抗日战争胜利后，国民政府由重庆移都南京，俞大维是他的表弟，又是他的妹妹新午的丈夫，其时俞大维已是南京国民政府的要员。对于这位官位显赫的表弟兼妹夫，陈方恪从未向他伸手求助过。他宁可去夫子庙旧书店闲谈被留吃一顿便饭，也不肯向这位当朝权贵的妹夫伸手。据说俞大维有时心血来潮，突然想起这位七表兄不知近况如何，于是一辆小轿车弯弯曲曲地开进他居住的简陋小巷，只见破屋陋室之内，已是熄灶冷锅，而七表兄则偃卧木板单被之上，他的夫人则枯坐床侧默无一语。于是俞大维就坐下来撕张支票留给七表兄。七表兄向来不食“嗟来之食”，但这种送上门来的支票，则是照收不误。

1949年后，陈方恪留在大陆，他受到了共产党政权的礼遇。用陈方恪自己的话说，好运接踵而至，在不长的时间内，他接连经历了“三翻”。

这“第一翻”就是解放军占领南京后没几天，陈毅设宴招待南京各界名流，当时因工作人员的疏忽遗漏了陈方恪，陈毅急令派车去接。其时民间的传说极富传奇色彩，说是陈方恪正困居在门西的一条陋巷里，以大饼油条度日，突然又有小轿车开了进来，邻里围观，奔走相告，竟然是刚进城的共产党来邀请他去赴宴的。陈方恪忙净身、整容，又借了套整洁的衣裳穿上，匆忙登车。

陋巷里的市民们不得不对这位寒酸的老头刮目相看，这位貌不惊人的老头怎的竟有如此的神通和魅力，国民党的高级官员来给他送支票，刚刚进城的共产党高级官员又派车来接他去赴宴，天下的美事怎的都让他一个人碰上了呢？

不久之后，陈方恪当上了南京市第一届政协委员、南京市文联理事。工作落实在南京图书馆，从此离开了那陋巷里的破屋，搬进了山西路四卫头的公房。

这“第二翻”就是1959年，陈方恪三十年代在上海教书时的学生吴天石任省委宣传部副部长兼教育厅长，吴天石上任伊始，就去拜访他当年的老师。吴天石素以关心人著称，对于自己的老师，就更是深知底蕴，在吴天石的关心下，陈方恪旋即调《江海学刊》编辑部，负责看文史稿件，这样就更便于发挥他的学术和艺术潜能，同时也增加了工资。其实更让陈方恪欣慰的是，共产党政权增加了对他的理解和信任。

陈方恪的“第三翻”就非同小可了，据说有一次毛泽东在宴会上说起陈方恪的祖父陈宝箴在湖南锐意推行新政。毛泽东说，他就读的湖南第一师范就是这位维新派巡抚创办的，当问起陈家后人的情况，熟悉情况的人告诉他：老五隆恪在上海文物管理委员会任顾问，老六寅恪在广州中山大学历史系任教授、老八登恪在武汉大学中文系任教授，老七方恪在南京。也不知毛泽东当时说了什么，于是喜从天降，陈方恪立马来了个“第三翻”，这一翻不打紧，他得到了三级教授的待遇，又搬进了牯岭路一楼一底的房子，独门独户，有院子，还有汽车间，只是那楼下的汽车间还派不上用场。这样陈方恪就彻底结束了五十年来随心所欲的生活。（参见柳定生《缅怀陈方恪先生》、章品镇《陈方恪先生的前半生和后半生》）

陈方恪是我国优秀的图书馆学家，他的博闻强识，他的渊博学识，他的平易近人，使他得到了人们的尊重。

自从安排在南京图书馆工作后，陈方恪的名士风度大变，工作极为踏实，较之以往时光简直判若两人。

新政权建立之初，南京街头常见旧书散置摊架，以斤待售，视若敝屣。陈方恪四出奔走，购得数千斤，其中颇多善本。至于从藏书世家成批收进，更是不乏久不见天日的珍品。此时他的心情异常高兴，他说：“不想年逾耳顺，才晓得为人办事，为国家得一好书的乐趣。”

陈方恪虽未出国留学，但因受家学家风的浸染熏陶，他的国学功底深厚，除稔熟图书馆工作，精通目录学外，还擅长写诗，他的父亲陈三立曾评价道："唯七娃子能诗。"他的诗直追先唐，成一代诗家。他心襟坦荡，自言一生经历风雨，而作诗却从不言愁苦之情。他的诗，隽语瑰词，寓意深刻，情韵袅袅。

如他的《梁溪曲》，讥刺清末皇室公子惑于南妓梁溪。他在《梁溪曲》中写道："曲罢真能服善才，十年海上几深杯。不知一曲梁溪水，多少桃花照影来。"首句用白居易《琵琶行》中的句子，末乃自陆游《沈园》"曾是惊鸿照影来"句化出。紧接着他又写道："休言灭国仗须眉，女祸强于十万师。早把东南金粉气，移来北地夺胭脂。"末句化用白居易《长恨歌》中的"六朝粉黛无颜色"之意。言梁溪集专宠于一身，以为女人是祸水，倾覆清室。

陈氏父子多不填词，衡恪偶为之，只有方恪酷爱此道。如他的词作《八声甘州·庐山》一词，就写得章法谨严有度，堪称词中佳品：

对屏风九叠倚晴空，迤逦障江天。恁柴桑日瘦，虎溪人去，烟月年年。缥缈竹林清磬，回首白云边。冥吹松阴合，石濑溅溅。

来抚封碑陈迹，甚紫芝歌断，白鹿寻仙。怅玄机老矣，何处问前缘。待几时、野棠开后，又漫山、春雨响啼鹃。谁还伴、东蒙旧隐，云卧华颠。

陈方恪的诗作遗著有《适履集》。

陈方恪一生历雨经风，但他乐观向上，从不低眉俯首。在他的身上，既有文人的孤高气傲，又不失中国知识分子与生俱来的爱国情怀。他虽然生性倜傥放荡不羁，但又有谨严律己而可爱的一面。正如章品镇先生所说："……中国从戊戌政变前夕至解放以后，陈方恪先生是这七十年间中国上层官僚士大夫核心圈子中的一员，他又是一颗偏离轨迹的流星……"（参见章品镇《陈方恪的前半生和后半生》）

章品镇先生的论述评价委实是恰如其分的。在陈寅恪家族这个为世所重的文化型大家族中，陈方恪的气质禀赋、性格特征、生活经历都与他的兄弟们迥然不同。尽管如此，在这位风流倜傥而又放荡不羁的翩翩公子的身上，依然烁烁地散发着人性和真理的光辉。

陈寅恪的八弟陈登恪，字彦上，光绪二十三年（1897）正月十一日生于其祖父任职的湖南巡抚衙署，为陈寅恪五兄弟中年龄最小的一个。

十七岁时，陈登恪考入上海复旦大学，后转入北京大学，1919年从北京大学文科毕业后，赴法国巴黎留学，攻读法国文学。1925年回国后，任南京东南大学教授，二十世纪三十年代后一直在武汉大学执教，曾一度代理文学院院长。

陈登恪平生为人正直光明，读大学时是“五四”运动的积极分子。在南京任教时，一次因校方对某教员处理不公，便愤然辞职。在武汉大学任教时，一次法文考试，某省长的女儿交白卷，校长为顾全省长面子，几次要登恪给记六十分。登恪坚决拒绝，执意只给记零分。他交游甚广，知名人士徐悲鸿、闻一多、许德珩等，都是他的好友。

1951年，陈登恪被推选为“高等学校劳动模范”。1960年前后，任湖北省人民代表大会代表。

据他的老同学李璜回忆说，陈登恪“谈论时略有口吃之病，然颇多风趣，形容细致，令人解颐”。

陈登恪热心文学创作，是陈氏兄弟中唯一出版过小说的人。他关注生活，做生活的有心人。在法国留学时，他就密切关注身边的人和事，每有闲暇，就到处打听留法同学的趣事、艳闻及种种穷极无聊的行动。在此基础上进行文学化的艺术加工，用“陈春随”作笔名，写成小说《留西外史》，在上海出版，此书曾风靡一时。

陈登恪亦酷爱作诗，他曾作有未刊诗稿一册，可惜在“文化大革命”中散失。现仅存《咏乐山大佛》绝句一首，在亲友间流传，虽然只是一首，但我们对其诗歌创作的艺术成就，不难窥见：

一篙波送到中流，百转回澜敌万牛。
逝者如斯浑见惯，千年屹立大江头。

陈登恪于1974年11月病逝。夫人贺黔云，江西萍乡名士贺国昌之女，1974年逝世，生子一，名星照。（参见汪荣祖《史家陈寅恪传》、李璜《忆陈寅恪登恪昆仲》、江西省政协文史委和修水县政协文史委合编资料集《一门四杰》）

第二章 植物园之父

打开陈寅恪家族珍贵的历史档案，人们异常惊喜地发现，随着人类文明的发展和西学东渐的演进，义宁陈氏这个名倾天下的文化型大家族，正以海纳百川的全新姿态，开始了由社会科学领域向自然科学领域的渗透与搏击。诚然，这个文化型大家族所固有的忧国忧民经时济世的传世家风，是这种转移的原动力；而全新的开放意识和密切关注世界文化发展大趋势的文化眼光，则是这种转移不可或缺的要素。

在陈寅恪家族这种具有新纪元意义的渗透与搏击中，陈封怀的人生进取与所取得的辉煌成就，具有开先河的意义。

在陈寅恪家族中，"恪"字辈以上的若干代，在学业上均属国学，但到了"封"字辈，除陈小从为美术、诗文外，其他则以"新学"为主了。

陈封怀是陈寅恪的长兄陈衡恪的次子，他是我国著名的植物园专家、植物分类学家，并被后世学者尊称为"中国植物园之父"。

中国古代杰出的思想家和教育家，儒家学派最具权威的代表人物孟轲，以睿智的目光审识着人类历史浩瀚的星空，发出由衷的感叹："君子之泽，五世而斩。"这位旷世哲人的论断，其非凡的前瞻性和空前的准确性，在人类历史发展的漫漫长河中得到了应验。纵观人类历史，无论是权倾天下万人景仰的王侯公爵，还是富甲一方极尽荣华的巨贾豪门，概莫能外。尽管他们显赫时是那般地不可一世，然而不出三代，最终无一例外地落得个"无可奈何花落去"的悲凉结局。这方面的例子可以说是多如牛毛不胜枚举。人类历史的发展规律和优胜劣汰的自然法则往往就是这般地公正而残酷。

然而，先哲孟子的这句“放之四海而皆准”的论断，在义宁陈氏这个为世所重的文化型大家族面前，却遇到了一个令人欣喜万分的悖论。陈寅恪家族若从陈寅恪的曾祖父陈伟琳算起，至陈寅恪的侄儿陈封怀止，已是五世，却依然是名人辈出文风鼎盛。

在堪称汗牛充栋的有关陈寅恪家族的著作中，虽有偶尔涉及陈封怀者，但皆语焉不详。为了写作此书，笔者曾赴陈封怀参与创建并长期工作过的庐山植物园，查阅了大量馆藏资料，拜访了诸多的知情人，获取了大量珍贵的第一手资料，对陈封怀的人生经历和科学成就，有了较为完整而全面的了解。现将作者所掌握的材料全部奉献给尊敬的读者。

陈封怀（1900—1993），字时雅，清光绪二十六年四月十八（1900年5月16日）生于南京。陈封怀自幼丧母，他出生一年零一个月后，年仅二十五岁的母亲范孝娥便猝然逝世。母亲逝世后，正当嗷嗷待哺的陈封怀只得由祖父母哺养。

1910年，陈封怀的父亲陈衡恪从日本学成归国后，应张謇之邀，任江苏南通师范学校教员，继母汪春绮亦随同前往。这样，年方十岁的陈封怀便来到父亲和继母的身边，在南通念小学，小学期间，又曾转入上海。在南通和上海念完小学后，陈封怀又以优异的成绩考入金陵中学。1922~1924年，考入教会开办的金陵大学，就读于农科。在金陵大学，他师从我国著名植物学家陈焕镛，受陈焕镛的影响，陈封怀从此和植物学结下了不解之缘。1925年，震惊中外的“五卅惨案”发生后，神州大地反对帝国主义的革命浪潮一浪高过一浪，陈封怀为爱国热情所驱使，愤然离开外国教会开办的金陵大学，转入国人创办的东南大学农学院。这两所学校的学分不衔接，他宁可牺牲一些学分，延缓一年毕业也在所不惜。

由于自幼受到家学的熏陶，加之祖父和父亲的直接影响，在大学里又直接受到著名植物学家陈焕镛先生在植物学上的引导，陈封怀不仅具有较高的文化素养，而且对植物学产生了浓厚的兴趣。（参见汪国权／胡启明《植物学家 陈封怀》）

1927年，陈封怀于东南大学农学院毕业。

1927年至1929年，陈封怀先后在上海吴淞中国公学、辽宁沈阳文华中学任教。

陈封怀塑像

1929年至1930年，陈封怀在清华大学任助教。

陈封怀进入清华大学任助教时，他的六叔陈寅恪正执教清华，与梁启超、王国维、赵元任一道，为清华大学国学研究院四大导师。陈封怀的未婚妻张梦庄亦就读于此。张梦庄是湖南长沙人，是陈封怀的继母黄国巽的姨侄女。《吴宓日记》1928年1月8日记有陈封怀刚来清华时的情形：

> 是夕6~7时复为张梦庄女士代作历史考试答案（英文），复于晚8时送往麻豆腐作坊陈宅，交付其人。又晤陈师曾夫人及陈封怀君。

翌日又记：

> 晨7时，至麻豆腐作坊陈宅，偕胡牧、陈封怀同乘电车、人力车归校。宓导陈封怀至南院见寅恪。

陈封怀于1931年1月加入刚成立不久的北平静生生物调查所任研究员（注：此职称相当于现在的助理研究员，技师才是今日之研究员）。此所自始至终皆由胡先骕主持，后发展为民国时期中国最大也是最为知名的生物学研究机构。陈封怀从此便在胡先骕的指导和关爱下，专心从事植物资源的调查和菊科植物的分类研究。先后在河北、吉林等地采集标本，在此期间，发表有关镜泊湖植物生态和河北菊科植物的论文，积累了丰富的实践经验。

1934年，北平静生生物调查所与江西省农业院在庐山兴建我国第一座正规植物园。胡先骕为把此园建成具有国际一流科学水准的植物园，得到中华教育文化基金会的资助，特派陈封怀前往英国爱丁堡大学留学，专习植物园及高山花卉报春花分类。留学期间，陈封怀还赴英国的邱园以及德国、法国、奥地利等各大标本馆做短期研究工作。英国爱丁堡大学属皇家爱丁堡植物园，陈封怀有幸在这里得到了当时世界最著名的植物学家史密斯先生的指导。

在他留学期间，他的夫人张梦庄也得到胡先骕的照料，调入北平静生生物调查所任图书管理员。

1936年，陈封怀学成归国，即偕夫人赴庐山植物园，任庐山植物园副主任兼技师。此后该园之园林布置即出自他的精心构思。

1938年，因日寇侵占庐山，庐山植物园被迫撤往云南丽江，陈封怀也随之前往。

1940年，国立中正大学创立于江西泰和，胡先骕出任该校首任校长，聘请陈封怀为中正大学园艺系教授。

抗日战争胜利后，陈封怀又被胡先骕委任回庐山，恢复庐山植物园。任庐山植物园主任，同时兼任中正大学教授。

新政权建立后，陈封怀一度任江西省农业科学研究所副所长。从此，陈封怀便为中国植物园的建设挥洒着自己的聪明才智和辛勤劳动的汗水。

1950年至1953年，陈封怀在庐山植物园任主任兼技师。

1954年，中国科学院拟创建南京中山植物园，鉴于陈封怀在庐山所取得的成就，即请其前往主持规划设计。不久便调任南京中山植物园主任兼技师。

1957年，中国科学院又建武汉植物园，亦请陈封怀前往规划。1958年，调任武汉植物园主任兼技师。

庐山植物园

1962年，中国科学院在广州创建华南植物园，亦邀陈封怀主持。陈封怀于1963年初调广州，任中国科学院华南植物研究所副所长兼华南植物园主任，自此之后，陈封怀便定居广州。

“文化大革命”中，陈封怀因“资产阶级反动学术权威”之罪名，遭批斗并监督劳动。

1976年，陈封怀任华南植物研究所革命委员会副主任，党的核心领导小组成员。

1979年至1983年，陈封怀任华南植物研究所党委委员、中国科学院华南植物研究所所长、华南植物园主任，同时兼任华南植物研究所学术委员会主任和学位评定委员会主席。

1984年2月，中科院党组转发中央组织部（任字〔1984〕034号）通知，陈封怀任中国科学院华南植物研究所名誉所长，以八十四岁高龄退居二线。除任名誉所长外，还兼任职称评定委员会委员。

1993年4月13日19时20分，陈封怀病逝于广州，享年九十四岁。（参见胡宗刚《义宁陈封怀》、江西省修水县政协文史委编资料集《义宁陈氏

五杰》）

清华大学素有“未来中国的发动机”之称，在世人的眼里，陈封怀能在这座神圣的高等学府里任教，是让人羡慕的。但是，在当时我国现代植物园事业几乎是一张白纸的情况下，陈封怀毅然告别了清华大学的讲坛，来到创办不久的北平静生生物调查所，任研究员。

应该说，陈封怀是幸运的，引导他走上植物学领域的，是早已享誉中外的我国第一代植物学家陈焕镛先生。

在陈焕镛先生的直接影响下，陈封怀将自己毕生的精力献给了祖国的植物园事业。他将自己对祖国满腔的爱，融注于他所醉心的植物学研究。为此，他成功地经受了人生诸多严峻的考验。

大学毕业后，与陈封怀一起青梅竹马长大的女友，要求他同赴浪漫的巴黎研习绘画。陈封怀的父亲陈衡恪是誉满天下的著名画家，自幼耳濡目染，陈封怀也画得一手好画，女友的这个建议，不用说是具有难以抗拒的吸引力的。但是，陈封怀想着自己以身相许的事业，想着当时还很贫穷落后的祖国急需植物学方面的人才，想着正在等待着自己去探索的那方全新的领域，最终还是忍痛拒绝了女友的要求。

陈封怀墓

庐山植物园成立之初，胡先骕就以世界著名植物园为榜样，他要把庐山植物园办成世界一流的植物园。为达到这一目的，胡先骕决定派陈封怀去英国留学。

1934年，陈封怀赴英国爱丁堡大学留学，专习植物园及高山花卉报春花分类，陈封怀的严谨、勤奋和颖悟，深受当时世界上最著名的植物学家史密斯先生的喜爱。毕业时，史密斯先生有意挽留这位才华横溢的中国学子，劝他不要回国，就留在英国从事植物学研究，理由是：“植物是没有国籍的，植物学也没有国界，在哪儿研究不一样？”

在这个人生与事业的十字路口，陈封怀没有片刻的彷徨和犹豫，他想到了引导自己走进植物学领域的老师陈焕镛先生。十多年前，陈焕镛以毕业论文特别优秀奖的出色成绩结束了在美国某大学的学习，对于这颗光芒闪烁的新星，学校极力挽留，希望他留校任教，他的导师苦口婆心地劝导他：“年轻人，中国还没有让你发挥天赋的起码条件，那里既没有植物园，也没有标本室，更没有植物志，甚至连植物学这门学科还没有建立起来呢！”陈焕镛回答说：“不错，情况正是如此。惟其没有，我才更需要回去。种子不是总会发芽的嘛，将来一切都会有的：植物学、植物园、标本室、植物志……都要在我们这一代人手里创立起来！”

老师的爱国行动，深深地感染着陈封怀，他婉言谢绝了史密斯先生的挽留，然后动情地对史密斯先生说：“植物学没有国界，而我是有国籍的。报春花发源于中国，我的根也在中国！”（参见李春晓《树和它的年轮——记我国著名植物学专家陈封怀》）

回国创业的历程，艰苦而卓越。然而，对于有志者来说，一张白纸，好画最新最美的图画，好写最新最美的文字。

1936年5月22日，庐山植物园第三次委员会在南昌洪都招待所召开，会议通过了聘请陈封怀任庐山植物园园艺技师，以加强植物园的园林建设的议案。

1936年7月，陈封怀从英国学成归国，即与夫人张梦庄一道来到庐山，开始了他人生的第一次创业。

其时，他的夫人张梦庄已患肺病，陈封怀无论到哪个城市的大学任教，生活条件和就医条件都会好得多，而庐山当年连车都不通，别看在盛夏酷暑时游人如织，一到秋风扫落叶后，则冷冷清清，生活和就医条件远不如城市。

为了自己以身相许的事业，陈封怀顾不了这么多，他带着从爱丁堡带回的六百多号栽培植物标本，一头扎进庐山植物园。（参见胡宗刚《义宁陈封怀》、江西省修水县政协文史委编资料集《义宁陈氏五杰》）

骤然回到了阔别两年的庐山植物园，陈封怀觉得一切都是那样地新鲜而亲切，他担任了技师兼副主任。从此之后，他全力投注于庐山植物园的建设之中，正如胡先骕在1937年所说，陈封怀君担任园艺技师，园艺进展实多

庐山植物园

策划。

义宁陈氏家族与庐山，似乎结下了不解之缘。

这座地处赣北的名山距义宁陈氏的故乡——江西省修水县仅二百公里之遥。从心理上，他们对庐山有着一种天然的亲近感。

1929年至1934年，陈封怀的祖父陈三立老人曾息影庐山，在牯岭松树林“松门别墅”度过了六个年头的难忘岁月。

1934年，庐山植物园成立时，当时已是八十二岁高龄的陈三立对这一自然科学领域的可喜起步感奋不已，他在离开庐山之前，曾兴致勃勃地应邀参加了庐山植物园的成立盛典。

在庐山，陈封怀追随著名植物学家胡先骕、秦仁昌披荆斩棘开辟庐山植物园。

庐山植物园，地处庐山东南部含鄱口不远处的峰峦峭壑间和含鄱口北麓，距牯岭约四公里，包括三逸乡、七里冲两个地段。这里海拔一千二百米左右，地形舒缓平坦，终年云缠雾裹，溪水潺潺，土地肥沃，植被丰富。此地约一千二百余亩（现植物园面积四千四百一十九亩），是植物生长的理想场所，为世界上最为理想的亚热带山地植物园。（参见陈小从《图说义宁陈氏》、江西省修水县政协文史委编资料集《义宁陈氏五杰》）

植物园创建伊始，一切都得从零开始，陈封怀与胡先骕、秦仁昌一道，投注了自己整个儿的身心和全部的精力。他们带领园丁在荒山野岭间开辟出一片片沃土，短短几年，四千多亩荒山被他们奇迹般地辟为园址。紧接着，他们又引种植物达三千一百余种，并建有一百六十亩苗圃，三座温室，四十座温床及各类植物标本区，压制标本二万余号，加上秦仁昌调庐山任主任时，将静生生物调查所的蕨类标本带到庐山，以及与各国交换标本等，大大丰富了植物园蕨类标本的收藏，使庐山植物园的标本室一举成为东亚地区蕨类植物标本收藏最完备者之一。（参见江西省修水县政协文史委编资料集《义宁陈氏五杰》）

在此基础上，他们又引种苗木数十万株。这些引进的苗木有高山树种松、柏、杉，此外还有草原花卉杜鹃、报春、百合，那平坦舒缓的青草地上，一处处造型别致的种子室、标本室、温室点缀其间，开拓者们在这方沉睡千年的荒山野岭间，描绘着他们心中理想的蓝图。

当你信步走进庐山植物园时，但见这里寒林蓊郁，飞丹流翠。终年瑞气祥集，雾裹云缠，环目四顾，到处是巉岩、峭壁、清泉、飞瀑，果然好个去处。各种奇花异卉含苞欲放争妍斗艳，如妙手织就的锦绣，似剪来九天的霓霞，阵阵清凉的山风挟裹着缕缕花草馥郁的馨香，从远处的山谷间徐徐袭来，让人顿生超尘脱俗之感……

在创业者们辛勤的努力下，几年工夫，我国第一座以亚高山植物为主要特点的园林，奇迹般地矗立在峰峦耸峙的匡庐之巅。庐山植物园的创立，从此宣告了偌大的中国无植物园历史的终结。

庐山植物园的一山一水、一草一木，无不魂牵梦萦地牵扯着陈封怀的情怀。

陈封怀深知植物园在自然科学领域的价值，植物园是收集、保存、研究和利用植物的基地，也是具有园林外貌和科学内涵的科普教育基地。

回顾我国植物园发展的历史，陈封怀不由得百感交集。

尽管早在西汉时代，中国便出现了原始形态的植物园——上林苑；随后，各朝各代都有一些植物园的雏形出现，但严格说来，我国具有符合科学定义的植物园，还是近代科学发展影响下西学东渐的结果。十九世纪末至二十世纪初，我国先后出现过台湾恒春植物园、熊岳树林园、笕桥植物园、中山陵园纪念植物园等。但是，这些植物园有的是外国人为掠夺中国丰富的植物资源而建造的，有的是仅为教学实验以及点缀大型陵墓而建立的，却没有一座中国人自己创办的、较大而又正规的供植物研究的植物园。因此，我国植物学研究的先驱陈焕镛、胡先骕、秦仁昌等下决心要在中国创办一座像样的植物园。

创业的艰辛只有创业者自己才知道。

1931年1月，陈封怀参加北平静生生物调查所不久，就受命寻觅可供建造植物园的园址。

他曾骑着毛驴，行进在香山道上，也曾披星戴月，远走妙峰山。但因各方面条件的限制，不得不怅然而归。1933年冬，北平静生生物调查所与江西农业院合作创建庐山森林植物园的协约刚一签订，陈封怀就来到了庐山并在山上山下忙碌开了。1934年8月20日，陈封怀参加完庐山森林植物园成立大会后，便赴英国留学。1936年学成归国后，他马不停蹄地回到庐山。在陈封怀和同事们的共同努力下，短短几年，庐山植物园已是初具规模。他们探索并确定了该园以引种松、柏类植物为主要方向。

然而，陈封怀来不及揩去身上的汗水，来不及对创业成功的喜悦有片刻的陶醉，抗日战争全面爆发了。

1938年，日本侵略者攻陷长江要塞马当后，又攻克九江进逼庐山。庐山植物园被迫迁往云南丽江，在庐山植物园其他领导人及科研人员先后按计划撤离庐山之后，陈封怀仍然坚守岗位，他像战士守卫着疆土一般，守卫着全园两万多号标本，直到庐山能听到炮声时，陈封怀才在工人们的劝说和帮助下，将植物园一百六十多箱图书、仪器和两万余号标本存入牯岭美国人办的小学内，然后含着眼泪从山南小径摸下山。

离开庐山后，陈封怀辗转千里到了云南丽江，参加植物园丽江工作站的工作，后来中正大学创立于江西泰和，出任该校校长的胡先骕聘请陈封怀回江西泰和，任中正大学园艺系教授。1944年，陈封怀又去云南，仍在植物园丽江工作站工作。云南丽江的报春花种类甚多，陈封怀继续他自英国即开始的报春花研究。

抗日战争刚一结束，陈封怀"漫卷诗书喜欲狂"，立即返回他魂牵梦萦的庐山。受命于危难之际，陈封怀被任命为第二任园主任，筹划植物园的恢复工作。

在极端困难的情况下，陈封怀勇敢地挑起了恢复建园的重担。然而，经日寇洗劫之后，庐山植物园已是面目全非，房舍、林木、苗圃荡然无存，几千亩土地像荒芜的空谷。他轻轻地抚摸着一株株劫后余生的苗木，像母亲抚摸着自己受了委屈的孩子，心头掠过一阵阵难以名状的隐痛……

然而，陈封怀没有气馁，面对着破败与荒凉，面对着满园荆棘与断垣残壁，面对着这座虽是损失殆尽却凝聚了自己全部的理想、热血、汗水和才思的植物园，陈封怀百感交集，他暗暗发誓：一切从头开始！

他在附近找了间小屋，算是把家人安顿了下来。日寇占领期间，植物园的工人们为了糊口，都已四散谋生，整个植物园空荡荡的已是人去园空。此外，植物园的恢复工作需要的大笔经费还没有着落。

为了把工人们聚拢，陈封怀叩开了一扇又一扇工人的家门，不厌其烦地向工人们讲述自己的打算，在他真诚的感召下，工人们陆续回来了。没有经费，陈封怀掏出了自己多年的积蓄，然而这只不过是杯水车薪，根本无济于事，在此极端困难的情况下，他日夜眷恋的大山和林海给了他战胜困难的才思和勇气。陈封怀率领工人们在仅存四壁的房子上盖上茅草，住了下来。在经费来源完全断绝的情况下，这位把事业视为生命的科学家，带领工人们采种子、挖树苗，向外出售各种种子和苗木，并借款七千元印刷出售种苗的目录，寄到国外各植物园，用向外国出售种苗等生产自救的办法，筹集资金，恢复和发展植物园。

1946年11月3日，陈封怀接到南昌中正大学任教聘书，兼任中正大学教授，他定期步行上、下庐山到中正大学授课，以授课所得，贴补职工生活，弥补植物园的支出。在如此艰难的情况下，陈封怀与工人们一道，硬是咬牙渡过了难关，饱经沧桑的庐山植物园终于逐渐复苏。

陈封怀视植物园为生命，对植物园的一草一木，他都有着很深的情感，他容不得任何人对其有丝毫的亵渎。

1948年秋天的一个上午，陈封怀正带领着工人们在植物园内培土，正是金风送爽丹桂飘香时节，不远处那一片片被秋风染红了的红枫，就像那熊熊燃烧的火苗，红得那般地热烈而奔放……望着这迷人的景致，想着几年来含辛茹苦所付出的心血和汗水，陈封怀的脸上露出了难得的微笑。

突然几个彪形大汉闯进了植物园，口口声声要找园主任。

“我便是。”陈封怀见来者不善，忙挡了上去。

为首的大汉开腔了：

“夫人（指宋美龄）派我们来挖几株红枫，运回去装点‘美庐’（蒋介石、宋美龄在庐山的别墅）!”

说完之后，他们便旁若无人地选了一株枝繁叶茂的红枫挖了起来。

“动不得!”

陈封怀挺身上前委婉地劝阻着：

“这是全国科学界委托我管理的林木，是活的标本室，不是庭院的点缀品!”

那几个人只得讪讪而返。

蒋夫人觉得丢了面子，便找到当时的江西省主席王陵基，有些不快地挖苦他：

“我连全国都管得了，偏偏就你这个庐山管不了啦!”

王陵基又气又急，连忙布置庐山管理局局长出面干涉，要把红枫挖了送到“美庐”。可是，陈封怀宁折不弯，坚决拒绝。江西省农业院院长也用威胁的手段，企图压服陈封怀，陈封怀无论如何，就是不准挖树。王陵基只好亲自出马，请陈封怀到他家中吃饭，好言相劝：“陈先生，区区几棵红枫你就割爱了吧，何必令蒋夫人扫兴呢?”尽管王陵基费尽口舌，陈封怀还是那句话：“红枫不是我个人的，是全国科学界委托我管理的，是国家的财产，我没这个权力!”

蒋夫人无可奈何，此事只好作罢。（参见黎伟杰《舍命保红枫——记我国植物学先驱陈封怀》）

我在写作此书时，在“拒挖红枫”这则材料的取舍上曾颇费踌躇，以中国的国情和陈封怀一向宽以待人的厚道性格，犯不着也不太可能为了区区几株红枫而得罪这位总统大人。要知道，在中国这样做是要付出代价的！然而，对于这个已成昨日烟云的历史故事，尽管多家史料言之凿凿，对此事的真伪却仍然有人心存疑虑，理由是以宋美龄之涵养及为人，不可能为了区区几株红枫而煞费苦心。

2013年6月17日下午，借参加“2013年陈寅恪研究学术研讨会”之机，在庐山植物园我又一次见到了那些虽历尽沧桑却依然枝繁叶茂婆娑多姿的红枫，触景生情，我情不自禁地就此事向与会的陈贻竹教授请教，陈贻竹是陈封怀的儿子，这位子承父业的植物学家治学谨严处事低调，他听后十分肯定地说："拒挖红枫确有其事，至于是否是蒋夫人指使不得而知，很有可能是手下人所为……"我认同陈贻竹的推测，在场的张求会教授也有同感，在现实生活中，趋炎附势溜须拍马拉大旗作虎皮者大有人在。即便如此，陈封怀视科学为生命的精神仍十分可贵，他容不得任何人对已成为自己生命一部分的庐山植物园中的一草一木有任何的亵渎。庐山是当时中国的"夏都"，是上海"十里洋场"的后花园。庐山特殊的地理位置，凉爽宜人的气候，吸引了普天下的达官显贵巨贾富豪纷纷聚居庐山，在庐山的群峰峭壑间，如雨后的蘑菇般散落着各种建筑风格的别墅群，这些别墅造型新颖别致，集中外建筑艺术之大成。据不完全统计，当时的庐山共有别墅一千余栋，"美庐"仅是其中之一，这些别墅的主人个个位尊人显，谁也得罪不起。若是开了这个头，劫后余生的庐山植物园将再次面临厄运。陈封怀这样做也是迫不得已，若是换了别人，也许不会如此，然而，却偏偏遇上了陈封怀，"义宁陈氏"傲岸的血性气是一脉相承的。

1950年，中国科学院初创，李四光函告陈封怀赴京开会，10月初，中科院决定，庐山植物园划归中科院植物所领导，陈封怀继续任园主任。

新政权建立之初，庐山植物园职工的生活还存在着暂时的困难，吃的大米要从星子县步行经含鄱口挑上山，吃的菜往往是马铃薯和自己腌制的酸萝卜，就连雨天必需的雨鞋也没有，但陈封怀没有逃避艰苦，也没有设法调往大城市，而是与职工一道，毫无怨言，日复一日地用自己诚实的劳动，建设着我国这座唯一的亚高山植物园，并在园内建造了中国第一座岩石园。（参见李春晓《树和它的年轮——记我国著名植物学专家陈封怀》、汪国权／胡启明《植物园专家陈封怀》）

从1936年至1954年，在长达近二十年的时间里，陈封怀先后工作和主持了庐山植物园的工作，他对这座当时中国唯一的植物园倾注了自己全部的心血和汗水。

在陈封怀的重新精心规划、建造下，经过了六十多年的发展，庐山植物园现已建成展览、生产、试验区共十个，温室两千平方米，保护与繁衍了三千四百多种珍贵植物，收藏植物蜡叶标本十六万号，收藏专业图书期刊六万多册，一举成为为世人所瞩目的我国著名的亚高山植物园。

庐山植物园的自然风景式造园风格是在陈封怀领导下，先后聘请许多植物学家和造园专家亲自来园指导、规划设计和参与建园所形成的。该园的建园风格与我国传统园林格局迥异，它是以植物配置为主，形成植物生态景观或展示植物亲缘关系，其艺术风格属自然式风景园林。

庐山植物园中心区的规划布局和建筑设计，采用了与四周环境相结合的自然式布局，使人感到风景怡人，布局自然，与环境协调一致，达到了较高水准。所建展区有松柏园、树木园、岩石园、温室区、经济作物区、果园、药用植物区、草花区、茶园和苗圃，其中最富艺术特色又富科学内涵的展览区是温室区和岩石园。

在自然生态日益遭到破坏，环境保护已成为世纪话题的今天，植物园理所当然地担负起生物多样性保护的重任。

1996年5月，庐山申请加入联合国“世界自然和文化遗产名录”，庐山植物园以其美丽的园林外貌、丰富的植物种类、完美的生态景观被列为联合国专家来庐山考察的重要内容。考察之后，国际自然资源保护联盟（IUCN）专家桑塞尔博士写下赞美的留言：“这里的物种完备，实令人印象深刻，是联盟中的植物园工作较好的一个。”庐山植物园是一块净土，为暂感困惑的人们留下了少许“诗意的栖居”。（参见胡宗刚《从庐山森林植物园到庐山植物园》）

由于陈封怀留学英国时学的是植物及造园，所以他不仅具有丰富的植物学知识，加之其父、其祖对他的影响，他国学根基很深，而且擅长绘画，所以他主持建造的植物园，做到了中外结合，古今结合，科学与艺术结合，使之既有丰富的科学内容，又有美丽的园林外貌，还有发展生产的意义，在国内外享有盛誉。

陈封怀在奔赴各地创设植物园时，他都沿用源于英国的自然式造园方法来布局园林，奠定了中国植物园事业的发展。在植物园建园理论方面，陈封怀提出了“科学内容与美观的园林外貌相结合”的原则。在科研方面，他提出了“从种子到种子”的全面、系统地进行植物引种驯化研究的指导思想。

陈封怀是中国植物园的创始人之一，他在庐山植物园的成功经验和新颖而科学的造园理论建构，引起中国植物学界的关注与认同，陈封怀因此成为中国植物学界的一颗璀璨夺目的新星。

中华人民共和国成立之后，中国的植物园建设方兴未艾。中国在二十世纪五十至七十年代建立的许多植物园，都请陈封怀作过多方面的指导，许多植物园在建设之初，或请他去指导，或送规划请他审查，许多植物园都有他辛勤的汗水、精妙的构思和耗费的心血……

1953年，杭州市选定邻近西湖的玉泉桃源岭一带建立杭州植物园，不久之后，陈封怀应杭州市建设局的邀请，专程去杭州设计规划。

1952年，苏联尼基斯基植物园园长来中国考察，认为“南京是亚热带植物分布的最北边缘，是驯化各种植物自南而北或自北而南的理想地点”，建议在南京建立一座植物园。中国科学院采纳了前苏联专家的建议，请陈封怀去南京担任南京中山植物园的规划设计。于是，陈封怀怀着满腔的热情来到南京，他决心在扬子江畔重绘一幅绚丽的图画。在认真地实地考察之后，他铺开规划书，将一腔豪情和对未来园林的远景构思，用诗句挥洒倾泻在规划书上：

桃红柳绿江南春，夏日荷塘听蝉鸣。
秋高气爽看红叶，冬来飞雪松柏青。

短短四句，虽非千古佳构，却是十分优美的园林布局图。出身于名倾天下的文化型大家族的陈封怀，有着很深的国学功底，他温文尔雅，满腹文章，诗画俱佳。在这里，他异常巧妙地将南京中山植物园的美好蓝图融进他脍炙人口的诗句之中。

陈封怀无愧于中国当代杰出的植物园专家，他构想中的植物园，既有诗人的豪情与浪漫，更有科学家的严谨与慎思。在这首诗中，蓝图中的南京中山植物园自然风景式造园风格一目了然，树种的选择、位置的安排乃至山水的衬托，陈封怀都一一考虑到了，他把浓浓的诗情画意融进南京中山植物园的建设中。

南京中山植物园在陈封怀的精心组织和领导下，建园工作进展顺利。1954年，陈封怀离开庐山，调任南京中山植物园主任兼技师，在南京，他一直工作到1958年。

庐山植物园、杭州植物园、南京中山植物园的出色成就，在中国植物学界引起轰动，陈封怀越来越受到世人的关注。

1958年，中国科学院决定在武汉建立一座植物园，陈封怀又奉命率领南京中山植物园的部分骨干奔赴武汉东湖，领导武汉植物园的建园工作。

说起父亲的这段经历，陈封怀的儿子陈贻竹回忆说："我出生在昆明，抗战结束后在庐山念小学，1953年毕业。1954年父亲调南京，我又到南京念初中，接着上高中。1958年父亲调武汉，我又到武汉念高中，跟着父亲到处跑。"（参见江西省修水县政协文史委编资料集《义宁陈氏五杰》）

这时，陈封怀已年近六旬，但为了搜集更多的活标本，他不顾年事已高，决定再上高山。在他的心中，那终年云缠雾裹的大山，似潜蕴着无限的玄机，如包孕了美妙的奇思，是这般地让他神往、让他痴迷。陈封怀在从事植物学研究的生涯中，曾征服过许多高山，黑龙江的兴安岭上、吉林的长白山间、云南的玉龙山麓……许许多多祖国的名山大川，都留下过他求索的足迹。

陈封怀奉命来到武汉创建植物园不久，为了摸清湖北的植物资源分布，采集更多的植物标本，决定再上高山。

陈封怀带着由一个班的解放军战士护送的考察队，来到湖北境内海拔三千多米人迹罕至的神农架大山，一行十余人，睡的是简陋的帐篷。

躺在大山温馨的怀抱里，面对着空灵的远山，他精骛八极，心游万仞，他在自由自在地放逐着自己的心灵。他想着自己酷爱的植物学，想着数十年来的甜酸苦辣，想着这些年来为了创建植物园而居匡庐、下杭州、过秦淮、涉荆楚，在他和他的同事们的共同努力下，一座座植物园奇迹般地崛起在匡庐之巅、西子湖畔、钟山脚下、黄鹤楼边……他的脸上露出了欣慰的微笑。尽管历尽千辛万苦，但他对自己当初的选择，却没有半点后悔，他醉心于自己的事业，绿色是生命的象征，植物学在人类社会中占有举足轻重的地位。一个人当他所从事的事业能与整个人类社会密切相关的时候，那种幸福的感觉是难以言传的。

就在这次考察中，有人告诉陈封怀：百里之外，有个神秘的采药人，此人性情古怪，孤言寡语，却是嗜酒如命，人称"酒疯子"。谁也不知道他的姓名，只知道他是两代采药人的后代，他终年与大山为伴，攀岩走壁如履平地……

此人必是神农架的知情人！

陈封怀听说之后，求贤若渴，找到那个神秘的采药人之后，陈封怀与他席地而坐，大碗喝酒，大块吃肉，酒过三巡，菜过五味，两人烂醉如泥。

这个会喝酒能吃肉的“读书人”，立马得到了神秘采药人的好感，他打开了话匣，滔滔不绝地告诉陈封怀，神农架遍地是宝，哪些地段可采哪些药，哪类草药能治哪些病，他甚至把他世世代代秘不示人的祖传秘方都告诉了陈封怀。两个出身、阅历、气质完全不同的人，只因对大自然有着共同的爱，便一见如故。陈封怀又动员采药人下山，聘请他为武汉植物园经营药圃。

武汉植物园很快初具规模，然而，陈封怀又要远行。

1962年，陈封怀接到老师陈焕镛寄自广州的信，陈焕镛请他到穗共同创建华南植物园。接到老师的信后，陈封怀立马应召而至。这时候，陈封怀虽已鬓发染霜，但在引导自己走上植物学研究道路的我国第一代植物学家陈焕镛面前，他觉得自己永远是个学生。

1963年春，经陈焕镛推荐，中科院决定，陈封怀任华南植物研究所副所长兼华南植物园主任，据说是陶铸同志希望陈封怀到华南工作，曾为此事着了力。

建园的工作又开始了，陈封怀与植物学家何椿年共同成为陈焕镛开创新业的左右手。

华南植物园，坐落在广州市东北郊的火炉山与飞蛾岭之间的龙眼洞边缘，被广州人称为“晶莹的绿宝石”。此园1986年曾被广州市民评为“羊城八景”之一，现占地四千五百余亩。

华南植物园的造园布局风格，程度不同地沿袭了陈封怀以往在庐山等地的造园艺术特点，继续秉承“科学内涵与美观的园林外貌相结合”的原则。

时至今日，华南植物园的布局，基本上还是陈封怀四十多年前的风格。

走进华南植物园，展现在人们眼前的是一派风光旖旎的亚热带风光：树身浑圆笔挺的大王椰子、风姿绰约激情奔放的巨叶棕榈、浮在水面的张开的叶片上能盛得下一个小孩的罕见的王莲、几十种竹子、上百种兰花。还有陈焕镛与著名植物学家匡可任一道发现的、震惊世界的“活化石”——银杉，已在这里成活。园中的一角，还种着陈封怀从非洲引进的“神秘果”，那指头大小的果儿确实是神秘，吃上一颗，稍过片刻，味觉便全然改变，不管再吃酸的还是苦的，一概变成甜丝丝的……（参见李春晓《树和它的年轮——记我国著名植物学家陈封怀》、江西省修水县政协文史委编资料集《义宁陈氏五杰》）

陈封怀为我国植物园事业的发展，做出了不可磨灭的贡献，他通过植物园的引种驯化工作，在我国首次成功地引种了西洋参、糖槭、檀香、白油树、欧洲山毛榉、神秘果等多种经济植物、造林树种、药用植物和园林观赏植物，丰富了中国的植物资源。

由于他和同志们的共同努力，庐山植物园仅裸子植物便引种栽培了十一科三十七属二百七十余种，成为国内裸子植物最集中、最丰富的场地。华南植物园引种栽培了亚热带植物三千余种。

他负责建造的植物园，科学内容与园林外貌都达到了一定水平，1978年英国邱园主任和美国阿诺德树木园主任访华，他们在考察了中国的植物园事业发展之后，对陈封怀在中国植物园建设事业上所作的贡献，给予了较高的评价。

陈封怀在植物园建设方面的突出成就，在国外植物园同行中，也有一定的影响，并受到了国际植物学界普遍的关注和好评。

他在创建华南植物园期间，曾于1963年下半年，受朝鲜民主主义共和国的邀请，赴平壤朝鲜中央植物园协助建园工作，时间达三个月之久。1964年，他应邀访问西非加纳等国，参加国际学术会议，并作了《新中国植物园的发展》等学术报告。1976年他又应邀率团赴泰国进行访问……1981年8月，在澳大利亚召开的第九届国际植物园协会会议上，尽管陈封怀因年事已高而未能与会，但由于他在植物园建设中所取得的显著成就与成功经验，仍被增选为国际植物园协会的常务理事。

陈封怀晚年在回顾自己一生所从事的植物园事业时，曾挥笔写下诗句：

植物学家丹青手，二绝一身学父祖。
匡庐云雾云锦开，秦淮河畔留芳久。
翠湖步月话古今，羊城赏菊怀五柳。
布景建园园中园，一片丹心待后守。

这首诗是陈封怀对自己一生从事植物园事业的形象总结，诗中的“匡庐”“秦淮河畔”“翠湖”（恐为武汉东湖之误）、“羊城”，便是运用“借代”的修辞手法，以地名代替他曾领导过的庐山、南京、武汉、华南四座植物园。

中国现在已有植物园一百多座，陈封怀主持所建的植物园，已成为中国重要的植物园。

1983年陈封怀在一篇文章中写道：“古为今用，吸前人之精粹；洋为中用，去外国之糟糠。集国内外之大成，继传统之所长，光辉照耀。”这既是他造园经验的总结，也是他造园思想的写照。所以陈封怀主持建造的植物园，中外结合，古今结合，科学与艺术相结合，既有丰富的科学内容，又有美丽的园林外貌，还有发展生产的意义。在当时中国的植物园建设尚处在初始和摸索阶段的时候，陈封怀的造园思想和他所从事的卓有成效的工作，在中国植物园建设史上具有开先河的意义。

陈封怀热爱植物园事业，他把毕生的精力致力于中国植物园事业的发展，他参与并亲手创建了庐山植物园、杭州植物园、南京中山植物园、武汉植物园、华南植物园，这些植物园现在皆成为中国重要的植物园。他是中国植物园的创始人之一，有人称他为“中国植物园之父”，这称号对于他来说，是当之无愧的。

自1936年从英国学成归国后的五十多年间，陈封怀一直奋斗在中国植物科研和教育战线，他先后担任庐山植物园主任、中正大学园艺系教授、江西省农业科学研究所副所长、南京中山植物园主任、武汉植物园主任、华南植物园主任、华南植物研究所所长，同时还兼任中国植物学会理事、中国园艺学会理事、广东省植物学会名誉理事长、中国建筑学会顾问、园林学会顾问，为中国的植物园建设做出了杰出的贡献。

陈封怀以自己的学术成就，在国内植物学界享有崇高的威望，被称为“中国植物园之父”。同时在国际植物园界亦有较大的影响，他曾任英国皇家植物学会会员、国际植物园协会常务会员。（参见汪国权/胡启明《植物园专家陈封怀》、江西省修水县政协文史委编资料集《义宁陈氏五杰》）

第三章 绿色情缘

“植物学家丹青手，二绝一身学父祖。”这挥洒自如的诗句，是陈封怀自身的写照。

陈封怀出身于名倾天下的文化型大家族，他的父亲是享誉中外的画坛巨擘。家学的熏陶，自幼的耳濡目染，陈封怀亦能画得一手漂亮的山水花卉。他的画，师承父亲陈衡恪的大写意遗风，挥洒自如，笔墨酣畅淋漓。在他家的客厅里，悬挂着一幅国画山水，画面上迷蒙虚幻的一抹远山，如诗似梦，是那般地空灵而幽邃。画面上的题字是：“近林知树色，隔涧听泉声”。这幅出自陈封怀手笔的画作，是一位植物学家对自己职业特点的概括。陈封怀几十年生活在林木之间，他对大自然的一草一木有着深厚的感情，他能细致入微地从一片细小的树叶感知大自然的脉搏。

陈封怀完全有条件继承父业，成为一位出色的画家，他在从事植物学研究的闲暇中，有时兴之所至，总是弄墨丹青泼墨挥毫，将他对大自然的感受和美好的情怀融注于一幅幅才华横溢的画作之中。他曾画下庐山的松柏、金陵的柳丝、橘子洲头的枫叶、西非的棕榈、朝鲜的金达莱。他曾将自己的这些画作结集成册，题名为《丹青记忆》。（参见江西省政协文史委、修水县政协文史委合编资料集《一门四杰》）

陈封怀不仅酷爱绘画，还写了不少散文、游记、诗。我曾见过《丹青记忆》中的画作，这些画作大多为大写意山水花卉，每幅画作上均题有他自己创作的诗句，这些诗句使画面的意境得到了升华，整个画面达到了诗、书、画相得益彰的艺术境地。

陈封怀艺术生命的勃发，是在他人生的晚年。他在八十多岁的垂暮之年，灵感骤发，挥毫泼墨，一发而不可收，创作出大量绘画、诗作。这些绘画和诗作，凝聚着他大半辈子的生命感悟和人生体验，具有很高的审美和艺术价值。

他画于1986年1月的一幅《远山图》，近处枝繁叶茂，花木扶疏，那远处的大山云遮雾罩，时隐时现，于秀美中透出几分空灵。画面上的题诗更是平添了几分空蒙："远眺云中看小岩，不知雾里是何山，白发眼花难辨别，只凭以后待人猜。"

陈封怀自1936年从英国学成归国，到1954年离开庐山，他在庐山度过了长达近二十年的时光。他爱庐山，画庐山，庐山的云雾、晚霞、秋风中的树木和山上的处处人家，也成了他笔下描绘的对象。那画面上的题诗让人感悟出庐山的亲切与空灵："匡庐云雾映晚霞，秋风落叶满丫杈。日照高云红似火，含鄱岭下有人家。"

他的另一幅《池塘荷花图》，静静的池塘里一片片碧绿的荷叶，荷叶亭亭玉立，荷花点点如星，整个画面自然清新，画面的题诗由荷及人，让人悟出诸多的人生哲理："池塘风止静琏琏，粉黛亭亭出荷莲，污泥育出芙蓉貌，清香出浊有根源。"

画于1980年的《苍松图》，可以说是陈封怀晚年心志和率真情感的坦露：生长在悬崖峭壁上的一棵苍劲的古松，躯干虬劲，旁逸斜出，婆娑多姿，给人以伟岸苍劲之感。简短的几句题诗，更是老人情感的升华："老树延年数度春，坎坷岁月到如今。苍松不畏寒冬冷，待到春风又发新。"

梅兰菊竹历来是文人墨客爱吟咏的对象，陈封怀受父亲的影响，也精于此道。他的《兰花图》亦是构思新奇：生长于岩石上的一株兰草，在微风的吹拂下，兰叶飘逸洒脱，那一串串怒放的兰花似暗香浮动，画面上的题诗有画龙点睛之妙："兰蕙生山谷，与世隔尘埃，悠悠入仙境，阵阵送清香。"

陈封怀在八十周岁生日时，回顾自己饱经忧患的一生，感慨万千，曾挥笔写下诗篇：

庚子襁褓到白头，八十蹉跎未所求。
蜉蝣一生如千古，冉冉岁月苦多愁。

1986年，陈封怀在八十七岁高龄时曾写下诗句：

丹青笔墨文人画，见景生情憧古今。
青遍山河知变化，花开叶落云雨晴。
万物生存梅梦趣，篁竹婆娑四季青。
梅花横斜香扑鼻，河莲出水听蝉声。
画中有诗诗中画，万物姿态笔有神。

凭着陈封怀的才华和天赋，他完全有可能继承父业，成为一位优秀的画家。但他不学美术而专攻园林学和植物分类学。

对此，陈封怀自己曾作了生动的解释，他说，我父亲是以画来描绘自然，陶冶情操。我是以植物园来装点自然，美化祖国，让人们获得美的知识，美的陶冶，美的享受。但植物园不仅仅是花园、公园，她又是引种驯化的研究、试验基地。

这段简短而朴实的语言，是陈封怀对自己的理想和生命意义的诠释。他在青年时代，目睹自己的国家民族正面临着生死存亡的严峻关头，在西学东渐的世界文化发展大趋势下，他在自己的人生选择上，毅然放弃了轻车熟路的美术，选择了植物学。

有关陈封怀的人生选择，他的堂妹陈小从（隆恪之女）在《图说义宁陈氏》一书中也有这样的叙述：封怀二哥之所以选择了植物学这门专业，据说是与伯父师曾的教导分不开的，原来他自己的兴趣是想学文的，但遭到伯父的反对，最终走向植物王国，日后竟然名成业就。

陈封怀对自己的人生选择终生无悔。绿色，是生命的本原，是世间万物承受雨露阳光而创造出养育万物的生命能源的媒介。

陈封怀在从事植物园建设和植物学研究的道路上，终生难以忘怀的是他最早的启蒙老师陈焕镛先生。陈焕镛先生是中国第一代植物学家。

陈封怀追随着自己的老师陈焕镛先生，在一穷二白的国土上开辟着自己的植物学领域。

陈焕镛先生讲课时对森林的描述是这般地让陈封怀如痴如醉：森林给予

人的，不仅仅是早春的新绿、盛夏的浓荫、深秋的红叶、严冬的青松……森林给予人类的，不仅仅是这些充满诗与画的梦幻般的意境，人们活命的水依赖树林涵养保存，人类生存须臾不可或缺的氧气是叶片光合作用的副产品，广袤的大地上覆盖着辽阔的森林，保护着大自然的生态平衡，它舒展着绿色的翅膀，庇护着自己扎根的大地……

陈封怀贪婪地倾听着老师的讲解，神奇的植物学将他引领到了一个全新的境地，从此，他将自己全部的生命激情投注于植物学研究之中。

几十年时光过去，他尽情地遨游在绿色的王国里，他的那个绿色的梦幻圆得更加酣畅起来。

陈焕镛和陈封怀师生二人早年在外国留学时曾立下誓言：中国的植物学、植物园、标本室、植物志都要在我们这一代人的手里创立起来。

三十多年过去，弹指一挥间。当年的热血青年如今已是两鬓斑白，几十年的积累与磨炼，他们都已成为中国植物学界举足轻重的人物。

他们没有忘记三十多年前的那句誓言，他们和许多有识之士一样，铁骨铮铮一诺千金，为了自己以身相许的事业，他们信守诺言，矢志不渝。

在这座风光旖旎的亚热带植物园——华南植物园里，中国植物学界的几位老科学家凑在一起，开始了他们艰苦卓绝的创举，他们要将自己终身从事植物学的经验上升为理论，他们要写下中国人自己的植物学理论专著。

这是一项巨大而艰苦的写作工程，与陈焕镛、陈封怀一道从事这项写作工程的还有植物学家何椿年。几位老科学家奋笔疾书，他们要在自己的有生之年，创建出中国的植物学理论体系。

陈焕镛主持编写了《海南植物志》，并担任《中国植物志》副主编；陈封怀主编了《庐山植物园栽培植物手册》，记载了庐山上千种植物的生态。他负责编写的《中国植物志》报春花科部分，也已写了几十万字的初稿。

然而，就在这个时候，一场史无前例的“文化大革命”席卷中国大地，这场运动给方兴未艾的中国植物学带来了毁灭性的打击。珍贵的植物标本被视作枯枝败叶，稀有树种被砍伐成为做家具的上等材料，植物学家一概被视为“反动学术权威”，知识和人才受到前所未有的摧残与虐待。

几位老科学家的这项巨大而艰苦的写作工程被迫中止。几位有幸从旧社会走过来的老科学家，却不幸倒在了愚昧无知的年代里。

年老体弱的陈焕镛被“打倒”，何椿年被迫害致死，陈封怀被赶入“牛棚”，一家大小住进一间又黑又潮的小屋。就在陈封怀一家备受折磨的时候，一个噩耗如晴天霹雳，让陈封怀坠入痛苦的深渊：他最敬爱的老师陈焕镛先生被迫害致死！

陈焕镛是享誉中外的中国第一代卓有成就的植物学家，新政权成立后，他备受推崇和尊重，他是中国科学院生物地学学部委员、华南植物研究所所长、华南植物园主任。

人们悄悄地告诉陈封怀，陈焕镛伤痛交加，卧床不起，他在弥留之际，还在反复念叨着一句话：我不能死……我的工作没有完……

老师壮烈的死，又一次把巨大的精神力量传递给陈封怀，他在那间昏暗的斗室中，强忍泪水，倔强地拿起笔来，继续着他的植物学专著的写作，他要用这种特有的方式，来表达对内心深处最敬爱的老师的怀念。

十年运动之后，陈封怀恢复了自由。

经历了一场劫难之后，往日风光旖旎的华南植物园已是满目疮痍，昔日的师长和同事有的被迫害致死，有的身心受到严重摧残，有的已经改行。最让陈封怀不能忍受的是，他呕心沥血写成的几十万字的报春花专著，已全部散失。

更不幸的是，几十年来与陈封怀相濡以沫的妻子张梦庄，也因肺病复发而突然病故。张梦庄亦擅长绘画，临终时，她送给丈夫一幅亲手绘制的水彩画——报春花。画面上的报春花，枝繁叶茂，青翠欲滴的枝头上绽满花蕾，含苞欲放的报春花，姹紫嫣红争奇斗艳，花瓣上晶莹的露珠映着阳光，夫人笔下的报春花开得竟是这般地鲜活灿烂，又是这般地热烈而又奔放。这也许是某种兆示，也许是夫人最后的叮咛，她似乎是在告诉陈封怀，严冬已经过去，春天快要来临。

陈封怀的夫人张梦庄（1909—1977），湖南湘潭人。张梦庄的母亲黄国厚女士，与其妹黄国巽女士（陈封怀继母）于1905年曾赴日本留学九年，被称为留日“姊妹花”。曾与著名的革命先驱、“鉴湖女侠”秋瑾同窗。黄国厚回国后，在长沙创办“衡粹女子职业学校”并任校长，毕生从事教育事业，与徐特立、蔡畅、李维汉、章蕴、章士钊及杨开慧交往甚密，是三湘女界之翘楚人物。

义宁陈氏不仅与学术界许多著名人物关系密切，而且与许多政治人物亦有交谊，但陈家从不以此谋取私利，甚至极少与人提及，仅此一点，就让世人深深地感叹他们的人品。

张梦庄早年毕业于清华大学，在校学习期间曾任清华女子篮球队、排球队队长。毕业后曾任教，但时间不长，因长期患病主要待在家中。她文笔和英语都很好，有译著，亦能诗、画。1963年，陈封怀参加国际植物园大会并访问非洲四国归来后，由陈封怀口述，张梦庄执笔，写了十多篇《西非游记》，在《羊城晚报》上连载。一次陈封怀夫妇去中山大学看望寅恪叔，寅恪说："看了（实为听了）《羊城晚报》上的连载文章，一看文笔，就知道是梦庄所为。"（参见汪国权／胡启明《植物园专家陈封怀》、汪国权《陈封怀——中国植物园之父》、汪国权《园林无处不为家》、江西省修水县政协文史委编资料集《义宁陈氏五杰》）

张梦庄虽是一位柔弱的女性，但她不畏强暴，很有骨气。陈封怀曾在《回忆录》中写了这样一件事：

> "文革"期间，中山大学的两名所谓的专案人员到我家，迫令我爱人张梦庄写揭发材料。梦庄坚决不写，她说：寅恪先生是好人，是爱国人士，从没有反党反社会主义的事，我不能写。专案人员用威胁的口气问：你敢担保吗？梦庄义正词严地说：我敢以人格担保！专案人员只得灰溜溜地走了。张梦庄敢于逆流而动为寅叔担保，当然不只是亲属关系，而完全是出于对寅叔的崇敬与信服。

1979年，陈封怀被任命为华南植物研究所所长、华南植物园主任，他勇敢地接过了陈焕镛未竟的事业。所里安排给他住的房子也是当年陈焕镛居住过的地方，如今人去楼空，陈封怀平添几许莫名的惆怅。有一次，一位老同学自远方来，当年的同学少年如今已是满头白发，一场史无前例的运动使得他们的身心饱受摧残，他们的性格也变得深沉而不苟言笑。然而，在老师曾住过的房间里，当他们谈起自己尊敬的老师，谈到老师的惨死，他们抑制不住内心的悲痛，不由得抱头痛哭，见者无不为之动容。

一朝被蛇咬，十年怕井绳。经历了十年运动之后，华南植物研究所的许多科学家还未从昨日的梦魇中解脱出来，他们心有余悸，不敢放开手足。为了重新恢复华南植物研究所正常的工作秩序，使科学家们消除疑虑轻装上阵，陈封怀挺身而出，他像当年挨家挨户叩击庐山植物园工人的门扉一样，一个一个地与他们促膝长谈。有一位不敢放手工作的专家，住在一栋三层楼上，楼梯又陡又窄，当他发现已是八十高龄的陈封怀气喘吁吁地爬上三楼，专程到自己家中来看望自己时，激动地握着陈封怀的手说："陈老，你的心我领了！你的精神我服了！士为知己者死，冲着你的这份诚心，我干！以后不管遇到什么艰难险阻，我都豁出去了！"（参见李春晓《树和它的年轮——记我国著名植物学专家陈封怀》）

"精诚所至，金石为开。"陈封怀对事业的执着和他一向为人的坦诚，让植物园的科学家们深受感动，劫后余生的华南植物园很快重现生机，各项工作开始有了崭新的起色。

对于学有所成的人才，陈封怀不拘一格，倍加关爱。胡启明是一位致力于报春花科系统研究的植物学家，当他尚下放在江西农村蹉跎岁月时，陈封怀冲破重重阻力，设法将胡启明直接从他所下放的江西农村调入华南植物研究所工作，带着他共同研究报春花科植物。与此同时，陈封怀不仅在学业上关怀他，而且在生活上、工作上也倍加关爱。由于陈封怀的培养和指点，如今，胡启明已是中国科学院华南植物研究所研究员，在报春花科系统研究上取得令人瞩目的成就，他一人独立完成了《中国植物志·报春花科》十三属中十一属的编著工作，成为美国和日本报春花协会名誉会员和顾问，柬埔寨、老挝、泰国等国植物志报春花科的撰稿人。

陈封怀与胡启明是亦师亦友的关系，他们在报春花科植物的研究领域密切合作，他们共同的这项研究成果荣获1993年中国科学院自然科学奖一等奖。

胡启明在十三岁时便跟随陈封怀。为什么他十三岁就跟随陈封怀？据说，胡启明系陈封怀师友胡先骕的侄孙，陈封怀是受胡先骕之托……（参见江西省修水县政协文史委编资料集《义宁陈氏五杰》）

陈封怀重视人才、关心人才的成长有口皆碑，在植物学界传为美谈。他生性好学，诲人不倦，让人敬重，而且乐意追随他。他曾在中正大学生物系执教达五年之久，为我国植物学事业培养了一批人才。更值得一提的是，他以植物园为学校，在实践中也培养了不少在植物园建设与植物分类学方面的人才。其中有在杜鹃花研究方面做出重大贡献的中国科学院昆明植物研究所研究员冯国楣先生；有建造我国第一座岩石园、在我国第一个进行水杉嫩枝扦插并获得成功的中国科学院武汉植物研究所研究员、前园主任王秋圃先生；此外还有我们在上文提到的胡启明先生。

陈封怀曾在他生命的晚年写下诗句总结自己的一生，其中在结尾处这样写道：布局建园园中园，一片丹心待后守。但事实已远远超过了他的愿望，他的后继者，又何止是“守”他的事业？中国植物学研究，在老一辈植物学家奠定的基础上，正焕发出勃勃生机，取得了举世瞩目的重大成就。（参见汪国权《陈封怀——中国植物园之父》）

人才的成长需要扶持，在陈封怀成长的道路上，他有幸遇到了许许多多植物学界前辈的关爱和提携。正因为如此，陈封怀才得以迅速地脱颖而出，由一位热爱植物学的有志青年，成长为我国著名的植物园专家、植物分类学家，并被植物学界尊为中国植物园之父。

陈封怀永远也忘不了，引导他走上植物学研究道路的是我国第一代植物学家陈焕镛先生，将他领入植物学王国的是当时世界上最著名的植物学家史密斯先生。

除此之外，在陈封怀成长的道路上，还有两位知名植物学家值得一提，他们是植物分类学家胡先骕和蕨类植物学家秦仁昌。

胡先骕，字步曾，号忏庵，1894年4月20日生于江西省新建县治坪洲。曾任南京高等师范、东南大学、北京大学、北京师范大学等校教授，前中央研究院评议员和院士。1922年在南京任中国科学社生物研究所植物部主任，1928年在北平创办静生生物调查所并兼任所长，1934年在江西与江西省农业院合办庐山森林植物园（庐山植物园前身），1937年在昆明与云南省教育厅合办云南农林植物研究所并兼任所长，1940年曾去江西泰和担任中正大学校长并兼任农学院教授。

新政权建立后，胡先骕任中国科学院植物研究所一级研究员，继续研究植物分类学、古植物学和经济植物学。在植物学界他被公认为中国植物学奠基人之一。

胡先骕先生早年曾两次出国留学：一次是1912年参加江西省留学考试，

被录取，派赴美国加利福尼亚学习农学和植物学；另一次是1925年他再度赴美深造，在哈佛大学攻读植物分类学，获得博士学位，学成回国后，一直从事植物科学研究和教学工作。

胡先骕在极端困难的情况下，对建立中国的植物学研究体系做出了不遗余力的努力。也就在这个过程中，他发现了陈封怀，并对他寄予厚望，充分信任，大胆使用。

1928年，在尚志学会和中美文化基金会（所谓美国退还的庚子赔款）的支持下，胡先骕等在北平创办静生生物调查所。所址的房产是尚志学会会长范旭东以其兄范静生的名义捐助，故名“静生生物调查所”。1931年，胡先骕独具慧眼，将当时正在清华大学任助教的东南大学农学院毕业生陈封怀调入该调查所，指导他专心从事植物资源的调查和菊科植物的研究工作。1934年庐山植物园建园之初，作为庐山植物园创始人的胡先骕决计要把该园建设成为具有国际一流水准的植物园，他派秦仁昌创建庐山植物园并兼任园主任，然后他又派陈封怀前往英国爱丁堡大学留学，专习植物园及高山花卉报春花分类。为了使陈封怀安心学习，他又设法将其夫人张梦庄调入北平静生生物调查所任图书管理员。1936年陈封怀从英国学成归国后，他又委以重任，让陈封怀担任庐山植物园副主任。抗日战争全面爆发后，庐山植物园被迫迁往云南丽江，陈封怀亦随同前往。1940年胡先骕奉命到江西泰和担任中正大学校长兼农学院教授，抗日战争胜利后，陈封怀回到庐山，担任庐山植物园主任并主持恢复被日寇破坏殆尽的植物园。为了让陈封怀度过最艰苦的岁月，胡先骕又聘任陈封怀为中正大学园艺系教授……

胡先骕之于陈封怀，既是师长又是亲密无间的朋友，这种亦师亦友的关系，历数十年风雨而不衰。

胡先骕又是一位出色的教育家，他为了发展中国的植物学事业，苦心孤诣，鞠躬尽瘁。

早年时光，胡先骕自美国留学归国后，长期在大学教授植物学和植物分类学，先后历时四五十年之久，他循循善诱，诲人不倦，并常对学生说：我在二十四岁就当了教授，算是当年最年轻的教授，你们也应努力提高自己。他经常鼓励学生要努力钻研，坚持不懈，以使自己早日成为专家。

二十世纪初叶，中国的植物学尚在初建阶段，一切都得从零开始。就连大学课堂所必需的中文本植物学教科书也没有。为了解决这一现状，胡先骕于1923年与人合编我国第一部植物学教科书《高等植物学》，由商务印书馆出版。该书出版后，对青年学生学习植物学颇有帮助，在教育界有很大的影响。1933年，为满足当时生物学教学的需要，他又独立翻译了哈第所著的《世界植物地理》一书。由于该书原是供欧洲读者之用，先讲欧洲植物地理，为了适应中国读者的需要，他将亚洲作为第一编，并在中国一章增加河北、安徽、浙江、江西、贵州、广西等省区的植物地理内容。1951年，为适应新政权建立后各大学生物系的需要，他又编写了《种子植物分类学讲义》一书，以英人赫经生的《有花植物科志》的系统为蓝本，增加裸子植物各科，内容更加完善。1954年，为适应师范学院和农林学院的需要，又编写《植物分类简编》。

胡先骕平时说话常稍带口吃，但讲课却是声音洪亮，滔滔不绝，内容十分丰富。

胡先骕从事科研和教学工作五十余年，除亲自担任教学外，主要从事教科书或教学参考书的编写，对建构中国植物学基础理论，对传授植物分类学和经济植物学知识，对国家人才的培养，做出了不可磨灭的贡献。

胡先骕曾三次参加泛太平洋学术会议并发表论文三篇，在国际间有较高评价。此外，在他的主持下，与陈焕镛合编《中国植物图谱》五卷，与秦仁昌合编《中国蕨类植物图谱》二卷，又编《中国森林树木图志》。这三部书图谱图文并茂，印刷精美，受到国际学术界的重视。

特别让全世界植物学界感到震惊的是，胡先骕与另一位名叫郑万钧的植物学家在中国发现活化石——水杉。

水杉植物原仅从化石中发现，1941年此种植物在四川万县首次采到标本，当时诸多植物学家不知为何物，有人认为是水松的一种。难能可贵的是，胡先骕除精通现代植物的分类与分布外，对古植物也有深入的研究，他将水杉的化石与最新发现之水杉进行比较，确定是中国唯一仅存的活化石——水杉。

这是胡先骕融古今植物研究的一个重要贡献。

活化石的论文发表后，亚、欧、美、非各国植物园纷纷索要种子，或派专家来华考察，现在已有五十多个国家近二百处植物园引种成功，由于水杉适应性强，生长迅速，树姿优美，材质甚佳，我国华东、华中各省已列入重要造林树种。

由于胡先骕对中国植物学所作的特殊贡献，中外学者公认他为中国近代植物分类的奠基人之一。

胡先骕博学多才，在历史、地理、语言、文学等方面也有很深的造诣，他平日喜欢用诗歌的形式，把自己所经历的事件和重大科学发现记录下来，他发现了水杉之后，作《水杉歌》，充分体现了他的广博知识和豪爽气派。《水杉歌》在1962年2月17日《人民日报》发表后，得到陈毅副总理的高度评价。（参见俞德浚《植物分类学家胡先骕》）

1960年，时年六十七岁的胡先骕将平生所写的诗稿，请友人钱锺书代为选定，共收集二百九十四首诗，逐年编次，分为上、下两卷，命名为《忏庵诗稿》。前冠以柳诒徵、范罕、卢弼、马宗霍序文四篇，陈三立、江翰、袁思亮题识五则，后殿钱锺书的短跋。钱锺书的短跋言简意赅：挽弓力大，琢玉功深。登临游览之什，发山水之清音，寄风云之壮志，尤擅一集胜场。丈论诗甚推同光以来乡献，而自作诗旁搜远绍，转益多师，堂宇恢宏，谭艺者或以西江社里宗主尊之，非知言也。承命校读，故书卷尾。庚子重午，后学钱锺书。

胡先骕能运用自己广博的知识对植物分类与分布进行大胆的判断和推理。

1926年，他应邀参加在日本召开的泛太平洋科学会议，会上日本学者发表演说，说在日本南部岛屿发现有南太平洋岛屿上的川苔草科植物分布，这是专靠海岛传播，且适生于溪涧急流岩石上的细小有花植物。回国后他经常在授课时向学生着重提及我国南方也应有川苔草科植物分布。二十年后，赵修谦和林英两位教授先后在福建长汀的溪涧边以及海南吊罗山的三角山瀑布潭边采集到分布在我国南方的几种川苔草科植物，他二十多年前的预言终于得到了印证，植物学界无不称奇。

作为一位科学家，胡先骕的爱国情怀也令人敬佩。

美国发动侵朝战争期间，中国人民掀起抗美援朝运动，美军在战争中使用细菌武器。对这一违反国际公约的可耻行径，1952年2月25日，中国和平理事会主席郭沫若致电世界和平理事会主席约里奥·居里夫人，控诉美国在中国境内撒下病菌的罪行，美国对此百般抵赖。为了揭露其对中国人民所犯下的罪行，以正视听，特请中国著名植物学家胡先骕以严肃的科学态度，对美国在中国东北投下沾有病菌的松树叶等植物进行鉴定，事实证明这些沾菌植物都是中国境内和朝鲜北部所没有的，而是产生在南朝鲜的松树枝叶。终于使美国无法抵赖其发动细菌战争的罪行。胡先骕因此荣获第二届全国卫生会议模范和奖章。

“文革”爆发后，胡先骕的身心受到极大的摧残与折磨。

1966年8月，他被迫由居住了几十年的北京石驸马大街83号一幢约三百平方米的住宅迁到一间约十平方米的斗室之中，平生所珍藏的图书、资料以及尚未发表的研究成果，均遭散失殆尽。

1968年，年已七十五岁的胡先骕忧愤交加，终因心脏病猝发，于7月16日与世长辞。（参见林英《胡先骕教授的生平》）

与陈封怀的人生经历密切关联的另一位植物学家是秦仁昌。

秦仁昌（1898—1986），江苏武进人，他是中国著名的植物分类学家，也是现代蕨类植物分类学研究的开拓者和奠基人。

秦仁昌很早就对植物学产生了浓厚的兴趣，当他还在南京金陵大学农学院林学系就读时，就受到当时兼任南京高等师范（后改为东南大学）林学教授的陈焕镛的赏识，为解决秦仁昌的生活困难，陈焕镛曾介绍他到自己所任教的南京高等师范兼任助教，秦仁昌是以半工半读的方式完成大学学业的。

1925年，秦仁昌毕业后继续担任东南大学助教，他在植物学的教学和研究过程中，看到中国植物学中的蕨类植物研究尚是一片空白，于是他立志要建立中国自己的蕨类植物学。1926年他向陈焕镛提出研究蕨类植物的愿望，陈焕镛对他有如此抱负很是欣赏，并于当年带他到香港植物园标本室工作。1927年他受聘到中央研究院自然历史博物馆任植物学部主任兼技师。

1929年，他到丹麦哥本哈根大学植物博物馆，在当时世界著名蕨类学大师克里斯蒂森教授指导下研究蕨类植物。

1930年秋天，他代表中央研究院出席在英国剑桥大学召开的第五届国际植物学代表大会。在会上宣读了他发现的有关中国蕨属的论文。会后，他到瑞典、德国、法国、奥地利、捷克斯洛伐克等国标本馆作短期访问，最后在英国邱园标本馆及大英博物馆进行系统研究。

1932年，他回国任北平静生生物调查所研究员兼标本室主任。

1934年，秦仁昌受胡先骕委派去江西庐山创建中国第一座现代植物园，他根据庐山的地形和自然环境，决定以裸子植物和杜鹃花科植物为主筹建一座亚高山植物园。他与陈封怀等一起努力，经过三年的苦心经营，从三十多个国家引进二千八百多种植物，使植物园初具规模。

1951年，正是中国医治战争创伤，经济建设恢复时期，帝国主义对中国实行经济封锁，断绝了橡胶进口。因此，寻找巴西橡胶的代用品和发展橡胶生产，已成为当时国家的一项紧迫任务，正在云南的植物分类学家秦仁昌和蔡希陶承担了这一使命。1952年秋，秦仁昌带领一个考察队来到云南西部的滇缅边境，穿过瘴气弥漫的河谷雨林，辟建了中国自己的橡胶园，为国家经济的发展做出了巨大贡献。

由于秦仁昌对科学事业的贡献，1955年，他当选为中国科学院生物地学部学部委员。同年，他回到阔别多年的北京，担任中国科学院植物研究所分类室主任。从此，他从深度和广度上，继续深入研究蕨类植物。

秦仁昌的一生，可以说是数十年如一日，锲而不舍地为蕨类植物学奋斗的一生。

1929年至1932年的欧洲之行，他白手起家，奠定了中国蕨类植物学的基础。他对植物王国进行系统研究，经历了萌芽、发育、成长的过程，他一生著有一百五十多篇论文和专著，共五百多万字。这些著作，在国内外植物学界都产生过强烈的反响。

1932年学成回国后，他编写了《中国蕨类植物志》初稿，全书共有八十多万字，总结了从1753年到1930年西方植物学家有关中国蕨类植物的全部文献。抗日战争期间，他在云南丽江重点研究了蕨类植物中最大的科——水龙骨科的分类系统。1940年，秦仁昌发表了论文《水龙骨科的自然分类》，这是世界蕨类植物系统分类的一个巨大贡献，论文发表后，震动了当时的国际蕨类学界。

1973年，秦仁昌将一部八十多万字的英文版《植物学拉丁文》译成中文，为中国植物学工作者攻克拉丁文难关，提供了工具书。

1977年，已是八十多岁高龄的秦仁昌，积数十年之经验，总结了从事蕨类植物分类学的研究心得，结合国际上有关学科的新成就，对蕨类植物错综复杂的系统发育问题，作了进一步的探讨，完成了重要科学论文《中国蕨类植物科属的系统排列和历史来源》，这项研究创建了最完整的中国蕨类植物分类系统，澄清了蕨类植物分类中存在的混乱现象，不仅为中国对蕨类植物的科研、教学和生产应用提供了科学的系统信息，也为研究生物进化提供了基本资料。该文荣获1994年中华人民共和国第六次国家自然科学奖一等奖。（参见邹安寿/裘佩熹《蕨类植物学家秦仁昌》、邢公侠《秦仁昌》）

虽然在近代历史的长河里，中华民族历尽艰辛曲折，九死一生，但就是在如此艰难的情况下，依然有一大批爱国知识分子，为了那个强国之梦，他们忧国忧民，寒窗苦读，有时甚至远涉重洋，在异国他乡的高等学府里，饱吮着知识的甘露。学成之后，他们又不恋异国的繁华与舒适，义无反顾地回来报效祖国。正是因为有了他们，我们的国家民族才能长盛不衰，才有希望自立于世界民族之林……

陈焕镛、胡先骕、秦仁昌、陈封怀……就是其中杰出的代表，面对着当时尚是一片空白的中国植物学，他们没有彷徨、没有叹息、没有怨天尤人，而是急起直追，虔诚而执着地在这片绿色的王国里建构着中国的植物学体系，在一张白纸上描述着中国植物学最新最美的图画。

陈封怀除了在中国的植物园建设方面取得了举世瞩目的成就之外，在植物分类学方面，他对报春花科、菊科、毛茛科以及栽培植物均有深入研究。

1955年，根据多年的引种工作经验，由陈封怀主持编写了《庐山植物园栽培植物手册》一书，总结了二十余年的引种驯化成果，记载了一千二百五十余种栽培植物的原产地、生长习性、栽培繁殖方法、经济用途和引种后的生长情况，是国内第一本栽培植物手册，至今仍有重要的参考价值。

1959年，陈封怀编写了《江西（野生经济）植物志》，该书记载了科研人员多年来对九连山、井冈山、武夷山、怀玉山、大茅山、五府山、武功山、大冈山、九岭山、幕阜山等江西主要山区所进行的资源调查成果，共载野生资源植物五百零一种，为江西省野生植物资源的开发利用提供了科学依据。（参见胡宗刚《从庐山森林植物园到庐山植物园》）

报春花科是被子植物进化中的一重要类群，分布于全世界，主产北半球温带，种类繁多，有二十二属，近一千种。中国种类特别丰富，但由于此科植物多数为高山种类，形态变化较大，而且标本资料极少，无人作过全面的整理。

陈封怀早年便注意到了报春花科植物，下决心要去研究它。他留学英国时，学习、研究的主要内容便是报春花科植物。学成回国后，他来到庐山植物园，一方面为植物园的建设出智出力，另一方面继续积极钻研报春花科植物。1936年，他发表了《述植物名实图考所记载报春之种类及植物名称》，1940年发表了《云南西北部及其邻近之报春研究》和《报春种子和研究》，1948年发表了《中国报春研究补遗》……这些论文的发表和他所积累的原始资料，为他和他的学生承担完成《中国植物志》报春花科的编著，奠定了坚实的基础。

陈封怀对报春花科植物的研究，矢志不移。他到华南植物园工作后，自1975年7月至1989年7月，和胡启明先生集中精力对中国报春花科植物进行系统研究，经十余年的努力，终于首次全面清理了中国报春花科植物的种类，共十三属五百一十七种，并进一步把研究的范围扩大到东南亚地区。经过深入研究，论证了中国西南山区是珍珠菜属、点地梅属和报春花属的现代分布中心和多样化中心，也是起源中心。在分类系统上，对珍珠菜属作了重大修正，重新划定了报春花属三十个组的界限……他们的研究成果，集中反映在《中国植物志》第五十九卷。

陈封怀与胡启明的这一研究成果，与国外同类工作相比，深度与广度都处于领先水平。正因为如此，这项研究成果荣获1993年中国科学院自然科学奖一等奖的殊荣。

令人遗憾的是，当这一殊荣于1993年4月13日表决通过时，终生为此孜孜以求的九十四岁高龄的陈封怀先生却已辞世十七个小时。

陈封怀未能听到他生命中最辉煌的绝响，然而，那漫山遍野含苞怒放争妍斗艳的报春花，不正是他灿烂的笑脸嘛！

作为中国植物园之父，作为一位成就卓著的科学家，陈封怀平易近人。他与群众的关系很好，经常与工人一起劳动、交谈，相互之间很是融洽。他的儿子陈贻竹回忆说："父亲喜欢与各种人接触，我家总是有人来玩，交谈，而且总是留人吃饭。幸好'文化大革命'中，父亲是在植物园，绝大多数干部职工对他都很好，所以也没有挨打。"庐山植物园汪国权先生说："尽管陈封怀先生二十世纪五十年代就调离了庐山，但是不管是相隔十年、二十年，还是三十年，他每次回到庐山，上上下下，包括老工人都请他，请客要排队，他还吃不赢（吃不过来）。陈封怀先生比我大三十几岁，但我们是忘年交。我三个小孩，当年他们小，买不到糖，他有好几次托人捎白糖给我，虽说是小事，但我总是记得。他还总是写信叫我夫妇二人去广州过春节，逛花市，他是‘扫榻以待’。”

在陈封怀的个人档案中，我们还看到早年若干“鉴定材料”。年纪大一些的同志都知道，早年的鉴定是极为严格的，甚至穿了一件漂亮的衣服，都担心会被作为“资产阶级享乐主义”而受批评。不管是个人鉴定还是组织鉴定，是难以“表扬和自我表扬相结合”的。

现摘录当年陈封怀的一则鉴定，我们亦可从另一侧面了解他的为人处世：

> ……没有架子，直爽，有啥说啥，不像其他高级知识分子那样虚伪，他心里有什么事，从脸上一下子就看得出来。不辞辛苦，不畏艰苦，有时干通宵，以身作则，以德服人，以身教人，积极钻研业务，关心干部群众，但有时过高估计了职工的工作能力和思想水平，领导工作还缺乏经验。虽然很好接近，但有时也发牛脾气，事后认为自己不对，又能检讨自己。

这是1953年的鉴定，后面还有“庐山管理局党委监委书记温成胜”的落款。感谢这位温书记，他这些非八股式、非口号式的鉴定语言，还真是把一位吃苦肯干、敬业乐群、热情直率的专家型领导的生动形象留给了后人（参见江西省修水县政协文史委编资料集《义宁陈氏五杰》）。

陈封怀生有两个儿子，长子贻松，幼年因病早殇。

次子贻竹，1941年生，1966年毕业于广州中山大学植物生理专业，毕业后分配在湖北省宜昌市气象站工作。1974年因照顾年迈父母而调广州华南植物研究所工作。1982年至1984年在澳大利亚“澳洲联邦科学与工业研究组织”留学，1996年至1998年在菲律宾国际水稻研究所任访问学者。陈贻竹先生在植物生理方面颇有研究，曾任华南植物研究所生理研究室主任，农业与资源研究中心主任、研究员、博士生导师，华南所学术委员会委员、学位委员会委员（中科院发文），多次在国家学术刊物上发表论文。夫人罗广华，是陈贻竹在中山大学的同学，华南植物研究所研究员。夫妇二人均已退休，但陈贻竹仍在研究所带研究生。贻竹生有一子一女，子名海羿，1972年6月19日出生，毕业于广东工学院，现自创公司。女名菊羿，1978年11月3日出生。（参见汪国权《陈封怀 中国植物园之父》、江西省政协文史委及修水县政协文史委合编资料集《一门四杰》、江西省修水县政协文史委编资料集《义宁陈氏五杰》及作者与陈贻竹访谈录）

庐山有幸，庐山植物园有幸，这座秀绝天下的名山，曾留下了中国老一辈植物学家奋斗的足迹，他们在这里创立了中国第一座亚高山植物园，酣畅淋漓地谱写了他们生命的壮歌。

为了永远纪念为创建庐山植物园做出了不朽贡献的几位科学伟人，胡先骕、秦仁昌、陈封怀逝世后，中国科学院、江西省科委、庐山植物园在庐山植物园松柏园为他们三人建造了陵墓，让他们静静地长眠在这座曾凝聚了他们智慧和心血的植物园内。

笔者为了搜集此书的写作素材，曾于1999年的仲春时节，来到了心仪已久的庐山植物园。在松柏园内一个地形舒缓平坦的山坳里，我拜谒了胡先骕、秦仁昌、陈封怀三位植物学前辈的陵墓，这便是名闻遐迩的“三老墓”。

陵墓的四周，簇拥着似锦的繁花，有性急的报春、含羞的杜鹃、华贵的

三老墓

庐山陈寅恪、唐篔墓

牡丹、奔放的金达莱……更有那星星点点不知名的野花，这些充满了山野灵性的花儿，年复一年日复一日静静地陪伴着几位长眠在这里的中国植物学的先驱；花枝摇曳飒飒有声，似乎在和几位终生与它们相伴的老人絮絮叨叨地低语着；阵阵劲硬的山风，送来缕缕醉人的馨香，让人想起几位老人高洁的德行……

我双手合十，默默地在几位老人的陵墓前伫立良久，我思想的野马在放纵地奔腾着，我的心情怎么也不能平静。

几位老人差不多都是二十世纪的同龄人，他们生当乱世，为了自己羸弱而贫穷的祖国，为了那个绿色的梦幻，他们披肝沥胆忍辱负重，用自己全部的热血和生命，描绘着中国植物学的壮美蓝图。他们以大山为伴，以草木花卉为友，他们品行高洁，为世人所景仰。他们终生崇尚自然，热爱自然，当他们各自走完了自己的生命之旅时，他们复又回归了自然的怀抱……

笔者有幸在这里披露一则令人欣慰的消息。

陈寅恪和夫人唐篔逝世之后，骨灰一直无处安葬，让人扼腕长叹，感慨万端。

来自中国科学院庐山植物园的这则消息，让我们为之欣慰：

陈寅恪先生骨灰安葬于庐山植物园

在一代国学大师陈寅恪先生去世三十四年之后，其骨灰终于安葬于中国科学院江西庐山植物园，并立碑纪念。在2003年6月16日先生诞辰之日举行了简朴的落成仪式。先生哲嗣陈流求、陈美延及陈小从、陈贻竹等亲属；江西省、庐山管理局、修水县等有关方面的领导及江西省内的人文学者来园出席并敬献花篮。各界来宾纷纷致辞，对先生之精神和学术深表景仰，对庐山植物园此举表示敬意，陈流求代表家属作了答谢讲话。

筹办此事之时，正值"非典"疫情期间，故而与陈寅恪先生生前相关的机构和尚健在的门生未及邀请，但他们皆发来贺电，对先生灵柩能落叶归根而感到欣慰。发来贺信的有中国科学院院长路甬祥、清华大学、清华校友总会、中山大学、九江市政府、修水县政府、国家图书馆、中国社会科学院历史研究所、台湾"中央研究院"历史语言研究所、香港大学、北京大学中国古代史研究中心、西南联合大学校友会等机构；先生弟子则写来挽联，有卞僧慧、石泉、李涵、钟秉刚及吴学昭等。

庐山景寅山

先生之墓与夫人唐筼合葬，取庐山之冰川石为碑，突出先生一生主张的"独立之精神，自由之思想"，由著名画家黄永玉先生书丹。整个墓区配置植物近三十种，有古朴之风，名人名园名山融为一体，归于自然。庐山植物园已将墓址所在的小山冈名之为"景寅山"。

第四章　陈氏芳裔

纵观陈寅恪家族的人生进取和文化演进脉络，这个为世所重的文化型大家族，自陈寅恪的父亲陈三立之后，这个家族的士人色彩越发浓厚，他们人生进取的目标已由建功立业官场角逐转向为对文化学术的崇尚追求。

陈三立的五个儿子皆以文化学术著称于世，尤以衡恪、寅恪而登峰造极。衡恪为蜚声中外的画坛巨擘，寅恪为“前不见古人，后难得有来者”的史学大师。对文化学术的崇尚和拳拳的爱国情怀，始终是他们忠贞不渝地遵奉的圭臬。除方恪之外，其余四子均在国外游学多年，学成之后，他们中无一人贪恋国外的繁华与舒适，都先后归来报效祖国。

陈寅恪一生曾先后六次留学，时间长达二十余年，他求学的足迹遍及欧美诸国，三十六岁学成归国后，先后在清华大学、广西大学、成都燕京大学、西南联合大学、中山大学等校执教，曾任清华大学中文与历史系“合聘教授”或“部聘教授”，与梁启超、王国维、赵元任一道为清华大学国学研究院四大导师之一。英国牛津大学曾聘他讲学，授予“英国皇家研究院研究员”称号。解放前，陈寅恪曾任国民政府中央研究院理事、历史语言研究所研究员、故宫博物馆理事、清代档案委员会委员等职。新政权建立后，陈寅恪历任中山大学教授、中国科学院哲学社会科学部学部委员、中央文史馆副馆长、第三届全国政协常务委员等职。史学界称陈寅恪为一代宗师，他学贯中西，精通英、法、俄、德、日等十一国十四种语言文字。凡史学、宗教学、语言学、人类学、校勘学、文学，都有精湛的研究。尤其特长于史学，对魏晋南北朝史、隋唐史、蒙古史等，造诣更深。

他还能背诵《十三经》，对梵文、突厥文、西夏文、满文及佛教经典也很熟悉。旧体诗词更是卓然大家。

从以上章节的叙述中，我们得知陈三立的五个儿子，衡恪、隆恪、寅恪、方恪、登恪个个皆学有所成。

按陈寅恪家族的行派，“恪”字辈以下是“封”字辈。“恪”字辈个个成才，那么，“封”字辈又如何呢？这是读者所普遍关注的问题，也是本章内容将叙述的重点。

在堪称汗牛充栋的有关陈寅恪的著作中，鲜有“封”字辈的内容，纵有一鳞半爪，也是道听途说，不得要领。陈寅恪乃笔者的同乡先贤，得地利之便，笔者从诸多途径掌握了大量真实可信的第一手资料，从而弥补了这方面的不足。下面笔者就手头掌握的资料，分别对“封”字辈诸位先贤作一概述，以飨读者。

陈衡恪共有六个儿子，他们分别是封可、封怀、封雄、封举、封邦、封猷，其中封举、封邦因病早殇。陈衡恪曾婚娶三次，他的结发妻子范孝娥，生子封可、封怀，范孝娥在生下第二个儿子封怀仅一年零一个月之后，便于1901年5月18日病逝，年仅二十五岁。范孝娥逝世之后，陈衡恪续娶汪春绮，汪春绮未曾生育，她亦于1913年病逝。汪春绮病逝后，陈衡恪再娶黄国巽为妻，黄国巽生子封雄、封举、封邦、封猷。

陈封可（1896—1971），衡恪长子。1917年留学日本，后又留学德国。归国后，曾在北洋政府任国务院、外交部秘书。

1924年至1928年，陈封可任中国驻德国汉堡领事。回国后，曾在教育总署编审会任编辑，同时兼任北京师范大学德语教员，较长一段时间从事教育工作。

抗日战争全面爆发后，北平沦陷，陈封可一度失业在家，生活困顿，靠变卖字画古玩糊口。他性情温和安守清贫不攀权贵，他先住北平宣武门内承恩寺，后搬入江西会馆。由于出身于文化世家，加之自幼受到父亲的影响，封可擅长绘画与书法，与知名画家齐白石、黄宾虹、徐悲鸿等交往密切，还曾收藏不少名家字画。工作之余，封可喜读历史酷爱画画，只可惜这些画在“文革”时被查抄，至今下落不明。封可性格内向不喜张扬，他的夫人陆绮新，江苏无锡人，是一位普通人家的女子，当时婚姻讲究门当户对时兴亲上加亲，他的不少表妹都想嫁他，封可却不讲究这些，执意娶寻常人家女子陆绮新为妻。婚后陆绮新一直从事家务，1968年去世。

新政权建立后，陈封可在北京对外贸易学院任德文副教授，国家建委德文翻译，后因岁数大，有严重胃病，组织照顾边工作边休养。1957年退休，1971年病逝，享年七十六岁。

陈封可与陆绮新未生育，养女陈翠微，1932年生，因封可失业家境窘迫，1946年陈翠微十五岁时得陈寅恪推荐，时任北京大学图书馆馆长的毛子水安排她在北京大学图书馆做实习生，此后陈翠微先后在北京大学多个部门工作至退休。陈翠微的丈夫王希祜，1928年生，山东蓬莱人，夫妻俩都在北京大学工作，他们生有两个孩子，儿子王雍，1954年生，北京市农科院毕业，后下放黑龙江生产建设兵团，返城后在农科院工作。女儿陈婷，1962年生，北京大学计算机专业毕业，北京信息工程学院研究生，现为软件公司工程师。（参见陈封可女儿陈翠微女士亲笔信、江西省政协文史委及修水县政协文史委合编资料集《一门四杰》及作者与陈翠微访谈录）

陈封怀（1900—1993），衡恪次子。中国著名植物园专家、植物分类学家，人称"中国植物园之父"。在本编的第二章"植物园之父"和第三章"绿色情缘"中，已作专题介绍。这里不再赘言。

陈封雄（1917—1999），衡恪三子。燕京大学新闻系毕业。1940年至1945年，曾在中央银行经济研究处及重庆《国民公报》工作。

1945年国共两党在重庆和谈。《双十协定》签字后，国民党代表团首席代表张治中举行晚宴，为出席和谈的毛泽东主席饯行。其时，陈封雄以《国民公报》记者的身份前往采访。会上，他请毛泽东在采访本上签名，当毛泽东得知站在面前的这位英气勃勃的年轻人，就是戊戌变法时领导轰轰烈烈的湖南新政的湖南巡抚陈宝箴的曾孙时，不由自主地连声说："世家子弟，世家子弟，了不得哟！"紧接着毛泽东又说："我就读的湖南第一师范就是你的曾祖父大人创办的，我的亲爷老子当年都是你曾祖父治下的子民呢。"说完之后，毛泽东高兴地接过陈封雄的采访本，龙飞凤舞地签上"毛泽东 一九四五年十月十日"几个大字，陈封雄有幸成为那次晚会上唯一索得毛泽东签名的记者。

陈封雄不仅长于写作，还喜欢漫画与摄影。他作风严谨，有着很强的敬业精神。抗日战争时在重庆《国民公报》工作期间，他除负责要闻版外，几乎每天都写一篇短评。为防敌人空袭，他常在晚上用蜡烛照明编稿、排版。

1945年8月6日夜半时分，陈封雄正在灯下专心致志地编排校对着第二天的要闻版报纸，当他正要将编排校对好的报纸清样送去机房上机印刷时，他起身走到窗前，朝着窗外极目远眺，但见夜幕下的山城万籁俱寂，从长江和嘉陵江的江面上游移而来的乳白色江雾，正团团簇簇地缠裹着这座夜色沉醉的山城，仿佛让人回到了远古的洪荒，他轻吸了一口夜色里潮润清新的空气，顿觉周身遍体无比地舒惬，连日劳累的倦意全消，他转身踱至办公桌前，随手打开收音机，调好美国之音的频道，专注地收听起来。

在重庆的这些日子，陈封雄每有闲暇，就爱收听这家远在大洋彼岸的广播电台的声音。美国之音是1942年2月美国战时情报局建立的对外广播电台。

突然，一个声音使陈封雄松弛的神经骤然间紧张起来，那声音如空谷足音，强烈地震撼着陈封雄那不平静的心，他从收音机里听到了一个令人震惊的消息：美国在日本本土上扔了两颗原子弹（当时此原子弹名曰“小男孩”）！

出于一位出色的新闻记者的职业敏感，陈封雄立马意识到这个事件对当时正在进行的第二次世界大战局势将产生的震撼和影响，从某种意义上说，反法西斯联盟国家的这一战略大反击，预示着日本法西斯末日的来临。

不久之后，急剧动荡和发展的世界局势，证明了陈封雄预见的准确性。果然，继美国在日本的广岛和长崎投下两颗原子弹之后，8月8日，苏联对日宣战，在中国人民抗日武装力量的配合下，号称“皇军之花”的百万日本陆军主力关东军被迅速消灭。美国在扔下两颗原子弹的同时又对日声称：如若日本再负隅顽抗，美国将把成千上万颗原子弹扔向日本（其实当时美国仅有的两颗原子弹都已扔在了日本本土）！在世界反法西斯联盟的强大攻势和原子弹这一新式武器的巨大威力下，8月14日，日本宣布无条件投降；9月2日，签订投降书，第二次世界大战从此宣告结束。

陈封雄抑制不住内心的兴奋和喜悦，他要立马把这一大快人心的好消息向国内读者报告。于是，他赶紧坐在办公桌前展开稿纸，奋笔疾书起来，然后，撤下已编排校对好的报纸清样文稿，在要闻版显要位置腾出版面，将这则刚刚写就的重要消息排将上去。然后起身拿起清样文稿，朝着印刷机房飞奔而去。

次日一早，《国民公报》即被抢购一空，这消息如飓风般席卷着整个山城，沸沸扬扬地激荡着人们的情绪。陈封雄成为当时中国第一位报道这一消息的记者，他在新闻界从此崭露头角。

日本投降后，陈封雄离开重庆，在天津与燕京大学校友创办《新星报》。

新政权建立后，陈封雄历任新华社英文编辑、《人民日报》国际部编辑、高级编辑，直至离休。

陈封雄一生饱经忧患。战争年代，他萍踪浪迹，到处奔波。1957年被划为右派，在北大荒劳动三年；1960年到山西长治中学教外语；"文革"时期住过牛棚。1986年离休后，仍坚持为报社撰写国际方面的文章。

陈封雄不仅长于写作，还喜爱漫画。

他的夫人何秀敏，北京大学附属医院原护士长，2002年9月2日在北京去世。女儿陈苹，北京市纺织局职工大学讲师，现已退休。（参见陈封雄生前亲笔信、江西省政协文史委及修水县政协文史委合编资料集《一门四杰》、江西省修水县政协文史委编资料集《义宁陈氏五杰》）

陈封猷（1923—2000），衡恪六子。陈封猷自幼丧父，他的父亲陈衡恪四十八岁逝世时，他生下仅六个月时间，尚在襁褓之中，是他的母亲黄国巽含辛茹苦将他们兄弟几个抚养成人。

1945年，陈封猷毕业于北京辅仁大学化学系，曾任大连化学工业公司高级工程师，大连市第六、七届政协委员，九三学社社员。

他的夫人褚宏云，上海人，1950年上海大同大学化工系毕业，曾任大连化学工业公司高级工程师，于1997年6月14日在大连去世。

陈封猷生有一子一女。

封猷之子陈钢，1982年大连工学院化工系毕业，现任大连合成纤维研究所高级工程师。陈钢夫人刘耘，大连市产品质量监督检验所高级工程师。陈钢的儿子陈彦廷，2005年考入中国科技大学，现在大连一家软件公司工作。

封猷之女陈铟，大连市交通公司职工，现已退休。（参见江西省政协文

史委及修水县政协文史委合编资料集《一门四杰》、江西省修水县政协文史委编资料集《义宁陈氏五杰》及作者与陈钢访谈录）

陈隆恪只有一个独生女儿，取名小从，按义宁陈氏家族的行派取名封久，不过此名后来不常用。小从生于1923年，她的祖父陈三立息影庐山栖居松门别墅时，隆恪夫妇侍奉左右。其时，年仅六岁的小从朝夕跟随在祖父的膝下，聪明伶俐的小从很得祖父的钟爱和呵护。每当陈三立兴之所至，总要呼朋唤友到户外游玩，他们或花径踏雪，或含鄱观涛，或龙首岩远眺，或王家坡听瀑，或锦绣谷探幽……陈三立每次外出游玩，小从总是如影随形地跟在身边，陈三立的不少诗作对此亦多有记载。如他的诗句“雪壑冰枝带一雏”中的“雏”就是指他年幼的孙女小从。

陈小从肄业于北京中央美术学院，其他时间一直在家自学，直至1956年元月她的父亲陈隆恪逝世后，她才参加工作。最初在上海食品公司广告部门，1958年与武汉水利电力大学（现并入武汉大学）教授彭旭麟结婚后，从上海调来武汉，在中学任美术教师，直至1980年退休。

陈小从幼承家学，语文功底较深厚，不仅善画，而且能诗。十五岁时，她的父母就教以作诗方法，尤着重以求意境、去雕饰为要求。诸多诗家认为：“散原之孙辈能诗者，当推陈小从。”

隆恪夫妇在小从出生之前，曾生养五个孩子，均早殇。

小从也是不足月出生。出生时不会哭、不会吸吮、不睁眼，体重仅两斤半。因为身体太弱小，像只“小虫”，故取谐音名“小从”。陈小从幼年甚至青年时，一直体弱多病，连1951年徐悲鸿介绍她到中央美术学院学习，亦因多病无法坚持，一年之后便辍学养病，未能完成学业。此后身体渐趋好转，步入老年后身板硬朗，她八十五岁高龄时只身从武汉到广州探亲，千里之遥独往独来，且上六楼仍不喘粗气，如今年逾九旬，虽听力下降却依然步履稳健声音响亮。小从身体先天不足却有此后福，委实让人欣喜。

从二十世纪八十年代以来，各大专院校、科研院所的专家学者以及故乡的有关部门和个人，因研陈之需，累向陈小从索取资料。陈小从克服年老多病和两耳失聪的困难，提供了大量弥足珍贵的史料和线索。2004年年初，陈小从经多年努力编辑的《图说义宁陈氏》一书出版了，书中收录有关陈寅恪家族珍贵照片一百二十余帧，并配有数万字的文字说明和近百首诗作，具有较高的史料价值和艺术价值。在研陈方面，陈小从应为家族效力最多者。（参见江西省修水县政协文史委编资料集《义宁陈氏五杰》及作者与陈小从访谈录）

陈寅恪共有三个女儿，长女流求，次女小彭，三女美延。

流求、小彭的得名源于其曾外祖父唐景崧曾任台湾巡抚并率领台湾民众抗日有关。“流求”是台湾的古称，“彭”是指澎湖。陈寅恪用这些与台湾相关的地名给女儿命名，是以此纪念唐景崧守台湾失利，台、澎沦陷。（参见汪荣祖《史家陈寅恪传》）

陈寅恪由于专注于治学与研究，直至三十九岁才结婚。

诸多史料记载着这样一个故事：

陈寅恪与夫人唐筼本不相识，据中山大学胡守为教授说，他俩的相识与姻缘，是由一诗幅“牵线”的。陈寅恪在清华国学研究院执教时，同事间闲谈中偶尔提到女教师唐筼的房内悬有一诗幅，署名“南注生”。对这“南注生”一词，大家都不解其意。稔熟史实的陈寅恪却轻而易举地据此推断唐筼是清末台湾巡抚唐景崧的孙女，因为唐景崧别号“南注生”。陈寅恪的娘舅俞明震乃清代著名学者，曾与唐景崧共事，因此早已了解唐氏家世，陈寅恪并读过唐景崧的《请缨日记》。从此，陈寅恪便与唐筼女士结识了，不久终成眷属。

对这段婚姻故事，陈寅恪亦曾自述道：

“寅恪少时，自揣能力薄弱，复体孱多病，深恐累及他人，故游学东西，年至壮岁，尚未婚娶。先君先母虽累加催促，然未敢承命也，后来由德返国，应清华大学之聘，其时先母已逝世，先父厉声曰：‘尔若不娶，吾即代尔聘定！’寅恪乃请稍缓，先君许之。乃至清华，同事中偶语及：见一女教师壁悬一诗幅，末署名南注生。寅恪惊曰：‘此人必灌阳唐公景崧之孙女也！’因冒昧造访，未几，遂定偕老之约。”（参见胡帆《寂寞芳菲——史学大师陈寅恪的传奇婚恋》）

其实这里的叙述未免失之简单，一幅普通的诗幅只是一段人生姻缘的契机而已，他们能够结合的更主要的原因，是与他们各自的家世家风、家学渊源密切相关的，是彼此间人格魅力的钦慕与吸引。其实，学贯中西的陈寅恪在婚恋观念上，是最讲究门当户对的。他虽然在欧美诸国游学长达二十余年，却是很少有西方人那种对待婚姻的随意与浪漫的情调，在他的脑海里，更为根深蒂固的是中国式的理性与门当户对的讲究。

唐筼知书达理，能诗善文，书法亦甚佳。她的父亲早故，一直随母住在天津。唐筼幼年就读于天津女子师范，毕业后留本校附小任教。其时她的母亲亦在另一女校任教。后来天津女子师范保送唐筼到上海体专深造，毕业后，她依然回母校任体育主任。后又至北京女子文体学院任体育教师。（参见蒋天枢《陈寅恪先生编年事辑》）

“义宁陈氏”与“灌阳唐氏”可谓是珠联璧合门当户对。陈寅恪的祖父陈宝箴曾署理湖南巡抚，唐筼的祖父唐景崧亦曾署理台湾巡抚，两人的祖辈皆属晚清的封疆大吏。

唐筼的祖父唐景崧（1841—1903），字维卿，广西灌阳人。同治四年（1865）进士，中法战争时请缨出关援越抗法，后署理台湾巡抚，光绪二十一年（1895），日本侵占台湾后内渡。

唐景崧亦出身于一个知识分子家庭，父亲是个举人。唐景崧兄弟三人先后中进士，点翰林，灌阳唐氏因此门庭显赫，在灌阳流传有“一县八进士，同胞三翰林”之说。

唐景崧平时喜谈兵事，有“知兵”之名。他在京当翰林院庶吉士、吏部主事时，无所作为，棋残酒后，曾赋诗道：“无才且学屠龙计，有臂终存射虎心。”表达了他无法施展才能的不平静心情。

光绪八年（1882），他以法国入侵越南的目的是“实欲撤我中国之屏蔽而窥滇与蜀、楚之道。”主张抗法，并向朝廷请缨，自请去越南招抚当时驻兵保胜的刘永福归诚清朝，以便利用刘永福的黑旗军对抗法军，朝廷采纳了他的建议。刘永福在他的帮助下，亲率黑旗军开到河内附近一个叫怀德的地方，于同年五月在纸桥大败法军。

1884年8月，两广总督张之洞命唐景崧在广西募兵出关助刘永福。唐景崧于9月间募成四营，号“景字营”。于11月进入越南，屯兵河内西北的三江口。12月，唐景崧率部助刘永福黑旗军在宣光城外击败法军。

中日甲午战争以中国惨败而告终，1895年清政府被迫和日本签订《马关条约》，其中规定将台湾割让给日本，台湾民众群情激奋，纷纷拥入巡抚衙门，表示“愿人人战死而失台，绝不愿拱手而让台”。唐景崧在“众志成城，有死无二”激情的影响下，作了一些反“割台”的努力。其智其勇，感人至深。

唐景崧内渡后回到广西闲居桂林，在溶湖之南筑“五美塘”别墅。他转而把兴趣专注于文化事业，在戏剧方面颇有建树，他兴办的“桂林春班”，将一些旧戏加以润色删改，演成新声，对桂剧的发展起了一定作用。在教育方面，他又出资办了一所“体用学堂”，为发展广西的教育事业作了一些努力。（参见《清代人物传稿·唐景崧传》）

“义宁陈氏”与“灌阳唐氏”拳拳的爱国情怀、崇尚文墨的家世家风和祖辈的辉煌，是陈寅恪与唐筼婚姻的前提和基础。

唐筼与陈寅恪结合之后，伴随着半个世纪的风风雨雨，在苦涩而艰辛的人生道路上相濡以沫，共度生命的艰难岁月。

唐筼既是陈寅恪生活的忠实伴侣，更是他志同道合的精神支柱与业务助手。尤其是陈寅恪晚年目瞑足膑之后，她更是无微不至地照顾着他的生活起居，几乎是寸步不离左右。“文革”中被撤走护士、助教后，她要理家务、管护理，还要念报纸、当助手、查阅资料，代写“交代材料”，以致积劳成疾。她尽职尽责，却从无怨言。

陈寅恪身残后，仍能继续坚持执教与著述，与夫人的忠诚帮助是分不开的。

因唐筼久有心脏病，随时都有生命危险，陈寅恪曾撰极为哀痛的《预挽唐筼》一联：

涕泣对牛衣，卌载都成肠断史；
废残难豹隐，九泉稍待眼枯人。

陈寅恪因“文革”中身心受到摧残，身体日趋衰弱。1969年10月7日晨5时30分，一代文史大师陈寅恪因心力衰竭和肠梗阻逝世于广州，终年八十岁。他的夫人唐筼冷静地处理完丈夫的后事，于同年11月21日，也就是丈夫逝世四十四天之后，平静地追随丈夫而去……（参见汪荣祖《史家陈寅恪传》、陆键东《陈寅恪最后20年》、蒋天枢《陈寅恪先生编年事辑》）

陈寅恪与唐筼生有三个女儿。

长女流求，1929年5月生于北京，1953年毕业于上海医学院，分配至重庆市任纺织厂医师，1961年调成都市第二人民医院内科，1992年退休前任主任医师。夫婿董有松。有女三人，名景宜、景同、晓红。景宜1957年4月出生，下乡知青，电大毕业，会计师，景宜长相酷似外公。景同1960年生，1986年毕业于四川大学中文系，现工作于巴蜀书社。晓红1962年生，1983年毕业于西北纺织工学院，现工作于四川省纺织研究院。

次女小彭，1931年1月生于北京，1953年毕业于广州岭南大学园艺系，分配到海南工作，不久调广州中山大学生物系任教，现已全家移居香港。夫婿林启汉。有子一人，名日晖，1964年9月4日出生，二十世纪八十年代随父母移居香港，现为香港公务员。

幼女美延，1937年5月生于北京，襁褓中即随父母逃难，1961年毕业于上海复旦大学化学系，分配至广州中山医学院，后调入中山大学化学系任教。夫婿许台庄，已病故。有子、女各一人，子名苍山，女名郁葱。

陈寅恪的三个女儿，如今皆是年过八旬的老人了。在二十世纪八十年代后的研陈热潮中，她们极力寻查父母的遗稿，为研究陈寅恪提供了许多宝贵的资料。特别是搜集整理了《陈寅恪诗集·附唐筼诗存》（由清华大学出版社出版并再版）。2010年4月，姐妹三人又合作出版了回忆录《也同欢乐也同愁：忆父亲陈寅恪母亲唐筼》（由生活·读书·新知三联书店出版发行），为史学界研陈做出了重要贡献。（参见陈流求1993年5月30日致江西省修水县政协文史委的亲笔信、江西省修水县政协文史委编资料集《义宁陈氏五杰》及笔者与陈流求访谈录）

陈方恪终生未生养子女。

陈登恪于1932年与贺黔云结婚，1936年农历七月初七日喜得一子，民间传说这天是牛郎织女鹊桥相会的日子，陈二立特地为其取名星照。

星照生于武汉，1958年毕业于武汉华中工学院动力系热能动力装置专业。毕业后曾在建筑科学研究院采暖通风研究所、北京市环境保护局工作。曾任北京市环境保护局副总工程师、北京市环保技术设备中心总工程师、北京市节能环保技术研究中心主任兼总工程师，是教授级高级工程师。

星照生性聪颖，他在学生时代，一直成绩优异，历年考试均获第一名，大学毕业时是当时华中工学院唯一的一名三十多门学科全得5分的学生。

参加工作后，星照一直潜心研究消烟节能燃煤设备，先后主持研制出数百种新产品，获得了三十项国家专利，很多产品和技术已经在全国普遍推广采用，每年产值上亿元。其中往复推动式炉排、双层燃烧炉排已成为我国燃煤设备主要燃烧方式之一，并获得了全国科学大会奖。具有极高节能效益的暖风炉获全国发明大会奖，消烟节能沥青锅获全国星火银奖及北京科技进步奖。

陈星照因在环保节能领域取得突出成就，曾被评为北京市科学技术先进工作者、技术革新积极分子、北京市支援乡镇企业有功科技人员、北京市有突出贡献的专家，并获得了首都劳动奖章。

陈星照曾于1956年加入中国共产党，1957年因同情右派被取消预备期，1987年落实政策恢复了三十年的党籍，并成为中共北京市六大代表。

陈星照的妻子殷惠君，医务工作者。

儿子欢明，天津师范大学生物系毕业，后在天津师范学校任教，现在天津市实验中学任教导处副主任，高级教师。

长女欢平，武汉大学化学系助理工程师，1988年8月至1996年曾留学日本并在日本从事环保分析工作，1997年回国。

次女欢欣，首都师范大学音乐系教师。（参见陈星照1991年6月30日致江西省修水县政协文史委的亲笔信、江西省修水县政协文史委编资料集《义宁陈氏五杰》及笔者与陈星照访谈录）

笔者在北京国家图书馆收集本书的写作素材时，曾无意间发现了1987年7月14日的《北京日报》，该报在头版头条显要位置刊登了一篇专门报道陈星照事迹的文章，在这篇报道文章之后，还配发了一篇短评。现全文摘录如下：

五十年代大学毕业生陈星照

不坐机关蹲基层　艰苦实践结硕果

二十年主持设计四十一个系列、一百二十六种规格新产品

本报讯（记者赵文翰）　五十年代大学毕业生、市环保局副总工程师兼市环保技术设备中心主任工程师陈星照，坚持走与实践相结合、与群众相结合的道路，不蹲机关科室，经常深入实际，了解用户需求情况，有针对性地搞好设计工作。二十年来，他先后主持设计了41个系列、126种规格的各式锅炉和燃烧设备，绝大多数已应用投产。应用这些成果的三十多家企业，年产值总计为1.2亿元，每年实现利润三千多万元。

陈星照1958年毕业于华中工学院，是新中国培养起来的专业技术人员。他在从事锅炉和燃烧设备的设计与改造的过程中，积累了丰富的实践经验。为了使技术成果在企业中用得上，他到中小企业蹲点，同职工一起设计新产品，不断完善系列节能产品。每周他有四五个工作日在基层，节假日也很少休息，遇到新产品测试数据，他奋勇当先，烧炉测温，经常连续奋战几昼夜。他主持设计的往复推动式排炉，是解决锅炉冒黑烟的一项重要措施，不仅实现了锅炉燃烧方式机械化，热效率高，还可烧次煤。这项技术已在全国上百家锅炉生产厂推广应用。这项成果曾获全国科学大会奖。近年来，他主持设计的大型快装往复热水锅、系列暖风炉、立式三用炉、消烟节能沥青锅、系列铸铁锅炉等，节能和消烟除尘效果好，满足了用户的急需，不少项目填补了本市的技术空白。

陈星照坚持从生产和实践中找课题，热心为企业服务，精心传授技术，成为企业的“贴心人”。海淀机械厂是一家乡镇企业，前几年由于产品不对路，企业严重亏损。1981年以来，陈星照与该厂共同试制了八个系列，二十多个品种的新产品，使该厂很快扭亏为盈，工业总产值和利润连年递增，去年销售额达四百万元。目前，应用陈星照设计成果、生产成型产品的企业有三十多家，其中有一半是京郊乡镇企业。

市环保局党组很关心陈星照的研究工作，积极为他贡献才智创造条件。去年十月，局党组通过深入细致的工作，为他落实了政策，恢复了中断三十年的党籍。陈星照以更大的干劲投入设计工作，他主持设计的十一种新产品已向国家申报专利，他多次被评为局先进工作者，最近又荣获了“首都劳动奖章”。

《北京日报》在这篇报道文章之后，以《人民期待着》为题，专门配发了一篇短评。短评全文如下：

人民期待着

主任工程师陈星照是一位老大学生。他大学毕业后，坚持走与实践相结合、与群众相结合的道路，不蹲机关科室，经常深入基层，在长期的实践中做出了突出的成绩。他和千千万万的青年知识分子走的路，正是党指引的知识分子成长的正确道路。

改革开放的新形势，给我们的社会主义现代化建设带来了蓬勃的生机和旺盛的活力，祖国建设迫切需要大批各类人才。大学毕业生到实践中去，到基层去，到祖国最需要的地方去，是我们青年知识分子的优良传统，是新时代的迫切需要。知识的价值，人生的价值，也只有在广阔的社会实践中，在为四化建设的伟大事业作出贡献时，才能得到实现。许许多多历届大学毕业生响应党和国家的号召，深入实际，深入基层，把学到的知识应用于祖国的各项事业，取得了令人瞩目的成绩，就是很好的证明。

大学毕业生到实践中去，到基层去，参加到为群众创造物质财富和精神财富的活动中去，是大有用武之地和大有作为的。我们的社会、学校、家长、亲友、基层单位，应该积极支持并创造条件鼓励他们走这条道路。

人民期待着，有更多的大学毕业生在实践中成长为优秀的人才。

行文至此，该给本书画上句号了。

然而，我意犹未尽，似有千言万语要向读者倾诉。“义宁陈氏”这个文化型大家族博大精深，他们登峰造极巍峨丰碑般的成就，他们忧国忧民的情怀，他们感应时代脉搏挥洒人生的生命激情，以及贤杰满门一脉相承的生命史基因……这一切的一切，以笔者的浅陋，不能道其于万一。

在本书的写作行将结束的时候，我忙里偷闲，再一次来到陈寅恪故里——江西省修水县宁州镇竹塅村。

在养育了“义宁陈氏”这个名倾天下的文化型大家族的普通而不平凡

的小山村里，在灵气流动透着百年沧桑的陈家大屋，在记录着“义宁陈氏”珍贵历史档案的陈氏家族的座座祖坟的墓碑前，在陈家大屋地场上的旗石磩旁，在“四觉草堂”遗址，在“义学里”废墟……我肃然起敬流连忘返。斯人已去，胜迹尚存，抚摸着这记录了“义宁陈氏”列位先贤淋漓酣畅挥洒人生的处处断垣残碣，我百感交集思绪万千。我仿佛穿越时空的隧道，飞到了我万般崇敬的诸位同乡先贤伟岸的身旁，侧耳聆听着他们高古旷远的声音……

先贤的训示，若空谷足音，濯涤着我心灵的尘垢；先贤的睿智与圣洁，洞开了我茅塞梗滞的思绪；先贤搏击进取人生的豪壮与风采，给我以无穷的勇气和力量……

我又一次抬头朝不远处的弥王峰望去，但见弥王峰嵯峨峭拔挺立云天，在四周群峰的拱峙下，越发显得高峻而挺拔；峰顶那终年云缠雾裹的乳白色雾岚，越发如一个亘古难解的疑团，依然是那般地伟岸而玄奥……

再版后记

在我创作出版的为数不多的几部书中，《陈寅恪家世》算得上是个特例。这部书除给我带来不少好运气之外，该书自身的运气也不错，自2001年1月出版后曾数次再版重印，在媒体多元图书出版市场不甚景气的当今，一部书能持续受到读者的喜爱并经得起市场的检验淘洗实属不易。我有自知之明，拙著能撞上这般的好运，并不是我的思想如何深邃，写作手法何等高超，而是陈寅恪家族所独有的精神文化魅力，是人们对这个名倾天下的文化型大家族诸多人物人生传奇的景仰，是人们对孕育了旷世奇才陈寅恪的“义宁陈氏”文化基因密码的探求……

《陈寅恪家世》出版后的十八年间，经常有朋友问我，你是怎么想到要写这部书的。我的回答很简单：我与陈寅恪是老乡，我来写他的家族史，有着得天独厚的优势。

地处赣西北的江西省修水县，是文史大师陈寅恪的故乡，也是我的故乡。我家老屋所在地芦塘村与陈寅恪故里竹塅村都属该县宁州镇管辖，两地相隔不足二十公里之遥。

出于对同乡先贤的景仰，我曾多次探访拜谒陈寅恪故里——竹塅陈家大屋。

每次探访拜谒，我都莫名激动，惊诧于蜷缩在偏深险僻大山深处的这栋普通民居内，何以能走出这样一个贤杰满门声名显赫的文化型大家族。

我曾暗下决心，要用手中的笔，全面、立体、充满思辨地展示陈寅恪源远流长的家族文化和“义宁陈氏”贤杰满门的荣耀与辉煌，追溯探寻产生这种独特人文景观的家学渊源，从家族文化的视角解密孕育大师的文化基因密码。

这念头郁结于心，缠搅着我终日不得安宁。然而，我却迟迟不敢动笔，我像一位置身于一座高耸入云的大山脚下的行者，仰望着嵯峨峭拔的山峰，凝视着那氤氲灵动在险峻峰峦间的缕缕雾岚，我顿觉自己的渺小和无力。这个孕育了文史大师陈寅恪的文化型大家族，是一座不可逾越的大山，其博大精深、其丰厚的文化积淀和人文精神，非我辈才力所能表现。

近年来，随着《陈寅恪的最后20年》等书的出版问世，国内外骤然兴起一股陈寅恪热，许多学者专家纷纷著书立说，各种“研陈”文章席卷各地报刊，沉默了近百年的陈寅恪故里竹塅陈家大屋，奇峰突兀般为山外的世界所关注，蜂拥而至的人流如朝圣般拥向这栋百年老屋。

然而，我不无遗憾地发现，在堪称汗牛充栋的国内外研究和评介陈寅恪的著作中，有关陈寅恪家族史的叙述考证却难尽如人意。这类著作或是避实就虚语焉不详，或是互相引证以讹传讹，或是张冠李戴逻辑混乱，或是妄加揣测众说纷纭，或是世次混淆昭穆莫辨。而陈三立及诸子所著诗文又鲜有涉及其家族史，因而人们对义宁陈氏先贤及源流演化莫衷一是如坠五里雾中。而绵远流长的家族文化的浸染熏陶，正是了解和研究陈寅恪不可或缺的重要内容。为了留下一部原汁原味的陈寅恪家族史，让人们对这个贤杰满门的文化型大家族的起源、流变、迁徙及源流演化脉络有一个全面清晰的了解，弥补陈寅恪研究的某些空白和不足，为专业学者及广大读者解读陈寅恪提供力所能及的帮助与参照，于是，我顾不了自身的浅陋和学养的不足，竭尽全力投入此书的写作之中。

真实是传记的生命。为了收集资料，我多次到陈寅恪故里竹塅陈家大屋小住，得地利之便，我有幸获取了尘封多年的丰富而翔实的第一手资料。

我见到了“义宁陈氏”后裔珍藏的民国三十二年（1943）光义堂重修《义门陈氏宗谱》残本及诸多史料。为了拓印有关碑文，我又拜师学会了拓印技术，拓印了陈寅恪故里各个山头的数十座“义宁陈氏”先人坟茔的墓碑拓片，从而打开了沉睡在陈寅恪故里深山野莽间弥足珍贵的历史档案。记得当时为了消化解读这些墓碑拓片，我将它们一一悬挂在我的书房内，这些墓碑拓片挂满了我的书房，一时间，整个书房弥漫着一种阴森恐怖的气氛，以至我的爱人和孩子都不敢走进去，我却陶醉其中。

为了写作此书，我又历时数年，行程数万里，遍稽有关方志、族谱、墓志铭、信札以及流传于民间的野史轶闻，查阅了全国各大档案馆、图书馆、政协文史委尘封的馆藏资料，拜访了陈寅恪的后裔、亲友、弟子及再传弟子，综合了国内外有关陈寅恪研究的成果。

我没有徜徉陶醉于故纸堆中的惊喜，也没有停留于史料表层的剖析与罗列堆砌，而是选取家族文化的视角，对陈寅恪家族鲜为人知的家世家风、家学渊源、家族流变以及贤杰满门的家族荣耀，作了全方位准确而立体的观照与描述。我力求让读者透过历史的尘埃，看到这个文化型大家族在人类历史演进中艰难而执着的跋涉历程，同时也看到生存的艰辛并未能影响这个家族对文化的崇尚和对功名的向往，祖传的一缕墨香，依然亘古而强劲地流传着……

在此书即将出版付梓之际，我又对全书进行了认真的修订和补充，增加了十八年来新近发现的有关陈寅恪家族的珍贵史料和最新的“研陈”成果，全书增删修订达二百余处，使此书内容更趋完整。

感谢作家出版社对此书的厚爱，感谢曾为此书的写作提供了诸多帮助的领导和朋友们，正是因为有了方方面面无私的帮助，才有此书的今天。

叶绍荣

2019年9月30日

于九岭山深处江西修水县叶家窝小木屋

图书在版编目（CIP）数据

陈寅恪家世 / 叶绍荣著. -- 北京 : 作家出版社，2019. 10（2023.2重印）
ISBN 978-7-5212-0645-6

Ⅰ. ①陈… Ⅱ. ①叶… Ⅲ. ①陈寅恪（1890-1969）-传记 Ⅳ. ①K825.81

中国版本图书馆CIP数据核字（2019）第164226号

陈寅恪家世

作　　者： 叶绍荣
责任编辑： 郑建华　乔永真　李　雯
封面题字： 朱向前
装帧设计： 杜　江　周　侠　李　娜
出版发行： 作家出版社有限公司
社　　址： 北京农展馆南里10号　　　　**邮　　编：** 100125
电话传真： 86-10-65067186（发行中心及邮购部）
86-10-65004079（总编室）
E-mail:zuojia@zuojia.net.cn
http://www.zuojiachubanshe.com
印　　刷： 三河市北燕印装有限公司
成品尺寸： 165×240
字　　数： 442千
印　　张： 26.75
版　　次： 2019年10月第1版
印　　次： 2023年2月第2次印刷
ISBN　978-7-5212-0645-6
定　　价： 59. 00元